ERLÄUTER

Johann
Wilhelm Meisters Lehrjahre

Von Ehrhard Bahr

Philipp Reclam jun. Stuttgart

Goethes »Wilhelm Meisters Lehrjahre« liegt unter Nr. 7826 in Reclams Universal-Bibliothek vor. Auf diese Ausgabe beziehen sich die Seiten- und Zeilenangaben.

RECLAMS UNIVERSAL-BIBLIOTHEK Nr. 8160
Alle Rechte vorbehalten
© 1982 Philipp Reclam jun. GmbH & Co., Stuttgart
Durchgesehene, in Kapitel IV,2 ergänzte und bibliographisch
aktualisierte Ausgabe 2000
Gesamtherstellung: Reclam, Ditzingen. Printed in Germany 2008
RECLAM, UNIVERSAL-BIBLIOTHEK und
RECLAMS UNIVERSAL-BIBLIOTHEK sind eingetragene Marken
der Philipp Reclam jun. GmbH & Co., Stuttgart
ISBN 978-3-15-008160-0

www.reclam.de

Inhalt

I. Kommentar, Wort- und Sacherklärungen 5

II. Varianten und Paralipomena 194
   1. Wilhelm Meisters theatralische Sendung (Auszüge) 195
   2. Paralipomena 249

III. Dokumente zur Entstehungsgeschichte 252
   1. Entstehung 252
   2. Briefwechsel mit Schiller 256
   3. Äußerungen Goethes nach 1796 293

IV. Dokumente zur Wirkungsgeschichte 297
   1. Zeitgenössische Äußerungen 297
   2. Stimmen des 19. und 20. Jahrhunderts 342

V. Literaturhinweise 384
   1. Abkürzungen 384
   2. Ausgaben 386
   3. Bibliographische Hilfsmittel 387
   4. Lexikalische Hilfsmittel 388
   5. Forschungsliteratur 388

I. Kommentar, Wort- und Sacherklärungen

Verzeichnis der Abkürzungen für abgekürzt zitierte Quellen und Hauptwerke der Sekundärliteratur s. Abkürzungsverzeichnis S. 376 f.

Erstes Buch. Erstes Kapitel

»Das erste Kapitel in den ›Lehrjahren‹ stellt eine Art in sich geschlossener Szene dar. Wir bleiben räumlich an einer Stelle und bewegen uns kontinuierlich in einem Zeitabschnitt, einer Zeitphase. Die räumliche Groborientierung folgt der alten Dienerin Barbara, und indem sie am Ende des Kapitels ›murrend beiseite‹ tritt, wird auch der Leser aus dem Zimmer geführt. Man könnte sagen, das erste Kapitel ist ein szenischer Auftakt und hat expositionell einführende Qualität. Ein Auftakt insofern, als wir nicht unmittelbar mit der Titelfigur bekannt gemacht werden, denn als Wilhelm endlich auftritt, werden nur zwei Sätze auf die Begrüßung verwandt, bevor das Kapitel schließt. Der Auftritt der drei Personen ist gestuft nach zunehmender Wichtigkeit ihrer Funktion im Roman, was an die Tradition der Dienstboteneröffnung in Komödien erinnert. [...] Wichtig ist der szenische Anfang des Romans. Wir bleiben wie vor einer Kulisse, sehen die Figuren nacheinander auftreten, bis wir zum Schluß nicht mehr in die Bühne einsehen können: der Vorhang fällt. Wir sind in eine Handlung eingetreten, präludierend zwar noch, aber schon dicht am eigentlichen Handlungsstrang« (Joachim von der Thüsen, »Der Romananfang in ›Wilhelm Meisters Lehrjahren‹«, in: DVjs. 43 (1969) S. 623 f.).

Siehe auch: Riemann. S. 25 f. – Ferner: Günther Müller: Gestaltung – Umgestaltung in Wilhelm Meisters Lehrjahren. Halle a. d. S.: Niemeyer, 1948. S. 46–59.

5,3 *Das Schauspiel:* Man hat oft darauf aufmerksam gemacht, daß das erste Wort des Romans *Das Schauspiel* lautet. Wenn auch der Theaterroman »Wilhelm Meisters Theatralische Sendung« von 1777 in den Jahren zwischen

1785 und 1795 zum Bildungsroman »Wilhelm Meisters Lehrjahre« geworden ist, so spielt doch in den »Lehrjahren« das Theater noch eine wichtige Rolle als Element der Bildung. Die ersten fünf Bücher handeln von der Welt des Theaters. Hans Reiss erklärt: »Aus der Verwendung [des Wortes ›Schauspiel‹] können wir die Entwicklung Wilhelms erkennen, die vom Puppenhaus über die Wanderbühne zum Stadttheater führt, bis er die Theaterwelt wiederum verläßt, seine damit zusammenhängenden Illusionen abschüttelt und sich der klaren Welt der praktischen Tätigkeit zuwendet. Das Wort ›Schauspiel‹ [...] bedeutet je nach dem Charakter, auf den es bezogen wird, Verschiedenes. Die Illusionen des jungen Wilhelm, der Antagonismus seines Vaters, die Ränke der alten Barbara, der Handelsgeist Werners, die innere Leere der Schauspieler – sie alle werden durch dieses Wort beleuchtet« (S. 84).

Das Wort *Schauspiel* wirft aber auch ein Licht auf die Erzählproblematik des Romans. Die Welt des Theaters eignet sich besonders zum Erzählthema des modernen Romans, der im 18. Jahrhundert entsteht, da das Theater vom Schein lebt, von der Herstellung von Illusionen in einem Raum der Wirklichkeit. Das Wesen des modernen Romans besteht aus der Oszillation zwischen Realität und Imagination. Auch im »Wilhelm Meister« läßt sich diese Oszillation zwischen Realität und Imagination feststellen. Sie kommt besonders im Bereich des Theaters zur Geltung. Der junge Wilhelm Meister hat eine bestimmte Vorstellung vom Theater, die mit der Wirklichkeit des Theaters überhaupt nichts zu tun hat. So entsteht ein Konflikt zwischen Wilhelms individueller Vorstellung von der Welt des Theaters und der objektiven Wirklichkeit des Theaters. Wilhelm hält das Theater für die Wirklichkeit des Lebens. Er verwechselt Schein und Wirklichkeit, Kunst und Leben. Er verstößt damit gegen einen Grundsatz der deutschen Klassik, der besonders klar in Schillers Schlußsatz zum »Wallenstein«-Prolog zum Aus-

Erstes Buch. Erstes Kapitel

druck kommt: »Ernst ist das Leben, heiter ist die Kunst.« Die Verwechslung dieser beiden Bereiche in all ihren vielfältigen Brechungen macht die Welt des Theaters im »Wilhelm Meister« so ergiebig als Erzählthema. In dem Augenblick, da Wilhelm die Verwechslung durchschaut, verliert das *Schauspiel* seine Bedeutung, und der ursprüngliche Theaterroman wird endgültig zum Bildungsroman. Das bedeutet aber nicht, daß es nach der Klärung des Verhältnisses von Kunst und Leben im Bereich der Theaterwelt keine neuen Verwechslungen und Verwirrungen mehr gibt. Im Gegenteil, im siebenten und achten Buch häufen sich die Fälle der Ungewißheit und Verwicklung. Aber es gibt auch neue Einsichten und vor allem schließlich das glückliche Ende.

5,5 *Marianen:* Die Gestalt der Mariane ist Figur einer Reihe, die über Philine, Mignon, die Gräfin, Aurelie, Lydie, Therese und die schöne Seele bis zu Natalie reicht. Bereits Novalis hat eine Art von Reihenbildung als Prinzip der Personenkonstellation des Romans erkannt (Aufzeichnungen zum Essay »Über Goethe«, 1798, Nr. 472). Die Reihung der Frauengestalten geht sozusagen vom Sinnlichen ins Spirituelle und findet ihren Höhepunkt in Natalie, der Braut Wilhelms. Sie ist die Person, die den Namen der »schönen Seele« dann wirklich verdient.

Marianes Ausgangssituation entspricht den Lebensumständen einer Hetäre: die »auf Liebhaber angewiesene Schauspielerin mit der alten Barbara [als] Kupplerin«. Wie Heinz Schlaffer zeigt, wird der tragische Ausgang dadurch verursacht, daß Wilhelm Meister die erotische Situation »nach den Vorstellungen der hohen Liebe« interpretiert und Mariane auf diese Liebesauffassung teilweise eingeht (Heinz Schlaffer, »Musa iocosa: Gattungspoetik und Gattungsgeschichte der erotischen Dichtung in Deutschland«, Stuttgart: Metzler, 1971, S. 207).

Die Schreibweise *Mariane* anstelle von ›Marianne‹ ist durchaus üblich im 18. Jahrhundert. Siehe z. B. Albrecht von Hallers »Trauer-Ode Beym Absterben Seiner geliebtesten Mariane gebohrnen Wyß. Novembr. 1736«. Siehe ferner: Christian Fürchtegott Gellert, »Leben der Schwedischen Gräfin von G***« (1747/48), sowie Friedrich Nicolai, »Das Leben und die Meinungen des Herrn Magister Sebaldus Nothanker« (1773–76). In beiden Romanen tritt eine »Mariane« auf. Vgl. dagegen Johann Wilhelm Gleims Romanze »Marianne« aus dem Jahre 1756 sowie Goethes Schauspiel »Die Geschwister«. Das Personenverzeichnis führt u. a. folgende Namen auf: Wilhelm, ein Kaufmann; Marianne, seine Schwester. Aber noch in der ersten Handschrift von 1776 heißt es »Mariane« (s. Lesarten WA I 9,503).

5,6 *als junger Offizier gekleidet:* Mariane tritt in einer sog. Hosenrolle auf. Es ist nicht zufällig, daß eine große Anzahl der weiblichen Hauptfiguren, wie z. B. Mariane, Mignon, Natalie und Therese, dem Helden zunächst in Männerkleidung entgegentreten. Wilhelms Weg zum Weiblichen führt über die *Mannweiblichkeit* (S. 24,11). Wilhelm verwendet diesen Begriff, als er Mariane von seinen jugendlichen Theateraufführungen erzählt. Es heißt dort: *Besonders fesselte mich Chlorinde [...]. Die Mannweiblichkeit, die ruhige Fülle ihres Daseins taten mehr Wirkung auf den Geist, der sich zu entwickeln anfing, als die [...] Reize Armidens [...].* Die Figur aus Tassos »Befreitem Jerusalem« (s. Anm. zu S. 24,5.10.13) hat die Funktion eines typologischen Mythologems. Im mythologischen Bild werden spätere Handlungen vorweggenommen: Wilhelm wird ähnlich verantwortlich für den Tod seiner Geliebten wie Tankred für Chlorindes Tod; die Amazone Chlorinde übt eine ähnliche Anziehungskraft auf Wilhelm aus wie später die *schöne Amazone* Natalie (S. 234,13).

Wilhelms Angezogensein von der »Mannweiblichkeit« ist nicht psychologisch zu interpretieren – es ist nicht der Fall, daß er zunächst eine homoerotische Tendenz zu überwinden hat, bzw. daß er das Weibliche nur im Gewande des Männlichen zu akzeptieren vermag –, sondern diese Attraktion ist pädagogisch-ästhetisch zu verstehen als Sehnsucht nach Vollkommenheit. In der philosophischen Anthropologie des 18. Jahrhunderts galt die »Mannweiblichkeit«, die die Geschlechtsunterschiede transzendiert, als Ideal der Vollkommenheit (zum Androgynenproblem im »Wilhelm Meister« s. Anm. zu S. 91,21 f.). Es läßt sich also auch hier von Mariane über Therese, die *wahre Amazone* (S. 459,30), zu Natalie, der *schönen Amazone* (S. 234,13), eine ähnliche Reihung nach aufsteigender Linie feststellen, wie sie bereits Novalis bemerkt hatte. Natalie ist die Verkörperung der Vollkommenheit, die über das Weibliche hinausdeutet. Aus diesem Grunde erscheint sie auch so eigentümlich blaß als Charakter, während Philine, die Verkörperung des Weiblichen, *die wahre Eva* (S. 100,20), so plastisch dargestellt erscheint. Es ist fernerhin bedeutsam, daß Philine nie in Männerkleidung auftritt.

In der »Mannweiblichkeit« erfährt Wilhelms suchende Liebe eine tiefere Begründung im Zusammenhang mit seiner Suche nach Vollkommenheit und *harmonischer Ausbildung* seiner Natur (S. 303,18 f.). Die Verbindung des Chlorinde-Bildes mit der »schönen Amazone« erfolgt nach der Rettung durch Natalie und den Oheim nach dem Überfall (IV,5 ff.). Dort heißt es: *Unaufhörlich rief er* [Wilhelm] *sich jene Begebenheit* [die Rettung] *zurück, welche einen unauslöschlichen Eindruck auf sein Gemüt gemacht hatte. Er sah die schöne Amazone [...]. Alle seine Jugendträume knüpften sich an dieses Bild. Er glaubte nunmehr die edle, heldenmütige Chlorinde mit eigenen Augen gesehen zu haben* (S. 243,16–25). Gleichzeitig wird die Verbindung zum Bild des kranken Königssohns (s. Anm. zu S. 69,23) hergestellt: [...] *ihm* [Wilhelm] *fiel der kranke Königssohn wieder ein, an dessen Lager die schöne, teilnehmende Prinzessin mit stiller Bescheidenheit herantritt.* »*Sollten nicht*«, *sagte er* [...], »*uns in der Jugend, wie im Schlafe, die Bilder zukünftiger*

Schicksale umschweben und unserm unbefangenen Auge ahnungsvoll sichtbar werden?« (S. 243,25–31).
Siehe dazu: William Larrett: Wilhelm Meister and the Amazons. In: PEGS N. S. 39 (1968/69) S. 31–56.
Erzähltechnisch gesehen kommt in der Information des Einschiebsels, daß Mariane *heute im Nachspiele als junger Offizier gekleidet das Publikum entzückte,* deutlich der allwissende Erzähler zum Ausdruck (v. d. Thüsen, »Der Romananfang in ›Wilhelm Meisters Lehrjahren‹«, S. 625 f.).

7,1 *unbefiederten:* unbemittelten, unvermögenden, ohne Ausbildung; s. Hass, S. 143.

7,23 *Wilhelm trat herein:* dramatische Einführung der Hauptperson.

7,25 *Atlaswestchen:* Atlas: glatter, glänzender Kleiderstoff, eine Art Seide.

7,26–29 *Wer wagte ... allein:* »Der Erzähler mischt sich jetzt direkt ein, erst mit der rhetorischen Frage [...], dann mit der dadurch gewonnenen Freiheit, seinen Leser anzureden und ihn ›hinauszuführen‹. Der Erzähler läßt das Entwerfende der Erzählebene auf der dargestellten Ebene eindringen, die er bisher nur dem gegenständlich Entworfenen vorbehalten hat. Es sieht so aus, als ob der Erzähler das nur Fingierte der dargestellten Welt zugibt. Durch die letzten Worte allerdings [...] dreht er das halbe Zugeständnis gerade herum, indem er vorgibt, daß es auch ohne sein erzählerisches Entwerfen diese vorgeführte Welt gibt« (v. d. Thüsen, »Der Romananfang in ›Wilhelm Meisters Lehrjahren‹«, S. 628).
Der Erzähler gehört zum festen Bestand der Poetik des Romans. Wie Wolfgang Kayser sagt, ist er »eine gedichtete Person, in die sich der Autor verwandelt hat« (siehe »Wer erzählt den Roman«, in: W. K., »Die Vortragsreise«, Bern: Francke, 1958, S. 91; siehe auch W. K., »Entstehung und Krise des modernen Romans«, Stuttgart: Metzler, [4]1963, S. 17). Man darf dabei aber die Gestalt des Erzählers nicht einfach mit der Persönlichkeit des

Autors gleichsetzen. Wie Franz K. Stanzel erklärt, wird »bei genauerer Betrachtung [...] fast immer eine eigentümliche Verfremdung der Persönlichkeit des Autors in der Gestalt des Erzählers sichtbar. [Der] Erzähler ist also eine eigenständige Gestalt, die ebenso vom Autor geschaffen worden ist, wie die Charaktere des Romans. Wesentlich für den [...] Erzähler ist, daß er als Mittelsmann der Geschichte einen Platz sozusagen an der Schwelle zwischen der fiktiven Welt des Romans und der Wirklichkeit des Autors [...] einnimmt« (»Typische Formen des Romans«, Göttingen: Vandenhoeck & Ruprecht, ²1965, S. 16).

Ebenso wie der Erzähler eine fiktive Gestalt im Roman darstellt, ist auch der angesprochene Leser »etwas Gedichtetes, [...] eine Rolle, in die wir hineinschlüpfen und bei der wir uns selber zusehen können« (W. Kayser, »Wer erzählt den Roman«, S. 88; siehe auch W. K., »Entstehung und Krise des modernen Romans«, S. 18).

Die Verwirklichung der Intention eines Romans beruht auf dem vom Autor angelegten »Zusammenspiel zwischen Erzähler und Leser« (siehe Gerhard Storz in »Probleme des Erzählens in der Weltliteratur. Festschrift für Käte Hamburger«, hrsg. von Fritz Martini, Stuttgart: Klett, 1971, S. 409–421). Die Poetik des Bildungsromans erfordert eine besondere Form des Zusammenspiels von Erzähler und Leser, denn nicht nur der Held des Romans soll erzogen werden, sondern auch der Leser des Romans. Deshalb wird er oft ähnlich überrascht, hingehalten, verwirrt und irregeführt wie Wilhelm Meister. Der Leser Emil Staiger hat bei der Besprechung der »Lehrjahre« verstört darauf reagiert mit der Bemerkung: »Goethe hat uns irregeführt. Was unserer Teilnahme würdig schien, ist eine einzige Kette von Fehlern« (»Goethe 1786–1814«, Zürich: Atlantis Verlag, 1956, S. 147).

Aber darauf kommt es dem Erzähler ja gerade an, »dem Leser den Charakter des Experiments bewußt zu machen und ihn so vor übereilter Identifikation mit dem Helden zu bewahren« (Heinz Schlaffer: »Musa iocosa«, S. 209). Der Erzähler will also durch seine Eingriffe den Leser zu einem bestimmten Leserverhalten bewegen. Da diese Lesereinstellung äußerst wichtig ist für das Verständnis des Romans, seien hier wesentliche Eingriffe des Erzählers noch aufgezählt: S. 38,24 f.; 92,35; 141,1 ff.; 144,20 f.; 149,4 f.; 173,8 ff.; 181,24 ff.; 191,27 ff.; 297,15 ff.; 300,37; 304,22; 317,32 ff.; 349,33 ff.; 553,24 f.; 556,31 f.; 631,32 ff.

Zweites Kapitel

8,14 f. *diese englischen Mobilien:* Mobilien: urspr. bewegliches Gut, Hausrat, hier im Sinne von Möbel. Englische Mobilien sind englische Mahagonimöbel, die damals im Gegensatz zu französischen Rokokomöbeln in Mode kamen und besonders beliebt waren, weil die Engländer beim Möbelbau Zweckmäßigkeit und Bequemlichkeit über dekorativen Schmuck und Verzierungen stellten.

8,28 *Puppenspiel:* Weihnachten 1753 erhielten Wolfgang und Cornelia von Großmutter Goethe ein Puppenspiel; unter den Puppen befanden sich auch David und Goliath (siehe DuW, Buch I). Reste dieses Puppentheaters sind noch heute im Frankfurter Goethe-Haus erhalten. Goethes Mutter schrieb nach Empfang der »Lehrjahre« am 19. 1. 1795: »Den besten und schönsten Dank für deinen ›Wilhelm‹! Das war einmal wieder vor mich ein Gaudium! Ich fühlte mich 30 Jahre jünger – sahe dich und die andern Knaben 3 Treppen hoch die preparation zum Puppenspiel machen.«

Erich Trunz hat die »Lehrjahre« ein »Kompendium des Theaters« genannt (HA VII,624). Mit dem Puppenspiel erfolgt in den »Lehrjahren« die Einführung in die Welt des Theaters, die hier »in einer geradezu systematischen Vollkommenheit, aber völlig in die Handlung eingeschmolzen«, dargestellt wird: »Seiltänzertruppe (Buch II,

Erstes Buch. Zweites Kapitel

Kap. 4), Liebhabertheater (Buch II, Kap. 3; Buch VII, Kap. 6), geistliches Schauspiel (Buch IV, Kap. 18), Wanderbühne (Buch I, Kap. 15; Buch III, Kap. 2 ff.), Hoftheater (Buch III, Kap. 6 ff.), ortsfestes städtisches Schauspiel (Buch IV, Kap. 15), Stegreifspiel (Buch II, Kap. 9), dramaturgische Arbeit (Buch V, Kap. 4), Leseprobe (Buch V, Kap. 7), Bühnenproben (Buch V, Kap. 8), Ensemble und Regie (Buch IV, Kap. 2), Souffleur (Buch V, Kap. 6), Musik, Bewegung und Deklamation (Buch II, Kap. 11) u. a. m.« (HA VII,618).

Siehe ferner: Alfred Frh. von Berger: Über Goethes Verhältnis zur Schauspielkunst. Festvortrag. In: GJb. 25 (1904) S. 1*–15*. – Otto Harnack: Goethe und das Theater. In: O. H.: Aufsätze und Vorträge. Tübingen: Mohr, 1911. S. 125–144. – Max Lederer: Goethe und das Theater. In: Neoph. 21 (1936) S. 202–212. – Walter H. Bruford: Goethe and the Theatre. In: Essays on Goethe. Hrsg. von William Rose. London: Cassell, 1949. S. 75–95. – Walter H. Bruford: Theatre, Drama and Audience in Goethe's Germany. London: Routledge & Paul, 1950. – Maurice Colleville: Goethe et le théâtre. L'esthétique dramatique du poète à l'époque classique. In: Et.Germ. 4 (1949) S. 148–161. – Lothar J. Scheithauer: Zu Goethes Auffassung von der Schauspielkunst. In: Gestaltung, Umgestaltung. Festschrift zum 75. Geburtstag von Hermann August Korff. Hrsg. von Joachim Müller. Leipzig: Koehler & Amelang, 1957. S. 108–117. – Willi Flemming: Goethe und das Theater seiner Zeit. Stuttgart: Kohlhammer, 1968. S. 7–27. – Eckehard Catholy: Bühnenraum und Schauspielkunst. Goethes Theaterkonzeption. In: Bühnenformen, Bühnenräume, Bühnendekoration. Beitrag zur Entwicklung des Spielakts. Hrsg. von Rolf Badenhausen und Harald Zielske. Berlin: Erich Schmidt, 1974. S. 136–147. – Marvin Carlson: Goethe and the Weimar Theatre. Ithaca, N. Y. / London: Cornell University Press, 1978. – Heinrich Huesman: Goethe als Theaterleiter. Historisches Umfeld und Grundzüge. In: Ein Theatermann: Theorie und Praxis. Festschrift zum 70. Geburtstag von Rolf Badenhausen. Hrsg. von Ingrid Nohl. München: Nohl, 1977. S. 143–160.

Im folgenden wird immer wieder wie oben auf Fakten und Ereignisse der Biographie Goethes und der Kulturgeschichte des 18. Jahrhunderts hingewiesen. Diese Tatsache ist aber nicht so zu verstehen, als ob die »Lehrjahre« einen autobiographischen oder zeitgeschichtlichen Roman darstellten. Biographie und Zeitgeschichte liefern lediglich Erzählelemente zur Darstellung eines Entwicklungsgangs, den ein Einzelwesen als typischer Vertreter seiner Gattung und seines Zeitalters durchläuft. Nur insofern stellen die »Lehrjahre« eine abgekürzte symbolische Wiederholung und Analogie zu Goethes Entwicklung und der Kulturentwicklung des 18. Jahrhunderts dar. Es handelt sich sozusagen um eine Übertragung des biogenetischen Grundgesetzes auf das seelisch-geistige Wachstum eines Menschen. Das biogenetische Grundgesetz wurde zwar erst im 19. Jahrhundert aufgestellt, aber in seiner kultursymbolischen Form war es dem 18. Jahrhundert eine vertraute Vorstellung, wie es das folgende Zitat aus Schillers Briefen »Über die ästhetische Erziehung des Menschen« beweist: »Es lassen sich [...] drei verschiedene Momente oder Stufen der Entwicklung unterscheiden, die sowohl der einzelne Mensch als die ganze Gattung notwendig und in einer bestimmten Ordnung durchlaufen müssen« (24. Brief, s. auch 4., 6. und 20. Brief). Schillers »Ästhetische Briefe« erschienen zur gleichen Zeit, als die »Lehrjahre« abgeschlossen wurden. Trotz der für Goethe und Schiller charakteristischen Verschiedenheit in Ansicht und Ausführung stehen beide Werke einander bemerkenswert nahe.

9,5 *von einem mystischen Vorhang:* mystisch: »geheimnisnig« (Campe); ironische Anspielung auf den Vorhang in der Stiftshütte, dem Gebäude oder Zelt, in dem sich die Bundeslade befand (s. 2. Mose 25 f., bes. 26,31–33), oder auf den Vorhang im Tempel, vor dem Allerheiligsten. Siehe Campe II: »Der Vorhang in der Hütte des Stifts, im Tempel, vor dem Allerheiligsten. Der Vorhang auf der Schaubühne, welcher hindert, daß man nicht eher auf die Bühne sieht, als bis alles daselbst vorbereitet ist und das Spiel anfängt.« Siehe auch S. 14,12 *mystischer Schleier.*

9,13–35 *Der Hohepriester ... zur Gemahlin erhielt:* Das

Erstes Buch. Drittes Kapitel 15

Puppenspiel folgt der Darstellung im Alten Testament, s. 1. Sam. 17f.: Kampf der Philister gegen Israel, David erlegt den Riesen Goliath mit der Schleuder; David wird vom Volk gerühmt, von Saul gehaßt.
9,14 *Jonathan:* Sohn Sauls, wird Davids Freund.
9,15 *Saul:* König von Israel.
9,16 *Impertinenz:* Unverschämtheit, Ungebührlichkeit, Grobheit, Flegelei.
9,17 *schwerlötigen:* plumpen, schwerfälligen, riesenhaften.
9,19 *Isai:* Davids Vater; s. 1. Sam. 16.
9,21 *es entfalle keinem der Mut um deswillen:* s. 1. Sam. 17,32: Es entfalle keinem Menschen das Herz um deswillen; dein Knecht soll hingehen und mit dem Philister streiten.
9,22 *Ihro Majestät:* Hoheit, Erhabenheit, Anredetitel für Kaiser, König. *Ihro* ist die undeklinierte Form von ›Ihr‹ bei Gebrauch von Titeln, die eine Femininumform des Possessivpronomens und Pluralform für das Verb verlangen. Siehe auch S. 151,30 *Ihro Exzellenz.*
9,29 *Philister:* der Riese Goliath.
9,31 f. *die Jungfrauen sangen:* s. 1. Sam. 18,7: Und die Weiber sangen gegeneinander, und spieleten, und sprachen: Saul hat tausend geschlagen, aber David zehntausend.
10,11 *perorieren:* Reden halten, weitschweifig reden.

Drittes Kapitel

10,30–32 *Wenn die erste Liebe ... empfinden kann:* Kapiteleinsatz mit Gemeinplatz, eingekleidet in Wenn-Formel. Typisch für den Roman der Aufklärung, besonders stark bei Wieland vertreten im »Don Sylvio« und in der »Geschichte des Agathon«; s. Riemann, S. 27 f.
11,36 *alle Lindors und Leanders:* Lindor und Leander waren beliebte Namen für Liebhaberrollen in der Commedia dell'arte, im französischen Lustspiel seit Molière und im deutschen Singspiel und in der Sächsischen Komödie.

Siehe Lessings Lustspiele »Damon«, »Der Misogyn«, »Der Schatz«.

12,7 *spannenlanger:* »die Länge von der Spitze des Daumens bis zur Spitze des kleinen Fingers der ausgespannten Hand« (Adelung). Noch im 18. Jahrhundert als Längenmaß verwendet; die Spanne: ungefähr 20 cm.

12,23 *Brustschildchen:* Abzeichen des Hohenpriesters.

12,37 *Italiener-Keller:* ›Italiener‹ nannte man die Delikatessenhändler (DNL).

13,6 *Louisdor:* frz. Louis d'or, die französische Hauptgoldmünze zwischen 1641 und 1794, die auch in Deutschland im Umlauf war. Sie zeigte auf der einen Seite Kopf oder Brustbild der Könige Ludwig XIII. bis Ludwig XVI., auf der anderen Seite verschiedene Hoheitszeichen.

13,9 *Kollation:* Erfrischung, Zwischenmahlzeit.

Viertes Kapitel

15,3 *Hanswurst:* vgl. Anm. zu S. 26,37.

15,21 *Wollust:* hier in der älteren, noch weniger eingeengten Bedeutung: »der höchste Grad eines jeden, selbst erlaubten und mehr geistigen Vergnügens« (Adelung). Vgl. auch S. 75,31.

Fünftes Kapitel

16,16–22 *Die Kinder ... ausmacht:* Kapiteleinsatz mit Gemeinplatz.

16,22 *kindischen:* »in der Kindheit, d. i. dem Alter eines Kindes [...] und dessen Betragen gegründet« (Adelung). Heute: kindlich. Kindisch bedeutet heute dagegen unvernünftig, unerfahren, albern, lächerlich. Bereits Adelung und Campe II verweisen auf die negative Bedeutung, die sich auf den Mangel des Verstandes und der Vernunft bezieht, der mit der Kindheit verbunden ist. Aber Adelung bemerkt, daß einige Schriftsteller das Wort noch in der ursprünglichen Bedeutung verwenden: eine kindische

Erstes Buch. Viertes bis Sechstes Kapitel 17

Freude, eine innige Freude, wie sich Kinder zu freuen pflegen. Nach Adelung ist das Wort jedoch in dieser Bedeutung veraltet, und Campe II schlägt vor, daß man besser das Wort ›kindlich‹ dafür verwendet. Bei Goethe wird ›kindisch‹ noch einfach auf das frühe Lebensalter bezogen, ohne die negative Bedeutung, die sich später durchsetzte (siehe Paul Fischer, »Goethe-Wortschatz. Ein sprachgeschichtliches Wörterbuch zu Goethes sämtlichen Werken«, Leipzig: Rohmkopf, 1929).

17,8 *Spezereien:* Plural zu Spezerei, ital. speciaria. »Gewürz und Gewürzen ähnliche Produkte des Pflanzenreiches, auch wenn sie nur um ihres Geruches willen geschätzt werden« (Adelung).

17,22 f. *Pomeranzenschale:* Pomeranze: Bitterorange, Zitrusgewächs, dessen bittere Fruchtschale als Gewürz verwendet wird.

17,24 *glitschen:* schlüpfen.

18,32 *Proszenium:* vorderster Teil der Bühne, Vorbühne.

Sechstes Kapitel

20,22 f. *›Deutsche Schaubühne‹:* »Die Deutsche Schaubühne«, nach den Regeln der alten Griechen und Römer eingerichtet, und mit einer Vorrede herausgegeben von J. C. Gottscheden, 6 Bde., Leipzig: Breitkopf, 1741–45.

20,28 *Chaumigrem, Cato und Darius:* »Die Deutsche Schaubühne« enthält u. a. Melchior Grimms »Banise«, ein Trauerspiel nach dem spätbarocken höfisch-historischen Staats- und Liebesroman »Die asiatische Banise« von Heinrich Anselm von Zigler und Kliphausen, der 1689 erschien und zu den beliebtesten und meistgelesenen Romanen des 17. Jahrhunderts gehörte. Das Trauerspiel wird wie der Roman beherrscht von dem grausamen Tyrannen Chaumigrem, Kaiser von Pegu, der in die schöne Banise verliebt ist. Cato und Darius sind die Titelhelden der Trauerspiele von Johann Christoph Gottsched (»Sterbender Cato«) und Friedrich Lebegott Pit-

schel (»Darius«), die ebenfalls in der »Deutschen Schaubühne« erschienen.
Siehe: Robert R. Heitner: German Tragedy in the Age of Enlightenment. A Study in the Development of Original Tragedies. Berkeley / Los Angeles: University of California Press, 1963. S. 52–58; 26–31; 39–44.

21,4f. *im regelmäßigen Drama:* d. h. nach den Regeln der Poetik des Dramas. Darunter sind die Dramen nach dem Vorbild von Johann Christoph Gottscheds »Sterbender Cato« (1732) zu rechnen. Gottsched schreibt in der Vorrede zu seinem Trauerspiel: »Es fehlt uns in der Tat an großen und erhabenen Geistern nicht, die zur tragischen Poesie gleichsam geboren zu sein scheinen. Es kommt nur auf die Wissenschaft der Regeln an [...].« In Leipzig sah Gottsched 1724 zunächst nur »lauter schwülstige und mit Harlekins und Lustbarkeiten untermengte Haupt- und Staatsaktionen, lauter unnatürliche Romanstreiche und Liebeswirrungen, lauter pöbelhafte Fratzen und Zoten [...]«. Er schreibt: »Das einzige gute Stück, so man aufführte, war ›Der Streit zwischen Liebe und Ehre oder Roderich und Chimene‹, aber nur in ungebundener Rede übersetzt. Dieses gefiel mir nun, wie leicht zu erachten ist, vor allen andern und zeigte mir den großen Unterschied zwischen einem ordentlichen Schauspiele und einer regellosen Vorstellung der seltsamsten Verwirrungen auf eine sehr empfindliche Weise.« In der »Deutschen Schaubühne« veröffentlichte Gottsched die regelmäßigen Tragödien und Komödien seiner Zeit als Vorbilder der dramatischen Kunst. Im zweiten Teil seiner »Critischen Dichtkunst« von 1730 stellte er die Regeln der Gattungen zusammen, zu denen bei den Tragödien oder Trauerspielen u. a. die drei Einheiten (von Ort, Zeit und Handlung) gehören.
Wilhelm Meister bevorzugt die Oper (S. 20,32ff.), weil hier noch Regelfreiheit gegeben war. Gottsched hatte in der »Critischen Dichtkunst« vermerkt: »Die Einigkeit der Zeit und des Ortes wurde aus den Augen ge-

setzet [...]. Mit einem Worte, die Opera wurde ein ganz nagelneues Stück in der Poesie.« Obwohl sich Gottsched aus moralischen Gründen gegen die Oper wandte, mußte er doch zugestehen, daß »sie alle Fehler der [...] Schauspiele zu ihren größten Schönheiten angenommen hat«.

21,13 *illuminieren:* lat. illuminare ›erhellen, erleuchten, ausleuchten‹. Hier: »mit Farben ausmalen, wofür man mit einem Wort bemalen sagen kann: bemalte Karten, Kupferstiche« (Campe).

Siebentes Kapitel

23,12 *Gespannschaft:* Genossenschaft, Spielkameradschaft, Jugendgespielschaft. Siehe S. 25,17 *Gespannen.*

24,5 ›*Das befreite Jerusalem*‹: »Versuch einer poetischen Übersetzung des Tassoischen Heldengedichts genannt: Gottfried, oder das Befreyte Jerusalem«, ausgearbeitet von Johann Friedrich Koppen, Leipzig: Breitkopf, 1744. Das berühmte Epos von Torquato Tasso gehörte im 18. Jahrhundert zu den als klassisch anerkannten Werken, deren Kenntnis für jeden literarisch Interessierten selbstverständlich war (HA). Siehe DuW, Buch 9. Originaltext und Übersetzung befanden sich in der Bibliothek von Goethes Vater.

24,10 *Chlorinde:* heidnische Heldin und Geliebte Tankreds, des berühmtesten und tapfersten Helden im christlichen Heer. Chlorinde »hält mit ihrem Liebhaber, ohne von ihm erkannt zu werden, [...] ein blutiges Gefecht, wird aber zuletzt von ihm übermannet und empfängt einen tödlichen Stoß in die Brust. Hierauf begehret sie noch vor ihrem Ende, durch die göttliche Regierung des heiligen Geistes, von Tancreden die Taufe, so ihr dieser auch aus einer nahe dabey befindlichen Quelle ertheilet, und über solcher Beschäfftigung seine geliebte Clorinde mit größtem Erstaunen erkennet. Sie giebt nach kaum erhaltener Taufe mit Freuden ihren Geist auf« (Joh. Friedr. Koppes

Zusammenfassung des XII. Gesangs, S. 330). Siehe S. 24,24 ff.

24,13 *die ... Reize Armidens:* Armida, die schöne syrische Zauberin in Tassos »La Gerusalemme liberata«, die als eine Art Circe oder Kalypso den Ritter Reinald (Rinaldo) als Liebessklaven über das Meer entführt und ihn »daselbst in einer wollüstigen und unanständigen Gefangenschaft« hält (XIV.–XVI. Gesang, Zusammenfassung J. F. Koppes, S. 389).
Siehe Emil Staiger: Armida in der Goethezeit. In: Typologia Litterarum. Festschrift für Max Wehrli. Zürich / Freiburg i. Br.: Atlantis Verlag, 1969. S. 299–310.

24,16 *Altan:* unterstützter balkonartiger Vorbau am oberen Geschoß eines Hauses.

24,31 f. *Allein das Lebensmaß ... sterben soll!:* »Das befreite Jerusalem«, XII. Gesang, 64. Strophe in der Übersetzung von J. F. Koppe.

25,26 *Grund:* Hintergrund.

26,17 *beigefallen:* eingefallen.

26,26 *Gottfried:* Gottfried von Bouillon, Anführer des christlichen Heeres in Tassos »La Gerusalemme liberata«.

26,37 *Hanswurst:* Der Hanswurst trat mit seinen Späßen und Zoten auch in ernsten Stücken auf. Seine Funktion bestand oft darin, Pausen zu überbrücken. Ein gutes Bild vom Wirken des Hanswurstes auf der deutschen Bühne zwischen 1700 und 1730 vermitteln die Wiener Haupt- und Staatsaktionen, die Josef Anton Stranitzky (1676–1726) zugeschrieben werden.
Siehe: Rudolf Payer von Thurn (Hrsg.): Wiener Haupt- und Staatsaktionen. Wien: Verlag des literarischen Vereins in Wien, 1908, 1910. (Schriften des Literarischen Vereins in Wien. Bd. X, XIII.) – Robert R. Heitner: German Tragedy in the Age of Enlightenment. S. 2–15. – Wolfgang Promies: Die Bürger und der Narr oder das Risiko der Phantasie. München: Hanser, 1966.

Achtes Kapitel

27,7 *vom Schlaf überwältigt:* Zur einschläfernden Wirkung von Wilhelms Erzählung siehe Christoph Martin Wieland, »Geschichte des Agathon«, Buch VII, Kap. 4 (1766/67); in der 3. Ausg.: Buch VII, Kap. 7 (1794).

28,17 *qui pro quo:* Verwechslung von Personen, Mißverständnis.

28,22 f. *aus unserm Mittel:* aus unserer Mitte.

28,32–34 *es sei leichter ... zu sein:* s. Horaz, »Epistulae«, II,1, V. 169 f.: [...] habet comoedia tanto / Plus oneris, quanto veniae minus. ([...] die Komödie ist um so schwieriger, je weniger sie auf Nachsicht rechnen kann.)

29,13 *gegenüber:* dagegen.

29,32 *eines Gedichtes:* s. S. 35,7 ›Jüngling am Scheidewege‹.

29,36 *gemein:* allgemein. Die Wiedergabe von Gedanken durch allegorische Gestalten war üblich und allgemein verbreitet.

30,4 *Rocken:* Holzstock, um den die Fasern zum Verspinnen geschlungen sind, Spinnrocken.
Brillen: Brille, früher ›der Brill‹, aus lat. beryllus, dem Material, das urspr. verwendet wurde, bezeichnete das einzelne Brillenglas, und in dem heutigen Sinne wurde der Plural gebraucht.

31,8 *unser Held:* Zusammenspiel von Erzähler und Leser. Siehe Anm. zu S. 7,26–29. Durch den Zusatz des Possessivpronomens erfolgt eine ironische Distanzierung vom Romanhelden, die eine emotionell spontane Identifikation mit der Hauptfigur verhindert, vgl. auch *unser Freund,* S. 106,36.

Neuntes Kapitel

31,12 f. *So brachte ... Stunden zu:* rekapitulierender Einsatz, typisch für den Roman des 18. Jahrhunderts; siehe Buch III, Kap. 7; Buch IV, Kap. 5; Buch V, Kap. 1; 3; 4; 16; Buch VIII, Kap. 4; Kap. 5 (Riemann, S. 37 f.).

33,9 *Nationaltheaters:* In vieler Hinsicht stellt Wilhelm Meisters Entwicklung die Übertragung des biogenetischen Grundgesetzes auf den Bereich der Kultur dar: das Individuum durchläuft während seiner Lehrjahre die Geschichte der Kultur seines Jahrhunderts. Wilhelm kommt mit den wichtigsten Bewegungen und Einflüssen des 18. Jahrhunderts in Berührung: mit dem Pietismus (s. »Bekenntnisse einer schönen Seele«, Buch VI), mit der Freimaurerei (s. Turmgesellschaft, S. 516 ff.), mit Shakespeare (S. 197 ff.). So auch mit den deutschen Nationaltheaterbestrebungen des 18. Jahrhunderts. Wie Erich Trunz erklärt hat, ist bei dem Wort ›Nationaltheater‹ im 18. Jahrhundert der damalige Gebrauch des Wortes ›Nation‹ zu bedenken (HA VII,629). Im Lateinischen bedeutete das Wort ›natio‹ das Geburtsland eines Menschen oder eines Stammes. Im 18. Jahrhundert ist diese Bedeutung noch erhalten. Das Wort wird damals verwendet zur Bezeichnung der »eingeborenen Einwohner eines Landes, sofern sie einen gemeinschaftlichen Ursprung haben, und eine gemeinschaftliche Sprache reden, sie mögen übrigens einen einzigen Staat ausmachen, oder in mehrere verteilt sein« (Adelung). Als deutsches Wort für ›Nation‹ wird ›Völkerschaft‹ vorgeschlagen. Teilweise wird das Wort auch noch im Sinne der geographischen Einordnung der Studenten im Rahmen der mittelalterlichen Universität in der Bedeutung von ›Landsmannschaft‹ gebraucht. Das Wort ›Volk‹ wird im 18. Jahrhundert meistens soziologisch verstanden und zur Bezeichnung der untersten Schichten verwendet.

Zur Verdeutschung des Wortes ›Nationaltheater‹ schlägt Campe vor, »›Landesbühne‹ dafür zu sagen, und dieses mit ›vaterländische Bühne‹ oder ›vaterländische Schaubühne‹ abwechseln zu lassen«. Das Wort umfaßt damals sowohl die dramatische Literatur, die für das Theater geschrieben wird, als auch die Institution des Theaters, Schauspielwesen und Schauspielerorganisation.

Es ist wichtig, daran festzuhalten, daß das Wort ›Nation‹

Erstes Buch. Neuntes Kapitel

im 18. Jahrhundert noch frei ist von Chauvinismus und dem Begriff des Nationalismus, wie er im 19. Jahrhundert entsteht. In diesem Sinne ist auch die Nationaltheaterbewegung in Deutschland zu verstehen. Sie ist von keinerlei nationalistischen Motiven beherrscht. Die Forderung nach einem Nationaltheater in Deutschland geht auf französische Vorbilder zurück. Diderot verlangte in seinem »Discours sur le poème dramatique« (1758), der 1760 von Lessing übersetzt wurde, die Gründung eines Nationaltheaters für Frankreich. In Hamburg wurde dann 1767 der Versuch gemacht, ein solches Nationaltheater in Deutschland zu begründen. Der Versuch und Fehlschlag des Unternehmens wurden berühmt durch Lessings »Hamburgische Dramaturgie« und den Ausspruch darin: »Über den gutherzigen Einfall, den Deutschen ein Nationaltheater zu verschaffen, da wir Deutsche noch keine Nation sind! Ich rede nicht von der politischen Verfassung, sondern bloß von dem sittlichen Charakter. Fast sollte man sagen, dieser sei, keinen eigenen haben zu wollen. Wir sind noch immer die geschwornen Nachahmer alles Ausländischen« (101.–104. Stück).

Dem Hamburger Vorbild folgten später Wien (1776), Mannheim (1778), Berlin (1786) und Weimar (1791). Diesen Unternehmungen war ein größerer Erfolg beschieden. Wie bedeutsam das Hamburger Vorbild war, zeigt sich in der Urform des »Wilhelm Meister«, in der »Theatralischen Sendung« (s. S. 195–249). Dort wird die Stadt, in der sich die Schauspieltruppe aufhält, der sich Wilhelm anschließen will, mit der Ortsnamenabkürzung H*** bezeichnet.

Die Nationaltheaterbewegung versuchte, den Betrieb der Wandertruppen und des Hoftheaters zu einem standortfesten bürgerlichen Theater zu verbinden, das alle Schichten der Bevölkerung erfaßte und einen volks- und kunsterzieherischen Auftrag erfüllte. Einerseits wollte man den Mangel an deutscher dramatischer Literatur und den Tiefstand der Schauspielkunst beheben, andererseits auf die

Sitten der Bevölkerung einwirken. Die Ankündigung des Hamburger Nationaltheaters zeigt deutlich dieses zweiteilige Programm. Zunächst heißt es dort: »Wir kündigen dem Publico die vielleicht unerwartete Hoffnung an, das deutsche Schauspiel in Hamburg zu einer Würde zu erheben, wohin es unter andern Umständen niemals gelangen wird. So lange dieser vortreffliche, angenehme und lehrreiche Zweig der schönen Künste noch in den Händen solcher Männer, auch der redlichsten Männer ist, die ihre Kunst lediglich zu einer Brotwissenschaft zu machen gezwungen sind; so lange die Aufmunterung und der edle Stolz der Nachahmung unter den Schauspielern selbst fehlt; so lange man die Dichter der Nation nicht zu Nationalstücken anzufeuern gewohnt ist; und so lange vorzüglich die theatralische Policey, sowohl auf der Bühne in der Wahl der Stücke, als auch bei den Sitten der Schauspieler selbst, eine ganz fremde Sache bleibt; so lange wird man umsonst das deutsche Schauspiel aus seiner Kindheit hervortreten sehen.« Anschließend heißt es in bezug auf die moralische Wirkung des Theaters: »Wir setzen die großen Vorteile zum voraus, die eine Nationalbühne dem ganzen Volk verschaffen kann [...]. Wenn es inzwischen wahr ist, und es ist längst ausgemacht, daß, außer dem edelsten Zeitvertreib, den das Theater gewährt, auch der Sittenlehre durch ihn die herrlichsten Dienste geleistet werden; so verlohnt es sich gewiß der Mühe, nicht mit derjenigen Schläfrigkeit an die wahre Aufnahme der Bühne zu gedenken, mit der man bis auf den heutigen Tag die innerliche Vollkommenheit derselben bearbeitet hat. Und aus eben diesem wichtigen Grunde, dessen Folgen für eine ganze Nation interessant sind, und wovon sich die Vorteile, die aus der Verfeinerung des Geschmacks, und ihrer Sitten fließen, auf den ganzen Staat und auf die Biegsamkeit seiner Bürger erstrecken; aus diesem wichtigen Grunde, sagen wir, freuen wir uns, daß wir die Mittel in den Händen haben, unsern Mitbürgern, außer dem edelsten Vergnügen, dessen der

menschliche Verstand nur fähig sein kann, auch die reichsten Schätze einer geläuterten Moral zu gewähren.«
Ein weiteres Denkmal für die hohen Erwartungen, die an das Nationaltheater gestellt wurden, ist Schillers Aufsatz über »Die Schaubühne als eine moralische Anstalt betrachtet« (1784). Schiller kehrte Lessings Satz von 1768 um und erklärte: »Wenn wir es erlebten, eine Nationalbühne zu haben, so würden wir auch eine Nation.« Schließlich ließe sich noch Wielands »Geschichte der Abderiten« (1774 ff.) heranziehen, die im dritten Buch eine Satire auf die Nationaltheaterbewegung enthält. Bezeichnenderweise wird sowohl in der Hamburger Ankündigung von 1767 als auch in Schillers Aufsatz der Begriff der Bildung verwendet, wenn auch noch nicht im modernen Sinne (zu Goethes Begriff der Bildung siehe S. 122,9). Es zeigen sich hier die Verbindungen, die sich zwischen Nationaltheaterbewegung und Bildungsgedanke im »Wilhelm Meister« ergeben.
Außer der französischen Anregung spielt bei dem Nationaltheatergedanken in Deutschland die antike Tradition eine große Rolle. Bedeutung und Funktion des Theaters in Athen und Rom waren bekannt, und man hoffte, in der Nachfolge der Antike ähnliches für das 18. Jahrhundert zu erreichen. In einer Ode, die Karl Wilhelm Ramler 1786 zur Eröffnung des neuen Nationaltheaters in Berlin schrieb, ist die Rede von dem »goldenen Alter /Des Perikles, Augustus«, in dem die Bühnen blühten. Friedrich Wilhelm II., der Begründer des Berliner Nationaltheaters, wird als »preußischer Titus« gefeiert.
Schließlich sollte das neue Nationaltheater keineswegs nur deutsche Dramen zur Aufführung bringen, sondern auch antike, spanische, italienische, englische und französische Stücke. Wie Ramler schrieb: »Und so wird dieser Ort in der Zukunft, / Außer den Vaterlandsdichtern, die besten Werke der Alten, / Und vom Tagus und Arno, der Thems' und der Seine, die Neuern / In der Sprache Germaniens hören.«

Goethe behandelt also ein äußerst aktuelles Thema, das im Zusammenhang mit der Bildung steht. Schiller hatte es als höchstes der Wirkung des Theaters betrachtet, im Zuschauer die Empfindung hervorzurufen, »ein Mensch zu sein«. In diesem Sinne verknüpfte Schiller den Nationaltheatergedanken mit der Humanitätsidee des 18. Jahrhunderts (»Die Schaubühne als eine moralische Anstalt betrachtet«). Bei Goethe erfährt die Nationaltheaterbewegung aber eine kaum übersehbare Ironisierung, indem sie zum Ziel von Wilhelms selbstgefälliger Schwärmerei gemacht wird.

Siehe: Julius Petersen: Das deutsche Nationaltheater. Leipzig/Berlin: Teubner, 1919. (ZfdU, Erg.-H. 14.) – Wilhelm Klein: Nationaltheateridee im Zeitalter der Aufklärung. In: W. K.: Der Preußische Staat und das Theater im Jahre 1848. Berlin: Selbstverlag der Gesellschaft für Theatergeschichte, 1924. (Schriften der Gesellschaft für Theatergeschichte. 33.) S. 1–18. – Heinz Kindermann: Theatergeschichte der Goethezeit. Wien: Bauer, 1948. – Heinz Kindermann: Theatergeschichte Europas. Bd. 4. Salzburg: Müller 1961. S. 471 ff. Bd. 5 (1962). S. 13–226. – Willi Flemming: Goethe und das Theater seiner Zeit. Stuttgart: Kohlhammer, 1968. – R. Krebs: Une source française de l'idée de ›Nationaltheater‹. In: Etudes 25 (1970) S. 325–331.

Zehntes Kapitel

35,7 ›*Jüngling am Scheidewege*‹*:* auch der Titel einer bekannten Erzählung des Prodikus von Ceos »Herkules am Scheidewege«, die besonders durch Xenophon verbreitet wurde. Siehe auch Wieland, »Die Wahl des Herkules« (1773).

35,17 *Sibylle:* hier einfach Bezeichnung eines alten Weibes, sonst weissagende Frau in der Antike, vgl. S. 45,26.

35,18–29 *Von der Handlung ... einführen:* Siehe Schiller an Goethe 9. 12. 1794: »Die Apologie des Handels ist herrlich und in einem großen Sinn.« Vgl. S. 29,33 ff.

37,10 f. *dieser falsche Enthusiasmus:* verworrene Einfälle oder Vorstellungen, die vom Urheber für höhere Inspira-

Erstes Buch. Zehntes bis Dreizehntes Kapitel 27

tion gehalten oder ausgegeben werden. Siehe dazu auch *Schwärmerei*, S. 609,3.

37,37 *Apostrophen:* Plural zu Apostrophe, die Anrede, griech. ἀποστροφή. Eine rhetorische Figur, »vermöge welcher der Redende seinen Vortrag unterbricht, um eine gegenwärtige oder abwesende, wirkliche oder eingebildete Person, anzureden; 2. eine lebhafte oder harte Anrede, d. i. ein Verweis« (Campe). Hier im Sinne von lebhafter Anrede oder Vorhaltung.

Eilftes Kapitel

38,23 *Eilftes:* elftes, von mhd. ein-lif; ›lif‹ steht für ›zehn‹, elf ist eins darüber.

40,31 *Mantelsack:* »Ein Reisesack, besonders sofern er zu Verwahrung des Mantels auf der Reise dienet« (Adelung).

41,11 f. *künstlicher:* kunstreicher.

41,27 *Negligé:* Nachtkleid, Nachtgewand, Hauskleid.

Zwölftes Kapitel

42,29 *ein Traum:* zu Wilhelms Traum vgl. Wieland, »Agathon« VI,4.

43,23 *Prose:* Prosa.

44,10 *Prätentionen:* Forderungen, Ansprüche, Anmaßungen.

44,34 f. *Wer wehrt ... zu denken?:* ähnlich in den »Wahlverwandtschaften« (I,11), in denen das Motiv tragisch vertieft wird.

Dreizehntes Kapitel

45,8 *Wilhelm hatte ... vollendet:* sogenannter personeller Einsatz des Kapitels, siehe auch Buch I,2; Buch III,1.11; Buch IV,3.7.8.17; Buch V,5.8.13; Buch VII,6.7.8 (Riemann, S. 39 ff.).

46,32 *Aktuarius:* Gerichts- oder Stadtschreiber.

47,1–28 *Die Aufmerksamkeit ... Bekanntschaft zu machen:* Siehe zum Vergleich dieser Episode den Roman von Abbé Prevost, »Histoire du Chevalier des Grieux et de Manon Lescaut«, Amsterdam 1731. Goethe schätzte diesen Roman sehr hoch. Wilhelm Meisters Begegnung ist dem Anfang des Romans von Abbé Prevost nachgebildet. Der Erzähler berichtet dort von seiner ersten Begegnung mit den Protagonisten seiner Geschichte, die unter ähnlichen Bedingungen stattfindet. Der Erzähler bezeugt ein ähnliches Mitgefühl für das unglückliche Schicksal der beiden Liebenden, die allerdings mit Ausnahme ihrer Situation keinerlei Ähnlichkeit mit Goethes Protagonisten aufweisen.

48,30 *hübsche:* hübsch: »In Thüringen und Obersachsen nicht nur ›artig, gesittet‹, sondern auch ›von guter bürgerlicher Stellung‹, er ist hübscher Leute Kind, stammt aus einer angesehenen Familie« (DWb. IV,2,1852).

49,7 *Ausputzer:* Ermahnungen und Verweise der fürstlichen Regierung oder des adligen Gerichtsherrn.

Vierzehntes Kapitel

51,16–53,19 *Das Gespräch ... glücklich schätzen:* sog. ›Schulgespräch‹. Wilhelm wird von Melina über die Zustände des Theaterlebens belehrt (Riemann, S. 323 ff.). Das Schulgespräch ist typisch für den Roman des 18. Jahrhunderts (s. Wielands »Agathon«).

52,11 *Bedienung:* Anstellung, Stellung, Berufsarbeit.

55,20 *Interessen:* Zinsen.

Funfzehntes Kapitel

56,9–14 *Glückliche Jugend! ... wiederholt:* Kapiteleinsatz mit Gemeinplatz.

56,27 *Lichtwagen:* bewegliche Vorrichtung zur Beleuchtung der Bühne.

Erstes Buch. Vierzehntes bis Sechzehntes Kapitel 29

56,28 *Unschlittlampen:* billige Talgkerzen im Gegensatz zu den teuren Wachskerzen.
56,33 *Zindel:* eine Art Taft.
58,32 *Schnürbrust:* Korsett, Mieder.
62,12 *Irrgarten der Liebe:* Anspielung auf den anonymen Roman »Der im Irrgarten der Liebe herum taumelnde Cavalier, Oder Reise- und Liebes-Geschichte eines vornehmen Deutschen von Adel, Herrn von St., welcher nach vielen Liebesexcessen endlich erfahren müssen, wie der Himmel die Sünden der Jugend im Alter zu bestrafen pflegt«, Warnungsstadt: Leberecht, 1738. Der Roman wird heute mit Sicherheit Johann Gottfried Schnabel zugeschrieben.
63,3 *Blödigkeit:* Schüchternheit.

Sechzehntes Kapitel

63,14 *Equipage:* Reisegerät, Reiseausstattung.
63,21–66,36 *»Unter der lieben Hülle ... Nacht.«:* Mit diesem Brief schließt sich Goethe an die Romantechnik der eingeschobenen Briefe an, die über Gellerts »Schwedische Gräfin von G***« (1747/48) in den älteren Roman zurückreicht. Wilhelms Liebesbrief ist als Kontrast zu Norbergs Brief (S. 74,28 ff.) zu sehen, der ein Lovelace-Brief ist nach dem Vorbild des Wüstlings in Richardsons Roman »Clarissa Harlowe« (1748). Über Marianes treue Liebe erfährt Wilhelm erst in Buch VII, Kap. 8, als ihm die alte Barbara Marianens Brief überbringt mit den Worten: *Hier sind Marianens letzte Worte* (S. 494,19 f.); s. Riemann, S. 121 ff.; zur Interpretation Felix Scholz: »Der Brief Wilhelm Meisters an Mariane. Eine stilistische Untersuchung«, in: FDH 1928, S. 105–126. Die Interpretation folgt dem Text der »Theatralischen Sendung«, Buch I, Kap. 22.
65,4 *Direktor Serlo:* in der »Theatralischen Sendung« noch ›Direktor S. in H***‹. Es handelt sich hier wahrscheinlich um Friedrich Ludwig Schröder (1744–1816), der von

1771 bis 1780 und von 1785 bis 1798 Theaterdirektor in Hamburg war.

Siehe: Berthold Litzmann: Friedrich Ludwig Schröder. Ein Beitrag zur deutschen Litteratur- und Theatergeschichte. 2 Bde. Hamburg/Leipzig: Voß, 1890–94. Bd. 1, S. 247–350. Bd. 2, S. 190–201. – Willy Krogmann: Wilhelm Meister in Hamburg: Ein Epilog zur Eröffnung des Hamburger Stadttheaters Ostern 1927. Hamburg: Buske, 1965. S. 5–33.

65,22 *im Ritterschaftlichen:* In den Gebieten der reichsunmittelbaren Ritterschaft galten die Gesetze der Landesherren nicht (BA). Dort besaß der Adel seine herkömmlichen Regierungsrechte. Diese verwickelten Rechtszustände erleichterten heimliche Ehen.

66,6 *diese Bursche:* nach DWb. ein in Geschlecht und Bedeutung schwankendes Wort, das aus dem lat. bursa ›Geldbeutel‹ abgeleitet wird (s. engl. purse, nhd. Börse). Die frühnhd. Bedeutung ergibt sich aus »Haus, das von einer aus gemeinsamem Beutel lebenden Gesellschaft bewohnt wird; aus einer Kasse zehrende Gesellschaft von Studenten, Handwerkern, Soldaten«. In dieser Bedeutung heute nur noch gebräuchlich als ›Burse‹, das ein von einer Stiftung errichtetes Haus bezeichnet, in dem Studenten oder Handwerker wohnen und Mahlzeiten erhalten. In der ursprünglichen Bedeutung ist das Wort bis ins 17. Jahrhundert belegt. Der einzelne Teilnehmer hieß burßgesell, bursant, mitbursch(e), bis (mit einer Bedeutungsentwicklung vom Sammelbegriff zum Einzelwesen wie bei ›Frauenzimmer‹) das Wort zur Bezeichnung des einzelnen jungen Mannes wurde. Gefördert wurde diese Entwicklung dadurch, daß der Sammelbegriff ›die Bursch(e)‹ im Singular fem. als Plural verstanden und durch einen neuen Singular ›der Bursch(e)‹ ergänzt wurde (s. Friedrich Kluge und Alfred Götze, »Etymologisches Wörterbuch der deutschen Sprache«, Berlin: de Gruyter, 1957, S. 112). Bei Goethe wird das Wort noch stark flektiert, heute schwach (diese Burschen).

66,8 *Streit mit der Kanzel:* Vorbild ist vielleicht der Hamburger Theaterstreit von 1769. Der durch den Streit mit Lessing bekannte Hauptpastor Johann Melchior Goeze griff das Theater an in den »Hamburgischen Nachrichten aus dem Reiche der Gelehrsamkeit« und in seiner »Theologischen Untersuchung der heutigen Schaubühne«. Der Streit endigte schließlich damit, daß der Hamburger Senat alle Schriften darüber verbot. Siehe DuW, Buch 13, sowie Goethes Aufsatz »Über das deutsche Theater« (1815), ferner Johann Georg Sulzer, »Allgemeine Theorie der schönen Künste«, Bd. 1, Leipzig: Weidmann, ²1792, S. 726–741.

Siebzehntes Kapitel

67,2–10 *Der Tag ... erzwingen:* Kapiteleinsatz mit Zeitangabe (sog. chronographischer Einsatz) tritt häufig in den »Lehrjahren« auf, siehe Buch II,5.9; Buch III,2.3; Buch IV,4.15; Buch V,7.11.13; Buch VII,1.6; Buch VIII,3.8 (Riemann, S. 34 f.).

67,29 *ein Unbekannter:* Dieser stellt sich in den letzten Büchern als der Abbé der Turmgesellschaft heraus. Eine solche geheimnisvolle Einführung einer Person ist durchaus üblich im Roman des 18. Jahrhunderts und findet sich z. B. auch bei Wieland (»Don Sylvio«, »Agathon«) und bei Johann Timotheus Hermes (»Sophiens Reise von Memel nach Sachsen«, 1770–72). Hier zeigt sich das Prinzip der Steigerung bei Goethe, indem eine herkömmliche Romantechnik zum Bildungsmittel – zur Lenkung und Leitung des Helden – erhöht wird. Wilhelm war dem Unbekannten schon in seiner Kindheit begegnet (S. 69,15 ff.) und trifft ihn später wieder bei der Wasserfahrt (II,9) und auf dem Weg zu Lotharios Landgut (VII,1). Und sogar bei der »Hamlet«-Aufführung treten entweder der Abbé oder sein Zwillingsbruder als Geist von Hamlets Vater auf (V,11), wie Jarno später Wilhelm mitteilt. Bei der Aufnahme in die Turmgesellschaft erkennt Wilhelm den Unbekannten wieder, *der, in jener bedeutenden Nacht, sich mit ihm [...] unterhalten hatte* (S. 517,21 ff.). Es ist wichtig zu erkennen, wie Wilhelm bei jeder Begegnung Belehrungen und Warnungen erhält. Hier wird Wilhelm auf das richtige Verhältnis zum Kunstwerk und die angemessene Haltung zu Schicksal und Notwendigkeit hingewiesen. Der Abbé spricht sich gegen den Kunstenthusiasmus und den Schicksalsglauben aus und hebt im Sinne der Turmgesellschaft Lenkung, Leitung und Nutzen hervor (S. 71,7 ff.). Das theoretisierende Gespräch hat die Funktion der ungewissen Vorausdeutung. Die Frage, ob Schicksal oder Lenkung den Weg des Helden bestimmen werden, erweist sich als spannungserregendes Moment.

Zur Interpretation siehe: Günther Müller: Gestaltung – Umgestaltung in Wilhelm Meisters Lehrjahren. Halle a. d. S.: Niemeyer, 1948. S. 26. – Robert Hering: Wilhelm Meister und Faust und ihre Gestaltung im Zeichen der Gottesidee. Frankfurt a. M.: Schulte & Bulmke, 1952. S. 201 ff. – Hass. S. 141.

68,7 *Kunstsammlung:* Siehe DuW, Buch 1. Auch Goethes Vater besaß eine Kunstsammlung und Goethe selbst war ein aktiver Sammler. Wie Hans Rudolf Vaget gezeigt hat, war die Tätigkeit des Sammelns von zentraler Bedeutung für Goethes Kunst- und Bildungsauffassung. Sowohl in den »Lehrjahren« als auch in seiner Briefnovelle »Der Sammler und die Seinigen« (1799) wird die Wirkung einer Kunstsammlung, die vom Großvater angeregt wurde, auf eine Familie gezeigt. Mit dem von wahrem »Geschmack geleiteten Sammeleifer« wird der Grund gelegt »für ein folgenreiches Verhältnis« der nächsten Generationen zur Kunst und »eine ewige Quelle echter Kenntnis« und Bildung eröffnet (s. Hans Rudolf Vaget, »Dilettantismus und Meisterschaft: Zum Problem des Dilettantismus bei Goethe: Praxis, Theorie, Zeitkritik«, München: Winkler, 1971, S. 116).

69,7 *Kabinett:* »Ein Zimmer, worin Werke und Seltenheiten der Kunst und Natur verwahrt werden. Hier können wir, in sofern, wie gewöhnlich, die aufgestellten Sachen, und

Erstes Buch. Siebzehntes Kapitel

nicht der Raum, gemeint werden, ›Kunstsammlung, Natursammlung, Kunst- und Natursammlung, Münzsammlung‹ dafür sagen« (Campe), s. S. 373,26.

69,23 *Lieblingsbild:* Das Bild zeigt das folgende Ereignis, das u. a. Plutarch in seinen »Bioi paralleloi« (Vergleichenden Lebensbeschreibungen) in der Biographie des Demetrius berichtet: »Seleukos I. (312–280 v. Chr.), der Gründer des mächtigen vorderasiatischen Seleuzidenreiches, hatte sich in zweiter Ehe mit Stratonike verheiratet. In heimlicher Liebe zu seiner Stiefmutter siecht Antiochus dahin, Seleukos' Sohn aus erster Ehe. Ein Arzt wird gerufen. Dieser entdeckt eine zeitliche Übereinstimmung zwischen Antiochus' beschleunigtem Pulsschlag und der Gegenwart der Königin. Dem König gegenüber behauptet der Arzt in einer Finte, Antiochus liebe seine, des Arztes, Frau, und fragt, was der König denn an seiner Stelle tun würde. Seleukos drängt den Arzt, seine Ehe dem Wohl des Königreiches aufzuopfern. Jetzt erst berichtet der Arzt dem König die wahre Sachlage: Antiochus liebt die Königin, und nur die Erfüllung dieser Liebessehnsucht könnte der Krankheit des Sohnes ein Ende bereiten. Seleukos entschließt sich daraufhin, seiner Gattin Stratonike zu entsagen und Antiochus mit Stratonike zu verheiraten« (Chr. E. Schweitzer).

Heinrich Düntzer hat das Bild dem holländischen Maler Gérard de Lairesse (1641–1711) zugeschrieben (Hempelsche Ausg., S. 80; DNL, S. 64; ebenso JA XVII,337; FA XI,592 f.; dagegen WA I 54,164; HA VII,632). Johann Joachim Winckelmann hatte dieses Gemälde in dem »Sendschreiben über die Gedanken von der Nachahmung der griechischen Werke in der Malerei und Bildhauerkunst« (1756) besprochen. Es handelt sich aber wohl um ein Bild, das früher Andrea Celesti (1637–1706), jetzt dagegen Antonio Belucci (1654–1726) zugeschrieben wird. Neuerdings hat Erika Nolan das Bild dem Maler Januarius Zick (1730–1797) zugeschrieben (vgl. FDH 1979 S. 132–152). Siehe Abb. S. 34 f.

Der kranke Königssohn. Gemälde von Antonio Belucci. (Gemäldegalerie Kassel.) Das Bild befand sich bereits zu Goethes Zeiten in der Kasseler Gemäldegalerie, die Goethe im September 1779 auch besuchte. Vgl. Anm. zu 69,23.

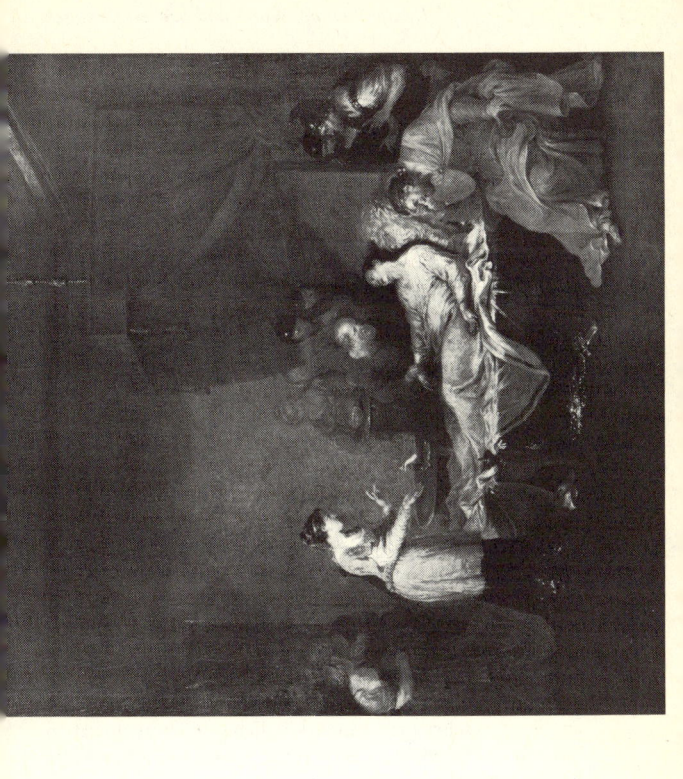

Der kranke Königssohn. Gemälde von Januarius Zick. (Museum Wiesbaden.) Goethe stand mit Januarius Zick um 1774 in Verbindung. Vgl. Anm. zu 69,23.

Dieses Bild läßt sich leitmotivisch durch den Roman verfolgen. Zunächst ist Stratonike auch Mariane, aber bei der Rettung nach dem Überfall verbindet Wilhelm das Bild vom kranken Königssohn mit der schönen Amazone Natalie (IV,9). Bei der Aufnahme in die Turmgesellschaft wird die Frage gestellt: *Wo mag der kranke Königssohn wohl jetzo schmachten?* (S. 517,20f.). Im Hause des Oheims, das Natalie geerbt hat, findet Wilhelm dann das Bild aus der Sammlung seines Großvaters wieder (VIII,2f.). Zugleich erfährt er, daß der Oheim, in dessen Begleitung er Natalie zuerst erblickte, sowohl der Verwandte der »Schönen Seele« als auch der Käufer der Kunstsammlung seines Großvaters war. Und schließlich deckt Nataliens Bruder Friedrich im schwadronierenden Ton die Identität von Wilhelm und dem kranken Königssohn sowie von Natalie und Stratonike auf (VIII,10). Wie Chr. E. Schweitzer sagt, macht Wilhelm im Verlauf der »Lehrjahre« eine Entwicklung durch, die der des kranken Königssohns auf Beluccis Bild entspricht: »Dieses Bild, das ihm einst als Ausdruck hoffnungsloser Liebe gegolten hatte, ist ihm jetzt Symbol höchster menschlicher Seligkeit. In den Ereignissen, von denen uns das Gemälde eine Szene zeigt, so wie in dem Roman erhält der Königssohn, das heißt Antiochus-Wilhelm, schließlich die Hand der Geliebten, das heißt Stratonike-Natalie.« Schiller bestätigt den leitmotivischen Gebrauch des Gemäldes, wenn er an Goethe schreibt: »Einen köstlichen Gebrauch haben Sie von des Großvaters Sammlung zu machen gewußt; sie ist ordentlich eine mitspielende Person und rückt selbst an das Lebendige« (28. 6. 1796).

Franz Kuntze: Das Bild vom kranken Königssohn in Wilhelm Meisters Lehrjahren. In: NJbb. 33 (1914) S. 372f. – Georg Gronau: Das Bild vom kranken Königssohn in ›Wilhelm Meister‹. In: Zeitschrift für bildende Kunst 50 (1915) S. 157–162. – Carl Roos: Faust und die Zikade. Das Faustsymbol. In: Euphorion 46 (1952) S. 33. – Staiger II,137f. – Christoph E. Schweitzer: Wilhelm Meister und das Bild vom kranken Königssohn. In: PMLA 72 (1957) S. 419–432. – Jürgen Scharfschwerdt: Thomas

Mann und der deutsche Bildungsroman. Eine Untersuchung zu den Problemen einer literarischen Tradition. Stuttgart: Kohlhammer, 1967. (Studien zur Poetik und Geschichte der Literatur, Bd. 5.) S. 19. – Hellmut Ammerlahn: Goethe und Wilhelm Meister, Shakespeare und Natalie: die klassische Heilung des kranken Königssohn. In: FDH 1978, S. 47–84. – Erika Nolan: Wilhelm Meisters Lieblingsbild: Der kranke Königssohn: Quelle und Funktion. In: FDH 1979, S. 132–152.

72,20 *Magnetuhren:* Kompasse von Bergleuten oder Landmessern, die mit einem Uhrenzifferblatt ausgerüstet sind.

72,32–34 *die zu genießen Götter ... sich entschließen dürften:* die Götter leben selig und sorglos, aber steigen zu sterblichen Frauen hernieder (Düntzer, DNL).

74,4 *Phantom:* gespenstische Erscheinung, Trugbild.

74,33 *Hexe von Endor:* beschwört dem König Saul vor seiner letzten Schlacht gegen die Philister den Geist Samuels (1. Sam. 28,7 ff.).

74,36 *Iris:* in der griech. Mythologie: 1. Verkörperung des Regenbogens; 2. wie auch hier, windschnelle Botin der Götter.

Zweites Buch. Erstes Kapitel

Das Kapitel setzt zunächst mit einem Gemeinplatz ein, stellt dann im zweiten Absatz die Verbindung mit dem Leser her, um dann mit Hilfe von Zeitraffung *einige Jahre* zu überspringen.

75,20 *Pest:* »Der Name einer im höchsten Grade ansteckenden Krankheit, welche in kurzer Zeit eine große Menge Geschöpfe hinraffet, und sich unter vielerlei Gestalt zeiget, aber gemeiniglich in einem sehr ansteckenden und bösartigen Faulfieber bestehet [...]. Ungeachtet nicht zu leugnen ist, daß die Pest eine eigene Art einer sehr ansteckenden und bösartigen Krankheit ist, so ist doch auch wahr, daß man ehedem ein jedes bösartiges Faulfieber, besonders bei der damaligen schlechten Behandlung desselben, eine Pest genannt hat« (Adelung). Hier also eine besondere Art von Fieber; sonst in der Umgangssprache jede bösartige weitverbreitete Seuche (lat. pestis ›Seuche‹), medizinisch eine in Epidemien auftretende Infektionskrankheit, die durch den Pestbazillus hervorgerufen wird.

75,21 *vollsaftigen Körper:* Anspielung im Sinne der antiken und mittelalterlichen Medizin, nach der sich im menschlichen Körper vier Hauptsäfte (lat. humores) befinden, von deren Mischung und Beschaffenheit die Gesundheit des Menschen, insbesondere seine Gemütsstimmung und seine psychologische Eigenart, d. h. sein Temperament, abhängig sind.

75,31 *Wollust:* Vgl. Anm. zu 15,21.

76,23 *Streich:* Hieb mit Schwert oder Axt.

77,1 *Mitgebornen:* Geschwister.

77,7f. *Becher eines Vulkans:* Lehnübersetzung aus dem Griechischen oder Lateinischen (lat. crater ›Mischbecher, Becher‹). Campe empfiehlt ›Trichterschlund‹ als Übersetzung des Wortes ›Krater‹ (Öffnung eines feuerspeienden Berges). Das Wort ›Krater‹ setzt sich sowohl im Englischen, Französischen als auch im Deutschen erst Ende des 18. Jh.s durch.

Zweites Kapitel

78,8 *Schulexerzitien:* Schulübungen. Campe schreibt dazu: »Aus der Sprache des gemeinen Lebens wird sich dies lat. Wort, so lange die Schullehrer gegen ihre Schüler sich seiner bedienen, nicht verdrängen lassen, ungeachtet es eins von denen ist, welche der gemeine Mann gar nicht aussprechen kann: allein im Schreiben, besonders in der edleren Schreibart, kann und sollte man es vermeiden.« Campes Anmerkungen charakterisieren im allgemeinen die Stilebene des Romans und im besonderen Goethes Sprache in den »Lehrjahren«.

78,9 *Naturell:* natürliche Fähigkeit, Begabung.

Zweites Buch. Zweites Kapitel 39

78,12 *gemeine Gedanken:* übliche, durchschnittliche Gedanken.

79,28–80,37 *Er hatte daher ... geschehen:* s. DuW, Buch VIII. Auch Goethe verhängte ein Autodafé über seine Arbeiten aus der Leipziger Zeit. Wie schon Eichendorff feststellte, war Goethe »im Grunde gewissermaßen selbst so eine Art von Wilhelm Meister, und wir erfahren nachträglich aus ›Dichtung und Wahrheit‹, wie überraschend viele Jugenderinnerungen, Personen und Zustände aus seinem eigenen Leben in diesen [...] Roman übergegangen sind« (»Der deutsche Roman des 18. Jahrhunderts in seinem Verhältnis zum Christentum«, 1851). Goethe selbst hat den Roman eine »Pseudo-Konfession« genannt in einem Brief an Herder aus dem Mai 1794.

79,29 *Reliquienkästchen:* ursprünglich Behälter für Überreste eines Heiligen, für Heiligengebein oder andere Gegenstände, die einem Heiligen angehört haben sollen. Hier in der weiteren Bedeutung eines kleinen Behälters für persönliche Andenken.

81,4–86,13 *Weil ein Gedicht ... überwältigt zu haben glaubte:* Das Gespräch zwischen Wilhelm und Werner spiegelt die zeitgenössische Auffassung über Dichter und Dichtung in der Nachfolge von Klopstock wider. Bis ins 18. Jahrhundert wurde die Dichtung als eine Beschäftigung der ›Nebenstunden‹ betrachtet. Das Wort ›Nebenstunden‹ trat als Titel von Gedichtsammlungen auf, wie z. B. bei Friedrich Rudolf von Canitz (1654–99) in seinen »Nebenstunden Unterschiedener Gedichte« (1700). Noch Hagedorn und Haller stehen in dieser Tradition. Erst mit Klopstock tritt ein neues Dichtungsbewußtsein auf, als dessen Vertreter hier Wilhelm fungiert.

81,36–83,9 *der Dichter ... Bellen sichern?«* s. »Torquato Tasso«, I,1 (V. 159 ff.); ferner Wielands »Briefe an einen jungen Dichter« (1782–84). Siehe auch S. 83,18–84,7.

83,2 *wie ein Vogel:* sog. Zugvogelmotiv. Am Bild des Vogels und seiner polaren Gegensätze ›Nest‹ und ›Hütte‹, »welche Selbstbeschränkung, Häuslichkeit bezeichnen, [...]

läßt sich Wilhelms geistige Entwicklung kennzeichnen. Wilhelms Liebe zu Mariane hat sich ›auf Flügeln der Einbildungskraft‹ [S. 11,8] erhoben. Hier enthüllt die vogelartige Bewegung den unbeschränkten Flug seiner Gefühle. Das wird wiederum von Marianens Erfahrung bestätigt, wenn sie von ›den Flügeln seiner Liebe‹ [S. 31,31 f.] spricht. In seinem Gespräch mit Werner über die Dichtkunst identifiziert sich Wilhelm [...] mit Dichtern, die er mit Vögeln vergleicht« (Reiss, S. 87). Auch für die Musik wird das Vogelmotiv verwendet (S. 130,15; 131,5 f.). Der Harfner singt *wie der Vogel* (S. 132,10). Ebenso wird Mignons Ungebundenheit mit der Freiheit der Vögel verglichen, aber im Gegensatz zu Mignon bauen die Vögel auch zugleich *artig und vertraulich ihre Nester* (S. 553,36 f.).

»Die Phantasie Wilhelms, deren Flügel gestutzt werden, steht im Gegensatz zum ›stockenden, schleppenden bürgerlichen Leben‹ [S. 32,36 f.], dem er entfliehen möchte. [...] Als Wilhelms Lehrjahre als beendet erklärt werden, drückt [das Vogelmotiv] wieder den Grad seiner Entwicklung aus. Er sieht die Welt nicht mehr ›wie ein Zugvogel‹ [S. 526,14]« (Reiss, S. 88).

83,13 *holdselige:* »in einem hohen Grade angenehm« (Adelung).

83,37 *harmonisch:* hier noch im Sinne der Grundbedeutung von ›einträchtig, in Übereinstimmung mit der Welt‹; nicht in der heutigen abgegriffenen Bedeutung.

84,32 *Kloben:* Haken zum Befestigen eines Gegenstandes.

Drittes Kapitel

86,17 *dem Labyrinthe:* Labyrinth: Irrgarten, Irrgebäude, Irrgänge; auch im übertragenen Sinne wie hier: Verworrenheit, Wirrwarr.

87,4 *»Pastor fido«:* Giovanni Battista Guarinis »Il Pastor fido« (»Der getreue Schäfer«) von 1585 gehörte neben Tassos »Aminta« zu den beliebtesten Schäferspielen, von

Zweites Buch. Drittes und Viertes Kapitel

denen Goethe selbst noch eines in Leipzig schrieb (»Die Laune des Verliebten«).

88,30–33 *Die Intrige ... hervor:* Das aufgeführte Stück gehört zum Typus des Intrigenlustspiels der Sächsischen Komödie.
Siehe: Horst Steinmetz: Die Komödie der Aufklärung. Stuttgart: Metzler, 1966. (Sammlung Metzler, 47.)

Viertes Kapitel

90,15 f. *Als er ... lebhaft zu:* s. Hass, S. 148 ff.: »Wiederum hat Wilhelm das Theater nicht gesucht, sondern ist ihm zufällig begegnet. Das bleibt für alle Erfahrung und Entwicklung Wilhelms bestimmend: Welt und Menschen kommen gleichsam auf ihn zu. Das gilt auch von der Verbindung mit der Schauspielergesellschaft. Es ist Philine, die ihm durch Friedrich einen Blumenstrauß abbitten läßt und mit der solchergestalt eingeleiteten Bekanntschaft die erste Ursache setzt für alle weiteren Schritte Wilhelms, die ihn tiefer in die Theatersphäre verstricken. Daß Wilhelm auf solche ›neutrale‹ Weise, d. h. ohne eigentlichen Bezug auf sein ideales Theaterinteresse, wieder an die Theatersphäre herangeführt wird, ist gleichsam eine ironische Tarnung der Schlingen, mit denen das Schicksal Wilhelm wieder für das Theater einfängt. [...] in der [...] Zufallsbegegnung mit der Theatersphäre auf dieser Reise, liegt etwas von der geheimnisvoll gelenkten Möglichkeit der Allgegenwart und dem Spiel wunderbarnotwendiger Zufälle des Märchens: Wilhelms erneute Hinwendung zum Theater erscheint dadurch ganz dem Zusammenhang bewußt und willentlich gelebten Lebens und Wünschens entzogen und nimmt den Charakter einer unausweichlichen, von verborgenen Kräften gelenkten Fügung an.
Die Rolle, die Philine in diesem Sinne bei der Schicksalsumstrickung Wilhelms spielt, wird vom Erzähler mit scherzender Ironie in ihrem ›Funktionieren‹ vorgeführt,

als wolle er den Genuß an seiner Direktion dieses graziössinnlichen Schicksalsspiels eigens betonen. Wilhelm, der eben noch im Entschluß endgültiger Entsagung und lebenslangen Liebesschmerzes gezeigt war, ist jetzt doch sogleich von den Reizen Philinens gefangen. Die ironische Struktur der Erzählung wird in Wilhelms Verhältnis zu Philine insbesondere daran deutlich, daß Wilhelm hier der Anziehung einer weiblichen Natur erliegt, in der ihm erotischer Leichtsinn und heitere Treulosigkeit als beinahe diejenigen Eigenschaften offen entgegentreten, deren er in getäuschter Eifersucht Marianen angeklagt hatte und deren bloßer Schein den Liebesbund mit ihr zerstörte. [...] Der Wilhelms Schicksal dirigierende Erzähler führt jedoch in der Gestalt Mignons Fesseln menschlicher Bindung ganz anderer Art ein. Der gleichsam schicksallosen, sinnlichaußermoralischen Natur Philinens stellt er in Mignon die rätselhafte, dunkle und zerbrechliche Schicksalsgestalt einer im tiefsten gestörten Natur gegenüber. Ganz anders als Philine, die ihrerseits Wilhelm entgegengekommen war, entzieht sich Mignon zunächst, und es ist Wilhelm, der Mignon aktiv an sich zieht.«

90,32 *wohlgebildetes:* Das Wort ›wohlgebildet‹ gehört zu Goethes beliebtesten Adjektiven zur Bezeichnung von Männern und Frauen. Es ist dabei zu beachten, daß es sich vorwiegend auf die äußere Erscheinung bezieht.

91,9 *Bouquet:* Blumenstrauß.

91,10 *Kompliment:* Verbeugung.

91,21 f. *ob er sie ... erklären sollte:* In Mignon und dem Harfner (s. S. 129,16 ff.) treten Wilhelm die Gestalten des Dämonischen und Schicksalhaften gegenüber. Für die Konzeption der Mignon-Gestalt ist das Androgynenproblem kennzeichnend. Der Name erscheint in der männlichen Form (frz. le mignon) und galt im 18. Jahrhundert zur Kennzeichnung eines homoerotischen Liebhabers. In der »Theatralischen Sendung« wird Mignon bisweilen mit dem männlichen Personal- oder Relativpronomen bezeichnet (z. B. III,8, vgl. Kap. II, Varianten und Parali-

Zweites Buch. Viertes Kapitel

pomena). Im letzten Buch der »Theatralischen Sendung« heißt es: »Daß er [Wilhelm] seinen Mignon bei sich behalten könne, daß er seinen Harfner nun nicht zu verstoßen brauche, schienen wichtige Gründe der Entscheidung.« Noch 1786 schrieb Goethe: »Ich war lange willens, Verona oder Vicenz dem Mignon zum Vaterland zu geben« (Tagebuch für Charlotte von Stein, 22. 9. 1786).
In zwei Aufsätzen, die 1795 in Schillers »Horen« erschienen, bezeichnete Wilhelm von Humboldt die Verbindung der »Eigentümlichkeiten beider Geschlechter [...] das Vollendete« (s. »Über den Geschlechtsunterschied und dessen Einfluß auf die organische Natur«, »Über die männliche und weibliche Form«).
Wilhelm Emrich weist darauf hin, daß Goethe »im ganzen Wilhelm-Meister-Roman die [...] Wandlung vom Männlichen zum Weiblichen gestaltet (auch in Mariane, in der Amazone und in Therese, die zunächst ja gleichfalls in Männerkleidung auftreten [...]). [...] in diesem Roman ging es um eine langsame Reifung, eine Überwindung der hermaphroditischen Konfliktzone [...]« (»Symbolinterpretation und Mythenforschung«, in W. E., »Protest und Verheißung«, Frankfurt a. M. / Bonn: Athenäum Verlag, ²1963, S. 73).

Siehe ferner: Fritz Giese: Der romantische Charakter. Bd. 1: Die Entwicklung des Androgynenproblems in der Frühromantik. Langensalza: Wendt & Klauwell, 1919. – Carl Gustav Jung: Zur Psychologie des Kind-Archetypus. In: C. G. J. und Karl Kerényi: Einführung in das Wesen der Mythologie. Amsterdam/Leipzig: Pantheon Verlag, 1941. S. 103–144.

Oskar Seidlin hat einen Überblick über die Personen gegeben, die von der Forschung als Goethes »Modell« für Mignon aufgestellt worden sind: »[...] was die Goethe-Forschung an Mignon ›in Bezugnahme auf den Dichter‹ gesündigt hat, läßt sich nur apostrophieren mit den Worten: ›Was hat man dir, du armes Kind, getan?‹ In kaum einem anderen Fall ist die Jagd nach dem ›Modell‹ so zu einer Parforce-Hatz ausgeartet wie bei dem armen Kind. Die Zahl ist hier wirklich Legion. Richard Rosenbaum (›Mignon‹, Preußische Jahrbücher, Februar 1897) rät auf die Seiltänzerin Petronella, Richard M. Meyer (›Goethe‹, Berlin 1898, S. 82) auf Maximiliane von Brentano, A. Matthes (›Mignon, Goethes Herz‹, Leipzig 1900) auf Katharina Zimmermann, Eugen Wolff (›Mignon‹, München 1909) auf die Sängerin Elisabeth Schmeling-Mara, Fritz Lachmann (›Goethes Mignon‹, Germ.-Rom. Monatsschrift 15, 1927, S. 100–116) auf Fritz von Stein, Walter Wagner (›Goethes Mignon‹, ebda. 21, 1933, S. 401–415) auf die Schwester Cornelia, Herman Grimm (›Fragmente‹ I, Berlin 1900) entdeckt literarische Reminiszenzen an Cervantes' ›La Gitanella‹, Hans Berendt (›Goethes Wilhelm Meister‹, Dortmund 1911) und Dorothea Flashar (›Bedeutung, Entwicklung und literarische Nachwirkungen von Goethes Mignongestalt‹, Berlin 1920, S. 13) weisen auf Wielands ›Don Sylvio‹ hin, ja selbst der Versuch, Mignon aus dem harfespielenden Mainzer Knaben, den Goethe in ›Dichtung und Wahrheit‹ (III,12) erwähnt, herzuleiten, fehlt nicht (E. Pilch, GJb. 28, 1907, S. 226 f.). Dies ist nur eine kleine Auswahl. Die unmöglichsten Hypothesen sind versucht worden, um jene kunstfremde ›Bezugnahme auf den Dichter‹ herzustellen. Nur Gundolf hat die echte Frage des ‹Erläuterers› gestellt (›Goethe‹, Berlin 1920, S. 335 ff.): nicht welche Seiltänzerin oder Sängerin Modell gestanden hat, sondern was Mignon bedeutet. Er als einziger hat Goethes Wort ernst genommen, seine Mignon sei ›ganz empfunden und erfunden‹ (Adele Schopenhauer, ›Tagebücher‹, Leipzig 1909, II,210)« (Seidlin: »Von Goethe zu Thomas Mann«, Göttingen: Vandenhoeck & Ruprecht, 1963, S. 227 f.).

Siehe ferner: Hellmut Ammerlahn: Wilhelm Meisters Mignon – ein offenbares Rätsel: Name, Gestalt, Symbol, Wesen und Werden. In: DVjs. 42 (1968) S. 89–116. – Hannelore Schlaffer: Mignon und der Harfner. In: H. Sch.: Wilhelm Meister. Das

Zweites Buch. Viertes Kapitel 45

Ende der Kunst und die Wiederkehr des Mythos. Stuttgart: Metzler, 1980. S. 40–51.

91,37 *Rapier:* Fechtdegen.

92,7 f. *von einem ... deutschen Fechtmeister:* s. DuW, Buch 4. Der junge Goethe nahm Fechtstunden bei einem französischen Fechtmeister, einige seiner Freunde bei einem deutschen.

92,9–12 *Ihre Unterhaltung ... begierig zu machen:* Hier handelt es sich um die übliche »Parade« einer Seiltänzergesellschaft durch die Straßen der Stadt zum Zweck der Ankündigung der Vorstellung am Abend.

92,12 f. *Tambour:* Trommelschläger.

92,13 *Entrepreneur:* Unternehmer, Direktor.

92,15 *Flintern:* Flitter, glitzernde Metallblättchen, die den Anschein von Gold- und Silberglanz erwecken.

92,21 *Pagliasso:* Spaßmacher, bes. bei einer Akrobaten- oder Seiltänzergruppe. Das Wort kam im 18. Jahrhundert aus Frankreich (frz. paillasse), so noch in der »Theatralischen Sendung«.

92,27 f. *Narziß ... Landrinette:* Seiltänzer mit frz. Namen, die eingeführt werden, als ob es sich um bestimmte Typenfiguren handelte, wie etwa in der Comédie italienne. Wie sich aus Bildern des 18. Jh.s entnehmen läßt, traten Seilartisten oft gemeinsam als Tanzpaare auf einem oder zwei parallel gespannten Seilen auf.

92,35 *einstweilen Laertes nennen:* Laertes behält diesen aus Shakespeares »Hamlet« gewählten Namen bis zu Ende bei. In der »Hamlet«-Aufführung (S. 311,20 f.) übernimmt er die Rolle des Laertes.

93,6 f. *Philinens Türe:* Philine: Der Name ist die weibliche Form zu Philo (griech. φιλῶ ›ich liebe‹, s. S. 583,31. In der antiken Literatur wird der Name besonders für Tänzerinnen und Hetären verwendet, so z. B. in Aristophanes' Komödie »Die Wolken«, die Goethe gut kannte.

Philine fällt ein wenig aus der Reihe der Frauengestalten von Mariane bis zu Natalie, aber zugleich spielt sie doch als *die wahre Eva, die Stammutter des weiblichen Ge-*

schlechts (S. 100,20 f.) eine der wichtigsten Rollen in dem Roman. Sie ist die Verkörperung der sinnlich natürlichen Weiblichkeit. Sie erscheint nur in weiblicher Kleidung und wird als *wohlgebildet* (S. 90,32) bezeichnet. Das Adjektiv bezieht sich hier eindeutig auf die äußere Erscheinung: *ihr kurzes Röckchen ließ die niedlichsten Füße von der Welt sehen* (S. 93,15 f.). Sie lebt für den Augenblick. Sie selbst erklärt: *es ist nichts unerträglicher, als sich das Vergnügen vorrechnen zu lassen, das man genießt* (S. 101,29–31). Ferner wird sie als putzsüchtig, leichtfertig, berechnend unberechenbar, kokett und schnippisch beschrieben. Ihre Reize werden *frevelhaft* (S. 108,3) genannt. Das Lied, das sie vorträgt, wird den Lesern vorenthalten, *weil sie es [...] wohl gar unanständig finden könnten* (S. 133,5 f.). Es handelt sich wahrscheinlich um das gleiche Lied, das später in vielleicht veränderter Form im Osterspaziergang in »Faust« I auftaucht (V. 949–980).

Trotz dieser anstößigen Züge hat Goethe dann aber Philine einen Satz aus Spinozas »Ethik« in den Mund gelegt, der eine Lebensregel für sein eigenes Denken und Handeln darstellte: [...] *und wenn ich dich lieb habe, was geht's dich an?* (S. 243,5 f.). In »Dichtung und Wahrheit« werden Philines Worte »frech« genannt (s. Anm. zu S. 243,5 f.), und doch stellen sie und ihre Urheberin ein wichtiges Bildungsmoment für den Romanhelden dar. Philine ist die *angenehme Sünderin* (S. 245,8) oder *zierliche Sünderin*, wie sie auch genannt wird (S. 194,20). Wie Wilhelm Meister erklärt: *ihre Aufführung ist zu tadeln; ihrem Charakter muß ich Gerechtigkeit widerfahren lassen* (S. 331,35 f.).

Wolfgang Baumgart will bei Philine eine Verbindung von Erotik und Mimos wahrnehmen, die »in der Kunst Theokrits vorgebildet« ist und im römischen Pantomimus ihren Höhepunkt findet. Er weist auf die lasziven Züge in Philines Charakter und den erotischen Reiz ihrer aufgelösten Haare hin (S. 90,34 f.; 245,17; 314,12). Das *Klipp!*

Klapp! ihrer Pantöffelchen (S. 313,31 ff.) bringt er in Verbindung mit dem rhythmischen Geklapper im Orchester des römischen Pantomimus, das mit einer aus zwei Platten bestehenden Klapper, die an der Fußsohle des Spielers befestigt war, hervorgebracht wurde.
»Philine ist« für Baumgart »in typologischem Erbgang die römische Mimin des Pantomimus im Zeitalter der Empfindsamkeit«. Sie stellt für ihn »die Unwandelbarkeit des Weiblichen in der unendlichen Verwandlungsfähigkeit des Mimischen« dar (»Philine«, in: »Lebende Antike: Symposion für Rudolf Sühnel«, hrsg. von Horst Meller und Hans-Joachim Zimmermann, Berlin: Schmidt, 1967, S. 95–110).
Heinz Schlaffer hat Philine mit Danae in Wielands »Agathon«, der anderen großen Hetäre in der deutschen Literatur des 18. Jahrhunderts, in Verbindung gebracht. Während aber »in Danae [...] mehr das Erotische als philosophierendes Prinzip gefaßt« ist, kommt es »in Philine als sinnliche Individualität« zum Ausdruck. Die Begegnung mit der erotischen Figur spielt eine wichtige Rolle, denn sie vermittelt Einblicke in das Innere des Romanhelden, aber »nicht die Figur selbst, nicht Danae oder Philine, interessieren den Roman, sondern die Bedeutung, die sie für den Helden, für Agathon oder Wilhelm Meister, gewinnen«. Die Verführung wird zum Erziehungsvorgang. Der verführbare und verführte Held wird nicht als Versager betrachtet, wie im heroischen und moralischen Roman, sondern seine Verführung stellt eine Erweiterung seines Erfahrungsbereiches dar und beweist seinen Sinn für die Wirklichkeit. »Die erotische Gattung trägt also, vermittelt durch die erotische Figur, dazu bei, die [...] ›realistische‹ Romanebene im Bewußtsein des Helden [...] zu konstituieren« (»Musa iocosa«, S. 200–210).
Zum Schluß setzt sich aber in beiden Romanen ein utopischer Zug durch, indem Danae sich zur »schönen Seele« wandelt und Philine in ihrer Bedeutung für den Roman-

helden von der »schönen Seele« Natalie verdrängt wird (s. Anm. zu S. 373,2). Philine taucht noch einmal am Ende des Romans auf: sie ist in lockerer, scherzhafter Ehe mit Friedrich verbunden und *ist guter Hoffnung* (S. 584 ff.). Am Schluß der »Wanderjahre« erscheint sie in der Gruppe der Auswanderer nach Amerika. Philine versorgt dort mit ihrer Schneiderarbeit die Mädchen mit Brautausstattungen. Die realistische Beschreibung dieser Arbeit wandelt sich dann aber sehr bald zur Groteske der »gefräßigen Schere«, indem Philine immer mehr Stoffe zuschneiden möchte, ob die Mädchen nun heiraten wollen oder nicht. So wird die Vertreterin sinnlich natürlicher Weiblichkeit schließlich zur komischen Figur, nachdem sie in den Hintergrund verdrängt worden ist.

93,10 *artige:* im 18. Jahrhundert noch in der Grundbedeutung: eine gute Art habend. Hier: »angenehm, in Ansehung der Mienen und Gebärden [...]. ›Artig‹ gehet zunächst auf die willkürliche geschickte Einrichtung des äußern Anstandes, wo durch man ein günstiges Vorurteil für sich erweckt. Aber man gebraucht es auch sehr oft von der natürlichen Gestalt, von dem Angenehmen in der Bildung [...]. In weiterer Bedeutung auch von leblosen Gegenständen« (Adelung), s. S. 94,22 und 373,26. Im modernen Sprachgebrauch hat sich nur die Bedeutung erhalten, die sich auf das Wohlverhalten von Kindern bezieht.

93,11 f. *Pantöffelchen:* Gleich bei Philines erstem Auftreten werden die Pantöffelchen erwähnt. Sie sind ein Kleidungsstück zur Charakterisierung der Person (s. Anm. zu 93,6 f.) und leitmotivisch mit Philines Gestalt verbunden (s. Anm. S. 312,35).

93,34 f. *eine kleine Veränderung machen:* einen Ortswechsel vornehmen.

94,20 *Pudermesser:* Es diente dazu, den Puder von der Gesichtshaut wegzustreichen.

94,27 f. *Laertes hatte ... Fahrt:* Es gehörte mit zu Goethes Aufgaben in Weimar, solche Landpartien für die Hofge-

Zweites Buch. Viertes Kapitel

sellschaft zu planen und durchzuführen. Oft wurden dabei auch Singspiele mit ländlichen Szenen aufgeführt, wie z. B. »Die Fischerin« 1782 im Park von Tiefurt.

94,34 *Bergleute:* Als Beamter im Weimarischen Staatsdienst war Goethe auch Mitglied der Bergwerkskommission, die besonders mit der Wiederaufnahme des Bergwerks in Ilmenau beschäftigt war. Goethe hat das hier beschriebene Ständespiel in Ilmenau gesehen, wo es von den Ilmenauer Bergknappen vermutlich 1780 oder 1781 aufgeführt wurde. Der Bergmann ist der Weise, der den einfältigen Bauern belehrt. Das Ständespiel stellt insofern einen Erziehungsvorgang dar, als dem Bauern eine Lehre erteilt wird. Auf diese Weise spiegelt die Szene das Hauptthema des Romans wider (siehe Gerhard H. Weiss: »An Interpretation of the Miner's Scene in Goethe's Wilhelm Meisters Lehrjahre«, in: »Lebendige Form: Festschrift für Heinrich K. Henel«, hrsg. von Jeffrey L. Sammons und Ernst Schürer, München: Fink, 1970, S. 83–88).

Der Bergbau war für Goethe eine Quelle stärkster wissenschaftlicher und dichterischer Anregung. Es sei hier nur an seine Schriften zur Mineralogie, Geologie und Erdgeschichte erinnert sowie an »Faust« II und »Wilhelm Meisters Wanderjahre«, in denen die Theorien zur Erdgeschichte und die Gewinnung von Edelmetallen eine große Rolle spielen.

95,25 *auf die honorabelste Art:* auf die rühmlichste Weise; honorabel: rühmlich, ehrenhaft, ehrenvoll.

95,27–96,4 *Sollte es nicht ... zu leiten?:* Über das Verhältnis von Staatsmann und Dichter bei Goethe siehe: Ursula Wertheim, »Von Tasso zu Hafis«, Berlin: Rütten & Loening, 1965, S. 62–89. In ›Torquato Tasso‹ behandelt Goethe dieses Thema zum ersten Male in eindringlicher Form. Von Wilhelm Meister wird das Problem im Gegensatz zu Tasso naiv und untragisch gesehen.

96,31–35 *das Gerüst ... gezogen:* Es handelt sich hier nicht um eine Vorführung von Hochseilartisten. Die Seile waren ungefähr in zweieinhalb Meter Höhe gespannt. Die

Attraktion für das Publikum bestand nicht in der Gefährlichkeit, sondern in dem Schwierigkeitsgrad der Sprünge und Tänze auf dem Seil. Dabei gab es, wie auch heute noch, Vorführungen auf straff oder schlaff gespannten Seilen. Das *Schlappseil*, auch Schwengseil genannt, wurde an Pfosten oder Pfählen befestigt, während das straffe Seil über zwei Kreuzböcke gespannt wurde, die einem mannshohen Sägebock mit dem Seil als Zwischenverbindung ähnelten. Die *Schwungbretter* waren eine Art Trampolin. Im Hintergrund befand sich ein Gerüst, vielleicht mit einer laufstegartigen Bühne. Das Gerüst war mit Teppichen behangen und wirkte als eine Art Vorhang, der den Vorführungsraum nach hinten abschloß. In Frankreich, England und Deutschland war der Seiltanz im 18. Jahrhundert zu einer hoch anerkannten Kunst entwickelt worden.

96,36 *Zuschauern einiger Art:* Zuschauern von gewissem Rang, höherer Stellung, im Gegensatz zum Volk.

97,8 *Springer:* Auch die Springkünste fanden im 18. Jahrhundert einen neuen Höhepunkt in Frankreich, England und Deutschland (s. auch S. 106,1 ff.). Hier vollführen sie Saltos vorwärts und rückwärts.

97,32 *Anstand:* »das Schickliche in dem äußern Betragen [...], das Verhältnis des äußern Betragens mit den innern Vollkommenheiten, die man hat, oder doch vermöge seines Standes und Berufes [...] haben sollte« (Adelung).

99,25 *morgenden Tag:* »was morgen, d. h. den nächst folgenden Tag, in Absicht des Redenden, ist oder geschiehet« (Adelung). Nicht zu verwechseln mit ›morgendlich‹. Der ›morgendliche‹ Tag ist der ›anbrechende Tag‹, der ›morgende‹ Tag ist der ›nächst folgende Tag‹. Bei ›morgend‹ handelt es sich nicht um eine Partizipialform, sondern um ein Adjektiv mit dem phonetisch, aber nicht etymologisch erklärbaren Schlußkonsonanten d.

101,10 *schiefe Mäuler:* ein schiefes Maul machen: den Mund verziehen, Grimassen schneiden. Philine stellt mit ihren

Zweites Buch. Viertes Kapitel

Grimassen hinter dem Rücken der Gesellschaft ein geheimes Einverständnis mit dem Kellner her, um den knausrigen Gastgebern einen Streich zu spielen.
101,11 *endlich:* in der Bedeutung von ›tüchtig, eifrig‹.
101,28–102,19 *Wenn ich nur ... fühlbar macht:* s. Hass, S. 150 f.: »Als Philine bei einem Ausflug einen empfindsamen Naturenthusiasten verjagt hat, kleidet sie ihre Abneigung gegen alle Schwärmerei für ›Natur und Naturszenen‹ in die neckisch-anmutige Liebeserklärung an Wilhelm [...]. Mit ironisch-umständlicher Wendung berichtet der Erzähler von der Wirkung dieser Worte und ihres Blickes in Wilhelms Augen, [...]. In seiner ›Verlegenheit‹ flüchtet sich Wilhelm in eine im Augenblick ganz unangemessen gewichtige sentenziöse Rede [...]. Als Reaktion auf die zierlich-klugen Verführungskünste Philinens betrachtet, erscheint diese dem Geist und Ton der ›Turm‹-Maximen so nahe und daher in einen weiten Zusammenhang hinausdeutende Sentenz als Ausdruck der untergründigen, allen Geist des Ernstes in den ›Lehrjahren‹ durchheiternden Ironie. Zugleich ist durch Wilhelms ernsthaft-sentenziöse Übertragung der Worte Philinens angedeutet, daß in ihrer Abweisung der Naturschwärmerei und ihrer Erklärung für die Freuden der Liebe das Wilhelms ganzen Bildungsweg bezeichnende Übergewicht des subjektiv-menschlichen Interesses gespiegelt ist. Ihre lebendig-unreflektierte Abwehr der Naturschwärmerei weist zudem mittelbar auf den Grund für die Natur- und Landschaftsferne der ganzen Erzählung. Daß Wilhelm seine Maxime, und zwar in einem innerlich doch bewegten, von den schmeichlerischen Reizen Philinens erfüllten Augenblick, sogleich auf die Wirklichkeit des Theaters bezieht, macht offenbar, wie nahe seinem Innern schon wieder die alten Theaterträume sind.«
102,4 f. *der Mensch ... Interessanteste:* s. Pierre Charron, »Traité de la sagesse« (1601): »La vraie science et le vrai étude de l'homme, c'est l'homme.« Ferner: Alexander Pope, »Essay on Man« (1733): »The proper study of

mankind is man« (II,2). Siehe auch: »Wahlverwandtschaften«, II,7: »[...] das eigentliche Studium der Menschheit ist der Mensch.«

103,14 *künstlichen:* »Kunst besitzend, [...] in der Kunst gegründet, zu [deren] Hervorbringung Fertigkeit [und Übung] erfordert wird« (Adelung). Nicht in der heutigen Bedeutung, in der es dasjenige bezeichnet, was dem Natürlichen entgegengesetzt ist.

103,17 *produzieren:* hier in der wörtlichen Bedeutung: vorführen.

103,30 *bleibt hier auf der Stelle:* stirbt, kommt um.

104,4 *dem Publiko:* lat. deklinierte Form von ›Publikum‹.

106,9 *Herkulesstärke:* eine Vorführung der Äquilibristen, die sich durch Körpergewandtheit und Gleichgewichtskunst auszeichnen.

106,28 *elektrischen Schlag:* Es handelt sich hier um einen Vergleich mit dem durch Reibungselektrizität hervorgerufenen Schlag. Aus seiner Kindheit kannte Goethe die Elektrisiermaschine, die im 17. Jahrhundert erfunden worden war und im 18. Jahrhundert oft auf Jahrmärkten vorgeführt wurde (s. DuW I,4). Goethe war vertraut mit der Elektrizitätslehre des 18. Jahrhunderts, in dem der Unterschied zwischen Glas- und Harzelektrizität entdeckt (Charles François Dufay, 1733) und von Georg Chr. Lichtenberg als positiv bzw. negativ bezeichnet (1777) und der Blitzableiter von Benjamin Franklin erfunden wurde (1752). In seinen naturwissenschaftlichen Schriften befaßte sich Goethe eingehend mit der Energieform der Elektrizität und zog sie als Beispiel heran für das Prinzip der Polarität in seinem Weltbild. Er bezeichnete die Elektrizität als »Weltseele« (WA II 12,90).

Fünftes Kapitel

109,14 f. *was ich ... möchte:* Das »Ich« des Erzählers tritt an dieser Stelle unverkennbar hervor. *Anempfinderin* ist eine Wortprägung von Goethe.

Sechstes Kapitel

110,2 *Karikaturröcke:* Röcke zum Zweck lächerlicher Verkleidung.

Siebentes Kapitel

111,34 *Pedant:* Rollenfach, das der Commedia dell'arte entstammt, in der der ›Dottore‹ auch ›Il Pedante‹ genannt wurde.
Siehe: Bernhard Diebold: Das Rollenfach im deutschen Theaterbetrieb des 18. Jahrhunderts. Leipzig/Hamburg: Voß, 1913. (Theatergeschichtliche Forschungen. 25.) S. 128.

112,4 f. *übel konditionierten:* übel beschaffenen, in schlechtem Zustand, im Gegensatz zu ›wohl konditioniert‹.

112,23 *Alten:* Der gutmütig polternde Alte gehörte zu den stehenden Charakterrollen des 18. Jahrhunderts. Siehe besonders Carlo Goldonis »Il burbero benefico« (1771), das in der Übersetzung von Friedrich H. v. Einsiedel 1772 in Weimar gespielt wurde; ferner: August W. Iffland, »Der gutherzige Polterer« (nach Goldoni). Siehe Diebold, »Das Rollenfach«, S. 109 ff.

Zu einer vollständigen Schauspieltruppe gehörten im 18. Jahrhundert außer Souffleur und Dekorateur (Bühnenbildner) usw. wenigstens die folgenden sechzehn Personen oder Rollenfächer:

1. zärtlicher Alter
2. komischer Alter
3. Räsoneur
4. erster Liebhaber
5. zweiter Liebhaber
6. Petitmaître (Stutzer), Fat (Geck) usw.
7. erster Bedienter
8. zweiter Bedienter
9. Charakterrolle
10. zärtliche Mutter
11. komische Mutter
12. erste Charakterliebhaberin

13. zweite Liebhaberin
14. dritte Liebhaberin zu naiven Rollen
15. erste Soubrette
16. zweite Soubrette.

Pedanten (s. S. 111,34), Juden, Bauern (S. 120,4) usw. wurden je nach ihren Talenten unter den sechzehn Rollenfächern aufgeteilt. Mit diesen Rollenfächern konnten die meisten Stücke des 18. Jahrhunderts von Lessing und Goethe besetzt werden, aber auch Shakespeare konnte mit sechzehn Personen gegeben werden.

112,31 *Tugend:* Die Ehrlichkeit wird *im Kontraste*, d. h. in der Form der Untugend der Mürrischkeit und Grobheit dargestellt (JA).

113,9 f. *wegen des ... Krieges:* beliebtes Motiv des Romans im 18. Jahrhundert (s. Riemann, S. 91 f.). Siehe auch Buch IV, Kap. 4 f.

114,21 *leidlich:* im Sinne der urspr. Bedeutung: gut zu leiden.

114,22 *Frechheit:* »die Gesetze [...] der guten Sitten ohne Scheu verletzend« (Adelung), Unverschämtheit, Schamlosigkeit.

Achtes Kapitel

116,18–117,28 *Mignon ... endigte:* Karl Borinski hat in dem Bild von Pieter Aertsen (1557) im Rijksmuseum in Amsterdam eine Vorlage zu Mignons Eiertanz sehen wollen (»Mignons Eiertanz«, in: »Abhandlungen zur deutschen Literaturgeschichte. Franz Muncker zum 60. Geburtstag«, München: Beck, 1916, S. 83–85).

118,3 *Fandango:* spanischer Tanz.

Neuntes Kapitel

119,11–14 *Das Kürzeste ... gelingt:* Rechtfertigung des Stegreifspiels, das Gottsched zu bekämpfen gesucht und des-

Zweites Buch. Achtes und Neuntes Kapitel 55

sen Wert für die Schauspieler Lessing anerkannt hatte. Siehe auch S. 120,2 ff.; 121,6 ff.; 125,19 ff.

119,33 *von der beschreibenden Gattung:* Es ist hier etwa an Gedichte wie Hallers »Alpen« (1729), von Lessing im »Laokoon« wegen der Art und Weise der Beschreibung kritisiert, oder Ewald von Kleists »Der Frühling« (1749) zu denken.

120,3 *vazierenden:* frei herumziehenden, arbeitslosen.

120,4 *Juden:* gehörte mit zu den spezifischen Rollenfächern des späten 18. Jahrhunderts und wurde mit vom Pedanten (s. S. 111,34) übernommen. Siehe Diebold, »Das Rollenfach«, S. 129 ff.

120,4 *Tirolerin:* Abwandlung der Colombinenrolle der Commedia dell'arte, ähnlich wie Stranitzky den Salzburger Hanswurst nach italienischem Vorbild entwickelte. In Goethes »Jahrmarktsfest zu Plundersweilern« (1773) tritt auch eine Tirolerin auf.

121,23 *ein solches Stück:* ein extemporiertes Stück. Goethe war mit extemporierten Stücken vertraut durch die weimarische Hofgesellschaft, die sie zur Unterhaltung in Ettersburg und Weimar aufzuführen pflegte.

122,7–124,9 *Das Erste ... geblieben ist:* Das Gesprächsthema aus Buch I, Kap. 17 wird wieder aufgenommen und weitergeführt. Zum ersten Male kommt der Gedanke der *Bildung* (S. 122,9) zur Sprache. Wieder wird über den Gegensatz von Schicksal und Vernunft gesprochen. Lediglich der Hinweis auf das *Puppenspiel* (S. 123,22) macht Wilhelm betroffen. Erst später erfolgt ein Hinweis darauf, daß Wilhelm schon einmal vorher mit dem Unbekannten gesprochen hat (S. 125,1 f.). Siehe Hass, S. 152.

122,9 *Bildung:* Im modernen Sprachgebrauch ist das Wort ›Bildung‹ ein Begriff der Pädagogik und wird häufig synonym mit ›Erziehung‹ verwendet. Es bezeichnet sowohl den Prozeß als auch das Ergebnis der Aneignung bestimmter vorgegebener Kulturgüter. Diese Kulturgüter sind angeordnet nach einem bestimmten Menschenbild, einer bestimmten Forderung, was der Mensch kennen, wissen und sein soll.

Goethe verwendet das Wort noch in einem ursprünglicheren und weiteren Sinne. Bei ihm ist ›Bildung‹ noch nicht eindeutig an bestimmte Bildungstraditionen und -institutionen gebunden. Zwar verwendet Goethe auch das Wort ›höhere Bildung‹ und ist mit dem Begriff der ›humanistischen Bildung‹ zumindest dem Inhalt nach vertraut, wenn er z. B. erklärt, daß »das Studium der griechischen und römischen Literatur immerfort die Basis der höhern Bildung bleiben« möge (»Maximen und Reflexionen«, 762). Aber diese Auffassung ist nicht mit dem Begriff der Bildung in den »Lehrjahren« zu verwechseln. Was der Romanheld sich während seiner Entwicklung aneignet, hat wenig mit dem Begriff der ›höheren Bildung‹ oder der Aneigung eines bestimmten vorgegebenen Bildungsstoffes zu tun. Andererseits sind die Einflüsse des Theaters und der bildenden Kunst nicht zu unterschätzen. Es ist bezeichnend, daß in den Bildungsgesprächen mit dem Abbé stets die bildende Kunst als Beispiel herangezogen wird (I,17; II,9; VIII,7). Was bei Goethe aber vor allem als Bildungsmacht eine Rolle spielt, ist das Leben selbst: »bei ihm handelt es sich [...] um die Bildung des Menschen im Leben und durch das Leben selbst« (Bollnow).

Im 18. Jahrhundert ist das Wort Bildung noch nicht ausschließlich auf die Erziehung beschränkt. Adelung verweist unter ›Bildung‹ auf das Zeitwort und führt zwei verschiedene Bedeutungen an: 1. Gestalt geben, 2. die Gestalt einer Sache nachahmen. Nach Adelung bezieht sich das Wort am häufigsten auf die äußere Gestalt des Menschen. Auch Goethe verwendet ›Bildung‹ häufig in diesem Sinne. Im übertragenen Sinne hat das Wort nach Adelung die Bedeutung, »den Fähigkeiten des Geistes und Willens die gehörige Richtung geben«. Bei Campe tritt das Wort als Übersetzung des Fremdworts ›Formation‹ auf. Das Zeitwort ›sich formiren‹ wird wiedergege-

Zweites Buch. Neuntes Kapitel

ben mit: »sich bilden oder ausbilden, d. i. Geschicklichkeiten oder feine Sitten annehmen.« Goethe verwendet das Wort ›Bildung‹ im weitesten Sinne in seinen morphologischen Studien: »Betrachten wir [...] alle Gestalten, besonders die organischen, so finden wir, daß nirgend ein Bestehendes, nirgend ein Ruhendes, ein Abgeschlossenes vorkommt, sondern daß vielmehr alles in einer steten Bewegung schwanke. Daher unsere Sprache das Wort Bildung sowohl von dem Hervorgebrachten, als von dem Hervorgebrachtwerdenden gehörig genug zu brauchen pflegt« (»Zur Morphologie«, 1807). Das Wort erfaßt also wie im modernen Sprachgebrauch sowohl das Endresultat als auch den Prozeß, die endgültige Gestalt wie auch ihre Verwandlungen. Aber bei Goethe ist das Wort an den Naturprozeß gebunden, der als ein ontologischer Prozeß des Werdens zu verstehen ist und am besten charakterisiert wird durch die »Urworte« als »geprägte Form, die lebend sich entwickelt«. Der Vorgang des Wachstums und der Reife ist keineswegs nur eine Metapher für Goethe, sondern eine Grundkonzeption, die auch für Goethes Bildungsauffassung in den »Lehrjahren« von größter Wichtigkeit ist.

Goethe verwendet das Wort ›Bildung‹ in den »Lehrjahren« im Hinblick auf die menschliche Physiognomie (S. 90,32; 99,9; 120,16; 130,2; 335,30), Ästhetik (S. 567,32; 601,20) und Pädagogik (S. 122,9; 300,17.29; 356,37; 388,16; 426,24; 441,9; 446,21; 473,4; 511,23; 516,8; 518,12; 522,15; 528,18; 533,29; 543,25; 575,37; 576,15). Dabei ist zu beachten, daß bei dem pädagogischen Gebrauch des Wortes oft nur der gesellschaftliche Anstand und gefällige Umgangsformen gemeint sind. Um einen gemeinsamen Nenner für die physiognomische, ästhetische und pädagogische Sonderbedeutung des Wortes ›Bildung‹ bei Goethe zu finden, geht man am besten auf den naturwissenschaftlich-ontologischen Grundbegriff zurück. In dem Aufsatz »Bildungstrieb« von 1820 erklärt Goethe, »daß, wenn ein organisches Wesen in die

Erscheinung hervortritt, Einheit und Freiheit des Bildungstriebes ohne den Begriff der Metamorphose nicht zu fassen sei«. Bildung als Erziehung umfaßt für Goethe nicht nur die Kultur, sondern auch die Natur als Erziehungsfaktor. In Buch VII, Kap. 2 ist die Rede von den *unendlichen Operationen,* die *Natur und Kunst machen müssen, bis ein gebildeter Mensch dasteht* (S. 446,18 ff.). Bei einer anderen Gelegenheit sagt Goethe: »Die Natur bildet den Menschen, er bildet sich um, und diese Umbildung ist doch wieder natürlich« (»Anteil an Lavaters Physiognomischen Fragmenten«, 1775). Hervorzuheben ist hier vor allem der aktive Anteil des Menschen an seiner Bildung, das Zwischenspiel zwischen Mensch und Welt, Innen und Außen, die Wechselwirkung von Aktivität und Passivität, Zufall und Vorsehung.

Jede Begegnung trägt zur Bildung des Helden bei. Zu Anfang des Romans stehen die ausgeprägten Erzieherpersönlichkeiten im Hintergrund und sind von Geheimnissen umgeben, wenn sie auftreten, wie z. B. der Abbé und Jarno, während gerade die Personen, die keineswegs zu Erziehern geeignet erscheinen, wie Mariane, Mignon, Philine und Aurelie, die Bildung des Helden ungemein fördern. Erst in den letzten zwei Büchern treten die ausgeprägten Erzieherfiguren in den Vordergrund. Allerdings versieht sie Goethe ironischerweise wiederum mit einer Konkurrenzfigur, mit Wilhelms unehelichem Sohn Felix, der den Vater mehr erzieht als umgekehrt (s. S. 527,28–31).

Die Eigenaktivität der zu bildenden Person erreicht ihren Höhepunkt in Wilhelms Brief an Werner in Buch V, Kap. 3. Dort heißt es: *Mich selbst, ganz wie ich da bin, auszubilden, das war dunkel von Jugend auf mein Wunsch und meine Absicht* (S. 301,19–21). Ferner: *Ich habe nun einmal gerade zu jener harmonischen Ausbildung meiner Natur [...] eine unwiderstehliche Neigung* (S. 303,18–20). Während man früher diesen Brief stets zum Beweis eines harmonischen und ganzheitlichen Bildungsideals herangezogen hat, verweist die neuere Forschung in die entgegengesetzte Richtung, d. h., daß es in den »Lehrjahren« um die Entlarvung eines falschen Bildungsideals gehe und die Sehnsucht nach harmonischer und universeller Ausbildung durch weise Selbstbeschränkung und Tätigkeit im kleinen Kreise ersetzt werde. Bei dem Brief handelt es sich wohl um einen Irrtum, den Wilhelm im Verlauf seiner ›Lehrjahre‹ einsieht. Ähnlich wie im »Faust« spricht sich Goethe hier gegen die Selbstvervollkommnung aus. Die Überbetonung der Eigenaktivität erweist sich als Irrweg. Es geht Goethe um das ausgeglichene Wechselspiel von Aktivität und Passivität.

Ähnlich wie im »Faust« erweist sich der Irrtum auch für die Bildung bedeutsam (s. S. 518,2 ff.). Es wird sogar die gleiche Wegmetaphorik wie im »Prolog im Himmel« verwendet: *Ein Kind, ein junger Mensch, die auf ihrem eigenen Wege irregehen, sind mir lieber als manche, die auf fremdem Wege recht wandeln* (S. 546,3 ff.). In Wilhelms Brief an Werner (V,3) ist schließlich die Äußerlichkeit des Bildungsideals hervorzuheben. Er will *eine öffentliche Person* werden und in einem weiten *Kreise [...] gefallen und [...] wirken* (S. 303,26–28). Seine Bildungsbemühungen beziehen sich fast ausschließlich auf äußerliche, so daß auch in diesem Sinne das Gleichgewicht von Innen und Außen gestört wird. Dazu kommt die Ironie, mit der dieser Briefinhalt dem Leser vermittelt wird (S. 300,28 ff.). Damit wird deutlich, daß dieser Brief nicht eine Vorwegnahme des Bildungsideals ist, das am Ende des Romans erreicht wird, sondern daß das Ende des Romans eher eine ironische Umkehrung dieses Ideals darstellt.

Neben der naturhaften Bildung gibt es in den »Lehrjahren« natürlich auch die bewußt geplante Erziehung und Lenkung des Helden durch den Abbé und die Turmgesellschaft. Aber diese Erziehung wird auf dem Höhepunkt ihrer Wirkung wiederum ironisch in Frage gestellt durch Wilhelms Ausruf: *O der unnötigen Strenge der Moral [...], da die Natur uns auf ihre liebliche Weise zu allem bildet, was wir sein sollen. O der seltsamen Anforderungen der bürgerlichen Gesellschaft, die uns erst verwirrt und mißleitet und dann mehr als die Natur selbst von uns fordert! Wehe jeder Art von Bildung, welche die wirksamsten Mittel wahrer Bildung zerstört* (S. 526,22 ff.). Aber die Erzieherpersönlichkeiten widersprechen Wilhelm nicht, im Gegenteil, sie stimmen seinem Unmut zu. Der formalen Erziehung durch die Gesellschaft wird die *wahre Bildung* gegenübergestellt, die für Wilhelm mit dem neu erweckten Blick für die Natur beginnt (S. 522,10 ff.). Gegen Ende des Romans gibt die Turmgesellschaft schließlich ihren Führungs- und Lenkungsanspruch auf. Bei der Wahl der Ehepartner überläßt sie die weitere Entwicklung der Natur und dem Zufall, ohne daß sie dabei ihre Ziele aufzugeben braucht. Die Turmgesellschaft sieht sie durch die Natur verwirklicht, ebenso wie die Ziele der Natur durch die Gesellschaft erfüllt werden: der Held erweist sich als bildungsfähig, er wandelt sich und wächst im Verlauf seiner ›Lehrjahre‹ und erfüllt das Prinzip der Metamorphose des Menschen, das Goethes Bildungsgedanken zugrunde liegt.

Es zeigt sich also, daß bei Goethe die Entwicklung des heranwachsenden Menschen nicht nach einem bestimmten vorgegebenen Ideal, sondern nach einem individuellen, inneren Bild erfolgt, das im Laufe der Zeit immer klarer und deutlicher hervortritt. Diese Form der Bildung ist im starken Maße dem Irrtum, dem Zufall und der Überraschung unterworfen. Aber Goethe vermittelt gleichzeitig das Bewußtsein einer Naturgesetzlichkeit der Bildung im Sinne der »Urworte«: »Nach dem Gesetz, wonach du angetreten, / So mußt du sein, dir kannst du nicht entfliehen.« Jede Person hat ihren *eigenen* oder *rechten Weg, [...] der ihrer Natur gemäß ist* (S. 546,4 ff.).

Diese Form der Bildung ist weit entfernt von dem klassischen Bildungsideal, wie es von Wilhelm v. Humboldt entwickelt worden ist. Humboldts Theorie der Bildung ist zweifellos von Goethe beeinflußt worden, aber er verwandelt die Goethesche Bildungsauffassung zum Ideal einer harmonischen und universalen Bildung. Dabei erhalten die Wissenschaften, die im »Wilhelm Meister«-Roman mit Ausnahme der Mathematik, Geologie und Medizin in den »Wanderjahren« keine hervorragende Rolle spielen, einen besonderen Bildungswert. Vorbild des Humboldtschen Bildungsideals ist die griechische Antike, die die ethischen und ästhetischen Bildungsgüter liefert. Die klassischen Sprachen, insbesondere das Griechische, erhalten eine Sonderstellung als bevorzugte Bildungsmittel. Humboldts Reformen des Erziehungswesens führten zu dem neuhumanistischen Ideal der deutschen Gymnasialbildung, das kaum noch etwas mit dem Goetheschen Bildungsbegriff in den »Lehrjahren« zu tun hat. Bereits im 19. Jahrhundert stellte Nietzsche den »klassischen« Bildungsbegriff in Frage in seinen Aufsätzen über den Bildungsphilister (»Unzeitgemäße Betrachtungen«, I) und »Über die Zukunft unserer Bildungsanstalten«.

Siehe: August Nebe: Goethes Erziehungsideen und Bildungsideale. In: PrJbb. 137 (1909) S. 193–215. – Eduard Spranger: Wilhelm von Humboldt und die Reform des Bildungswesens. Berlin: Reuter, 1910. Tübingen: Niemeyer, ³1965. – Karl Muthesius: Bildung. In: Goethe-Handbuch. Hrsg. von Julius Zeitler. Stuttgart: Metzler, 1916. S. 213–216. – Ernst Cassirer: Goethes Idee der Bildung und Erziehung. (Vortrag). In: Pädagogisches Zentralblatt 12 (1932) S. 340–358. – Ludwig Kiehn: Goethes Begriff der Bildung. Hamburg: Boysen, 1932. – Otto Friedrich Bollnow: Vorbetrachtungen zum Verständnis der Bildungsidee in Goethes Wilhelm Meister. In: Die Sammlung 10 (1955) S. 445–463. – Johannes Wilhelmsmeyer: Goethes Naturanschauung und Erkenntnislehre als Grundlagen seiner Bildungsidee. In: Pädagogische Rundschau 13 (1958/59) S. 431–437; 479–484. – Kurt Rossmann: Bildung. In: Goethe-Handbuch. Hrsg. von Alfred Zastrau. Bd. 1. Stuttgart: Metzler, 1961. Sp. 1209f. – Joachim Müller: Phasen der Bildungsidee im Wilhelm Meister.

In: Goethe 24 (1962) S. 58–80. – Ernst Lichtenstein: Bildung. In: Archiv für Begriffsgeschichte 12 (1968) S. 7–29. – Thomas P. Saine: Über Wilhelm Meisters Bildung. In: Lebendige Form: Festschrift für Heinrich E. K. Henel. München: Fink, 1970. S. 63–81. – Ralph Fiedler: Die klassische deutsche Bildungsidee. Weinheim: Beltz, 1972. – Rudolf Vierhaus: Bildung. In: Geschichtliche Grundbegriffe. Historisches Lexikon zur politisch-sozialen Sprache in Deutschland. Hrsg. von Otto Brunner u. a. Bd. 1. Stuttgart: Klett, 1972. S. 508–551. – W. H. Bruford: The German Tradition of Self-Cultivation: Bildung from Humboldt to Thomas Mann. Cambridge: Cambridge University Press, 1975. [S. 29–57 über die »Lehrjahre«.] – Susan L. Cocalis: The Transformation of Bildung from an Image to an Ideal. In: Monatshefte 70 (1978) S. 399–414. – Claus Günzler: Bildung und Erziehung im Denken Goethes. Köln/Wien: Böhlau, 1981.

Zehntes Kapitel

125,26 *Arien ... einzuflechten:* nach dem Vorbild des Singspiels. Zum Singspiel vor Goethe siehe DLE, Reihe Aufklärung, Bd. 10 mit Singspielen von Christian Felix Weiße, Johann B. Michaelis, Johann Jakob Engel und Friedrich W. Gotter. Zu Goethes Singspielen gehören »Claudine von Villa Bella« und »Erwin und Elmire« aus der Zeit von 1773 bis 1775.

126,15 *Ritterstücke:* Seit dem »Götz von Berlichingen« (1773) wurde diese Art Drama äußerst beliebt beim Publikum.
Siehe: Otto Brahm: Das deutsche Ritterdrama des 18. Jahrhunderts. Studien über Joseph August v. Törring, seine Vorgänger und Nachfolger. Straßburg: Trübner, 1880. – DNL, Bd. 138 (Das Drama der klassischen Periode I: v. Törring, Babo, Hensler). Hrsg. von A. Hauffen.

127,2 *das heimliche Gericht:* Bezeichnung des Femegerichtes wie z. B. in Goethes »Götz von Berlichingen«, V,11. Die Femegerichte beanspruchten das Recht zur Aburteilung von Verbrechen in Fällen der Rechtsverweigerung durch die ordentlichen Gerichte und bildeten einen über ganz Deutschland verbreiteten Geheimbund. Der zum Tode

Verurteilte wurde sofort nach dem Urteil gehängt oder ›verfemt‹, d. h. geächtet, wenn man seiner nicht habhaft werden konnte. In seinen Quellenstudien zum »Götz von Berlichingen« hatte Goethe sich eingehend über die Femegerichte informiert.

127,4 f. *mit einem großen stehenden Kragen:* gehörte zum charakteristischen Kostüm des 16. Jahrhunderts.

127,17–25 *es sei kein Mensch ... geschlagen:* s. DuW, Buch 18.

127,37 *Scharwache:* Nachtrunde der Stadtwache.

Eilftes Kapitel

128,20 *verschlagen:* Adelung erläutert: »Ein Pferd verschlägt, wenn es wegen plötzlich unterdrückter Ausdünstung krank wird, welches sich zuerst durch eine Steife in den Füßen äußert.«

131,16–132,23 *Was hör ich ... euch danke:* Seit den Anfängen des Romans gehört die Verseinlage zu seinen festen Bestandteilen.
Siehe: Riemann. S. 139–179. – Paul Neuburger: Die Verseinlage in der Prosadichtung der Romantik mit einer Einleitung: Zur Geschichte der Verseinlage. Leipzig: Mayer & Müller, 1924. (Palaestra. 145.) S. 1–94 (zu »Wilhelm Meister«: S. 94–111). – Reiss. S. 83 f.
Zur Interpretation siehe: Emmy Kerkhoff: Goethes ›Sänger‹. In: Verzamelde Opstellen. Geschreven door ond-Leerlingen van Prof. Dr. J. H. Scholte. Amsterdam: Privatdruck, 1947. S. 207–232.

132,32 f. *Der Schäfer ... zum Tanz:* Ein Lied mit dieser Anfangszeile findet sich im Osterspaziergang im »Faust«, V. 949–980.

133,4–6 *das wir ... finden könnten:* Wendung des Herausgebers an den Leser (s. auch S. 328,2 ff.). Die Herausgeberfiktion gehörte zum Roman des 18. Jahrhunderts. In der deutschen Literatur findet sie sich besonders ausgeprägt bei Wieland vor. Es ist darauf hinzuweisen, daß die »Lehrjahre« in der Ausgabe von 1795 den Untertitel führten: »Ein Roman. Herausgegeben von Goethe.« Aber die Herausgebertätigkeit bestand nicht nur als Fiktion. Am 27. 8. 1794 schrieb Goethe an Schiller: »Die Schrift ist schon so lange geschrieben, daß ich im eigentlichsten Sinne jetzt nur der Herausgeber bin.« Die Herausgeberfiktion, die zum Wahrheitsgehalt des Romans beitragen soll, wird von Goethe in den »Lehrjahren« nicht durchgehalten und nur sehr sporadisch verwendet. In den »Wanderjahren« wird die Herausgeberfiktion in stärkerem Maße eingesetzt.

Die Herausgeberfiktion ist mit auf die gattungsmäßige Geringschätzung des Romans im 18. Jahrhundert zurückzuführen. In den traditionellen Poetiken wurde der Roman entweder überhaupt nicht behandelt oder galt zumindest in seinem dichterischen Wert als umstritten. Gottsched widmete erst in der vierten Auflage der »Kritischen Dichtkunst« von 1751 dem Roman ein Kapitel mit der Überschrift »Von milesischen Fabeln, Ritterbüchern und Romanen«. Mit Christian Friedrich von Blanckenburgs »Versuch über den Roman« von 1774 erfolgte der Durchbruch zu einer angemessenen Bewertung des Romans. Er gestand dem guten Roman die Ranghöhe zu, die das Epos in der Antike besessen hatte. Schiller dagegen sprach noch vom Romanschriftsteller als »Halbbruder« des Dichters und verweigerte dem »prosaischen Erzähler« die Freiheiten, die sich der Dichter erlauben darf (»Über naive und sentimentalische Dichtung«, 1795/96).

Die Herausgeberfiktion war deshalb eine beliebte Erzähltechnik im 18. Jahrhundert, um im Vorwort, in theoretischen Erörterungen, Abschweifungen und Einschaltungen auf den moralischen Nutzen und den dichterischen Wert des Werkes hinzuweisen und den gleichsam dokumentarischen Wahrheitsgehalt zu bekräftigen.

Verbunden mit der geringen Wertigkeit des Romans ist der mindere Formanspruch. Der Roman ist der Einschaltung dichtungsfremder Formen, wie z. B. des Briefes, Tagebuchs, Essays, des theoretisierenden Gesprächs, aufgeschlossener als die meisten anderen Gattungen. Die Herausgeberfiktion erweist sich im 18. Jahrhundert bei dieser gattungsbedingten ›Formlosigkeit‹ des Romans als beliebtes Strukturelement.

Zwölftes Kapitel

136,24 *Beruf:* hier ›Neigung‹.
138,19 *Prinzen von ***:* übliche Schreibweise im Roman des 18. Jahrhunderts, um Authentizität einer anonymen Personenangabe vorzutäuschen. Siehe auch den Titel von Gellerts Roman »Leben der schwedischen Gräfin von G***« (1747/48).

Dreizehntes Kapitel

138,31 f. *die bösen Geister zu verscheuchen hoffte:* wie Saul durch Davids Harfenspiel (1. Sam. 18,10).
139,6 *Phantasie:* Musikstück in freier Gestaltung.
139,10–17 *Wer nie ... auf Erden:*
Metrische Analyse: Andreas Heusler: Kleine Schriften. Berlin: de Gruyter, 1943. S. 480 f.
Interpretation: Storz. S. 119–121.
140,18–33 *Wer sich ... allein!:*
Metrische Analyse: Heusler. S. 481.
Interpretation: Storz. S. 115–117.
141,8–25 *Wer einer Versammlung ... erquickt wird:* Hinweis auf pietistische Formen der Erbauung. Nikolaus Ludwig Graf von Zinzendorf empfahl dergleichen »Liederpredigten« im Vorwort zum Gesangbuch der Gemeinde Herrnhut von 1735 (JA).

Vierzehntes Kapitel

143,19 *Wohlstand:* Wohlanständigkeit, Anstand, Schicklichkeit.
143,28 *Satisfaktion geben:* Genugtuung geben durch Duell

im Rahmen eines Ehrenkodex (lat. satisfactio ›Genugtuung, Befriedigung‹).

145,27 *aufwickeln:* die Haare vor dem Schlafengehen auf Papierrollen wickeln, so daß sie sich morgens in Locken kämmen lassen.

145,36 *was soll Mignon werden:* s. Textausgabe in der Universal-Bibliothek, S. 641.

146,26 *Ressort:* gespannte Feder, »die Feder, die Triebfeder« (Campe).

147,8–11 *Sanft fing ... genoß:* »Der Schluß des zweiten Buches stellt eine umgekehrte Spiegelung des Schlusses des ersten Buches dar: Durch die Zerstörung einer menschlichen Bindung erscheint Wilhelm dort ausgestoßen aus einer Schicksalssphäre, die seinem unbedingten Streben Nahrung gab, während ihm hier in Mignon eine menschliche Bindung zugewachsen ist, die in ihm das Verhältnis zu der Lebenssphäre befestigt, der er sich aus dem unbewußten Bedürfnis seiner tieferen Natur, dem Verkümmern seines unbedingten Strebens in bürgerlicher Selbstbegrenzung zu entgehen, zugewandt hatte« (Hass, S. 155).

Drittes Buch. Erstes Kapitel

148,3–23 *Kennst du ... ziehn!:* Der lyrische Einsatz des Kapitels ist um so auffälliger, als er sich zunächst nicht aus dem Handlungszusammenhang ergibt. Erst im zweiten Absatz, *Nach Verlauf einiger Stunden* (Zl. 29), wird erklärt, daß das Lied, das der Erzähler am Anfang des Kapitels *aufgezeichnet* hat, jetzt gesungen wird (s. S. 149,4f.). Der lyrische Kapiteleinsatz findet sich vor Goethe z. B. bei Moritz August von Thümmel, »Reise in die mittäglichen Provinzen von Frankreich im Jahre 1785 bis 1786«, Leipzig: Göschen, 1791–1805. Teil 1; 3; 8.

Interpretationen: Camille Pitollet: Kennst du das Land? In: Rev. Germ. 6 (1910) S. 426–436. – Georg Schaaffs: Zwei Gedichte von Goethe. In: MLN 28 (1913) S. 69–73. – Oskar Seidlin: Zur

Mignon-Ballade. In: Monatshefte 41 (1949) S. 225–238; Wiederabdr. Euphorion 45 (1950) S. 83–99; O. S.: Von Goethe zu Thomas Mann. Göttingen: Vandenhoeck & Ruprecht, 1963. S. 23–37; 226–231. – Werner Ross: Kennst du das Land, wo die Zitronen blühn? Zur Vorgeschichte einer Goethe-Strophe. In: GRM 33 (1951/52) S. 172–188. – Herman Meyer: Mignons Italienlied und das Wesen der Verseinlage im Wilhelm Meister. In: Euphorion 46 (1952) S. 149–169. – Oskar Seidlin: Erwiderung auf eine ›redliche‹ Kritik. In: Euphorion 47 (1953) S. 462–469. – Herman Meyer: Duplik. In: Euphorion 47 (1953) S. 469–477. – Herman Meyer: Kennst du das Haus? Eine Studie zu Goethes Palladio-Erlebnis. In: Euphorion 47 (1953) S. 281–294; Wiederabdr. H. M.: Zarte Empirie. Studien zur Literaturgeschichte. Stuttgart: Metzler, 1963. S. 225–243. – Werner Kraft: Goethes Sehnsuchtslied. In: W. K.: Augenblicke der Dichtung. Kritische Betrachtungen. München: Kösel, 1964. S. 11–19. – Johanna Lienhard: Mignon und ihre Lieder, gespiegelt in den Wilhelm-Meister-Romanen. Zürich/München: Artemis, 1978 (Zürcher Beiträge zur deutschen Literatur- und Geistesgeschichte 49). – Hannelore Schlaffer: »Kennst du das Land, wo die Zitronen blühn«. In H. Sch.: Wilhelm Meister. Das Ende der Kunst und die Wiederkehr des Mythos. Stuttgart: Metzler, 1980. S. 160–165.

148,9 *Geliebter:* In der »Theatralischen Sendung« (IV,1) steht »Gebieter« in allen drei Kehrreimen. Willy Krogmann nimmt einen Überlieferungsfehler an und verbessert in »Gebieter« in der ersten Strophe (»Ein Überlieferungsfehler in Goethes Mignon«, in: ZfdPh. 75 (1956) S. 385–396). Da Goethe bewußt in allen drei Strophen Veränderungen im Kehrreim vorgenommen hat, ist kaum anzunehmen, daß ihm im Kehrreim der ersten Strophe ein Fehler unterlaufen sein sollte.

149,9 *übersetzte:* Mignon singt das Lied nicht auf deutsch. Sie spricht *ein gebrochnes, mit Französisch und Italienisch durchflochtenes Deutsch* (S. 111,1–3).

150,11 *Subjekte:* Personen, noch nicht in pejorativer Bedeutung wie im modernen Deutsch: »Im gemeinen Leben wird Subjekt oft für Person, Wesen, Mann oder jemand gebraucht« (Campe).

151,23 *Herrschaft:* Wilhelm Creizenach hat auf den Grafen Jakob Friedemann v. Werthern-Neuheiligen († 1811) und seine Gattin Jeannette Luise, geb. v. Stein als mögliche Modelle für Goethes Gestalten hingewiesen (JA).

151,24 *die untergelegten Pferde:* die bereit gehaltenen Pferde.

151,26 *zwei Bedienten:* im 18. Jahrhundert schwache Deklination von substantivierten Adjektiven nach Kardinalzahlen.

151,30 *Ihro Exzellenz:* lat. excellentia ›Herrlichkeit‹, Anredetitel für Hochadel und hohe Beamte (heute für Gesandte und Botschafter). Vgl. Anm. zu S. 9,22 *Ihro Majestät.*

152,8 *Sozietät:* Gesellschaft.

152,24 *streng auf Fächer halten:* Goethe selbst als Leiter des Weimarer Hoftheaters seit 1798 wandte sich gegen die strenge Rolleneinteilung des 18. Jahrhunderts. Es lassen sich zahlreiche Parallelen zwischen Goethes Gedanken über das Theater im »Wilhelm Meister« und seiner Tätigkeit als Theaterdirektor in Weimar aufweisen.
Siehe: Ernst Pasqué: Goethe's Theaterleitung in Weimar. 2 Bde. Leipzig: Weber, 1863. – Philipp Stein: Goethe als Theaterleiter. Berlin/Leipzig: Schuster & Loeffler, [1904]. – Johannes Höffner: Goethe und das Weimarer Hoftheater. Weimar: Kiepenheuer, 1913. – Hans Knudsen: Goethes Welt des Theaters. Ein Vierteljahrhundert Weimarer Bühnenleitung. Berlin: Druckhaus Tempelhof 1949. – Heinz Kindermann: Theatergeschichte Europas. Bd. 5. Salzburg: Müller, 1962. [S. 152–217.] – Willi Flemming: Goethe und das Theater seiner Zeit. Stuttgart: Kohlhammer, 1968. [S. 108 ff.] – Eckehard Catholy: Bühnenraum und Schauspielkunst. Goethes Theaterkonzeption. In: Bühnenformen, Bühnenräume, Bühnendekoration. Beitrag zur Entwicklung des Spielorts. Hrsg. von Rolf Badenhausen und Harald Zielske. Berlin: Erich Schmidt, 1974. S. 136–147. – Heinrich Huesman: Goethe als Theaterleiter. Historisches Umfeld und Grundzüge. In: Ein Theatermann: Theorie und Praxis. Festschrift zum 70. Geburtstag von Rolf Badenhausen. Hrsg. von Ingrid Nohl. München: Nohl, 1977. S. 143–160.

Zweites Kapitel

156,16–21 *Der Held ... verziehen hätte:* Zahlreiche Ähnlichkeiten zwischen dem Stück des Barons und dem Drama »Medon oder die Rache des Weisen« (1767) von Goethes Leipziger Lehrer Christian August Clodius sind aufgewiesen worden. Siehe DuW, Buch VII.

158,32 *Fächer:* Rollenfächer, vgl. Anm. zu S. 112,23.

159,8 *Poet:* Mit dem steigenden Ansehen der deutschen Literatur veränderte sich auch das Bild des Dichters in der Literatur. Auf der Bühne verschwand die lächerliche Figur des Poeten, die noch in der Sächsischen Komödie eine große Rolle spielte. In Luise Adelgunde Viktorie Gottscheds »Witzling« gibt es den jungen Dichter, Herrn Jambus, in der »Pietisterei im Fischbeinrocke« tritt der junge Herr von Muckersdorff auch als Dichter auf. Lessings »Junger Gelehrter« ist ebenfalls Dichter, und in seinem Lustspiel »Die alte Jungfer« tritt Kräusel, ein Poet, ebenso als lächerliche Figur auf. Eine der letzten lächerlichen Poetenfiguren findet sich in F. W. Gotters Posse »Der schwarze Mann« (1785). Die Figur des lächerlichen Poeten wird im Drama durch den Dichter als tragischen Charakter in Goethes »Torquato Tasso« ersetzt.

159,17 *Air:* »die Miene, Gestalt, Gebärde, Gebärdungsweise, der Anstand, das Ansehen. Eins oder das andere von diesen wird in jedem Falle passen« (Campe).

Drittes Kapitel

161,10 *besprochen:* in der Sprache des 18. Jahrhunderts oft im Sinne von ›durch Bestellung in Beschlag nehmen‹.

165,7 *Lichtputzen:* Lichtputzschere.

165,15 *Abhub:* Rest, Unreines.

Viertes Kapitel

165,32 f. *ein rechtes Bad angerichtet:* im Sinne von ›etwas Schlimmes zubereitet‹.

166,2 *Aktricen:* Schauspielerinnen.

166,3 *von ... Kundschaft nahmen:* mit ... Bekanntschaft schlossen.

166,11 *Ein Herr:* Dieser Herr ist Jarno (s. Zl. 33), der später in den »Wanderjahren« auch unter dem Namen Montan auftritt.
Siehe: August R. Krehbiel: Herder als Jarno in ›Wilhelm Meister‹, Book III. In: MPh. 17 (1919/20) S. 77–81.

166,22 *Charakter als Major:* Rang, Dienststellung eines Majors.

166,25 *natürlicher Sohn:* unehelicher Sohn; »Gegensatz zu dem durch willkürliche Absicht des Menschen Geschaffenen, dem Künstlichen. Hierher gehört auch ›natürlicher (nicht gewaltsamer) Tod‹; ferner ›n. Sohn‹ usw. (wohl nach frz. fils naturel), bei dessen Erzeugung nicht die menschliche Einrichtung der Ehe wirksam gewesen« (PB).

166,27 *distinguiert:* ausgezeichnet, frz. distinguer ›unterscheiden‹. »Auszeichnen, mit auszeichnender Achtung begegnen« (Campe).
einbildisch: im 17. und 18. Jahrhundert »dünkelhaft, eingebildet«, jemand, »der sich etwas einbildet, eine übertriebene hohe Meinung von sich hat« (Campe II).

166,32 *gebe ... etwas ab:* tadle, züchtige.

167,11 *Akteure:* Schauspieler.

167,21 *vom Wütenden Heere:* nach Adelung eine »verderbte« Form (Volksetymologie) von ›Wodans Heer‹. Im Volksaberglauben »ein Gespenst, welches sich in Gestalt vieler jagenden Personen in der Wäldern soll sehen lassen, und welches auch ›Fasnachtsheer‹ heißt« (Adelung). Nach Adelung stammt dieser Aberglaube aus den heidnischen Zeiten, »wo Wodan oder Odin eine der vornehmsten Gottheiten des nördlichen Europas war«.

Drittes Buch. Viertes und Fünftes Kapitel

Siehe: Hanns Bächtold-Stäubli: Handwörterbuch des deutschen Aberglaubens. Berlin: de Gruyter, 1927–42. Bd. 9. Sp. 632 bis 634.

167,35 *Perspektive bestimmen:* Hier scheint es sich noch um ein Bühnenbild mit Zentralperspektive zu handeln, bei dem es galt, den besten Blickpunkt im Zuschauerraum, der dem Fürsten vorbehalten war, festzulegen.

Umrisse abschnüren: Die Bühnendekorationen, die als Leinwandflächen im Schnürboden befestigt sind und herabgelassen oder hinaufgezogen werden können, werden vor der Benutzung so abgeschnürt, daß sie der Größe der Bühne entsprechen (FA).

Fünftes Kapitel

168,31 f. *im Kabinette:* im Zimmer, im Gegensatz zur öffentlichen Bühne des Theaters. Sonst: Nebenzimmer.

169,11–170,22 *Der Baron ... woher sie komme:* Hugo von Hofmannsthal nahm wahrscheinlich für die Szene beim Lever der Marschallin im »Rosenkavalier« (1. Aufzug) diese Episode im »Wilhelm Meister« zum Vorbild. Die Figuren des Friseurs, des Tierhändlers, der Marchande de Modes, des Gelehrten mit einem Folianten und die Figur des »kleinen Mohren« sind nach entsprechenden ähnlichen Personen dieser Szene gestaltet.
Siehe dazu: Katharina Mommsen: Hofmannsthal und Fontane. Bern / Frankfurt a. M.: Lang, 1978. S. 100.

169,31 f. *Vollendung des Baues:* gemeint ist hier der kunstvolle Bau der Frisur.

170,18 *Portefeuille:* Brieftasche.

170,21 *Weste:* vielleicht eine Anregung aus der Realität: Im Mai 1782, als Goethe besonders eifrig mit dem Roman beschäftigt war, schreibt er an Charlotte v. Stein: »Ich danke Dir, du Gute, für das schöne, leider vergängliche Westgen!« (FA)

Sechstes Kapitel

170,28–35 *von einem Vorspiele ... glänzen sollte:* Der Plan des Grafen entspricht den Vorspielen aus der Zeit Gottscheds (FA). Siehe auch S. 174,8 ff.

170,34 *verzogener Name:* Die Initialen des Fürstennamens wurden in allegorischen Vorspielen häufig in Schmuckschrift und mit Beleuchtungseffekten dargestellt (BA).

171,9 *in effigie:* wörtlich: im Bilde, bildlich.

172,14 *Operationen:* hier: Verhandlungen, Verfahren.

174,2 *Minerva:* römische Göttin des Handwerks, der Künste und der Weisheit. Durch Angleichung an die griechische Auffassung der Pallas Athene erhielt Minerva auch die Attribute des Kriegerischen und des Sieges (s. S. 176,7 ff.).

174,30 f. *Gesellschaftstheater:* ein Liebhabertheater, an dem Mitglieder der oberen Gesellschaftsschichten teilnehmen, im Gegensatz zum Berufstheater mit Berufsschauspielern, die im 18. Jahrhundert noch geringes gesellschaftliches Ansehen besaßen.

Siebentes Kapitel

175,2 f. *Frauenzimmer:* ursprünglich das Frauengemach, dann Kollektivbezeichnung für die Frauen.

175,13 *lispelte sie:* flüsterte sie, im 18. Jahrhundert noch im Sinne von leise sprechen: »In der edlern und dichterischen Schreibart wird es für leise reden gebraucht« (Adelung).

175,25 *Montfaucon:* Bernard de Montfaucon, »L'Antiquité expliquée et représentée en figures«, 15 Bde., Paris 1719–24.

Gemmen: Halbedelsteine mit vertieft eingeschnittenem Bild (im Gegensatz zur Kamee, einer erhabenen figürlichen Darstellung). Goethe hat sich zeit seines Lebens mit Gemmen beschäftigt. Im Zusammenhang mit dem Zeichenunterricht bei Adam Friedrich Öser in Leipzig studierte er antike Gemmen. Auf seinen Reisen besichtigte er die bekanntesten Gemmensammlungen in Deutschland und Italien und erwarb auch eine eigene Sammlung. Über die Bedeutung der Gemmen für den Kunstfreund äußerte er sich in seinem Aufsatz »Verzeichnis der geschnittenen Steine in dem Königlichen Museum der Altertümer zu Berlin« aus dem Jahre 1827. Siehe auch S. 623,31.

175,30 *Vignetten:* graphischer Buchschmuck, meist auf der Titelseite, am Beginn und Ende eines Kapitels.

176,1 *Schutzgöttin:* Gemeint ist Minerva als Schutzgöttin der Künste und Wissenschaften, insbesondere der Dichter und Lehrer.

177,2 *mit der transparenten Dekoration:* Der »verzogene« Name erschien beleuchtet auf transparentem Papier.

177,4 *seines Konditors:* Die Aufgabe des Konditors bestand u. a. darin, Dekorationsarbeiten herzustellen. Man rechnete ihn daher im 18. Jahrhundert auch mit zu den Künstlern. Siehe S. 178,30.

179,1 *Sukkurs:* Hilfe, Beistand, Unterstützung.

179,2 *seinen Vetter:* Hier ist wohl Lothario gemeint (s. IV,16; VII ff.).

179,4 *Distraktion:* Ablenkung.

179,18 f. *Avantgarde:* die Vorhut.

Achtes Kapitel

179,26 *Prinz:* Als mögliches Modell für diese Gestalt ist an den Prinzen Heinrich von Preußen zu denken. Zur »vornehmen Welt« auf dem Schloß siehe Karl Schlechta, »Goethes Wilhelm Meister«, Frankfurt a. M.: Klostermann, 1953, S. 35 f.: »Mit der Ankunft des Prinzen auf dem gräflichen Besitz tritt [die vornehme Welt] in einem echten Repräsentanten in Erscheinung: kurze Zeit weht so etwas wie kühle Luft durch die überhitzte Theater- und Schloßatmosphäre. Mit einem Male ist eine ordnende Mitte gegeben; mit einem Male hat alles andere – wie selbstverständlich – den ihm gebührenden Platz. Nichts mehr ist um seiner selbst willen da, alles ist mit einem Schlag Element der ›Person‹: auch das Talent. Keinerlei Leistung qualifiziert sich selbst, auch nach ›Größe‹ wird nicht gefragt. Der Fürst ist etwas anderes als groß: er ist vornehm. Diese entscheidende Eigenschaft hat nicht einmal e r durch Verdienst. Er ist ja durch Abkunft und Geburt, was Wilhelm auf dem problematischen Wege seiner höchst problematischen Selbsterziehung aus sich zu machen sucht.«

180,1 *Ordre:* Befehl (s. S. 199,37).

180,37 *dispensieren:* hier: sich einer gesellschaftlichen Verpflichtung entziehen.

181,21 f. *den Ungeheuern der englischen Bühne:* »Les abominables pièces de Schackespear« hatte Friedrich der Große die Werke des englischen Dramatikers in seiner Schrift »De La Littérature allemande« (1780) genannt. Cornelius Hermann v. Ayrenhoff (1733–1819) nannte dann in der Zueignungsschrift seines Trauerspiels »Kleopatria und Antonius« (1783), das er Wieland widmete, die Werke Shakespeares ausdrücklich »Ungeheuer«. Wieland verteidigte im dritten »Brief an einen jungen Dichter« im »Teutschen Merkur« 1784, Bd. 1, S. 228 ff. Shakespeare und bekämpfte besonders den Ausdruck »Ungeheuer« (»Wielands Gesammelte Schriften«, Abt. 1, Bd. 14, Berlin: Weidmann, 1928, S. 411).

182,25 *Circe:* lateinische Form der griechischen Zauberin Kirke, die nach Homer auf der Insel Aia die Gefährten des Odysseus in Schweine verwandelte und in Ställe einsperrte (»Odyssee«, 10. Gesang, V. 230 ff.). Odysseus verstand es jedoch, die magischen Kräfte der verführerischen Zauberin durch einen Gegenzauber aufzuheben. Allgemeine Bedeutung wie auch hier: verführerische Frau, die es darauf anlegt, sich Männer durch unlautere Mittel hörig zu machen. Siehe auch S. 182,34; 584,30–32.

183,14 *Toilette:* das Ankleiden und Frisieren, besonders für festliche Angelegenheiten. Siehe auch S. 201,14.

Drittes Buch. Neuntes Kapitel 75

183,15 *equipiert:* ausgerüstet.
183,23 *Racine:* Zur Entstehungszeit des »Wilhelm Meister« war Goethe dem »Abgott« seiner frühen Jugend (s. DuW, Buch III) wieder nähergerückt. Zeugnisse dafür sind »Iphigenie auf Tauris« und »Torquato Tasso«.

Siehe: Carl Steinweg: Goethes Seelendramen und ihre französischen Vorlagen. Halle a. d. S.: Niemeyer, 1912. – Henri Glaesener: Goethe et Racine. In: Revue hebdomaire 41, IV (1932) S. 15–34. – Leo Spitzer: Racine et Goethe. In: Rev.Hist.Phil. N.S. 1 (1933) S. 58–75. – Ernst Merian-Genast: Racine und Goethe. In: Archiv 168 (1935) S. 197–224.

184,9 f. *Britannicus ... Berenice:* Tragödien Racines aus den Jahren 1669 und 1670.
184,34 *ein Stück von Shakespearen:* s. S. 197,9 ff.; ferner: Hass, S. 158 f.
185,27–32 *Er gleicht einem Wanderer ... zu machen hat:* Das Wanderermotiv, das hier verwendet wird, steht im Zusammenhang mit dem Zugvogelmotiv (S. 83,2 ff.). Das Bild wird hier gebraucht, als »Wilhelm sich treiben läßt und einem freundschaftlichen Rat keine Beachtung schenkt [...]. Hier ist Wilhelm eben wie ein Wanderer noch weit [...] von jedem Ruhepunkt entfernt« (Reiss, S. 88). Siehe auch S. 596,28 ff.

Neuntes Kapitel

187,20 *Geschoß:* Geldabgabe, Zins, direkte Steuer (»die Abgabe von Äckern und andern Grundstücken, [...] Steuer und Geschoß geben«, Adelung).
187,33 *Parnaß:* mittelgriechische Gebirgsgruppe, die in der Antike als Sitz des Apollo und der Musen galt, daher auch übertragen wie hier als Name für das Reich der Dichtung verwendet.
187,34 *Kapitel:* »Versammlung der Stiftsherren« (Campe), Stiftsherren- oder Ordensritterversammlung, hier im speziellen Sinn von adliger Gemeinschaft.
189,14 *eines Pasquillanten:* Pasquillant: »Verfasser einer

kleinen verächtlichen Schrift, [...] Schmäh- oder Schandschriftler« (Campe).
189,37 *Inquisition:* »jede gerichtliche, besonders peinliche Untersuchung« (Campe).
190,32–34 *Man erzählt ... herbeiziehen:* siehe dazu die Szene »Studierzimmer« in »Faust« I.
191,14 *Exekution:* »die Ausführung, Vollziehung, Vollstreckung. Es bedeutet aber auch die Vollziehung einer Leibes- oder Lebensstrafe insonderheit« (Campe).
191,14–192,20 *ein Knabe ... ward entlassen:* Man hat darauf hingewiesen, daß Goethe hier eine Stelle fast unverändert aus der »Theatralischen Sendung« (V,8) übernommen hat, obwohl sie dem Zusammenhang der »Lehrjahre« widerspricht: »Friedrich ist ja in den ›Lehrjahren‹ der Bruder der Gräfin« (FA) und müßte von der Schloßgesellschaft erkannt werden.
191,15 *gestäupt:* mit Stockschlägen gezüchtigt.
191,18 *Meuchlern:* Meuchler, »eine Person, welche [...] heimtückischer und hinterlistiger Weise auf das Verderben anderer sinnet, wie auch, welche heimlich und heimtückisch mordet« (Campe).
191,25.27 f. *Handel, Händeln:* Auseinandersetzung, Streitigkeiten.
191,37 f. *Delinquenten:* Misse-, Übeltäter.

Zehntes Kapitel

192,28–193,14 *Philine wußte ... bemerken konnte:* s. Haß, S. 159 f.: »So wird Wilhelm eben auch nicht durch Jarnos Aufforderung in die Sphäre des ›Turms‹ hinübergezogen; er nähert sich ihr vielmehr an durch die Herzensneigung zur Gräfin, in der er ahnungslos einem Vorausbild seiner innersten und reinsten, aber noch unbestimmten Sehnsucht begegnet: der Schwester Nataliens nicht nur, sondern dem Abglanz, wenn auch noch nicht einem vollkommenen, ihres Wesens selbst. Die Komposition der Erzählung führt ihn allerdings auf gleichsam komisch-

Drittes Buch. Zehntes und Eilftes Kapitel

verschnörkeltem, komisch-vermitteltem Wege zu ihr hin. Sowohl Philine wie die Baronesse hatten die zunehmende Neigung der Gräfin zu Wilhelm bemerkt; und beide waren bestrebt, sie darin noch zu bestärken. Aus ganz verschiedenen Interessen, die zu der zarten Schwärmerei der Seelen, die zwischen Wilhelm und der Gräfin waltet, durchaus im Gegensatz stehen, leiten sie die schicksalhafte Begegnung der beiden ein.«

193,25 f. *Page ... Jägerbursche:* Auch die Baronesse tritt also zuweilen in Männerkleidung auf wie Mariane, Mignon, Natalie und Therese.

194,34 *Argandische Lampe:* bis ins 19. Jahrhundert gebräuchlichste Petroleumlampe, benannt nach dem Genfer Aimé Argand (1755–1803), der 1782 die entscheidenden Verbesserungen mittels Einführung eines hohlen Runddochtes und Glaszylinders anbrachte. Dadurch gelangte Luft in das Innere der Flamme, wodurch die Verbrennung verbessert und die Lichtstärke erhöht wurde. Siehe Goethe-Wörterbuch.

Eilftes Kapitel

197,9 *einige Stücke Shakespeares:* Wilhelm Meisters Shakespeare-Erlebnis stellt einen der wichtigsten Abschnitte seiner Entwicklung dar und spiegelt sowohl Goethes eigenes Shakespeare-Erlebnis als auch die gesamte deutsche Shakespeare-Rezeption des 18. Jahrhunderts. Wie Wilhelm Meister las Goethe in seiner Jugend Corneille und Racine. Während der französischen Besetzung von Frankfurt (1759) kam er mit dem französischen Theater in Berührung. Zwar begegnete Goethe Shakespeare bereits in Leipzig, aber es war eine flüchtige Begegnung, die keinen tiefen Eindruck hinterließ. Er las William Dodds »Beauties of Shakespeare, Regularly Selected from Each Play« (1752). 1767 sah er eine Aufführung von »Romeo und Julia« nach Christian Felix Weiße, der das Stück als bürgerliches Trauerspiel umschrieb. Wenn Goethe auch

in einem Brief vom 20. 2. 1770 von »Schäckespearen«, seinem »ächten Lehrer«, schreibt, so galten ihm doch als Vorbild und Muster Corneille, Racine und die Gottschedische Schule.
Die entscheidende Begegnung Goethes mit Shakespeare erfolgte in Straßburg und wurde durch Herder herbeigeführt. Auch Wilhelm Meister findet nicht allein den Weg zu Shakespeare, sondern wird durch Jarno auf ihn verwiesen. Die Abschnitte aus den »Lehrjahren« erinnern an Goethes Berichte in »Dichtung und Wahrheit«. Dort schreibt er über seine Straßburger Shakespeare-Begeisterung: »[...] ich [hatte] ihn vor allen mit großem Enthusiasmus ergriffen [...]. Ein freudiges Bekennen, daß etwas Höheres über mir schwebte, war ansteckend für meine Freunde, die sich alle dieser Sinnesart hingaben. Wir leugneten die Möglichkeit nicht, solche Verdienste näher zu erkennen, sie zu begreifen, mit Einsicht zu beurteilen; aber dies behielten wir uns für spätere Epochen vor: gegenwärtig wollten wir nur freudig teilnehmen, lebendig nachbilden, und, bei so großem Genuß, an dem Manne, der ihn uns gab, nicht forschen und mäkeln, vielmehr tat es uns wohl, ihn unbedingt zu verehren« (DuW, Buch XI).
Gleichzeitig handelt es sich bei Wilhelms Shakespeare-Erlebnis wieder um eine Darstellung des kulturgenetischen Grundgesetzes: das Individuum durchläuft in seiner Bildung die gesamte Kulturentwicklung seines Jahrhunderts (s. Anm. zu S. 33,9). Im 17. Jahrhundert war Shakespeare nur als »Stoff« bekannt (Gundolf). Die englischen Berufsschauspielertruppen, die sog. englischen Komödianten, die Deutschland bereisten, brachten zahlreiche Stücke zur Aufführung, deren Titel auf bekannte Shakespeare-Dramen verweisen, wie z. B.: »Von dem Könnich Liar aus Engellandt, ist eine Materien worin die Ungehorsamkeit der Kinder gegen ihre Elder wird gestraffet, die Gehorsamkeit aber belohnet« oder »Tragoedia der bestrafte Brudermord, oder Prinz Hamlet aus

Dännemark«. Der Autor blieb unbekannt, sein Name wurde nie erwähnt. Aufgrund der Sprachschwierigkeiten waren die Stücke in simpler Prosa geschrieben. Ein starker Zug zum Didaktischen machte sich bemerkbar, wie die barock erweiterten Titel anzeigen. Bei den Aufführungen scheint die Pantomime vorherrschend gewesen zu sein. Eine einseitige Betonung des Gestischen und Mimischen war die Folge, die ihren Höhepunkt in den derben Späßen der Clowns fand, die bei den englischen Komödianten Pickelhäring genannt wurden.

Bezeichnend für die Shakespeare-Rezeption des 17. Jahrhunderts ist es, daß Andreas Gryphius der mittelbare Zusammenhang seines Schimpfspiels »Absurda Comica oder Herr Peter Squenz« (1657) mit Shakespeares »Sommernachtstraum« nicht bewußt war. Er kannte den englischen Dramatiker nicht einmal dem Namen nach, und als Quelle für sein Schimpfspiel ist wahrscheinlich eine holländische Posse anzusetzen.

Die Situation änderte sich im 18. Jahrhundert mit der Veröffentlichung des »Versuchs einer gebundenen Übersetzung des Trauer-Spiels von dem Tode des Julius Cäsar« (1741) von Caspar Wilhelm von Borck, dem preußischen Gesandten in London. Vorher hatte bereits Johann Jacob Bodmer in der Vorrede zu seinem Buch »Von dem Wunderbaren in der Poesie« (1740) den englischen Dramatiker unter dem Namen »Saspar« erwähnt. Die Entstellung des Namens geht wahrscheinlich auf eine italienische Übersetzung zurück. Die gängigen Lexika des 18. Jahrhunderts erwähnen den Namen Shakespeares in der überlieferten Orthographie. Aber 1741/42 besprachen die führenden Kritiker Borcks Alexandriner-Übertragung des »Julius Caesar« und führten den Namen Shakespeare in die literarische Diskussion in Deutschland ein. Gottsched lehnte Shakespeare aufgrund der Regellosigkeit ab: »Die elendeste Haupt- und Staatsaktion unserer gemeinen Komödianten ist kaum so voll Schnitzer und Fehler wider die Regeln der Schaubühne und gesunden Vernunft, als

dieses Stück Shakespears ist. [...] Sein ›Julius Cäsar‹, der noch dazu von den meisten für sein bestes Stück gehalten wird, hat so viel Niederträchtiges an sich, daß ihn kein Mensch ohne Ekel lesen kann. Er wirft darinnen alles untereinander. Bald kommen die läppischsten Auftritte von Handwerkern und Pöbel, die wohl gar mit Schurken und Schlingeln um sich schmeißen und tausend Possen machen; bald kommen wiederum die größten römischen Helden, die von den wichtigsten Staatsgeschäften reden.« Johann Elias Schlegel leugnete nicht diese Verletzung der »Regelmäßigkeit«, aber suchte Shakespeares Stärke hervorzuheben: »[...] der Engelländer hat einen großen Vorzug in den verwegnen Zügen, dadurch er seine Charaktere andeutet, welcher Vorzug eine Folge der Kühnheit ist, daß er sich unterstanden, seine Menschen selbst zu bilden« (»Vergleichung Shakespears und Andreas Gryphs«, 1741).
Friedrich Nicolai und Moses Mendelssohn setzten sich in den fünfziger Jahren in verstärktem Maße für Shakespeare ein, bis dann Lessing 1759 im 17. Literaturbrief die Anerkennung des englischen Dramatikers als Vorbild für die deutsche Literaturentwicklung forderte: »Wenn man die Meisterstücke des Shakespear, mit einigen bescheidenen Veränderungen, unsern Deutschen übersetzt hätte, ich weiß gewiß, es würde von bessern Folgen gewesen sein, als daß man sie mit dem Corneille und Racine so bekannt gemacht hat. Erstlich würde das Volk an jenem weit mehr Geschmack gefunden haben, als es an diesen nicht finden kann; und zweitens würde jener ganz andere Köpfe unter uns erweckt haben, als man von diesen zu rühmen weiß. Denn ein Genie kann nur von einem Genie entzündet werden; und am leichtesten von so einem, das alles bloß der Natur zu danken zu haben scheinet, und durch die mühsamen Vollkommenheiten der Kunst nicht abschrecket.«
Obwohl Lessing in seiner Tragödientheorie Aristoteliker war, so vermochte er doch Shakespeare zu würdigen:

»Auch nach den Mustern der Alten die Sache zu entscheiden, ist Shakespear ein weit größerer tragischer Dichter als Corneille; obgleich dieser die Alten sehr wohl, und jener fast gar nicht gekannt hat. Corneille kömmt ihnen in der mechanischen Einrichtung, und Shakespear in dem Wesentlichen näher. Der Engländer erreicht den Zweck der Tragödie fast immer, so sonderbare und ihm eigene Wege er auch wählet; und der Franzose erreicht ihn fast niemals, ob er gleich die gebahnten Wege der Alten betritt.«

In der »Hamburgischen Dramaturgie« (1767 ff.) setzte Lessing dann die Maßstäbe für die Shakespeare-Nachahmung der nächsten Jahrzehnte: »Shakespeare will studiert, nicht geplündert sein« (73. Stück, 1768). In diesem Sinne bringt Wilhelm Meister dann auch den »Hamlet« zur Aufführung (s. S. 223,12 ff.). Tagelange Diskussionen über den Text gehen der eigentlichen Inszenierung voraus. Die Wirkung des kulturgenetischen Grundgesetzes erweist sich darin, daß bei Wilhelm Meister die Shakespeare-Würdigung in der gleichen Weise mit der Idee des Nationaltheaters verbunden erscheint wie in der Gesamtentwicklung der deutschen Kultur im 18. Jahrhundert, insbesondere dem Hamburger Versuch, ein deutsches Nationaltheater zu begründen. In der Urform des »Wilhelm Meister«-Romans stellen die Abkürzungen der Orts- und Personennamen H*** und S*** deutliche Hinweise auf Hamburg und Friedrich Ludwig Schröder, den erfolgreichen Nachfolgedirektor des fehlgeschlagenen Nationaltheaterexperiments, dar.

Bis Wielands Shakespeare-Übersetzungen 1762 ff. erschienen, war der englische Dramatiker für das Publikum des 18. Jahrhunderts oft nicht viel mehr als lediglich ein Begriff der literarischen Polemik gewesen. Mit Ausnahme des »Sommernachtstraums« übersetzte Wieland die Blankversdramen in Prosa. Diese Übersetzungen waren von größter Bedeutung, die ihren Niederschlag u. a. in den Prosadramen des Sturm und Drang fand. Die jungen

Dramatiker glaubten Shakespeare nachzuahmen, wenn sie in Prosa schrieben. Prosa erschien ihnen als Ausdruck der Natürlichkeit, nach der sie strebten und die sie in Shakespeare zu finden vermeinten. Goethes »Götz von Berlichingen« (1771), das Erstlingswerk, mit dem er als Dramatiker an die Öffentlichkeit trat, stand im Zeichen dieser Shakespeare-Nachfolge. Herder schrieb damals, daß Shakespeare den jungen Dramatiker »ganz verdorben« habe.

Goethe hatte die Wielandschen Übersetzungen gelesen, und auch Wilhelm Meister bedient sich *der geistvollen Wielandschen Arbeit [...], durch die er* [wie das Publikum des 18. Jahrhunderts] *überhaupt Shakespearen zuerst kennenlernte* (S. 310,14–16). Wieland übersetzte zwischen 1762 und 1766 zweiundzwanzig Stücke des Shakespeare-Corpus, Johann Joachim Eschenburg brachte 1775–77 die restlichen fünfzehn Stücke auf deutsch heraus, so daß Shakespeare am Ende der siebziger Jahre vollständig übersetzt vorlag.

Die Shakespeare-Aneignung des Sturm und Drang war bestimmt von der Genielehre und der Ablehnung des Regelklassizismus. Herder erklärte: »Bei mir ist er [Shakespeare] ein Genie, voll Einbildungskraft, die immer ins Große geht, die einen Plan ersinnen kann, über dem uns beim bloßen Ansehen schwindelt: ein Genie, das in den einzelnen Verzierungen nichts, im großen, wilden Bau der Fabel alles ist: ein Genie, vor dem, wenn es den Begriff des Poeten bestimmen soll, alle Lehrdichter, alle witzige Köpfe zittern müssen: ein poetisches Genie, wie ich nur einen Homer, einen Ossian kenne« (»Allgemeine Deutsche Bibliothek«, Bd. 7, 2. Stück, 1768). In den Blättern »Von deutscher Art und Kunst« (1773) führte er im Sinne des kulturellen Relativismus des Historismus Shakespeares »Regellosigkeit« auf die verschiedenen Entstehungsbedingungen des griechischen und englischen Theaters zurück. Die übrigen Stürmer und Dränger sprachen mehr als Rhapsodisten denn als Interpreten über

Drittes Buch. Eilftes Kapitel

Shakespeare. In seinem Sendschreiben »Zum Schäkespears Tag« (1771) schilderte Goethe zunächst den Augenblick, als er zum ersten Male in den Werken des Dramatikers las: »Die erste Seite, die ich in ihm las, machte mich auf zeitlebens ihm eigen, und wie ich mit dem ersten Stücke fertig war, stund ich wie ein Blindgeborner, dem eine Wunderhand das Gesicht in einem Augenblicke schenkt. Ich erkannte, ich fühlte aufs lebhafteste meine Existenz um eine Unendlichkeit erweitert, alles war mir neu, unbekannt, und das ungewohnte Licht machte mir Augenschmerzen. Nach und nach lernte ich sehen, und, dank sei meinem erkenntlichen Genius, ich fühle noch immer lebhaft, was ich gewonnen habe.« Diese Zeilen erinnern an die Beschreibung der Wirkung der Shakespeare-Lektüre auf Wilhelm Meister.
In dieser Rede wandte sich Goethe gegen die Regelpoetik und feierte den englischen Dichter als großen Menschengestalter: »Ich zweifelte keinen Augenblick, dem regelmäßigen Theater zu entsagen. Es schien mir die Einheit des Orts so kerkermäßig ängstlich, die Einheiten der Handlung und der Zeit lästige Fesseln unsrer Einbildungskraft. Ich sprang in die freie Luft und fühlte erst, daß ich Hände und Füße hatte. [...] Die meisten stoßen [...] besonders an seinen Charakteren an. Und ich rufe: Natur, Natur! nichts so Natur als Schäkespears Menschen. [...] Er wetteiferte mit dem Prometheus, bildete ihm vor Zug seine Menschen nach, nur in kolossalischer Größe – darin liegt's, daß wir unsre Brüder verkennen – und dann belebte er sie alle mit dem Hauch seines Geistes, er redet aus allen, und man erkennt ihre Verwandtschaft.«
Mit der »Iphigenie auf Tauris« wandte sich Goethe wieder der klassischen Form des Dramas zu. Im Spielplan des Weimarer Theaters unter Goethes Leitung nahm Shakespeare nicht mehr die bevorzugte Stellung ein, die Goethe ihm in seiner Jugend eingeräumt hatte. Neben Shakespeare wurden Stücke von Corneille, Racine, Voltaire aufge-

führt, ganz abgesehen von der zeitgenössischen deutschen Dramatik, insbesondere Kotzebue und Iffland. Wie der späte Aufsatz »Shakespeare und kein Ende« (1813–26) zeigt, bewahrte sich Goethe die Hochachtung für den Engländer bis ins hohe Alter, aber sie galt jetzt mehr dem Dichter überhaupt als dem Dramatiker: »Shakespeares Name und Verdienst gehören in die Geschichte der Poesie. [...] in der Geschichte des Theaters tritt er nur zufällig auf.« Goethe sah in seinen Werken Lesedramen und empfahl damals die Bearbeitung der Shakespeareschen Stücke, wie sie ihm im 18. Jahrhundert, besonders durch Friedrich Ludwig Schröder bekannt waren. Goethe prophezeite, daß andernfalls »Shakespeare in wenigen Jahren ganz von der deutschen Bühne verdrängt sein« werde. In dieser Voraussage hat sich Goethe offensichtlich geirrt. In der Übersetzung der Romantiker Schlegel, Tieck und Baudissin wurde Shakespeare im 19. und 20. Jahrhundert zum meist gespielten Autor auf der deutschen Bühne.

Die erste »Hamlet«-Aufführung im 18. Jahrhundert fand 1773 in Wien statt. Prag folgte 1776 mit einer Aufführung, die Friedrich Ludwig Schröder stark beeindruckte und zu seiner erfolgreichen »Hamlet«-Inszenierung im selben Jahre in Hamburg führte. 1778 erfolgte die Aufführung des »Hamlet« in Berlin, 1780 in Mannheim, 1792 in Weimar. Es ist Schröders Verdienst, durch seine Aufführungen Shakespeare auf der deutschen Bühne durchgesetzt zu haben. Zwischen 1776 und 1779 führte er »Othello«, »Der Kaufmann von Venedig«, »Die Komödie der Irrungen«, »Maß für Maß«, »König Lear«, »König Richard II.«, »König Heinrich IV.« und »Macbeth« auf. Goethe hatte von Schröders Erfolgen in Hamburg, insbesondere der »Hamlet«-Aufführung gehört und nannte den Theaterdirektor, der ihn 1780 und 1791 in Weimar besuchte, den »Epitomator [Zusammenfasser] des Epitomators« Shakespeare. In dem Theaterdirektor Serlo (s. S. 65,4; 251 ff.) hat Goethe ihm ein literarisches

Denkmal gesetzt. Als Vorbild für diese Gestalt ist Schröder anzusetzen, auch wenn Wilhelm Meister in den »Lehrjahren« einige Züge und Funktionen des Vorbildes übernimmt.
Shakespeare und das Theater bleiben für Wilhelm Meister aber nur ein Durchgangsstadium, wenn auch ein äußerst wichtiges im Hinblick sowohl auf den Real- als auch den Idealnexus des Romans. Hamlets Geist führt Wilhelm den Weg zur Turmgesellschaft und weist ihn über das Theatererlebnis hinaus. Wilhelms Auseinandersetzung mit Shakespeares Werken erweist sich als Bildungsvorgang und stellt einen wesentlichen Abschnitt seiner Entwicklung dar.
Siehe: Rudolph Genée: Geschichte der Shakespeare'schen Dramen in Deutschland. Leipzig: Engelmann, 1870. – Merschberger [Georg Friedrich]: Die Anfänge Shakespeares auf der Hamburger Bühne. Hamburg: Lütcke & Wulff, 1890. (Programm des Johanneums zu Hamburg.) – Marie Joachimi-Dege: Deutsche Shakespeare-Probleme im 18. Jahrhundert. Leipzig: Haessel, 1907. (Untersuchungen zur neueren Sprach- und Literaturgeschichte. 12.) – Arthur Böhtlingk: Goethe und Shakespeare. Leipzig: Eckardt, 1909. – Ernst Stadler: Wielands Shakespeare. Straßburg: Trübner, 1910. (Quellen und Forschungen zur Sprach- und Culturgeschichte. 107.) – Friedrich Gundolf: Shakespeare und der deutsche Geist. Berlin: Bondi, 1911. – Willi Flemming (Hrsg.): Das Schauspiel der Wanderbühne. Leipzig: Reclam, 1931. (DLE.) – Gustav Württemberg: Shakespeare im Deutschland des 18. und 19. Jahrhunderts. Bielefeld/Leipzig: Velhagen & Klasing, 1931. – John George Robertson: Goethe und England. In: GRM 20 (1932) S. 134–149. – Fritz Brüggemann (Hrsg.): Die Aufnahme Shakespeares auf der Bühne der Aufklärung in den sechziger und siebziger Jahren. Leipzig: Reclam, 1937. (DLE.) – Roy Pascal: Shakespeare in Germany: 1740–1815. Cambridge (Engl.): The University Press, 1937. – Paul Böckmann: Der dramatische Perspektivismus in der deutschen Shakespearedeutung des 18. Jahrhunderts. In: Vom Geist der Dichtung. Gedächtnisschrift für Robert Petsch. Hamburg: Hoffmann & Campe, 1949. S. 65–119. Wiederabdr.: P. B.: Formensprache. Studien zur Literarästhetik und Dichtungsinterpretation. Hamburg: Hoffmann & Campe, 1966. S. 45–97. – Arnold Federmann: Der

junge Goethe und England. Berlin/Bielefeld/München: Schmidt, 1949. – Horst Oppel: Das Shakespeare-Bild Goethes. Mainz: Kirchheim, 1949. – Lawrence M. Price: English Literature in Germany. Berkeley / Los Angeles: University of California Press, 1953. S. 217–269. – Herbert Schöffler: Shakespeare und der junge Goethe. In: H. Sch.: Deutscher Geist im 18. Jahrhundert. Göttingen: Vandenhoeck & Ruprecht, 1956. S. 113–135. – Fritz Meyen: Johann Joachim Eschenburg. Braunschweig: Waisenhaus Buchdruck, 1957. – Hans Wolffheim: Die Entdeckung Shakespeares. Deutsche Zeugnisse des 18. Jahrhunderts. Hamburg: Hoffmann & Campe, 1959. – James Boyd: Goethe und Shakespeare. Köln: Westdeutscher Verlag, 1962. (Arbeitsgemeinschaft für Forschung des Landes Nordrhein-Westfalen. Geisteswissenschaften. H. 98.) – John Hennig: Englandkunde im Wilhelm Meister. In: Goethe 26 (1964) S. 199–222. – Roy Pascal: Goethe und das Tragische. Die Wandlung von Goethes Shakespeare-Bild. In: Goethe 26 (1964) S. 38–53. Engl. Fassung: Constancy and Change in Goethe's Attitude to Shakespeare. In: PEGS N.S. 34 (1963/64) S. 153–174. – Ursula Wertheim: Philosophische und ästhetische Aspekte in Prosastücken Goethes über Shakespeare. In: Goethe 26 (1964) S. 54–76. – Karl S. Guthke: Shakespeare im Urteil der deutschen Theaterkritik des 18. Jahrhunderts. In: Jahrbuch der Deutschen Shakespeare-Gesellschaft West, 1967. S. 37–69. – Heinrich Huesmann: Shakespeare-Inszenierungen unter Goethe in Weimar. Wien: Böhlau, 1968. (Österr. Akad. der Wissenschaften. Phil. hist. Kl. Sbb. Bd. 258. Abh. 2.) – Dennis M. Müller: Wieland's Hamlet Translation and Wilhelm Meister. In: Jahrbuch der Deutschen Shakespeare-Gesellschaft West. 1969. S. 198–212. – Manfred Brauneck (Hrsg.): Spieltexte der Wanderbühne. 3 Bde. Berlin: de Gruyter, 1970 ff.

197,26 *Gedichte:* im Sinne von ›Dichtung, Erdachtes‹.

199,23 *Handpferd:* »ein Reitpferd, welches sich ein Herr durch einen Reitknecht an der Hand nachführen läßt, um sich dessen im Falle der Not zu bedienen« (Adelung).

200,6 *unschuldigerweise:* hier: ohne Berechnung.

201,28 *auf Werbung gestanden:* die Dienststellung eines Werbeoffiziers ausgefüllt.

Zwölftes Kapitel

203,1 *Roman:* hier: Liebesgeschichte, Liebesaffäre. »Gewöhnlich pflegt man Liebesgeschichte dafür zu gebrauchen. Dieses (so wie Liebeshandel) paßt nun zwar wohl oft, nämlich da, wo von einer wirklichen Liebessache die Rede ist, wie wenn man z. B. sagt: der Roman, den diese beiden Leute miteinander spielen, geht zu Ende« (Campe).

203,4 *jener edlen Seele:* Die Gräfin wird als »edle Seele« bezeichnet im Gegensatz zu ihrer Schwester Natalie, die schließlich den Beinamen »schöne Seele« erhält. Die »edle Seele« ist sozusagen eine Vorstufe der »schönen Seele«.

203,10 *Halbmenschen:* ein Mensch, »der das, was ihn zum Menschen macht, hinabwürdigt oder nicht reichlich besitzt, oder auch noch nicht in hohem Grade besitzt, und daher den Namen eines Menschen nicht völlig verdient« (Campe II).

203,36 *kirre:* zahm, fügsam.

204,1–208,26 *In dieser Absicht ... riß sie auseinander?:* s. Hass, S. 161 ff.: »Es entspricht der ironischen Struktur der Erzählung, daß die Baronesse das, was der wirklich eingeleiteten Intrige nicht gelungen war, durch die Erzählung von ihrem Scheitern erreicht. [...] Wilhelm ist indessen mit einer Abschrift seiner Dramen beschäftigt, um die ihn die Gräfin gebeten hatte. Wiederum ist Wilhelms Selbsttäuschung über seinen Künstlerberuf genährt und gesteigert durch eine Herzensillusion. Ironisch verknüpft der Fortgang der Erzählung damit auch seine folgen- und beziehungsreiche Umarmung der Gräfin. Zum Vortrag seiner Dichtung gebeten, findet er sie besonders festlich geschmückt. Daß der Grund das Abschiedsmahl für den Prinzen ist, stellt die Umarmungsszene sogleich unter das Zeichen der Trennung, da mit dem Abschied des Prinzen der Aufenthalt auf dem Schloß für alle sein Ende nehmen soll. Die glänzende Schönheit der Kleidung verklärt jedoch zugleich die Erscheinung der Gräfin vor Wilhelms entzückten Blicken und verursacht, in eins mit der die Seele lösenden Empfindung nahender Trennung, das Auflodern eines bisher von der gesellschaftlichen Distanz temperierten Gefühls. Andererseits ist der festliche Schmuck, den die Gräfin angelegt hat, auch die Ursache für das jähe, das ganze Leben der Gräfin verwandelnde Ende der Umarmung, worin sich geheim auch der symbolische Sinn ihrer Schmucklust als eines Wesenszugs andeutet, der die Gräfin nur ein unvollkommenes Vorausbild der schwesterlichen Natalie sein läßt, dem Schein und nicht dem Wesen zugeordnet, weshalb Wilhelm auch bestimmt ist, über sie hinaus zu der höheren Natalie fortzuschreiten.«

204,12 *die Nativität stellen:* eigtl. ›das Horoskop stellen‹, hier: sich sein weiteres Schicksal vorstellen.

204,37 *Aufsatz:* kunstvoller Aufbau der Perücke.

205,30 *Puffen:* bauschige oder faltige Teile an einem Kleidungsstück.

205,34 f. *Wenn Minerva ... entsprang:* Minerva, altitalische Göttin, die in der römischen Mythologie der griechischen Göttin Athene gleichgesetzt wurde. Athene war nach der griechischen Mythologie aus dem Haupt ihres Vaters Zeus geboren worden oder »entsprungen«, wie es hier heißt.

207,19 *Armschloß:* das Schloß einer Armspange oder eines Armreifs, auf dem Anfangsbuchstaben eines Namens eingraviert sind. Es handelt sich hier um ein blindes Motiv.

208,25 f. *Welche sonderbare ... auseinander?:* Die Antwort auf die Frage des Erzählers erfolgt stückweise in Buch V, Kap. 16 (S. 363,10 ff.); Buch VII, Kap. 3 (S. 451 ff.); Buch VIII, Kap. 2 (S. 533,8 ff.), Kap. 3 (S. 554,23 ff.), Kap. 9, Kap. 10. Für den Augenblick verbleibt alles im Ungewissen. Dieser geheimnisvoll andeutende Stil und die stückweise Aufklärung sind typisch für den Roman.

»Vom Erzähler gestellt, meint diese Frage, daß er die

Viertes Buch. Erstes Kapitel

Antwort im Ungewissen läßt, daß er sich weder für die Position Wilhelms noch für die des ›Turms‹ entscheidet« (Hass, S. 163).

Viertes Buch. Erstes Kapitel

210,19–212,26 *Er zog ... anzunehmen:* Schiller hatte Bedenken geäußert wegen des Geldgeschenkes, das Wilhelm durch den Baron überbracht wird. Ursprünglich hatte Wilhelm das Geld von der Gräfin durch die Hand des Barons erhalten. Schiller bemerkte dazu: »Mir deucht [...], daß nach dem zarten Verhältnis zwischen ihm [Wilhelm] und der Gräfin, diese ihm ein solches Geschenk und durch eine fremde Hand nicht anbieten, und er nicht annehmen dürfe. [...] So wie es dasteht, stutzt der Leser und wird verlegen, wie er das Zartgefühl des Helden retten soll« (Brief an Goethe vom 22. 2. 1795). Goethe ändert diese Episode dahin ab, daß das Geld vom Grafen kommt, der Geldbeutel von den *Damen* [...] *selbst gestrickt* (S. 210,37) worden ist und sich ein längeres theoretisierendes Gespräch über den Zweifel, das Geschenk anzunehmen, anschließt. In Wilhelms Äußerungen zeigt sich eine ironische Mischung von idealistischen und bürgerlich begrenzten Beweggründen.

211,35 *Delikatesse:* Fein- oder Zartgefühl.

212,36 *in Kassa:* in Bargeld. »Dieses den Kaufleuten geläufige italienische Wort braucht, um ein deutsches zu sein, nur in Kasse umgebildet zu werden, weil die Wurzel desselben uns gehört, und die des Wortes ›Kasten‹ ist. Es bedeutet sowohl den Ort – Kasten oder Schrank – wo Geld verwahrt wird, als auch das daselbst verwahrte Geld selbst« (Campe).

213,13f. *Fata Morgana:* Luftspiegelung. Das Wort wurde im 18. Jahrhundert aus dem Italienischen übernommen, wo es das Schloß der arabischen Fee Morgana oder Morgana bezeichnet. Der italienische Volksglaube führte die in der Straße von Messina besonders häufigen Luftspiegelungen auf die arabische Fee zurück und benannte die Erscheinung nach ihr. Das Wort scheint von Goethe in die deutsche Sprache eingeführt worden zu sein. Es wird für die »Lehrjahre« (1796) als Erstbeleg verzeichnet.

213,16 *Exaltation:* »Im allgemeinen die Erhöhung oder Erhebung, in besonderer Bedeutung die Geisteserhebung, der Geistesschwung, die Begeisterung, die Verzücktheit, die Überspannung« (Campe).

214,2–216,9 *Es ist mir ... zu entsagen schien:* Über Schein und Sein der Mignon- und Harfner-Gestalt siehe Hass, S. 165 ff.

214,17–19 *Der Graf glaubt ... souteniert:* s. Goethes »Regeln für Schauspieler«, § 79: »Derjenige Schauspieler, der sich das Pathos gewählt, wird sich sehr dadurch vervollkommen, wenn er alles, was er [»im gewöhnlichen Leben«] zu sprechen hat, mit einer gewissen Richtigkeit sowohl in Rücksicht des Tones als der Aussprache vorzutragen und auch in allen übrigen Gebärden eine gewisse erhabene Art beizubehalten sucht. Diese darf zwar nicht übertrieben werden, weil er sonst seinen Mitmenschen zum Gelächter dienen würde, im übrigen aber mögen sie immerhin den sich selbst bildenden Künstler daraus erkennen. Dieses gereicht ihm keineswegs zur Unehre, ja sie werden sogar gerne sein besonderes Betragen dulden, wenn sie durch dieses Mittel in den Fall kommen, auf der Bühne selbst ihn als großen Künstler anstaunen zu müssen.« – *souteniert:* durchhält, erhält.

Zweites Kapitel

216,24 *seinen Paten:* William Shakespeare als Wilhelm Meisters Namenspate. Es ist ferner daran zu erinnern, daß sich in dem kurzen biographischen Überblick, den Wieland ans Ende seiner Shakespeare-Übersetzung stellte, tatsächlich zahlreiche Parallelen zwischen Shakespeares und Meisters Lebenslauf ergeben. Wielands biographische Ausführungen bestehen aus einer Übersetzung von Nicholas Rowes »Some Account of the Life and Writings of Mr. William Shakespear« von 1709. Rowe betont den großbürgerlich-kaufmännischen Familienhintergrund und berichtet, daß sich der junge Shakespeare zunächst für den Beruf vorbereitete, zu dem ihn sein Vater bestimmte, bis er wegen eines Jagdfrevels Stratford verlassen mußte (»Wielands Gesammelte Schriften«, Abt. 2, Bd. 3, Berlin: Weidmann, 1911, S. 558–565).

216,25 *einen Prinzen:* Prinz Harry (s. S. 217,22) oder Heinrich, Prinz von Wales, der spätere Heinrich V., in Shakespeares »Henry IV«.

217,16 f. *lasse ihm ... gut:* lassen: umgangssprachlich ›sich ausnehmen, aussehen‹.

219,24–26 *Welche rührenden Beispiele ... geschildert:* Es wäre hier etwa an Pisanio in »Cymbeline«, den Narren in »King Lear« und Adam in »As you like it« zu denken.

221,5 *Symphonie:* als musikalisches Vorspiel, mit dem im 18. Jahrhundert gewöhnlich Theaterstücke eröffnet wurden, vgl. auch S. 334,3 ff.

221,15–222,13 *Ihr solltet sehen ... zu paradieren:* Wilhelm spricht sich für das Ensemblespiel auf dem Theater aus. Vgl. dazu aus Goethes Theatergedichten den folgenden Auszug aus dem »Prolog, gesprochen den 7. Mai 1791«:

Allein bedenken wir, daß Harmonie
Des ganzen Spiels allein verdienen kann
Von euch gelobt zu werden, daß ein jeder
Mit jedem stimmen, alle mit einander
Ein schönes Ganzes vor euch stellen sollen:
So reget sich die Furcht in unsrer Brust.
Von allen Enden Deutschlands kommen wir
Erst jetzt zusammen; sind einander fremd,
Und fangen erst nach jenem schönen Ziel
Vereint zu wandeln an, und jeder wünscht
Mit seinem Nebenmann, es zu erreichen;
Denn hier gilt nicht, daß einer atemlos

Dem andern heftig vorzueilen strebt,
Um einen Kranz für sich hinweg zu haschen.
Wir treten vor euch auf, und jeder bringt
Bescheiden seine Blume, daß nur bald
Ein schöner Kranz der Kunst vollendet werde,
Den wir zu eurer Freude knüpfen möchten.

221,25 *Akkompagnieren:* musikalische Begleitung.
221,33–35 *Kann etwas ... verlassen?:* s. Goethes »Regeln für Schauspieler«, § 68: »Auch in der Probe sollte man sich nichts erlauben, was nicht im Stücke vorkommen darf.«
222,22 f. *daß unter guten Menschen ... die beste sei:* siehe Immanuel Kants Schrift »Zum ewigen Frieden« (1795). Kant sprach sich sogar für die republikanische Staatsform aus, auch wenn nicht alle Menschen Engel sind: »Das Problem der Staatserrichtung ist, so hart wie es auch klingt, selbst für ein Volk von Teufeln (wenn sie nur Verstand haben) auflösbar.« Versuche, Theatertruppen ›republikanisch‹ zu leiten, wurden 1770 in Wien und 1781 in Mannheim unternommen.
222,30 *ich suspendiere:* ich hebe zeitweilig auf.
222,33 *Interimsdirektor:* Direktor für die Zwischenzeit.
223,7 f. *vaterländische Bühne:* s. Anm. zu S. 33,9, *Nationaltheater.*

Drittes Kapitel

223,11 *Disposition:* hier: Stimmung, Gemütsverfassung.
223,29 *›Hamlet‹:* Zur Bedeutung der »Hamlet«-Interpretation und -inszenierung s. Anm. zu S. 252,17. Hier geht es zunächst nur um das Verhältnis des Schauspielers zum Drama. Wilhelm kritisiert die selbstgefällige Ichbezogenheit des Schauspielers, der ein Stück nur nach der Rolle beurteilt, die er in dem Stück spielt, anstatt auf den Gesamtzusammenhang zu achten. *Shakespeares unvergleichlicher ›Hamlet‹* ist hier das Beispiel, das Wilhelm Meister zur Erläuterung heranzieht. Er hat sich auch zunächst einfach nach dem Prinzip der Rollenidentifika-

tion mit dem Helden des Stücks gleichgesetzt, aber er muß dann erfahren, daß der Text ihm Widerstand entgegensetzt *(da wollte mir leider manches nicht passen*, S. 224,16 f.). Aus diesen Schwierigkeiten mit dem Text erwächst Wilhelms Verständnis für den Zusammenhang und die Einheit des Stücks. Er sieht ein, daß es nicht genügt, sich mit dem Helden zu identifizieren, um eine *Vorstellung des Ganzen* (S. 224,14) zu bekommen. Wilhelm erfährt Bildung im Umgang mit dem Text des Dramas.

Es ist ferner für den Bildungsgedanken im Roman bedeutsam, daß das Textverständnis dadurch gewonnen wird, daß sich Wilhelm Hamlets Bildungsvorgang vor Augen führt (S. 224,24 ff.). Hamlets Charakter wird verständlich durch seine Bildungsgeschichte.

Wilhelm erklärt die Melancholie des Prinzen nun nicht mehr statisch als einen vorgegebenen Zustand, sondern er geht Hamlets Charakterentwicklung im einzelnen nach und untersucht die Umstände, »unter denen Hamlet als ein werdender und wachsender Mensch seinen Eintritt in die Welt vollzieht und Einblick in die Gesetze und Ordnungen unseres Daseins erlangt« (Horst Oppel, »Das Shakespeare-Bild Goethes«, Mainz: Kirchheim, 1949, S. 66). Dabei führt die Textinterpretation fast bis zur Selbstanalyse (s. S. 224,36–225,2; 254,33–255,4). Die Diskussion der Bildungsgeschichte des Prinzen trägt mit bei zur Klärung der Voraussetzungen der eigenen Bildung. Im Sinne der Goetheschen Morphologie werden Kunstwerk und Persönlichkeit als sich entwickelnde Organismen verstanden, die sich zu einem lebendigen Ganzen bilden (Oppel, S. 67).

224,7 *die Last der tiefen Schwermut:* Entsprechend der Werther-Stimmung des 18. Jahrhunderts wird Hamlet als melancholischer Prinz verstanden. Diese empfindsame Hamlet-Interpretation läßt sich zum Teil auf Wielands Übersetzung aus dem Jahre 1766 zurückführen (s. Dennis M. Mueller, »Wieland's Hamlet Translation and Wilhelm

Meister«, in: Shakespeare-Jahrbuch (West) 1969, S. 198–212). Goethe hat in »Dichtung und Wahrheit« auf den Zusammenhang von Werther-Stimmung und Hamlet-Deutung hingewiesen (s. Buch XIII). Die melancholische Rollenauffassung der Hamlet-Gestalt war üblich auf der deutschen Bühne des 18. und 19. Jahrhunderts.

Viertes Kapitel

227,13 *Disposition:* hier: Plan, Anordnung.
227,24 *Freikorps:* eine Truppe »freiwilliger und von den Gesetzen der strengen Kriegszucht befreieter Soldaten, [...] Freibeuter oder Parteigänger« (Adelung).
227,26 *Zeitung:* Nachricht.
228,26 *Marodeurs:* »Nachschleicher, Plünderer, Raubgesindel« (Campe), Deserteure. Siehe Grimmelshausens »Simplicissimus«, Buch IV, Kap. 13: »Handelt von dem Orden der Merode-Brüder.«
228,37 f. *auf den er akkordiert hatte:* den er vereinbart hatte.
229,6 *Terzerole:* Terzerol: aus dem Italienischen, »eine kleine Pistole, welche man in der Tasche bei sich tragen kann; eine Taschenpistole« (Adelung).

Fünftes Kapitel

230,16–19 *Man beneidete ... eines Zigeunerhaufens:* Zur Zigeunerromantik siehe »Götz von Berlichingen«, 5. Akt, Szene im Wilden Wald, Zigeunerlager.
231,18–232,7 *Auf einmal ... vernehmen:* Der Überfall gehört zu den typischen Motiven des Abenteuerromans, die bereits im hellenistischen Roman auftreten (Riemann, S. 80 ff.). In Wielands »Don Sylvio« und »Agathon«, in Friedrich Nicolais »Sebaldus Nothanker« (1773 ff.) und in Hermes' »Sophiens Reise von Memel nach Sachsen« finden sich zahlreiche Überfälle.
231,27 *lakonisch:* wortkarg, einsilbig, hier im ironischen Sinne verwendet.

Sechstes Kapitel

234,13 *die schöne Amazone:* Die Gestalt der *schönen Amazone* bleibt als Idealbild geheimnisvoll entrückt, und nur stückhaft und teilweise widersprüchlich erfolgt die allmähliche Aufklärung. Verwirrung und irreführende Hinweise kennzeichnen Wilhelm Meisters Suche nach Natalie (s. IV,11; VII,4; VIII,2).

Den Begriff einer Amazone erläutert Goethe in seiner Rezension des anonymen Romans »Bekenntnisse einer schönen Seele, von ihr selbst geschrieben« (1806): »[...] eine Männin, ein Mädchen, wie es ein Mann gedacht hat. Und wie jene aus dem Haupte des Zeus entsprungene Athene eine strenge Erzjungfrau war und blieb, so zeigt sich auch [in dieser Hirngeburt eines verständigen Mannes] ein strenges, obgleich nicht ungefälliges Wesen, eine Jungfrau, eine Virago im besten Sinne, die wir schätzen und ehren, ohne eben von ihr angezogen zu werden.« Man wird diese Definition nicht ohne weiteres zur Charakterisierung von Natalie heranziehen können, wie das oft geschehen ist. Sicher ist wichtig, daß hier auch wieder auf das Androgynenproblem angespielt wird, aber andererseits besitzt Natalie eine starke Anziehungskraft auf Wilhelm Meister. Vielleicht ist das Wort *Amazone* auch nur auf Nataliens Erscheinung im Jagdkostüm und zu Pferde zu beziehen. Wilhelm erscheint sie, als sie den *Mannsüberrock* (S. 234,25) abgelegt hat, als *Heilige* (S. 236,14).

235,5 *Tasche mit Instrumenten:* Die Instrumententasche spielt eine geheimnisvolle Rolle auf der Suche nach der »schönen Amazone« (s. VII,2; VIII,5) und erhält später in den »Wanderjahren« neue Bedeutung für Wilhelms Ausbildung als Wundarzt.

235,15 *leidet er nicht um unsertwillen:* Die Räuberbande hatte der Reisegesellschaft der schönen Amazone aufgelauert und sie dann mit Wilhelms Schauspieltruppe verwechselt. Siehe auch S. 247,37 ff.

Siebentes Kapitel

236,32 *elektrische Wärme:* Zu Goethes Auffassung der Elektrizität s. Anm. zu S. 106,28. Hier wird die Elektrizität fast als Vermittlungskraft oder Mittelkraft, wie Schiller sie in seiner medizinischen Dissertation nennt, zwischen Seele und Körper verstanden.

237,3 *die edelste Gestalt:* Durch den Superlativ an dieser Stelle wird dem Leser signalisiert, daß es sich bei dieser Figur um eine Steigerung der *edlen Seele* (S. 203,4) handelt. Siehe auch S. 234,24 f.

Achtes Kapitel

240,33 *Fittiche:* hier: geringwertige Kleidungsstücke.

Neuntes Kapitel

242,16 *eingebunden:* eingeschärft, vgl. ›auf die Seele binden‹.

242,21 *Douceur:* Trinkgeld, hier wohl mehr: Geschenk, Erkenntlichkeit.

242,23 *introduziere:* introduzieren: einführen, vorstellen.

243,5 f. *wenn ich ... dich an?:* siehe dazu DuW, Buch XIV: »[Der] Geist, der [...] entschieden auf mich wirkte, und der auf meine ganze Denkweise so großen Einfluß haben sollte, war Spinoza. Nachdem ich mich nämlich in aller Welt um ein Bildungsmittel meines wunderlichen Wesens vergebens umgesehn hatte, geriet ich endlich an die ›Ethik‹ dieses Mannes. Was ich mir aus dem Werke mag herausgelesen, was ich in dasselbe mag hineingelesen haben, davon wüßte ich keine Rechenschaft zu geben, genug, ich fand hier eine Beruhigung meiner Leidenschaften, es schien sich mir eine große und freie Aussicht über die sinnliche und sittliche Welt aufzutun. Was mich aber besonders an ihn fesselte, war die grenzenlose Uneigennützigkeit, die aus jedem Satz hervorleuchtete. Jenes wunderliche Wort: ›Wer Gott recht liebt, muß nicht verlangen, daß Gott ihn wieder liebe‹, mit allen den Vordersätzen, worauf es ruht, mit allen den Folgen, die daraus entspringen, erfüllte mein ganzes Nachdenken. Uneigennützig zu sein in allem, am uneigennützigsten in Liebe und Freundschaft, war meine höchste Lust, meine Maxime, meine Ausübung, so daß jenes freche spätere Wort: ›Wenn ich dich liebe, was geht's dich an?‹ mir recht aus dem Herzen gesprochen ist.«

243,11 f. *der Chirurgus ... Mensch:* Ein Chirurg war damals kein voll ausgebildeter Mediziner, sondern lediglich ein besserer Barbier. In Zedlers »Universal-Lexikon«, Bd. 59 (1749), heißt es, daß der Chirurgus oder Wund-Arzt im Deutschen »insgemein nur Barbierer« genannt wird. Über seine Ausbildung heißt es ferner: »Derowegen sollen die jungen Leute, welche Wund-Ärzte werden wollen, nicht meinen, als bestünde die Chirurgie nur im Bartputzen, Pflasterauflegen und Aderlassen, [...] sondern sie sollen bedenken, daß weit mehr [...] erfordert werde, [...] diesen edlen, ältesten, nützlichsten und vortrefflichsten Teil der Medizin wohl zu erlernen und praktizieren.« Es wird vom Streit zwischen den Ärzten und Wundärzten gesprochen, wobei die Ärzte den Wundärzten übergeordnet werden. Ferner wird die Tatsache hervorgehoben, daß in Deutschland unter den Wundärzten »nicht ein einziger den Doktorgrad erlanget hat«. In den »Wanderjahren« ergreift Wilhelm Meister selbst den Beruf eines Wundarztes.

243,24 *Chlorinde:* Heldin aus Tasso »Gerusalemme liberata« (s. Anm. zu S. 24,10).

243,25 *Königssohn:* Wilhelm Meister erinnert sich des Bildes aus der Kunstsammlung seines Großvaters, das für ihn Vorbild und Verheißung ist (s. Anm. zu S. 69,23).

Zehntes Kapitel

244,18 *das altdeutsche Vergnügen:* ironische Anspielung auf die Ritterstücke der damaligen Zeit und die Nacht, da man ein solches Stück mit verteilten Rollen gelesen (s. S. 126,15 ff.).

Eilftes Kapitel

247,26 f. *für einen jüdischen Spion:* Aufgrund seiner Barttracht steht der Harfner in Gefahr, als jüdischer Spion betrachtet zu werden. Wie es in der Mendelssohn-Biographie in Moses Mendelssohns »Gesammelten Schriften« von 1843, herausgegeben von seinem Sohn G. B. Mendelssohn, heißt, trug der Philosoph »einen kurzen, wohlgekämmten und in Schnitt gehaltenen Bart«, wobei der Herausgeber des 19. Jahrhunderts hinzufügt: »In unserer Zeit fällt dies nicht auf, und ein Biograph würde es kaum bemerkt haben. In jenen Zeiten aber bezeichnete der Bart ganz bestimmt den Juden, und man würde in Berlin nicht einen Christen gefunden haben, der einen Bart trug« (Bd. 1, S. 36 f.). Daß antisemitische Vorurteile im 18. Jahrhundert den Juden ohne festen Wohnort zwielichtige Beschäftigungen zuschrieben, ist bekannt aus Lessings früher Komödie »Die Juden« (1749), in der die Straßenräuber, die einen Baron zu überfallen versuchten, als Juden bezeichnet werden mit dem Hinweis auf ihre Bärte. Bei den Räubern handelt es sich aber u. a. um den christlichen Bedienten des Barons, der sich einen falschen Bart umgebunden hat, um für einen Juden gehalten zu werden.

247,28 *ohne Ölblatt:* ohne ein gutes Zeichen (s. 1. Mose, Kap. 8; Kap. 11).

249,4 *Harmonie:* Die »schöne Seele« zeichnet sich durch eben diese Qualität aus.

249,11–22 *»Nur wer die Sehnsucht ... ich leide!«:*
Interpretation: Storz. S. 109–112. – Werner Kraft: Goethes

Sehnsuchtslied. In: W. K.: Augenblicke der Dichtung. Kritische Betrachtungen. München: Kösel, 1964. S. 11–19.

249,20 *Eingeweide:* in der Sprache des 18. Jahrhunderts Bezeichnung für ›Inneres, Herz‹.

Zwölftes Kapitel

250,32 *Wucher:* Gewinn, Zinsen.
250,35 f. *Aufspannung:* Aufregung, Erregung.

Dreizehntes Kapitel

251,12 *Serlo:* Als Modell dieser Gestalt gilt der Hamburger Theaterdirektor und Schauspieler Friedrich Ludwig Schröder (s. Anm. zu S. 65,4). Mit seinen Bearbeitungen hat Schröder Shakespeare mit nachhaltigem Erfolg auf der deutschen Bühne eingeführt.

Siehe: Berthold Litzmann: Friedrich Ludwig Schröder. Ein Beitrag zur deutschen Litteratur- und Theatergeschichte. 2 Bde. Hamburg/Leipzig: Voß, 1890–94. – Willy Krogmann: Wilhelm Meister in Hamburg. Hamburg: Buske, 1965. S. 5–33.

251,30 *Aurelia:* Als Modell dieser Gestalt gilt die begabte, jungverstorbene Schauspielerin Charlotte Ackermann, die Stiefschwester F. L. Schröders. Auch Art und Weise ihres Todes fanden in den »Lehrjahren« ihren Niederschlag, vgl. Anm. zu S. 369,32–371,2.

Siehe: Berthold Litzmann: Friedrich Ludwig Schröder. Ein Beitrag zur deutschen Litteratur- und Geistesgeschichte. 2 Bde. Hamburg/Leipzig: Voß, 1890–94. Bd. 1, S. 285 f.; Bd. 2, S. 93 bis 96, 157–178. – Storz. S. 126–135. – Willy Krogmann: Wilhelm Meister in Hamburg. Hamburg: Buske, 1965. S. 33–57.

252,17 *»Hamlet«:* Goethes Biographie und die Kulturgeschichte des 18. Jahrhunderts bilden auch das Substrat der »Hamlet«-Interpretation und -Inszenierung. In »Dichtung und Wahrheit« hat Goethe berichtet, was Hamlet für die Generation des Sturm und Drang bedeutete: »Hamlet und seine Monologen blieben Gespenster, die durch alle jungen Gemüter ihren Spuk trieben. Die Hauptstellen wußte ein jeder auswendig und rezitierte sie gern, und jedermann glaubte, er dürfe ebenso melancholisch sein als der Prinz von Dänemark, ob er gleich keinen Geist gesehen und keinen königlichen Vater zu rächen hatte« (Buch XIII). Goethe bringt diese Weltschmerz-Auffassung des Hamlet mit der allgemeinen Werther-Stimmung der Sturm-und-Drang-Generation in Zusammenhang.

Später, im Jahre 1792, fand die Weimarer Erstaufführung des »Hamlet« »ganz nach dem Original Shakespeares« auf dem Hoftheater unter Goethes Leitung statt. 1795 wurde die Inszenierung in neuer Besetzung wiederholt. Als Leiter des Weimarer Theaters hat Goethe zwischen 1792 und 1811 den »Hamlet« im ganzen neunzehnmal zur Aufführung gebracht. Bis 1799 legte er Eschenburgs Übersetzung und Schröders Bearbeitung zugrunde, dann Schlegel.

Gegen Ende des 18. Jahrhunderts erhielt »Hamlet« die Vorrangstellung vor allen anderen Shakespeare-Dramen in Deutschland. Dabei spielte die melancholische Hamlet-Auffassung der Stürmer und Dränger eine große Rolle. Moses Mendelssohn (»Über das Erhabene und Naive in den schönen Wissenschaften«, 1758), Georg Christoph Lichtenberg (Schilderung über den englischen Schauspieler Garrick als Hamlet in den »Briefen aus England«, 1775) und Christian Garve (»Über die Rolle des Wahnwitzigen in Shakespears Schauspielen«, 1796) konzentrierten sich auf Hamlets Gestalt und seine schauspielerische Darstellung. Der Theaterdirektor Friedrich Ludwig Schröder und der berühmte Schauspieler Johann Franz Hieronymus Brockmann (1745–1812) setzten mit ihren Aufführungen »Hamlet« auf der deutschen Bühne durch. Mit der »Hamlet«-Deutung im »Wilhelm Meister« erhielt das Drama eine Mittelstellung im deutschen Geistesleben, die es sich bis ins 20. Jahrhundert zu Gerhart Hauptmann und Alfred Döblin bewahrt hat.

Aber Wilhelm Meisters »Hamlet«-Interpretation ist mit Hilfe dieser biographischen und zeitgeschichtlichen Daten nicht hinreichend erklärt. Biographie und Zeitgeschichte liefern lediglich die stofflichen Motive, die symbolisch gesteigert und als wesentliche Elemente der inneren Handlung in den Roman integriert werden. Auf keinen Fall ist die »Hamlet«-Interpretation ohne weiteres mit Goethes Auffassung dieses Werkes gleichzusetzen. Wilhelms Shakespeare-Erlebnis und seine »Hamlet«-Inszenierung sind als kompositionelle Bestandteile eines Kunstwerks und als Aussage über den Helden und den Roman zu verstehen. Wenn Goethe auch in seinem späten Aufsatz »Shakespeare und kein Ende« auf die »Hamlet«-Interpretation im »Wilhelm Meister« Bezug genommen hat, so ist es doch zumindest fraglich, wie Horst Oppel ausgeführt hat, ob das, was Wilhelm über Shakespeare und Hamlet sagt, wirklich Goethes »absoluter Meinung« entspricht. Wie Oppel erklärt, treten die Charaktere Shakespeares »als abwesende Mithandelnde« zu den Hauptpersonen des Romans: »Die dichterischen Gestalten werden [...] als selbständig lebendige, von ihrem Schöpfer losgelöste Charaktere in den Blick gefaßt. Dabei werden ihre Handlungen und Geschicke nicht anders als tatsächliche Vorfälle aufgenommen« (»Das Shakespeare-Bild Goethes«, S. 64 ff.). Wilhelms Shakespeare-Erlebnis und seine »Hamlet«-Deutung sind nicht isolierte Abhandlungen über den englischen Dramatiker, sondern Abenteuer in einem Roman.

Siehe: Adolf Winds: Hamlet auf der deutschen Bühne bis zur Gegenwart. Berlin: Gesellschaft für Theatergeschichte, 1909. (Schriften der Gesellschaft für Theatergeschichte. Bd. 12.) – Wilhelm Widmann: Hamlets Bühnenlaufbahn (1601–1877). Leipzig: Tauchnitz, 1931. (Schriften der Deutschen Shakespeare-Gesellschaft. N.F. Bd. 1.) – Horst Oppel: Das Shakespeare-Bild Goethes. Mainz: Kirchheim, 1949. – Ursula Wertheim: Philosophische und ästhetische Aspekte in Prosastücken Goethes über Shakespeare. In: Goethe 26 (1964) S. 54–76. – Walter Muschg: Deutschland ist Hamlet. In: W. M.: Studien zur tragischen

Literaturgeschichte. Bern/München: Francke, 1965. S. 205–227. – Dennis M. Mueller: Wieland's Hamlet Translation and Wilhelm Meister. In: Deutsche Shakespeare-Gesellschaft (West) Jahrbuch 1969. S. 198–212. – David Roberts: The Indirections of Desire. Hamlet in Goethe's Wilhelm Meister. Heidelberg: Winter, 1980

253,28–30 *Sie ist auch ... begriffen:* siehe Hamlets Monolog: »Frailty, thy name is woman!« (I,2), übersetzt von Wieland als: »Gebrechlichkeit, dein Nam' ist Weib!« (I,3; die Unterschiede in der Szeneneinteilung und -zählung sind darauf zurückzuführen, daß entweder die Quarto- oder Folio-Ausgabe des »Hamlet« zugrunde gelegt worden ist).

254,23 f. ›*Die Zeit ... einzurichten.*‹: siehe »Hamlet« (I,5):
The time is out of joint; – O cursed spite,
That ever I was born to set it right! –
Wieland übersetzt: »Die Zeit ist aus ihren Fugen gekommen; o! unseliger Zufall! daß ich geboren werden mußte, sie wieder zurecht zu setzen!« (I,9).

254,27 f. *eine große Tat ... gewachsen ist:* Mit diesen Worten läßt sich Wilhelm Meisters Hamlet-Interpretation zusammenfassen. Sie sind der Schlüssel zu Hamlets Charakter, wie er ihn sieht: melancholisch und am Mangel an Tatkraft und sinnlicher Heldenstärke leidend (S. 254,34). Dieses Hamlet-Bild hat im 19. Jahrhundert für lange Zeit einen großen Einfluß ausgeübt. August Wilhelm Schlegel, Ludwig Tieck und Samuel Taylor Coleridge trugen zur Verbreitung dieser Deutung bei, indem sie sie ohne weiteres übernahmen und als gültig bestätigten. Es ist aber zu beachten, daß der Mangel an Tatkraft und sinnlichem Heldenmut eher für Wilhelm charakteristisch ist als für Shakespeares Hamlet, der auf der Schiffsreise nach England und im Duell mit Laertes keinerlei Mängel in dieser Hinsicht zeigt. Hans-Egon Hass hat auf die »Gleichnisbeziehung« hingewiesen, die zwischen Wilhelm und der Hamlet-Gestalt, so wie er sie deutet, besteht: »[...] man darf [jedoch] nicht den geheimen Wink der Goetheschen

Ironie verkennen, der darin liegt, daß der Gleichnissinn der Hamletgestalt seine Grenze an dem tragischen Untergang Hamlets hat: daß Wilhelm eben nicht ›zernichtet‹ wird, vor allem deshalb nicht, weil von ihm weder ›das Unmögliche an sich‹ noch auch ›was ihm unmöglich ist‹ gefordert wird. Der Weg, der Wilhelm vom ›Schicksal‹ [...] bestimmt wird, und das Ideal der Bildung, zu dem ihn die Vernunft des ›Turms‹ zu leiten bestrebt ist, auferlegen Wilhelm nicht mehr als seinem Wesen gemäß ist. Anders als Hamlet zeigt er sich seinem Weg und seinem Ziel gewachsen« (Hass, S. 171 f.).

Vierzehntes Kapitel

257,29 *Knabe:* Dieser Knabe ist Wilhelm Meisters und Marianes Sohn Felix, der zunächst als Kind von Aurelie und Lothario ausgegeben wird. Es gehört zur Ironie des Romans, daß Wilhelm in Buch VII, Kap. 7 Lothario an seine Vaterpflichten erinnert. Er erfährt dabei, daß Felix nicht Aureliens und Lotharios Sohn ist, sondern daß seine Abkunft unbekannt ist. Die Aufklärung erfolgt stückweise und widersprüchlich in Buch VII, Kap. 8, doch erst bei der Lossprechung durch die Turmgesellschaft erhält Wilhelm vom Abbé die endgültige Gewißheit, daß Felix sein Sohn ist (VII,9).

Funfzehntes Kapitel

259,15 *Handelskorrespondenten:* Geschäftspartner, Handelshaus, mit dem man in geschäftlicher Verbindung steht.
259,25–27 *Mit der größten ... sah:* Wilhelm sieht zum ersten Male eine Aufführung in einem Theater mit festem Standort. Bei den anderen Aufführungen hatte es sich um Vorstellungen von Wanderbühnen gehandelt.
261,18 *gemein:* gewöhnlich, allgemein, im Gegensatz zu ›außerordentlich‹.

261,30 *der allerschlechtesten Erziehung:* Die Erzählung erinnert in einigen Zügen an die Jugend der Danae, der Geliebten Agathons, in Wielands »Agathon«.
263,8 *das kanonische Ansehn:* kanonisch: als Vorbild dienend.
263,10–14 *Haben doch ... noch rücken:* siehe Goethes Rede »Zum Schäkespears Tag« (1771): »Seine [Shakespeares] Plane, sind, nach dem gemeinen Styl zu reden, keine Plane [...].« Die sog. Plan- oder Regellosigkeit Shakespeares war ein allgemeines Vorurteil des 18. Jahrhunderts, das besonders von Gottsched vertreten wurde. Aber noch die Stürmer und Dränger verhalten sich in dieser Hinsicht apologetisch.
263,19–22 *Ich bin weit ... ist so:* Die klassizistische Kritik in England, Frankreich und Deutschland hatte Shakespeares Stücke wegen ihrer angeblichen Plan- und Zusammenhanglosigkeit kritisiert. Wilhelm antwortet auf diese zeitgenössische Kritik, die hier durch Serlo vertreten wird, mit dem Hinweis, daß der Plan des »Hamlet« nicht ersonnen, sondern einfach so ist wie das Leben selbst. Kunstwerk und Leben werden hier miteinander in Zusammenhang gebracht. *Der Held hat keinen Plan, aber das Stück ist planvoll* (S. 263,35f.) wie das Schicksal, das vom Menschen nicht durchschaut wird und auch nicht von ihm beeinflußt werden kann: *Die Gerichtsstunde kommt. Der Böse fällt mit dem Guten. Ein Geschlecht wird weggemäht, und das andere sproßt auf* (S. 264,15–17).

Sechzehntes Kapitel

264,28–32 *hätte der Dichter ... edlen Mädchens?:* Gemeint sind hier Ophelias Lieder, besonders »To-morrow is Saint Valentine's day« (IV,5), von Wieland übersetzt als »Auf Morgen ist Sant Valentins Tag«.
265,1 *nicht ein Jota nachgeben:* Jota ist die Bezeichnung des griechischen Buchstabens i; im übertragenen Sinne be-

Viertes Buch. Sechzehntes Kapitel 105

deutet ein Jota eine Kleinigkeit. Hier: um nichts nachgeben.
265,30 *Dolch:* s. DuW, Buch XIII: Goethe berichtet, daß er in seiner Waffensammlung einen Dolch besaß, den er nachts neben sein Bett legte, und daß er versuchte, ob es ihm gelingen würde, »die scharfe Spitze ein paar Zoll tief in die Brust zu senken«.
267,16 *meines schülerhaften Wesens:* siehe dazu Goethes Brief an Schiller vom 6. 12. 1794: »Endlich kommt das erste Buch von ›Wilhelm Schüler‹, der, ich weiß nicht wie, den Namen Meister erwischt hat.« Vgl. auch S. 276,3 f.
268,6–21 *ich war auch ... zu sehen:* Aureliens Worte geben dem Begriff des Nationaltheaters eine nationalistische Wendung. Friedrich Schlegel nahm diesen Gedanken in einem anderen Zusammenhang auf im ersten Stück seiner Zeitschrift »Europa« 1 (1803) S. 15: »Nirgends werden die Erinnerungen an das, was die Deutschen einst waren, und was sie seyn könnten, so wach, als am Rheine.«
269,4 *auszulauern:* auszukundschaften, zu erforschen.
269,14 *Geschäftsmann:* hier Staatsbeamter.
269,34 f. *Provinzialism:* Provinzialismus: Dialektausdruck und/oder Dialektakzent.
273,2 *Amerika:* erhält in den »Lehrjahren« große Bedeutung (s. VII,3; VIII,7), die dann in den »Wanderjahren« noch erhöht wird durch die geplante Auswanderung der Hauptgestalten des Romans nach Amerika. Zu Goethes Amerika-Bild siehe Ernst Beutler, »Von der Ilm zum Susquehanna«. Goethe und Amerika in ihren Wechselbeziehungen«, in: E. B., »Essays um Goethe«, Bremen: Schünemann, ⁶1962 (Sammlung Dieterich, 101), S. 580–629. Der Freund (Lothario) scheint bei den Truppen unter Befehl des französischen Generals Marquis de Lafayette (1757–1834) in Nordamerika gedient und sich im amerikanischen Unabhängigkeitskrieg mit Auszeichnung (*mit vieler Distinktion*) hervorgetan zu haben.
273,35 *unverbesserlich:* unübertrefflich.

274,1 *wie vor alters:* adverbiale Bestimmung: wie von jeher, wie schon immer.

274,36 *Lothar:* Gemeint ist Lothario. Aurelie scheint die deutsche Form mit Absicht zu verwenden (s. dazu S. 357,7 ff.). Dagegen spricht allerdings die Verwendung der deutschen Form in Buch VIII, Kap. 10, S. 630,26.

Siebzehntes Kapitel

276,26 *Reisejournal:* weitere Erwähnungen des Reisejournals S. 286,23 f.; 299,23 ff.

277,13 f. *rhapsodische:* fragmentarische, zusammenhanglose.

277,18 *Reisebeschreibungen:* Die Reisebeschreibung als eine literarische Form entfaltete sich in Deutschland besonders reich um 1790: J. G. Forster, A. Frh. v. Knigge, Fr. Nicolai, L. Graf v. Stolberg, A. v. Thümmel. Hierzu ist auch Goethes »Italienische Reise«, die 1816/17 als Fortsetzung von »Dichtung und Wahrheit« erschien, zu rechnen. Die Aufzeichnung von Reisenotizen dagegen war seit dem 17. Jahrhundert Brauch auf Kavaliers- und Bildungsreisen.

277,23 f. *Mangel an Vorrat ... Relation:* Mangel an Fakten für den versprochenen Bericht.

Achtzehntes Kapitel

Eingeschobene Erzählung in der dritten Person, die den Werdegang eines Schauspielers im 18. Jahrhundert und verschiedene Formen des Theaters (Fasnachtsspiel, religiöses Theater und Bildungstheater) schildert.

278,31 f. *Harlekin aus dem Ei:* beliebte Ballettszene des 18. Jahrhunderts, in der der Harlekin aus einem Ei kroch. Von Marianne v. Willemer wird berichtet, daß sie als vierzehnjähriges Mädchen auch diese Rolle gespielt hat.

279,7–9 *Grenzstein ... Ohrfeigen:* s. Jacob Grimm, »Deutsche Rechtsaltertümer«, Göttingen 1828, S. 143 f.:

»Wichtiger ist für die deutsche rechtsgeschichte das ohr. Noch im verfloßnen jahrhundert herrschte in mehrern gegenden Deutschlands die sitte, bei wichtigen anläßen, als der legung eines grundsteins, setzung eines grenzsteins, findung eines schatzes und dergleichen, Knaben zuzuziehen und sie unversehens in die ›ohrlappen zu pfetzen‹ oder ihnen ohrfeigen zu stechen, damit sie sich des vorgangs ihr ganzes leben lang erinnern sollten.«

279,33 *obligeanten:* gefälligen, verbindlichen.

279,34 *sukzessive:* »nach und nach, allmählich, folgemäßig« (Campe).

279,34 f. *in den Mysterien:* in den geistlichen Schauspielen, in dramatischen Aufführungen biblischer und anderer religiöser Stoffe. Das Wort scheint abgeleitet von lat. ministerium ›Gottesdienst‹ und nicht von lat./gr. mysterium ›Geheimnis, Geheimlehre‹. Das religiöse Drama entstand aus der kirchlichen Liturgie.

280,17 *das Tausendjährige Reich:* s. Offb. Joh. 20,4: »[...] und ihnen ward gegeben das Gericht; und die Seelen der Enthaupteten um des Zeugnisses Jesu und um des Worts Gottes willen, [...] diese lebten und regiereten mit Christo tausend Jahre.«

280,19 *»Kinder der Freude«:* Bei der leicht ironischen Anspielung auf das *Tausendjährige Reich* ist es nicht auszuschließen, daß diese Bezeichnung damals bereits doppeldeutig gewesen ist.

280,21 f. *die Summe unsrer Existenz:* Goethe an Schiller am 27. 8. 1794: »[...] Ihr Brief, in welchem Sie, mit freundschaftlicher Hand, die Summe meiner Existenz ziehen [...]« Siehe auch S. 477,24 f.

280,33 *Schoßnarren:* »ein Narr, welcher gleichsam ein Liebling ist durch die Art seiner Narrheit; ein Narr, welcher eine Lieblingsnarrheit hat« (Campe II).

281,12 *Mummereien:* Verkleidungen, Maskeraden.

281,24 f. *in den gebildeten ... Deutschland:* Gemeint ist der protestantische Teil Deutschlands. Besonders die reformierte Kirche wendete sich gegen jeglichen Bildschmuck.

Andererseits wurden Erziehung und die Wissenschaften vom Protestantismus gefördert.

281,32–36 *Die Monotonie ... gefiel:* Anspielung auf das Gottschedische Reformtheater, das besonders den Alexandriner verwendete und jedem Drama einen »lehrreichen moralischen Satz« zugrunde legte.

282,5 *auf Edelhöfen:* Edelhof: »Wohnhaus eines Edelmanns, besonders auf dem Lande« (Adelung).

283,14 *Selbstigkeit:* Eigenschaft, bei der der Mensch nur an sein Selbst denkt und nur das, was das eigene Selbst betrifft, für wichtig hält, Egoismus.

283,23–29 *durch eine seltsam ... schien:* Was hier von Serlo berichtet wird, entspricht genau dem, was Oliver Goldsmith in seinem Gedicht »Retaliation« von dem englischen Schauspieler Garrick sagte:
On the stage he was natural, simple, affecting;
't was only that when he was off, he was acting.
Siehe GJb. 6 (1885) S. 285.

284,2 *theoretisches Gespräch:* Wilhelms Neigung zum theoretisierenden Gespräch wird ironisch hervorgehoben.

Neunzehntes Kapitel

284,21 f. *flämische:* »›flamländisch‹ hatte in der Volkssprache seit dem 17. Jh. bis ins 19. Jh. den Sinn ›mürrisch, verdrießlich‹ angenommen« (PB).

285,18 *Interzessionen:* Einsprüche, Vermittlungen.

286,13 *Naturalisten:* Menschen mit Naturbegabung. Sonst wird das Wort im 18. Jahrhundert für den Natur- oder Vernunftgläubigen im Gegensatz zum Offenbarungsgläubigen verwendet, selten für den Naturforscher.

287,7 f. *Da steh ich ... am Scheidewege:* Das Motiv des Scheideweges zwischen Dichtkunst und kaufmännischem Gewerbe klingt noch einmal an (s. S. 29,32 ff.).

Fünftes Buch. Erstes Kapitel

Fünftes Buch

Am 15. 6. 1795 schreibt Schiller an Goethe: »Dieses fünfte Buch Meisters habe ich mit einer ordentlichen Trunkenheit und mit einer einzigen ungeteilten Empfindung durchlesen. Selbst im Meister ist nichts, was mich so Schlag auf Schlag ergriffen und in seinem Wirbel unfreiwillig mit fortgenommen hätte. Erst am Ende kam ich zu einer ruhigen Besinnung. Wenn ich bedenke, durch wie einfache Mittel Sie ein so hinreißendes Interesse zu bewirken wußten, so muß ich mich noch mehr verwundern.«

Erstes Kapitel

293,16–18 *Er trank ... Teller:* Das Motiv deutet auf spätere Ereignisse voraus (s. S. 528,1–4; 630,4 ff.; 632,20 ff.).

295,7–10 *Man sollte ... sprechen:* Ähnlich äußerte sich Goethe im Gespräch mit Kanzler v. Müller am 30. 5. 1814: »Der Mensch mache sich nur irgendeine würdige Gewohnheit zu eigen, an der er sich die Luft in heitern Tagen erhöhen und in trüben Tagen aufrichten kann. Er gewöhne sich z. B. täglich in der Bibel oder im Homer zu lesen, oder Medaillen oder schöne Bilder zu schauen, oder gute Musik zu hören.«

295,13–297,15 *Mitten in diesem ... hindrängen sollte:* s. Riemann, S. 204–206; Hass, S. 178 f.: »Der für die Struktur der ganzen Erzählung charakteristische Fortgang in kontrastierenden Schritten zeigt sich gleichsam in nuce, wenn der Erzähler unmittelbar nach der Feststellung, daß Wilhelm sich bei Serlo recht wohl und zufrieden befand und es nie ›an angenehmer Unterhaltung‹ gefehlt habe, berichtet: ›Mitten in diesem vergnüglichen Zustande brachte man Wilhelmen eines Tags einen schwarz gesiegelten Brief.‹ Es ist die Nachricht, daß Wilhelms Vater gestorben ist. Die dadurch bedingte neue Lebenssituation Wilhelms wird vom Erzähler als Situation des ironischen Widerspruchs zum Bewußtsein gebracht. [...] Die Struktur des inneren Widerspruchs zeigt sich auch in der erzähltechnischen Funktion dieser Todesnachricht. Sie schafft erst die Bedingung zur endgültigen Entscheidung Wilhelms für das Theater: nicht nur deshalb, weil der Tod des Vaters Wilhelm in seinen Entschlüssen unabhängig macht, sondern weil sie als Medium egoistischer Interessen benutzt und dadurch mittelbar zur Ursache dafür wird, daß Wilhelm zur Entscheidung gezwungen ist. Serlo benutzt die Todespost zu seinem Vorteil, er läßt Aurelien, Philinen, die übrige Gesellschaft in Wilhelm dringen, Schauspieler zu werden.«

297,12 f. *an einem Scheidewege:* Motiv des Scheidewegs (s. S. 29,32 ff.; 287,7 ff.).

Zweites Kapitel

297,19–21 *So war es ... zeigt:* Kapiteleinsatz mit Gemeinplatz.

299,4 *vertrödeln:* zum Trödler bringen.

299,32 f. *Leinwandfabrikation:* In den »Wanderjahren« (III,5.13) wird die Leinwandfabrikation zu einem Hauptthema.

300,2 *Sequestration:* »Beschlagsverwaltung« (Campe).

300,23 *ruralischen:* ländlichen, hier: landwirtschaftlichen.

Drittes Kapitel

301,2–304,14 *Dein Brief ... nähren soll:* s. Hass, S. 180 ff.: »Seinen Antwortbrief an Werner leitet Wilhelm mit Worten ein, die seinen Widerspruch aus Höflichkeit relativieren wollen, die aber ungewollt auch das Gleichgewicht der entgegengesetzten Wesenssphären in Wilhelms Innern ausdrücken. [...] Der Haltung, die Wilhelm hier die beiden einander widerstreitenden Wahrheiten anerkennen läßt, entspricht im Bewußtsein des Erzählers die poetische ›Parteilosigkeit‹. [...] In diesem Bewußtsein gründet die ironische Struktur der ›Lehrjahre‹, der gemäß das

Widerspiel der entgegengesetzten Sphären letztlich nicht zur Entscheidung gebracht wird, sondern die Gegensätze, wenn auch nicht aufgehoben, so doch gleichgewichtig zu einer höheren, paradoxen, eben ironischen Einheit geläutert werden. Die Sphären des bedingten und des unbedingten Lebens, der Bürgerlichkeit und der Bildung werden sich am Ende der ›Lehrjahre‹ auf einer sozusagen mittleren Ebene ausgleichen und versöhnen; aber das Widerspiel der Ursachen und Kräfte, die Wilhelms Weg zu diesem Ziel leiten, wird als Widerspiel entgegengesetzter Sphären, als ein innerster Widerspruch sich durchhalten. Um es in Formeln abgekürzt zu sagen: Am Ende sind unbedingtes Streben und gereifte Selbstbegrenzung, absolutes Gefühl und bedingte Wirklichkeit, sind Leben und Bildung, Schicksal und Vernunft im gleichen Ziel vereinigt. Dennoch waren es die Antriebe des Gefühls, der Umstände, des Zufalls, eines gleichsam bewußtlos getriebenen Lebens und nicht vernünftiges Planen und gelenkte Bildung, die Wilhelms Weg dahin bestimmt haben; Wilhelm erreicht sein Ziel, ohne daß jene Kette von Ursachen und Wirkungen in der ›Sphäre des Lebens‹ etwa von den Einsichten und Absichten jener im ›Turm‹ repräsentierten ›Sphäre der Vernunft‹ beeinflußt worden wäre.

Erweisen sich die Mächte der ›Vernunft‹, des planenden ›Turms‹, als ohnmächtig gegenüber der Führung durch das ›Leben‹, so ist dieser Sphäre der ›Vernunft‹ doch gerade das Bewußtsein eigentümlich, gleichnishaft erscheinend im Prinzip der ›Erziehung durch Irrtum‹, daß das Ziel aller Bildung in Wahrheit nur erreicht wird, wenn die Einsichten der Vernunft nicht von außen vermittelt werden, sondern wenn das ›Leben‹, die Natur aus ihrem eigensten inneren Antrieb, ihm gleichsam außervernünftig entgegenwächst. In diesem dem Geist des ›Turms‹ zugehörigen Bewußtsein liegt sozusagen der rationale, erzähltechnische Schlüssel für jene unter allen äußeren Gegensätzen verborgene Korrespondenz zwischen ›Leben‹ und ›Vernunft‹ in Wilhelms Entwicklung und für ihre scheinbar außer aller realen, epischen ›Logik‹ – es sei denn die des Märchens – liegende Übereinstimmung an Ende, wenn Wilhelm auf dem Wege des ›Lebens‹ doch das von der ›Vernunft‹ gesetzte Ziel erreicht hat. Was im Eingang von Wilhelms Brief an Werner nur geheim angedeutet ist, was sich in dem durchgehaltenen Widerspiel der Sphären des ›Lebens‹ und der ›Vernunft‹ als Ausdruck eines Bewußtseins darstellt, das sich zur Anerkennung der entgegengesetztesten Wahrheiten erheben kann oder zur ironischen Übersicht über den Widerspruch menschlichen Daseins und menschlicher Erkenntnis, das entspricht der innersten Struktur des Goetheschen Geistes überhaupt.

In der Entscheidung über seinen weiteren Weg, die Wilhelm jetzt Werner mitteilt, bekennt er sich wieder zu den Gesinnungen seiner Jugend, bekennt sich im Grunde also zu jener Sphäre der Unbedingtheit des persönlichen Strebens, der die Absolutheit des Gefühls und der ästhetische Traum zugehören. [...] Nicht ohne ironischen Hintersinn läßt der Erzähler Wilhelm erneut die früh geäußerte Vorstellung aussprechen, in Deutschland sei nur dem Edelmanne, nicht aber dem Bürger die Ausbildung der Persönlichkeit möglich, eine Vorstellung, der seine wirklichen Erfahrungen mit der Welt des Adels so durchaus entgegen waren; es scheint, als habe Wilhelm ganz vergessen, daß er selbst dieser negativen Erfahrung Ausdruck gegeben und den Weltleuten, den Leuten von Stande die Innigkeit und Ursprünglichkeit der standeslosen menschlichen Natur entgegengestellt hatte.«

301,16 *mein eigenes Inneres voller Schlacken:* s. Goethes Brief vom 17. 11. 1782 an Friedrich H. Jacobi: »Wenn du eine glühende Masse auf dem Heerde siehst, so denkst du nicht, daß so viel Schlacken drinn stecken als sich erst offenbaren wenn es unter den großen Hammer kommt. Dann scheidet sich der Unrath den das Feuer selbst nicht absonderte und fließt und stiebt in glühenden Tropfen und Funken davon und das gediegene Erz bleibt dem

Fünftes Buch. Drittes Kapitel

Arbeiter in der Zange. Es scheint als wenn es eines so gewaltigen Hammers bedurft habe um meine Natur von den vielen Schlacken zu befreien, und mein Herz gediegen zu machen.«

301,19–304,6 *Daß ich Dir's ... Übung verschaffen:* Bildung wird in diesem Brief zum Programm erhoben. Wilhelm Meister geht dabei von den soziologischen Bedingungen der Bildung im 18. Jahrhundert aus: dem Adel ist Bildung ohne weiteres möglich, während dem Bürgertum eine harmonische Ausbildung des ganzen Menschen verwehrt ist. Der einzige Ausweg für jene *unwiderstehliche Neigung* zur *harmonischen Ausbildung* ist der Weg zur Bühne: *Auf den Brettern erscheint der gebildete Mensch so gut persönlich in seinem Glanz als in den obern Klassen* (S. 303). Wie sehr Goethe damit ein Zeitphänomen erfaßte, läßt sich auch aus Karl Philipp Moritz' Roman »Anton Reiser« ersehen.

Siehe: Eckehard Catholy: Karl Philipp Moritz und die Ursprünge der deutschen Theaterleidenschaft. Tübingen: Niemeyer, 1962.

302,34–36 *Er darf nicht ... Vermögen?*: Bei diesen Gegenüberstellungen von Bürger/Adel, Haben/Sein, Sein/Schein, Tun und Wirken / Leisten und Schaffen mag es sich um eine Anspielung auf Christian Garves Abhandlung »Über die Maxime Rochefoucaulds, das bürgerliche Air verliert sich zuweilen in der Armee, niemals am Hofe« (1792) handeln. Elizabeth Wilkinson und L. A. Willoughby weisen ferner auf Zusammenhänge mit Schillers Aufsatz »Über die notwendigen Grenzen beim Gebrauch schöner Formen« in der ersten Fassung von 1795 und mit dem dreizehnten Brief »Über die ästhetische Erziehung des Menschen« (1795) hin. In dem Aufsatz spricht Schiller davon, »daß der Bürgerliche a r b e i t e t und der Adelige r e p r ä s e n t i e r t«. In einer Fußnote zum dreizehnten Brief spricht Schiller von der Bildung des inneren und äußeren Menschen.

Siehe: Elizabeth M. Wilkinson / L. A. Willoughby: Having and Being, or Bourgeois versus Nobility: Notes for a Chapter on

Social and Cultural History or for a Commentary on Wilhelm Meister. In: GLL 22 (1968/69) S. 101–105.

Jürgen Habermas hat in seiner Untersuchung über den »Strukturwandel der Öffentlichkeit« (Neuwied/Berlin: Luchterhand, 1962; ⁹1978) Wilhelm Meisters Bildungsbrief als Beispiel für das Ende der Öffentlichkeit in ihrer repräsentativen Form, d. h. vertreten durch die Welt des Adels, herangezogen: »Goethe faßt noch einmal den Abglanz repräsentativer Öffentlichkeit; deren Licht ist freilich im Rokoko des französischen Hofes gebrochen und noch einmal gebrochen in der deutschen Nachahmung der Duodezfürsten. [...] Goethe legt der ›öffentlichen Person‹, die im Sprachgebrauch seiner Zeit bereits die jüngere Bedeutung eines Dieners der öffentlichen Gewalt, des Staatsdieners, angenommen hatte, wiederum den traditionellen Sinn öffentlicher Repräsentanz unter. Allerdings verschiebt sich ›Person‹ unversehens zur ›gebildeten Persönlichkeit‹; genaugenommen hat der Edelmann im Zusammenhang dieses Briefes etwas von einem Vorwand für die durchaus bürgerliche, bereits vom Neuhumanismus der deutschen Klassik geprägte Idee der sich frei entfaltenden Persönlichkeit. In unserem Zusammenhang ist Goethes Beobachtung wichtig, daß das Bürgertum nicht mehr repräsentieren, sich von Haus aus eine repräsentative Öffentlichkeit nicht mehr erwirken kann. Der Edelmann ist, was er repräsentiert, der Bürger, was er produziert« (S. 26 f.).

303,26–28 *eine öffentliche Person ... zu wirken:* Das Adjektiv ›öffentlich‹ bezieht sich im 18. Jahrhundert auf den mit dem Absolutismus herausgebildeten Staat. ›Privat‹ bedeutet den Ausschluß von der Sphäre des Staatsapparates. Eine *öffentliche Person* ist ein Staatsdiener. Wilhelms Bedürfnis, *eine öffentliche Person zu sein und in einem weitern Kreise [...] zu wirken,* sind zu seiner Zeit noch unüberwindliche Schranken gesetzt. Da er kein Adliger ist und keinen Zugang zur repräsentativen Öffentlichkeit besitzt, sucht er, sozusagen als Öffentlichkeitsersatz – die

Bühne, wie Habermas sagt (»Strukturwandel«, S. 27). Nach Habermas muß Wilhelm Meisters theatralische Sendung scheitern, weil das Publikum bereits Träger einer anderen Öffentlichkeit geworden ist, die mit der repräsentativen nichts mehr gemein hat. Das Theater ist zu einer bürgerlichen Anstalt geworden. Wilhelms Bestreben verfehlt gleichsam die bürgerliche Öffentlichkeit, zu deren Podium das Theater inzwischen geworden ist: »Beaumarchais' Figaro ist schon auf die Bühne getreten, und mit ihm [...] die Revolution« (Habermas, »Strukturwandel«, S. 27 f.). Siehe dazu auch Leo Löwenthal, »Das Bild des Menschen in der Literatur«, Neuwied/Berlin: Luchterhand, 1966, S. 207–214. Stefan Blessin kritisiert am Bildungsbrief, daß Wilhelm Meister sich einer progressiven Institution mit einem regressiven Bewußtsein bedient (DVjs. 49, 1975, Sonderheft, S. *195–*197).
Siehe ferner: Stephan Blessin: Die Romane Goethes. Königstein/Ts.: Athenäum, 1979. S. 15–18. – Rolf-Peter Janz: Zum sozialen Gehalt der Lehrjahre. In: Literaturwissenschaft und Geschichtsphilosophie. Festschrift für Wilhelm Emrich. Hrsg. von Helmut Arntzen u. a. Berlin: de Gruyter, 1975. S. 320–340. – Karl-Heinz Hahn: Adel und Bürgertum im Spiegel Goethescher Dichtungen zwischen 1790 und 1810 unter besonderer Berücksichtigung von Wilhelm Meisters Lehrjahren. In: Goethe 95 (1978) S. 150–162. – Hans R. Vaget: Liebe und Grundeigentum in Wilhelm Meisters Lehrjahren. In: Legitimationskrisen des deutschen Adels 1200–1900. Hrsg. von Peter U. Hohendahl u. a. Stuttgart: Metzler, 1979. S. 137–157. – Karl-Heinz Hahn: Zeitgeschichte in Goethes Roman Wilhelm Meisters Lehrjahre. In: Deutsche Klassik und Revolution. Hrsg. von Paolo Chiarini und Walter Dietze. Rom: Ateneo, 1981. S. 169–194.

304,31 f. *als er ... unterzeichnete:* »Daß Wilhelm mit einem fingierten Namen unterschreibt, weil er den bürgerlichen Vorurteilen gegen das Schauspielertum Rechnung tragen und den eigenen Namen, den seiner Familie, daher schonen will, bezeichnet noch einmal, wie wenig er in Wahrheit, trotz seiner Entscheidung für das Theater, aus seiner, ihm wesentlich zugehörigen Bürgerlichkeit herausgetreten ist« (Hass, S. 182).

Viertes Kapitel

305,28–32 *Wilhelm wollte ... Früchte:* In den »Frankfurter Gelehrten Anzeigen«, der Zeitschrift der Stürmer und Dränger, wurde in der Nummer vom 15. 9. 1772 ebenfalls der Plan kritisiert, an Shakespeares Werken »das Gold von Schlacken zu scheiden«, wie Johann G. Sulzer es in seiner Bearbeitung von Shakespeares »Cymbeline« versucht hatte (FA). Wilhelm setzt sich für die Auffassung des Kunstwerkes als eines lebenden und sich entfaltenden Organismus ein.

306,1 f. *goldene Äpfel ... Schalen:* Sprüche Salomos 25,11: »Ein Wort, geredet zu seiner Zeit, ist wie güldene Äpfel in silbernen Schalen.« Vgl. auch S. 413,29 f.

306,6–9 *das einfachste Mittel ... zu drängen:* Serlo empfiehlt, was auch Schröder als Bearbeiter von Shakespeares Dramen zu tun pflegte, s. auch S. 307,6 f.

306,16–310,11 *Mein Freund ... nicht verraucht:* theoretisches Gespräch über die Notwendigkeit des Streichens bei der Inszenierung von Theaterstücken.

306,32 *sie entzücken sich nur stellenweise:* In dieser Auffassung waren sich Goethe, Schiller und die Romantiker einig. Sie wandten sich gegen die *stellenweise* Kritik. Es ging ihnen um den Eindruck und die Wirkung des Kunstwerks in seiner Ganzheit (FA).

307,14 *Novellen:* Hier ist wohl an die novellistische Bearbeitung des Hamlet-Stoffes von François de Belleforest, »Le Cinquiesme Tome des Histoires Tragiques«, Paris 1582, die auch zu Shakespeares Quellen gehörte, zu denken.

307,19–310,8 *Ich unterscheide ... dem Horatio:* Vgl. dagegen F. L. Schröders Bearbeitung des »Hamlet«, die nicht so rücksichtsvoll und behutsam mit dem Text umgeht wie Wilhelm Meisters Bearbeitung. Der Text von Schröders Bearbeitung findet sich u. a. in: DLE, Reihe Aufklärung, Bd. 11, S. 165–233. In Schröders Prosa-Fassung, gedruckt 1777, überlebt Hamlet am Schluß des Stückes.

Fünftes Buch. Viertes und Fünftes Kapitel 117

308,14 f. *Uriasbrief:* Brief, der den Überbringer ins Verderben schickt, nach Uria, dem Heerführer Davids, der einen solchen Brief erhielt (2. Sam. 11,14–17).

308,29 *ihnen ... zu substituieren:* substituieren: an jemandes Stelle setzen, ersetzen. Wilhelm wählt die Unruhen in Norwegen als Hauptmotiv und richtet das Stück in diesem Sinne für die Bühne ein.

Fünftes Kapitel

310,13–16 *Wilhelm hatte ... kennenlernte:* »Hamlet« erschien 1766 in Zürich im 8. Band von Wielands Übersetzung der Werke Shakespeares. Die Stellen aus dem »Hamlet«, die in den »Lehrjahren« zitiert werden (S. 254,23 f.; 316,16 ff.; 334,27 ff.), weichen von Wieland ab (vgl. »Wielands Gesammelte Schriften«, Abt. 2, Bd. 3, Berlin: Weidmann, 1911, S. 394–492). Sie werden aber wie bei Wieland und allen anderen deutschen Übersetzern des »Hamlet« vor August Wilhelm Schlegel in Prosa wiedergegeben (FA).

311,9–14 *Wilhelm nahm ... verwirre:* Wilhelm Meisters Erklärungen erinnern an Herders Ausführungen in seinem Shakespeare-Aufsatz, in dem er die Verschiedenheit zwischen dem antiken Drama und Shakespeares Werken aus den verschiedenen Geschichtstraditionen und den verschiedenen Umweltverhältnissen erklärt.

311,12 *Kaper:* Freibeuter (-schiffe).

311,28–31 *Ferner hatte Wilhelm ... leicht gemacht:* F. L. Schröder war in dieser Weise verfahren, daß er die beiden Figuren in der Person Güldensterns zusammenzog.

312,28 *Pas de deux:* Tanz zu zwei (Ballett).

312,30 *Kindertheater:* spielte in England eine große Rolle im 17. Jahrhundert. Das Wort bezieht sich hier aber wohl nur auf die »kleine Komödie«, das Spiel im Spiel im »Hamlet«, die Pantomime, in der Philine auftritt.

312,35 *Pantöffelchen:* Seit Philines erstem Auftritt sind die *Pantöffelchen* leitmotivisch mit ihrer Person verbunden

(vgl. S. 93,11 f.; 332,28; 343,33; 348,25). Zur weiteren Entwicklung des Motivs s. Hass, S. 183 ff.:
»Philinens [...] Pantoffel sind ein scherzend-symbolisches Leitmotiv, das in Vorausdeutungen, Anspielungen und Sinnverknüpfungen jeweils vielsinnig einen ironischen Verweisungszusammenhang der Erzählabfolge der Beziehung zwischen Wilhelm und Philine herstellt, Wilhelm – und mit ihm teils auch den Leser – in ein heiteres Vexierspiel ziehend. Vorbereitet wird die Einführung dieses Motivs durch Serlos schäkernde Erwähnung der ›Füßchen und Wädchen‹ Philinens. Philine, die Serlo schnippisch antwortet, stellt ihre Pantöffelchen auf den Tisch und fordert Serlo auf, sie zu bewundern, indem sie ihn dadurch spöttisch von ihren ›Füßchen und Wädchen‹ weg auf die ›Stelzchen‹, auf den weniger intimen und doch sozusagen stellvertretenden Reiz der äußeren Hülle hinlenkt. Durch die Bemerkung des Erzählers, daß Philine sie von der Gräfin zum Geschenk erhalten hatte, wird die Erinnerung an jene Liebesbeziehung Wilhelms mit dem Pantoffelmotiv verknüpft, was im weiteren Ablauf der Motivkette ein ironisches Bindeglied des Kontrastes zwischen Wilhelms Neigung zur Gräfin und seiner Beunruhigung durch die Reize Philinens herstellt, bis hin zu der Liebesnacht mit Philine reichend, wodurch denn zugleich auch noch Wilhelms Verhältnis zu Mignon dieser Motivkette verbunden wird. Es sind Serlos scherzende Anspielungen, durch die der Erzähler mittelbar auf diesen Sinnzusammenhang hindeutet. Serlo bemerkt, wie gar tröstlich der nächtliche Besuch eines gutherzigen Kindes für den Junggesellen ist [...]. Diese ironische Vorausdeutung wird fortgeführt durch die Bemerkung des Erzählers, daß man Philine, als sie nach ihrem Lied von den Freuden der Nacht forteilte, ›mit den Absätzen klappern‹ hörte. Als Aurelie darauf Philine tadelt und Wilhelm wegen seiner Achtung für sie zurechtweist, nimmt Wilhelm sie zwar in Schutz, aber er bestreitet doch eine intimere Beziehung zu ihr. [...] Wilhelm [...] verteidigt

Philine dann noch vor seinem eigenen Innern; mit sittlicher Selbstzufriedenheit glaubt er sich im Augenblick ›so fern von jeder Neigung zu ihr, daß er recht stolz und standhaft vor sich selbst bestehen konnte‹.
Doch sogleich läßt die ironische Komposition der Erzählung Wilhelm in eine ganz entgegengesetzte innere Verwirrung und Beunruhigung fallen: Er findet Philinens Pantoffel vor seinem Bett stehen und vermutet sie selbst daher hinter den Vorhängen seines Bettes verborgen. Lächelnd blickt der Erzähler auf Wilhelms Verhalten [...]. Die Erzählung lenkt dann zu dem Widerspruch in Wilhelms Situation, daß er [...] ausgerechnet an dem Morgen des Tages, da er zum erstenmal als Hamlet öffentlich auf der Bühne auftreten soll, die Zeit verschläft [...]. Mit Spott vermerkt der Erzähler Wilhelms Unbehagen am [...] Morgen [nach dem »Hamlet«-Erfolg]; ironisch spielt er mit Wilhelms Ungewißheit über die nächtliche Besucherin und zugleich mit der Neugierde des Lesers. Wilhelm glaubt erschrocken, Mignon mit dem Erlebnis der Nacht in Verbindung bringen zu müssen. Doch zugleich wird der Verdacht wieder auf Philine gelenkt, wenn sie Wilhelm zuflüstert, sie müsse ihre Pantoffeln holen und er möge doch den Riegel nicht vorschieben. Und Wilhelm schiebt wirklich den Riegel nicht vor.«

313,28 *Philomelen:* schwach flektierte Form von ›Philomele‹, der mythologischen Bezeichnung der Nachtigall. Philomele, die Tochter des Königs von Athen, wurde von Tereus, dem Gemahl ihrer Schwester Prokne, vergewaltigt. Um das Verbrechen geheimzuhalten, schnitt Tereus ihre Zunge heraus. Philomele stellte jedoch das Verbrechen in einem kunstvollen Gewebe dar, woraufhin ihre Schwester Prokne aus Rache ihren eigenen Sohn schlachtete und dem Vater und Ehemann als Mahlzeit auftischte. Tereus erkannte die sterblichen Überreste seines Sohnes. Um die Schwestern vor seiner Verfolgung zu retten, wurde Prokne von den Göttern in eine Nachtigall, Philomele in eine Schwalbe und Tereus in einen Wiedehopf verwandelt. In der römischen Tradition und daran anknüpfend in der Renaissance- und Barockdichtung sind die Figuren und Verwandlungen von Prokne und Philomele umgekehrt worden. Goethe folgt offensichtlich der Renaissance-Tradition.

Sechstes Kapitel

315,3 *pathetische:* große oder erhabene Leidenschaft ausdrückend. Wichtiger Ausdruck der Ästhetik des 18. Jahrhunderts. Siehe z. B. Schillers Aufsatz »Über das Pathetische« (1793), »Über Anmut und Würde« (1793).

315,27 f. *Grenzlinie zwischen ... Rezitation:* s. Goethes »Regeln für Schauspieler«, § 18–30:

»§ 18. Unter Rezitation wird ein solcher Vortrag verstanden, wie er ohne leidenschaftliche Tonerhebung, doch auch nicht ganz ohne Tonveränderung zwischen der kalten ruhigen und der höchst aufgeregten Sprache in der Mitte liegt.
Der Zuhörer fühle immer, daß hier von einem dritten Objekte die Rede sei.

§ 19. Es wird daher gefordert, daß man auf die zu rezitierenden Stellen zwar den angemessenen Ausdruck lege und sie mit der Empfindung und dem Gefühl vortrage, welche das Gedicht durch seinen Inhalt dem Leser einflößt, jedoch soll dieses mit Mäßigung und ohne jene leidenschaftliche Selbstentäußerung geschehen, die bei der Deklamation erfordert wird. Der Rezitierende folgt zwar mit der Stimme den Ideen des Dichters und dem Eindruck, der durch den sanften oder schrecklichen, angenehmen oder unangenehmen Gegenstand auf ihn gemacht wird; er legt auf das Schauerliche den schauerlichen, auf das Zärtliche den zärtlichen, auf das Feierliche den feierlichen Ton, aber dieses sind bloß Folgen und Wirkungen des Eindrucks, welchen der Gegenstand auf den Rezitierenden macht; er ändert dadurch seinen eigentümlichen Charakter nicht, er verleugnet sein Naturell, seine Individualität dadurch nicht, und ist mit einem Fortepiano zu vergleichen, auf welchem ich in seinem natürlichen, durch die Bauart erhaltenen Tone spiele. Die Passage, welche ich vortrage, zwingt mich durch ihre Komposition zwar das forte oder piano, dolce oder furioso zu beobachten, dieses geschieht aber, ohne daß ich mich der Mutation bediene, welche das Instrument besitzt, sondern es ist bloß der Übergang der Seele in die Finger, welche durch ihr Nachgeben, stärkeres oder schwächeres Aufdrücken und Berühren der Tasten den Geist der Komposition in die Passage legen und dadurch die Empfindungen erregen, welche durch ihren Inhalt hervorgebracht werden können.

§ 20. Ganz anders aber ist es bei der Deklamation oder gesteigerten Rezitation. Hier muß ich meinen angebornen Charakter verlassen, mein Naturell verleugnen und mich ganz in die Lage und Stimmung desjenigen versetzen, dessen Rolle ich deklamiere. Die Worte, welche ich ausspreche, müssen mit Energie und dem lebendigsten Ausdruck hervorgebracht werden, so daß ich jede leidenschaftliche Regung als wirklich gegenwärtig mit zu empfinden scheine.

Hier bedient sich der Spieler auf dem Fortepiano der Dämpfung und aller Mutationen, welche das Instrument besitzt. Werden sie mit Geschmack, jedes an seiner Stelle gehörig benutzt, und hat der Spieler zuvor mit Geist und Fleiß die Anwendung und den Effekt, welchen man durch sie hervorbringen kann, studiert, so kann er auch der schönsten und vollkommensten Wirkung gewiß sein.

§ 21. Man könnte die Deklamierkunst eine prosaische Tonkunst nennen, wie sie denn überhaupt mit der Musik sehr viel Analoges hat. Nur muß man unterscheiden, daß die Musik, ihren selbsteignen Zwecken gemäß, sich mit mehr Freiheit bewegt, die Deklamierkunst aber im Umfang ihrer Töne weit beschränkter und einem fremden Zwecke unterworfen ist. Auf diesen Grundsatz muß der Deklamierende immer die strengste Rücksicht nehmen. Denn wechselt er die Töne zu schnell, spricht er entweder zu tief oder zu hoch oder durch zu viele Halbtöne, so kommt er in das Singen; im entgegengesetzten Fall aber gerät er in Monotonie, die selbst in der einfachen Rezitation fehlerhaft ist – zwei Klippen, eine so gefährlich wie die andere, zwischen denen noch eine dritte verborgen liegt, nämlich der Predigerton. Leicht, indem man der einen oder anderen Gefahr ausweicht, scheitert man an dieser.

§ 22. Um nun eine richtige Deklamation zu erlangen, beherzige man folgende Regeln:

Wenn ich zunächst den Sinn der Worte ganz verstehe und vollkommen innehabe, so muß ich suchen, solche mit dem gehörigen Ton der Stimme zu begleiten und sie mit der Kraft oder

Schwäche so geschwind oder langsam aussprechen, wie es der Sinn jedes Satzes selbst verlangt. Zum Beispiel:
Völker verrauschen – muß halblaut, rauschend,
Namen verklingen – muß heller, klingender,
Finstre Vergessenheit ⎫ muß
Breitet die dunkel nachtenden ⎬ dumpf,
    Schwingen ⎪ tief,
Über ganzen Geschlechtern aus. ⎭ schauerlich
gesprochen werden.

§ 23. So muß bei folgender Stelle:
Schnell von dem Roß herab mich werfend,
Dring ich ihm nach ...
ein anderes, viel schnelleres Tempo gewählt werden als bei dem vorigen Satz; denn der Inhalt der Worte verlangt es schon selbst.

§ 24. Wenn Stellen vorkommen, die durch andere unterbrochen werden, als wenn sie durch Einschließungszeichen abgesondert wären, so muß vor- und nachher ein wenig abgesetzt und der Ton, welcher durch die Zwischenrede unterbrochen worden, hernach wieder fortgesetzt werden. Zum Beispiel:
Und dennoch ist's der erste Kinderstreit,
Der, fortgezeugt in unglücksel'ger Kette,
Die neuste Unbill dieses Tags geboren.
muß so deklamiert werden:
Und dennoch ist's der erste Kinderstreit,
Der – fortgezeugt in unglücksel'ger Kette –
Die neuste Unbill dieses Tags geboren.

§ 25. Wenn ein Wort vorkommt, das vermöge seines Sinnes sich zu einem erhöhten Ausdruck eignet oder vielleicht schon an und für sich selbst, seiner innern Natur und nicht des darauf gelegten Sinnes wegen, mit stärker artikuliertem Ton ausgesprochen werden muß, so ist wohl zu bemerken, daß man nicht wie abgeschnitten sich aus dem ruhigen Vortrag herausreiße und mit aller Gewalt dieses bedeutende Wort herausstoße und dann wieder zu dem ruhigen Ton übergehe, sondern man bereite durch eine weise Einteilung des erhöhten Ausdrucks gleichsam den Zuhörer vor, indem man schon auf die vorhergehenden Wörter einen mehr artikulierten Ton lege und so steige und falle bis zu dem geltenden Wort, damit solches in einer vollen und runden Verbindung mit den andern ausgesprochen werde. Zum Beispiel:

Fünftes Buch. Sechstes Kapitel

Zwischen der Söhne
Feuriger Kraft.
Hier ist das Wort ›feuriger‹ ein Wort, welches schon an und für sich einen mehr gezeichneten Ausdruck fordert, folglich mit viel erhöhterem Ton deklamiert werden muß. Nach Obigem würde es daher sehr fehlerhaft sein, wenn ich bei dem vorhergehenden Worte ›Söhne‹ auf einmal im Tone abbrechen und dann das Wort ›feuriger‹ mit Heftigkeit von mir geben wollte; ich muß vielmehr schon auf das Wort ›Söhne‹ einen mehr artikulierten Ton legen, so daß ich im steigenden Grade zu der Größe des Ausdrucks übergehen kann, welche das Wort ›feuriger‹ erfordert. Auf solche Weise gesprochen, wird es natürlich, rund und schön klingen und der Endzweck des Ausdrucks vollkommen erreicht sein.

§ 26. Bei der Ausrufung ›O!‹, wenn noch einige Worte darauf folgen, muß etwas abgesetzt werden, und zwar so, daß das ›O‹ keinen eigenen Ausruf ausmache. Zum Beispiel:
O! – meine Mutter!
O! – meine Söhne!
nicht:
O meine Mutter!
O meine Söhne!

§ 27. So wie in der Aussprache vorzüglich empfohlen wird, die Eigennamen rein und deutlich auszusprechen, so wird auch in der Deklamation die nämliche Regel wiederholt, nur noch obendrein der stärker artikulierte Ton gefordert. Zum Beispiel:
Nicht, wo die goldne Ceres lacht,
Und der friedliche Pan, der Flurenbehüter.
In diesem Vers kommen zwei bedeutende, ja den ganzen Sinn festhaltende Eigennamen vor. Wenn daher der Deklamierende über sie mit Leichtigkeit hinwegschlüpft, ungeachtet er sie rein und vollständig aussprechen mag, so verliert das Ganze dabei unendlich. Dem Gebildeten, wenn er die Namen hört, wird wohl einfallen, daß solche aus der Mythologie der Alten stammen, aber die wirkliche Bedeutung davon kann ihm entfallen sein; durch den darauf gelegten Ton des Deklamierenden aber wird ihm der Sinn deutlich. Ebenso dem Weniggebildeten, wenn er auch der eigentlichen Beschaffenheit nicht kundig ist, wird der stärker artikulierte Ton die Einbildungskraft aufregen und er sich unter diesen Namen etwas Analoges mit jenem vorstellen, welches sie wirklich bedeuten.

§ 28. Der Deklamierende hat die Freiheit, sich eigen erwählte

Unterscheidungszeichen, Pausen et cetera festzusetzen; nur hüte er sich, den wahren Sinn dadurch zu verletzen, welches hier ebenso leicht geschehen kann als bei einem ausgelassenen oder schlecht ausgesprochenen Worte.

§ 29. Man kann aus diesem Wenigen leicht einsehen, welche unendliche Mühe und Zeit es kostet, Fortschritte in dieser schweren Kunst zu machen.

§ 30. Für den anfangenden Schauspieler ist es von großem Vorteil, wenn er alles, was er deklamiert, so tief spricht, als nur immer möglich. Denn dadurch gewinnt er einen großen Umfang in der Stimme und kann dann alle weitern Schattierungen vollkommen geben. Fängt er aber zu hoch an, so verliert er schon durch die Gewohnheit die männliche Tiefe und folglich mit ihr den wahren Ausdruck des Hohen und Geistigen. Und was kann er sich mit einer grellenden und quietschenden Stimme für einen Erfolg versprechen? Hat er aber die tiefe Deklamation völlig inne, so kann er gewiß sein, alle nur möglichen Wendungen vollkommen ausdrücken zu können.«

315,31 *die Stelle vom rauhen Pyrrhus:* »Hamlet«, II,2: »The rugged Pyrrhus, like th' Hyrcanian beast, – (Der rauhe Pyrrhus, gleich Hyrkaniens Leu'n –).«

316,16–24 ›*Oh! welch ... weinen sollte?*‹: »Hamlet«, II,2: »O, what a rogue and peasant slave am I!« Der Monolog wird bei Wieland ebenfalls in Prosa wiedergegeben: »O was für ein Schurke, für ein nichtswürdiger Sklave bin ich. Ist es nicht was Ungeheures, daß dieser Komödiant hier, in einer bloßen Fabel, im bloßen Traum einer Leidenschaft, so viel Gewalt über seine Seele haben soll, daß durch ihre Würkung sein ganzes Gesicht sich entfärbt, Tränen seine Augen füllen, seine Stimme bricht, jeder Gesichtszug, jedes Gliedmaß, jede Muskel die Heftigkeit der Leidenschaft, die doch bloß in seinem Hirn ist, mit solcher Wahrheit ausdrückt – und das alles um nichts? – Um Hekuba – Was ist Hekuba für ihn, oder er für Hekuba, daß er um sie weinen soll?« (II,8).

319,9f. *Er ist fett ... kommen:* Es handelt sich um die Stelle »He's fat, and scant of breath –« (V,2). Auch Wieland übersetzt: »Er ist zu fett und von zu kurzem Atem.« In der modernen Shakespeare-Forschung wird ›fat‹ mit

»schweißbedeckt« übersetzt. Der Schweiß, der Hamlet von der Stirn rinnt, behindert ihn beim Fechten, indem er ihm in die Augen läuft.
Siehe: William Shakespeare: Hamlet. Hrsg. von John Dover Wilson. Cambridge: The University Press, ²1936 [u. ö.]. S. 255 (Anm.).
319,23 *homogen:* gleichartig, gleichmäßig, übereinstimmend, zu griech. ὁμός ›gleich‹ und γένος ›Art‹.

Siebentes Kapitel

319,25–320,37 *Einen Abend ... bringt:* theoretisierendes Gespräch über Roman und Drama. Siehe dazu Goethes Aufsatz »Über epische und dramatische Dichtung«, den er am 23. 12. 1797 an Schiller sandte. Grandison, Clarissa und Pamela sind die Hauptgestalten in Samuel Richardsons drei Romanen. Oliver Goldsmith' »Vicar of Wakefield« und Henry Fieldings Roman »Tom Jones« gehörten im 18. Jahrhundert zu den Vorbildern der deutschen Romankunst.
Siehe: Lawrence M. Price: English Literature in Germany. Berkeley / Los Angeles: University of California Press, 1953. S. 164–214. – Riemann. S. 193.
320,26–37 *So vereinigte ... bringt:* zur Rolle von Zufall und Schicksal siehe S. 70,28–71,37; 122,37–124,9.
Siehe: Eric A. Blackall: Fate and Chance. In: E. A. B.: Goethe and the Novel. Ithaca, N. Y.: Cornell University Press, 1976. S. 111–136.
321,12 f. *kollationiert:* Seite für Seite durchgesehen, um sich zu überzeugen, daß die Rollen vollständig sind.

Achtes Kapitel

323,23 *attachiert:* »ergeben, zugetan sein« (Campe), von frz. attacher ›befestigen‹.
324,21–35 *Die Gegenwart ... versteckten:* s. Goethes »Regeln für Schauspieler«, § 66–72:
»§ 66. Um eine leichtere und anständigere Bewegung der Füße zu erwerben, probiere man niemals in Stiefeln.

§ 67. Der Schauspieler, besonders der jüngere, der Liebhaber- und andere leichte Rollen zu spielen hat, halte sich auf dem Theater ein Paar Pantoffeln, in denen er probiert, und er wird sehr bald die guten Folgen davon bemerken.

§ 68. Auch in der Probe sollte man sich nichts erlauben, was nicht im Stücke vorkommen darf.

§ 69. Die Frauenzimmer sollten ihre kleinen Beutel beiseite legen.

§ 70. Kein Schauspieler sollte im Mantel probieren, sondern die Hände und Arme wie im Stücke frei haben. Denn der Mantel hindert ihn nicht allein die gehörigen Gebärden zu machen, sondern zwingt ihn auch falsche anzunehmen, die er denn bei der Vorstellung unwillkürlich wiederholt.

§ 71. Der Schauspieler soll auch in der Probe keine Bewegung machen, die nicht zur Rolle paßt.

§ 72. Wer bei Proben tragischer Rollen die Hand in den Busen steckt, kommt in Gefahr, bei der Aufführung eine Öffnung im Harnisch zu suchen.«

Neuntes Kapitel

327,13 *Aber das Publikum ... lebendig:* F. L. Schröder befolgte diesen Wunsch des Publikums in seiner Bearbeitung.

328,2–5 *Wir lassen ... interessieren könnte:* Das »wir« des Herausgebers, wie Goethe sich auf dem Titelblatt des Romans bezeichnete, kommt hier besonders deutlich zum Ausdruck. Goethe folgt hier der Romantradition seiner Zeit, die allerdings in noch weit stärkerem Maße die Herausgeberfiktion verwendete. Daß Goethe eine solche Bearbeitung des »Hamlet« nie vorgelegt hat, versteht sich von selbst. Diese Bemerkung gehört zu dem fiktiven Charakter der Herausgeberfunktion im Roman des 18. Jahrhunderts.

Als Leiter des Weimarer Theaters verwendete Goethe

1792 J. J. Eschenburgs Übersetzung, 1795 die Bearbeitung Schröders, 1809 die Übersetzung August Wilhelm Schlegels. Goethes Aufsatz »Shakespeare als Theaterdichter« (1826) empfahl Schröders Bearbeitungen. Goethe war der Meinung, daß textgetreue Aufführungen nur die Folge hätten, Shakespeare in wenigen Jahren ganz von der Bühne zu verdrängen (FA).

Zehntes Kapitel

329,29 f. *den schönsten Gedanken:* bezieht sich auf Hamlets Wort: »That's a fair thought to lie between maids' legs« (III,2). Wieland übersetzt: »Das ist ein hübscher Gedanke, zwischen eines Mädchens Beinen zu liegen –« (III,5).

330,6–331,6 *Singet nicht ... Lust:* Philines *Liedchen* ist im Stil einer Singspielarie und der Lyrik der Anakreontik. Interpretation: Storz: S. 121–123.

332,9 *Paradiesvogel:* »Weil die Indianer dem Paradiesvogel die Füße abschneiden, ihn ausstopfen und auf ihren Mützen zu tragen pflegen, so ist daher die Fabel entstanden, daß er keine Füße habe« (Campe).

332,36 f. *Sollen wir ... Hauses werden?:* Sollen wir morgen Gegenstand eines Gerüchtes, d. h. einer unwahren Geschichte oder des Klatsches, in der Gesellschaft, die im Haus wohnt, werden?

333,11 *Schalk:* verschmitzt schelmisches Wesen. Zur Bedeutung des Wortes bei Goethe, siehe Momme Mommsen, »Der Schalk in den Guten Weibern und im Faust«, in: »Goethe« 14/15 (1952/53) S. 171–202; Staiger II,332.

Eilftes Kapitel

334,24 *Zwischenvorhang:* »Der erste Auftritt spielte also vor einem Zwischenvorhang auf dem vordern Teil der Bühne. Hinter dem Zwischenvorhang stellte sich der König mit dem Hofstaat auf. Die Rede Horatios vor dem König ist ein Zusatz Wilhelms [s. S. 309,8 f.]« (JA).

334,30 f. *In der Zwischenzeit ... stehen:* geheimnisvolle Verschleierung, wer eigentlich die Rolle des Geistes spielt. Goethes Zeitgenossen rieten damals auf Mariane (s. Schiller an Goethe, 15. 6. 1795). Die teilweise Aufklärung erfolgt erst in Buch VIII, Kap. 5, aber das Geheimnis bleibt letztlich bestehen. Vgl. auch S. 338,18–339,4.

335,18–22 *Sei du ... antworte mir!:* »Hamlet«, I,4:
Be thou a spirit of health or goblin damn'd,
Bring with thee airs from heaven or blasts from hell,
Be thy intents wicked or charitable,
Thou comest in such a questionable shape
That I will speak to thee: I'll call thee Hamlet,
King, father; Royal Dane, O answer me!
Wieland übersetzt: »Du magst nun ein guter Geist oder ein verdammter Kobold sein, du magst himmlische Lüfte oder höllische Dämpfe mit dir bringen, und in wohltätiger oder schädlicher Absicht gekommen sein, die Gestalt, die du angenommen hast, ist so ehrwürdig, daß ich mit dir reden will. Ich will dich Hamlet, ich will dich meinen König, meinen Vater nennen: O, antworte mir« (I,7).

335,21 *würdigen:* Übersetzung von ›questionable‹ (»Thou comest in such a questionable shape« I,4) ist wahrscheinlich beeinflußt durch Wieland und Schröder, die beide »ehrwürdig« an dieser Stelle haben. J. J. Eschenburg fügt seiner Übersetzung von 1777 die Anmerkung hinzu: einer, »der bereitwillig ist, sich Fragen vorlegen zu lassen«. In diesem Sinne wird das Wort auch in der Shakespeare-Forschung gedeutet.

336,20 *der alte Maulwurf:* bezieht sich auf die Erscheinung des Geistes, der von Hamlet als »old mole« (I,5) bezeichnet wird.

Zwölftes Kapitel

337,7 *zum Ankündigen:* Am Schluß der Aufführung trat ein Schauspieler vor den Vorhang und verkündete, welches Stück das nächste Mal gegeben werden sollte.

Fünftes Buch. Zwölftes und Dreizehntes Kapitel 129

337,14 *Debüts:* erste Auftritte, erstes Erscheinen.

337,31 *Räucherwerks:* Pulver, mit dem man räuchert, um bei festlichen Anlässen einen angenehmen Geruch im Raum zu verbreiten.

339,5 f. *schneidermäßig:* jämmerlich, furchtsam. Adjektiv mit pejorativer Bedeutung der Berufsbezeichnung. Campe scheibt: »Daher, daß diese Handwerker [die Schneider], vermutlich wegen des vielen und krummen Sitzens, schwächlich und dünn zu sein pflegen, kömmt es, daß sie bei den übrigen stärkern Deutschen schon früh verächtlich waren, woher sich noch einige verächtliche Redensarten schreiben.«

340,10 *Pulcinellpuppen:* Pulcinell: Hanswurstfigur der Commedia dell'arte.

340,18 *Schellentrommel:* Tamburin, flache Trommel mit eingelassenen Schellen.

340,21 *Mänade:* verzückte, bis zur Raserei begeisterte Begleiterin des Weingottes Dionysos.

340,28 *Maultrommel:* Musikinstrument aus einem hufeisenförmigen Stahlrahmen, der mit dem Mund gehalten, und einer Feder, die mit dem Finger angerissen wird.

341,8 *Schleier:* Schleiermotiv s. Kap. 13, S. 342,12 f.; Kap. 16, S. 371,37 f.; Buch VII, Kap. 1, S. 414 f.; Buch VIII, Kap. 5, S. 578,6.

341,20–29 *Wilhelm hatte ... Mut hatte:* Die Begebenheit bleibt geheimnisvoll ungeklärt bis Buch VIII, Kap. 3; Kap. 6. Siehe auch Schillers Brief an Goethe vom 15. 6. 1795.

Dreizehntes Kapitel

342,1 *unbekannten:* Es bleibt bei geheimnisvollen Andeutungen. Die stückweise Aufklärung erfolgt in Buch VIII, Kap. 3 (S. 548,18 ff.) und Kap. 6 (S. 586,14 ff.).

342,17 *Zum ... flieh!:* Die Deutung wird in Buch VIII, Kap. 5 gegeben.

343,37–344,3 *wir sind ... entdecken können:* Bei diesem

Nachsatz handelt es sich wieder um die Herstellung der Herausgeberfiktion. Die Rolle des allwissenden Erzählers wird hier aufgegeben.

344,33 f. *Der Alte ... ihn um!:* Die Aufklärung für den Anschlag des Harfners auf den Knaben Felix erfolgt erst in Buch VIII (s. S. 618,18 ff. und 626,13 ff.).

344,37 *Reisholz:* Reisigholz, Reiser.

347,21 *Lumpenkönig:* »Hamlet«, III,4: »A king of shreds and patches.« Wieland übersetzt: »Ein zusammengeflickter Lumpenkönig« (III,10).

Vierzehntes Kapitel

349,14–21 *An die Türen ... weint:* Interpretation: Storz. S. 117–119.

349,24 *Spalieren:* »Baumgeländer, d. i. ein Gerüst von Lattenwerk, woran die niedrigstämmigen Bäume gezogen werden« (Campe).

Sechzehntes Kapitel

356,15–18 *Eine jede ... ausgeschlossen sein:* s. Goethes »Regeln für Schauspieler«, § 73 f.:
»§ 73. Es gehört unter die zu vermeidenden ganz groben Fehler, wenn der sitzende Schauspieler, um seinen Stuhl weiter vorwärts zu bringen, zwischen seinen oberen Schenkeln in der Mitte durchgreifend, den Stuhl anpackt, sich dann ein wenig hebt und so ihn vorwärts zieht. Es ist dies nicht nur gegen das Schöne, sondern noch vielmehr gegen den Wohlstand gesündigt.
§ 74. Der Schauspieler lasse kein Schnupftuch auf dem Theater sehen, noch weniger schnaube er die Nase, noch weniger spucke er aus. Es ist schrecklich, innerhalb eines Kunstprodukts an diese Natürlichkeiten erinnert zu werden. Man halte sich ein kleines Schnupftuch, das ohnedem jetzt Mode ist, um sich damit im Notfalle helfen zu können.«

Fünftes Buch. Vierzehntes bis Sechzehntes Kapitel 131

358,5 *Zirkel Freunde:* Freundeskreis, Versammlung von Freunden.

360,29 *Metiers:* Handwerks, Gewerbes.

363,27 *Herrenhuter:* vgl. Anm. zum sechsten Buch, »Bekenntnisse einer schönen Seele«, bes. S. 156.

363,30 f. *den diese Erzählung ... erschreckt hatte:* Wilhelm wird an sein schuldhaftes Handeln auf dem Schloß erinnert (s. III,10 ff.).

364,12 *Krebsschaden:* Tumor.

364,30 *eine Art von überspringendem Fieber:* ein Fieber, »wo gute Tage dazwischen sind, welche gleichsam übersprungen werden« (Campe II).

365,13 ›*Bekenntnisse einer schönen Seele*‹: zum Titel des Manuskriptes s. Buch VI.

365,14 *diätetische:* gesundheitsmäßige, den Regeln der Gesundheit entsprechende.

365,15 *aufgespannten:* aufgeregten.

366,11 f. *eine Oper einzurichten:* Die Verbindung von Musik- und Worttheater war so lange möglich, als die Liedeinlagen keine besonderen Ansprüche an die Schauspieler stellten. Aber die gesteigerten Anforderungen im Singspiel gegen Ende des 18. Jahrhunderts ließen die Trennung von Musik- und Worttheater empfehlenswert erscheinen. Mozarts Singspiel »Die Entführung aus dem Serail« (1783) stellt den Wendepunkt dar. Siehe auch Goethes Aufsatz »Über die Notwendigkeit, Tunlichkeit und Schicklichkeit der Trennung des Schauspiels von der Oper« (1808).

367,21 *politisch:* klug im machiavellistischen Sinne. Im 18. Jahrhundert stellt das Adjektiv ›politisch‹ oft ein Synonym für ›machiavellistisch‹ dar, das heute politische Bedenken- und Rücksichtslosigkeit bezeichnet. Der Begriff geht auf Niccolò Machiavelli (1469–1527), den Verfasser von »Il principe« (»Der Fürst«, 1532) zurück. Nach der Auslegung seines Werkes durch seine Gegner galt der italienische Politiker und Geschichtsschreiber als Vertreter der bedenkenlosen Machtpolitik, die Zweckmäßigkeit und Machtstreben über die Moral stellt. Der sog. politische Roman am Ende des 17. und zu Anfang des 18. Jahrhunderts, vertreten durch Autoren wie Christian Weise (1642–1708), Johann Riemer (1648–1714), Christian Reuter (1665–1712), reflektiert diesen Gebrauch des Begriffs ›politisch‹. Der Protagonist des politischen Romans war der opportunistische Bürger, der ohne Rücksicht auf seine Mitmenschen und durch raffinierte Klugheit seine ›politischen‹ Vorteile wahrnahm, wie es in diesem Falle Melina und Serlo beabsichtigen, aber nicht durchzuführen vermögen.

367,28 *»Emilia Galotti«:* »Emilia Galotti«, Trauerspiel von Gotthold Ephraim Lessing (1729–1781), das 1772 in Braunschweig zur Feier des Geburtstages der Herzogin uraufgeführt wurde. Die Kritik am Absolutismus, die später diesem Drama auch von Goethe zugeschrieben wurde, wird nicht erwähnt. Im Gegenteil, Wilhelms Beschäftigung mit der Rolle des Prinzen ist rein schauspielerisch motiviert und gibt keinerlei Anlaß zu politischen Diskussionen. Die Wahl des Stückes scheint auf Serlos Progressivität hinzuweisen, da es sich nicht um ein klassizistisches Trauerspiel handelt, sondern um ein bürgerliches, wenn es auch nicht als solches von Lessing bezeichnet wurde. Auf jeden Fall ist es kein Versdrama, sondern ein Drama in Prosa, womit es zur modernen Richtung gerechnet wurde. Schon in Goethes erstem Roman »Die Leiden des jungen Werthers« (1774) hatte ein Zitat aus der »Emilia Galotti« eine zentrale Stellung eingenommen: auf dem Pulte des Selbstmörders lag »Emilia Galotti« aufgeschlagen. Dieses Zitat zeugt von der großen Wirkung des Dramas im 18. Jahrhundert.

369,32–371,2 *Die Magd ... besuchen wollte:* Aureliens Tod erinnert in vielen Einzelheiten an das Ende von F. L. Schröders Stiefschwester Charlotte Ackermann. Die mysteriösen Begleitumstände beim Tode der beliebten und hochbegabten jungen Schauspielerin in Hamburg gaben damals Anlaß zu zahlreichen Gerüchten, die auch durch

Sechstes Buch. Bekenntnisse einer schönen Seele 133

die Trivialliteratur ausgebeutet wurden. Noch im selben Jahr erschienen zwei anonyme Kolportageromane mit den Titeln »Die letztern Tage der jüngern Demoiselle M. M. Ch. A***« nebst »Briefen der Charlotte an Sophien, der Sophie an Charlotten und des Baron S** an seinen Freund« sowie »Beytrag zu den letztern Tagen der jüngern Demoiselle M. M. Ch. A***« nebst »Briefen der Sophie an Charlotte und des Majors T** an den Baron S**«. Sie gaben eine unglückliche Liebe der Schauspielerin zu einem Adligen als Ursache für ihren frühen Tod an. Daß Goethe diese Werke als Quellen für die Aurelien-Handlung verwendet hat, wird aus Aurelias Beziehung zu dem Baron Lothario wahrscheinlich. Diese fiktive Konstellation einer Beziehung der Schauspielerin zu einer adligen Verführerfigur war nur in den Kolportageromanen aus dem Jahre 1775 gegeben.
Siehe: Berthold Litzmann: Friedrich Ludwig Schröder. Bd. 2. Hamburg/Leipzig: Voß, 1794. S. 157–178. – Willy Krogmann: Wilhelm Meister in Hamburg. Hamburg: Buske, 1965. S. 33–57.

369,33 *Portechaise:* Sänfte, Tragsessel.
371,15 *übertragen:* im Sinne von ›überbrücken, ertragen‹.
372,12–17 *Und so lassen ... verhindert wurden:* Zusammenspiel von Erzähler und Leser sowie Eingriff des Erzählers als Herausgeber, der das Mignon-Gedicht bewußt kompositorisch an das Ende dieses Buches stellt.
372,18–29 *Heiß mich ... aufzuschließen:*
Interpretation: Storz. S. 105–108.

Sechstes Buch. Bekenntnisse einer schönen Seele

Das gesamte sechste Buch besteht aus einer eingeschobenen Ich-Erzählung. Außerdem befinden sich noch folgende eingeschobene Ich-Erzählungen in den »Lehrjahren«:
1. Wilhelms Geschichte vom Puppentheater (I,2–7);
2. Aurelies Erzählung von Lotharios Untreue (IV, 15 f.; V,16);
3. Thereses Lebensgeschichte (VII,6);

4. Lotharios Abenteuer mit der Pächterstochter (Buch VII,7);
5. die Erzählung des Marchese (VIII,9).

Es handelt sich dabei um eine traditionelle Erzähltechnik. Beispiele eingeschobener Ich-Erzählungen lassen sich in Johann Gottfried Schnabels »Insel Felsenburg« (1732) sowie in Wielands »Don Sylvio« (1764) und besonders in seinem »Agathon« finden (s. Riemann, S. 42 ff.).

Im Hinblick auf die *Bekenntnisse einer schönen Seele* hat sich die ältere Forschung hauptsächlich mit zwei Fragen beschäftigt:

1. wieweit das Buch als Eigentum Goethes gefaßt werden darf?
2. wieweit es wirklichkeitsgetreu ist?

Diese beiden Fragen sind heute dahin zu beantworten, daß Goethe der schriftliche Nachlaß der Stiftsdame Susanna Katharina von Klettenberg (1723–74) zur Verfügung stand. In »Dichtung und Wahrheit« schreibt Goethe: »Unter diesen [den Freundinnen der Mutter] stand Fräulein von Klettenberg obenan. Es ist dieselbe, aus deren Unterhaltungen und Briefen die ›Bekenntnisse der schönen Seele‹ entstanden sind, die man in ›Wilhelm Meister‹ eingeschaltet findet. Sie war zart gebaut, von mittlerer Größe; ein herzliches natürliches Betragen war durch Welt- und Hofart noch gefälliger geworden. Ihr sehr netter Anzug erinnerte an die Kleidung Herrnhutischer Frauen. Heiterkeit und Gemütsruhe verließen sie niemals. Sie betrachtete ihre Krankheit als einen notwendigen Bestandteil ihres vorübergehenden irdischen Seins; sie litt mit der größten Geduld, und in schmerzlosen Intervallen war sie lebhaft und gesprächig. Ihre liebste, ja vielleicht einzige Unterhaltung waren die sittlichen Erfahrungen, die der Mensch, der sich beobachtet, an sich selbst machen kann; woran sich denn die religiösen Gesinnungen anschlossen, die auf eine sehr anmutige, ja geniale Weise bei ihr als natürlich und übernatürlich in Betracht kamen. Mehr bedarf es kaum, um jene ausführliche, in ihre Seele verfaßte Schilderung den Freunden solcher Darstellungen wieder ins

Gedächtnis zu rufen« (Buch VIII). Ein Manuskript der Susanna von Klettenberg, das als Vorlage zu den »Bekenntnissen« gedient haben könnte, ist nicht erhalten. Aber Goethes Mutter schreibt am 9. 7. 1807 nach der Lektüre des Romans: »Das ist der lieben Klettenbergern wohl nicht im Traum eingefallen, daß nach so langer Zeit ihr Andenken noch grünen, blühen und Segen den nachkommenden Geschlechtern bringen würde. Du, mein lieber Sohn, warst von der Vorsehung bestimmt zur Erhaltung und Verbreitung dieser unverwelklichen Blätter [...].« Goethe wird diese »Blätter«, unter denen ihm wahrscheinlich auch Tagebuchaufzeichnungen im Sinne einer pietistischen Selbsterforschung vorlagen, für die Zwecke seines Romans umgearbeitet haben, so daß die Wirklichkeitstreue des Originals nicht mehr unmittelbar gegeben ist, sondern nur noch durchschimmert. Einerseits kann man noch einzelne Begebenheiten und Personen aus dem Leben der Klettenberg erkennen, andererseits die Zusätze und Veränderungen Goethes feststellen.

Nach Emil Staiger hat Goethe von seiner Mutter 1792, bei seinem Besuch in Frankfurt, die Aufzeichnungen der Klettenberg erhalten und »habe nach der Lektüre eine Möglichkeit wahrgenommen, den unvollendeten ›Wilhelm Meister‹ auf höherer Stufe fortzusetzen« (II,139).

In der Entstehungsgeschichte des Wilhelm-Meister-Romans stellen die »Bekenntnisse« die Achse der »Lehrjahre« dar. Die »Theatralische Sendung« mit ihren sechs Büchern reichte bis zu Wilhelms Unterzeichnung des Theatervertrages (»Lehrjahre«, V,3). Als Goethe die Arbeit an dem Roman wieder aufnahm, hat er von den »Bekenntnissen« aus vor- und rückwärts gearbeitet. Wie er am 18. 3. 1795 an Schiller schreibt, ist er durch das sechste Buch »ganz unvermutet in [seiner] Arbeit sehr gefördert, indem es vor- und rückwärts weist und, indem es begrenzt, zugleich leitet und führt«.

Eine zeitgenössische Reaktion auf die Erzähleinlage läßt sich aus einem Brief von Charlotte von Stein vom 6. 12. 1795 ersehen. Frau von Stein schrieb an ihren Sohn: »Wenn du den dritten Band von ›Wilhelm Meister‹ lesen wirst, so gib acht auf das Glaubensbekenntnis einer schönen Seele. Ich wollte schwören, es ist nicht von Goethe, sondern er hat nur Stellen hineingesetzt, und es hat ihm vermutlich jemand einmal gegeben. Und [...] wie die Schnecke in ihr Haus nur Alles um sich zum Nutzen zieht, so hat er dieses wie vom Himmel gefallen in die Komödiantengesellschaft gebracht, weil diese Bogen auch bezahlt werden.« So richtig Frau von Stein einerseits den fremden Ton erkannt hat, der mit den »Bekenntnissen« einsetzt, so hat sie andererseits die erzählerische Funktion übersehen und nur finanzielle Motive gelten lassen.

Goethes enge Beziehungen zum Pietismus waren damals noch unbekannt. Erst seit der Veröffentlichung von Goethes Briefen an E. Th. Langer im Jahre 1922 weiß man, daß Goethe nach der Rückkehr aus Leipzig nicht nur Anregung und Trost aus dem Umgang mit Susanna von Klettenberg empfing, sondern auch an den Erbauungsstunden der Herrnhuter Brüdergemeine teilnahm. Es spielen also bei der Abfassung der »Bekenntnisse« auch Goethes persönliche Erfahrungen mit eine Rolle.

Aber die Frage der Quellen und der Bearbeitung ist nicht mehr von vorrangiger Bedeutung. Heute steht die Frage nach der erzählerischen Funktion der »Bekenntnisse« im Vordergrund. Auf den ersten Blick stellen die »Bekenntnisse« eine Unterbrechung der Handlung dar. Wenn man gegen Ende des sechsten Buches auch die Zusammenhänge erkennt, die hier geknüpft werden, so stellt das Buch doch im Sinne von Goethes Romanpoetik zumindest ein retardierendes Moment dar, welches »den Gang« der Handlung aufhält »oder den Weg« verlängert (s. »Über epische und dramatische Dichtung«).

Es setzt eine Pause ein in der Handlung, die Wilhelm vom Theater in den Bereich der Turmgesellschaft führt. Die Abreise vom Theater stellt den entscheidenden Abschluß einer Entwicklungsphase auf Wilhelms Bildungsweg dar. In

Sechstes Buch. Bekenntnisse einer schönen Seele

der Zwischenzeit vollzieht sich ein Wandel in Wilhelm. Man muß sich bei dem sechsten Buch Wilhelm stets als den Leser dieser »Bekenntnisse« hinzudenken. Er wird hier mit einem anderen Bildungsgang konfrontiert, einem religiösen, der sich aber im Prinzip nicht von Wilhelms theatralischem unterscheidet: er beruht ebenso »auf den edelsten Täuschungen und auf der zartesten Verwechslung des Subjektiven und Objektiven«, wie Goethe am 18. 3. 1795 an Schiller schreibt. Georg Lukács hat die »Bekenntnisse« sehr treffend »eine ausgeführte Parallele des Erziehungsschicksals« genannt (»Die Theorie des Romans«, Neuwied: Luchterhand, ³1965, S. 137).

Die Wirkung dieser Lektüre auf Wilhelm Meister wird von ihm selbst hervorgehoben. Er berichtet Natalie, daß er die »Bekenntnisse« *mit der größten Teilnahme und nicht ohne Wirkung auf [sein] ganzes Leben* gelesen hat: *Was mir am meisten aus dieser Schrift entgegenleuchtete, war, ich möchte so sagen, die Reinlichkeit des Daseins, nicht allein ihrer selbst, sondern auch alles dessen, was sie umgab, diese Selbständigkeit ihrer Natur und die Unmöglichkeit, etwas in sich aufzunehmen, was mit der edlen, liebevollen Stimmung nicht harmonisch war* (VIII,3, S. 543,12–19). Wilhelm erfährt so in Form der Lektüre eine geistig-geistliche Bildung, die ihm das Theater nicht zu geben vermochte, und wird so auf die gesteigerten Bildungsansprüche an seine Person im Kreise der Turmgesellschaft vorbereitet.

Nach Hans-Egon Hass haben die »Bekenntnisse« die »redaktionelle Nachholfunktion, das bisher bei der Darstellung der Erfahrungen und der inneren Wirklichkeiten Wilhelms fast gänzlich ausgesparte Phänomen des Religiösen dergestalt als Bildungselement Wilhelms vorzuführen, daß es zwar außerhalb seines subjektiven Erlebniskreises, aber doch als Teil seiner objektiven Bildungserfahrungen erscheint. Zudem erfüllen die ›Bekenntnisse‹ eine Forderung des historischen Sinns; denn in der pietistischen, verinnerlichten Frömmigkeit und Seelenkultur wird eine geschichtliche Voraussetzung der klassischen Geistesepoche und damit

zugleich der in den ›Lehrjahren‹ gestalteten Bildungsentwicklung bzw. des ihr Ziel bestimmenden Bildungsideals vergegenwärtigt« (S. 189).
Pietismus und Aufklärung gehören zu den beherrschenden geistigen Strömungen des 18. Jahrhunderts. Der Pietismus wendet sich gegen die orthodoxe Theologie und betont das individuelle Glaubenserlebnis. Seine Ziele sind die Wiedergeburt eines »neuen Menschen« und das Bewußtsein einer unmittelbaren Gotteskindschaft. Die wiedergeborenen Einzelnen schließen sich zu besonderen Gruppen zusammen. Die gemeinsame Grundlage des Pietismus bildet ein mystischer Spiritualismus. Die beiden Hauptrichtungen sind der Hallesche Pietismus (Johann J. Spener, 1635–1705; August Hermann Francke, 1663–1727), der das Sündenbewußtsein des Menschen betont, und der Herrnhuter Pietismus (Nikolaus L. Graf von Zinzendorf, 1700–60), der von einem Gefühl heiterer Gottesgewißheit ausgeht. Die »Bekenntnisse« zeigen den Entwicklungsgang einer Seele vom Weltleben über die Krise bis zum Anschluß an den Pietismus Franckescher Prägung. Von dieser Form des Pietismus löst sich die Seele und wendet sich dem Zinzendorfschen Pietismus zu. Aber auch über diese Form entwickelt sich die »schöne Seele« schließlich hinaus zu einer letzten Stufe der Entwicklung.
Die Aufklärung ist in den »Bekenntnissen« vertreten durch den Oheim und den Abbé mit seinem Erziehungssystem. Die Turmgesellschaft nannte Schiller die »Allegorie des höheren Verstandes«.
Emil Staiger hat erklärt: »[...] so befremdlich auf den ersten Blick das sechste Buch auch wirkt – sieht man genauer zu, so kann man den Kunstgriff nicht genug bewundern [...]« (II,139). Selbst die äußere Romanhandlung wird nicht eigentlich unterbrochen, sondern nur suspendiert. Das siebente und achte Buch führen die Handlung der ersten fünf Bücher fort: zu Beginn des siebenten Buches reitet Wilhelm von der Stadt, in der er als Schauspieler in der Rolle des

Sechstes Buch. Bekenntnisse einer schönen Seele

Hamlet Erfolg hatte (Buch V), zu dem Gut Lotharios hinüber.

Aufgrund der zahlreichen unaufgeklärten Ereignisse in den ersten fünf Büchern besteht eine zwar weit gespannte, aber doch vielfältig verknüpfte und starke Verbindung zu den letzten beiden Büchern, in denen die Ereignisse dann ihre Erklärung finden. Außerdem gibt das sechste Buch eine Einführung in den Personenkreis und die Ideen, denen Wilhelm Meister in den letzten beiden Büchern begegnet. Wie Natalie später zu Wilhelm sagt: *Sie könnten in einem gewissen Sinne nicht besser von uns unterrichtet sein als durch den Aufsatz unserer Tante* (VIII,3, S. 544,9–11). So tragen die »Bekenntnisse«, obwohl sie nicht unmittelbar in die Romanhandlung integriert sind, zur Akzentuierung, Reflexion, Steigerung und Vorwegnahme des Romangeschehens bei.

Zu den »Bekenntnissen« siehe: Ferdinand Gregorovius: Göthe's Wilhelm Meister in seinen socialistischen Elementen. Schwäbisch Hall: Fischhaber, ²1855. S. 52–63. – Max Wundt: Goethes Wilhelm Meister und die Entwicklung des modernen Lebensideals. Berlin/Leipzig: Göschen, 1913. S. 211–226. – Robert Hering: Wilhelm Meister und Faust. Frankfurt a. M.: Schulte-Bulmke, 1952. S. 117–189. – Staiger II,138–145. – Hass. S. 188–193. – Reiss. S. 116–119. – Lieselotte E. Kurth: Die zweite Wirklichkeit. Studien zum Roman des 18. Jahrhunderts. Chapel Hill: University of North Carolina Press, 1969. (University of North Carolina Studies in the Germanic Languages and Literatures. 61.) S. 225–228. – Gerhard Storz: Zur Komposition von Wilhelm Meisters Lehrjahren. In: Das Altertum und jedes neue Gute. Festschrift für Wolfgang Schadewaldt zum 15. März 1970. Stuttgart: Kohlhammer, 1970. S. 157–165. – Frederick J. Beharriell: The Hidden Meaning of Goethe's Bekenntnisse einer schönen Seele. In: Lebendige Form. Interpretationen zur deutschen Literatur. Festschrift für Heinrich E. K. Henel. Hrsg. von Jeffrey Sammons und Ernst Schürer. München: Fink, 1970. S. 37–62. – Daniel J. Farrelly: Goethe and Inner Harmony. A Study of the ›schöne Seele‹ in the Apprenticeship of Wilhelm Meister. New York: Barnes & Noble, 1973.

Zu Susanna Katharina von Klettenberg: Johann Martin Lappenberg: Reliquien der Fräulein Susanna Catharina v. Klettenberg, nebst

Erläuterungen zu den Bekenntnissen einer schönen Seele. Hamburg: Agentur des Rauhen Hauses, 1849. – Hermann Dechent: Goethes Schöne Seele. Susanna Katharina v. Klettenberg. Ein Lebensbild. Gotha: Perthes, 1896. – Heinrich Funck (Hrsg.): Die schöne Seele. Bekenntnisse, Schriften und Briefe der Susanna Katharina von Klettenberg. Leipzig: Insel Verlag, 1911. – Günter Niggl: Geschichte der deutschen Autobiographie im 18. Jahrhundert. Theoretische Grundlegung und literarische Entfaltung. Stuttgart: Metzler, 1977. S. 124–129.
Zu Goethe und der Pietismus: Paul Zimmermann (Hrsg.): Goethes Briefe an E. Th. Langer. Wolfenbüttel: Zwißler, 1922. – Hans v. Schubert: Goethes religiöse Jugendentwicklung. Leipzig: Quelle Verlag, 1925. – Erich Franz: Über Goethes Verhältnis zu Mystik und Pietismus. In: Monatsblätter für den evangelischen Religionsunterricht 21 (1928) S. 171–179. – Else Köppe: Das Verhältnis des jungen Goethe zum Christentum. Berlin: Ebering, 1939. (Germanische Studien. H. 206.) – Alfred Grosser: Le jeune Goethe et le piétisme. In: Et. Germ. 4 (1949) S. 203–212. – Wilhelm Flitner: Goethe im Spätwerk. Glaube, Weltsicht, Ethos. Neue, verbesserte Aufl. Bremen: Schünemann, 1957. (Sammlung Dieterich. 175.) S. 30–86. – Rolf Christian Zimmermann: Goethes ›pietistische Periode‹. In: R. Ch. Z.: Das Weltbild des jungen Goethe. Studien zur hermeneutischen Tradition des deutschen 18. Jahrhunderts. München: Fink, 1969. S. 57–74.
Zum Pietismus siehe: Werner Mahrholz: Der deutsche Pietismus. Eine Auswahl von Zeugnissen, Urkunden und Bekenntnissen aus dem 17., 18. und 19. Jahrhundert. Berlin: Furche Verlag, 1921. – Max Wieser: Der sentimentale Mensch. Gesehen aus der Welt holländischer und deutscher Mystik im 18. Jahrhundert. Gotha/Stuttgart: Perthes, 1924. – Heinrich Bornkamm: Mystik, Spiritualismus und die Anfänge des Pietismus im Luthertum. Gießen: Töpelmann, 1926. – Marianne Beyer-Fröhlich: Pietismus und Rationalismus. Leipzig: Reclam, 1933. – Die Religion in Geschichte und Gegenwart. Bd. 5. Tübingen: Mohr, ³1961. Sp. 370–381. – August Langen: Der Wortschatz des deutschen Pietismus. Tübingen: Niemeyer, ²1968. – Martin Schmidt: Pietismus. Stuttgart: Kohlhammer, 1971. – F. Ernst Stoeffler: German Pietism During the Eighteenth Century. Leiden: Brill, 1973. – Erich Beyreuther: Geschichte des Pietismus. Stuttgart: Steinkopf, 1978.

373,2 *einer schönen Seele:* Der Begriff läßt sich auf Platon und Plotin zurückführen und auch bei Cicero und Augustin nachweisen. In der spanischen Mystik spielt er eine große Rolle und wird dann im deutschen Pietismus wieder aufgegriffen, besonders von Zinzendorf und den Herrnhutern, die von der Brautschaft der »schönen Seele« und Christus als »Seelenbräutigam« sprechen. Ferner ist für die Bildung des Begriffs im 18. Jahrhundert der Einfluß von Shaftesbury und Rousseau zu berücksichtigen, von denen eine bestimmte Säkularisierung des Begriffs ausgeht. In der deutschen Literatur tritt der Begriff der »schönen Seele« zunächst besonders eindrucksvoll in Wielands »Agathon« auf. Dort heißt es über die Hetäre Danae:

»Eine schöne Seele, welcher die Natur die L i n e a m e n t e n d e r T u g e n d (wie Cicero es nennet) eingezeichnet hat, begabt mit der zartesten Empfindlichkeit für das Schöne und Gute, und mit angeborner Leichtigkeit jede gesellschaftliche Tugend auszuüben, kann durch einen Zusammenfluß ungünstiger Zufälle an ihrer Entwicklung gehindert, oder an ihrer ursprünglichen Bildung verunstaltet werden. Ihre Neigungen können eine falsche Richtung bekommen. Die Verführung in der einnehmenden Gestalt der Liebe, kann sich ihrer Unerfahrenheit zur Wegweiserin aufdringen. Niedrigkeit und Mangel können in ihr diesen edeln Stolz niederschlagen, der so oft die letzte Brustwehre der Tugend ist. Erziehung und Beispiele können sie über ihre wahre Bestimmung verblenden. Die unschuldigsten, ja selbst die edelsten Regungen des Herzens, Gefälligkeit, Dankbarkeit, Großmut, können durch Umstände zu Fallstricken für sie werden. Hat sie sich einmal auf dem blumichten Pfade des Vergnügens den Liebesgöttern, Scherzen und Freuden als Führern vertraut, wie sollte sie gewahr werden, wohin sie der sanfte Abhang eines so lustigen Weges führen kann? zumal, wenn sich die Grazien und Musen selbst zu der fröhlichen Schar gesellen, und der sophistische Witz, in den Mantel der Philosophie gehüllt, G e f ü h l e z u G r u n d s ä t z e n, und die K u n s t z u g e n i e ß e n z u

Weisheit adelt? Eine lange Reihe angenehmer Verirrungen kann die Folge des ersten Schrittes sein, den sie auf einem Wege getan hat, der ihrem bezauberten Auge der gerade Pfad zum Tempel der Glückseligkeit schien. – Aber warum sollte sie nicht von ihrem Irrwege zurück kommen können? Die Umstände können der Tugend eben sowohl beförderlich als nachteilig sein. Ihre Augen können geöffnet werden. Erfahrung und Sättigung lehren sie anders von den Gegenständen urteilen, in deren Genuß sie ehmals ihre Glückseligkeit setzte. Andre Begriffe zeugen andre Gesinnungen, oder, deutlicher zu reden, richtige Begriffe geben auch den Neigungen ihre wahre Richtung. Die Grundzüge der Seele bleiben unveränderlich. Eine schöne Seele kann sich verirren, kann durch Blendwerke getäuscht werden; aber sie kann nicht aufhören eine schöne Seele zu sein. Laßt den magischen Nebel zerstreut werden, laßt sie die Gottheit der Tugend kennen lernen! Dies ist der Augenblick, wo sie sich selbst kennen lernt; wo sie fühlt, daß Tugend kein leerer Name, kein Geschöpf der Einbildung, keine Erfindung des Betrugs, – daß sie die Bestimmung, die Pflicht, die Wollust, der Ruhm, das höchste Gut eines denkenden Wesens ist. Die Liebe zur Tugend, das Verlangen, sich selbst nach diesem göttlichen Ideal der moralischen Schönheit umzubilden, bemächtigt sich nun aller ihrer Neigungen; es wird zur Leidenschaft; in diesem Zustande, mehr als in irgend einem andern, ist es, wo man sagen kann, daß die Seele von einer Gottheit besessen ist; und welche Probe ist so schwer, welches Opfer so groß, um zu schwer, zu groß für den Enthusiasmus der Tugend zu sein?« (Buch XIII, Kap. 7 der dritten Fassung von 1794).

Wieland veröffentlichte außerdem 1774 einen Aufsatz unter dem Titel »Antwort auf die Frage: was ist eine schöne Seele?« im »Deutschen Merkur«.

Die philosophische Formulierung des Begriffes erfolgt

dann in Schillers Abhandlung »Über Anmut und Würde« (1793):
»Eine schöne Seele nennt man es, wenn sich das sittliche Gefühl aller Empfindungen des Menschen endlich bis zu dem Grad versichert hat, daß es dem Affekt die Leitung des Willens ohne Scheu überlassen darf, und nie Gefahr läuft, mit den Entscheidungen desselben im Widerspruch zu stehen. Daher sind bey einer schönen Seele die einzelnen Handlungen eigentlich nicht sittlich, sondern der ganze Charakter ist es. Man kann ihr auch keine einzige darunter zum Verdienst anrechnen, weil eine Befriedigung des Triebes nie verdienstlich heißen kann. Die schöne Seele hat kein andres Verdienst, als daß sie ist. Mit einer Leichtigkeit, als wenn bloß der Instinkt aus ihr handelte, übt sie der Menschheit peinlichste Pflichten aus, und das heldenmüthigste Opfer, das sie dem Naturtriebe abgewinnt, fällt, wie eine freiwillige Wirkung eben dieses Triebes, in die Augen. Daher weiß sie selbst auch niemals um die Schönheit ihres Handelns, und es fällt ihr nicht mehr ein, daß man anders handeln und empfinden könnte; dagegen ein schulgerechter Zögling der Sittenregel, so wie das Wort des Meisters ihn fodert, jeden Augenblick bereit seyn wird, vom Verhältniß seiner Handlungen zum Gesetz die strengste Rechnung abzulegen. Das Leben des Letztern wird einer Zeichnung gleichen, worinn man die Regel durch harte Striche angedeutet sieht, und an der allenfalls ein Lehrling die Principien der Kunst lernen könnte. Aber in einem schönen Leben sind, wie in einem Titianischen Gemählde, alle jene schneidenden Grenzlinien verschwunden, und doch tritt die ganze Gestalt nur desto wahrer, lebendiger, harmonischer hervor.
In einer schönen Seele ist es also, wo Sinnlichkeit und Vernunft, Pflicht und Neigung harmoniren, und Grazie ist ihr Ausdruck in der Erscheinung. Nur im Dienst einer schönen Seele kann die Natur zugleich Freyheit besitzen, und ihre Form bewahren, da sie erstere unter der Herrschaft eines strengen Gemüths, letztere unter der Anar-

chie der Sinnlichkeit einbüßt. Eine schöne Seele gießt auch über eine Bildung, der es an architektonischer Schönheit mangelt, eine unwiderstehliche Grazie aus, und oft sieht man sie selbst über Gebrechen der Natur triumphiren. Alle Bewegungen, die von ihr ausgehen, werden leicht, sanft und dennoch belebt seyn. Heiter und frey wird das Auge strahlen, und Empfindung wird in demselben glänzen. Von der Sanftmuth des Herzens wird der Mund eine Grazie erhalten, die keine Verstellung erkünsteln kann. Keine Spannung wird in den Minen, kein Zwang in den willkührlichen Bewegungen zu bemerken seyn, denn die Seele weiß von keinem. Musik wird die Stimme seyn, und mit dem reinen Strom ihrer Modulationen das Herz bewegen. Die architektonische Schönheit kann Wohlgefallen, kann Bewunderung, kann Erstaunen erregen, aber nur die Anmuth wird hinreißen. Die Schönheit hat **Anbeter, Liebhaber** hat nur die Grazie; denn wir huldigen dem Schöpfer, und lieben den Menschen.

Man wird, im Ganzen genommen, die Anmuth mehr bey dem **weiblichen** Geschlecht (die Schönheit vielleicht mehr bey dem männlichen) finden, wovon die Ursache nicht weit zu suchen ist. Zur Anmuth muß sowohl der körperliche Bau, als der Charakter beytragen; jener durch seine Biegsamkeit, Eindrücke anzunehmen und ins Spiel gesetzt zu werden, dieser durch die sittliche Harmonie der Gefühle. In beydem war die Natur dem Weibe günstiger als dem Manne.

Der zärtere weibliche Bau empfängt jeden Eindruck schneller und läßt ihn schneller wieder verschwinden. Feste Constitutionen kommen nur durch einen Sturm in Bewegung, und wenn starke Muskeln angezogen werden, so können sie die Leichtigkeit nicht zeigen, die zur Grazie erfodert wird. Was in einem weiblichen Gesicht noch schöne Empfindsamkeit ist, würde in einem männlichen schon Leiden ausdrücken. Die zarte Fiber des Weibes neigt sich wie dünnes Schilfrohr unter dem leisesten

Hauch des Affekts. In leichten und lieblichen Wellen gleitet die Seele über das sprechende Angesicht, das sich bald wieder zu einem ruhigen Spiegel ebnet.

Auch der Beytrag, den die Seele zu der Grazie geben muß, kann bey dem Weibe leichter als bey dem Manne erfüllt werden. Selten wird sich der weibliche Charakter zu der höchsten Idee sittlicher Reinheit erheben, und es selten weiter als zu affektionirten Handlungen bringen. Er wird der Sinnlichkeit oft mit heroischer Stärke, aber nur durch die Sinnlichkeit widerstehen. Weil nun die Sittlichkeit des Weibes gewöhnlich auf Seiten der Neigung ist, so wird es sich in der Erscheinung eben so ausnehmen, als wenn die Neigung auf Seiten der Sittlichkeit wäre. Anmuth wird also der Ausdruck der weiblichen Tugend seyn, der sehr oft der männlichen fehlen dürfte.«

Bei Goethe wird der Begriff der schönen Seele schließlich von der Stiftsdame auf Natalie übertragen (s. VIII,10, S. 637,22 ff.). Schiller hatte ihm am 3. 7. 1796 geschrieben: »Ich wünschte, daß die Stiftsdame ihr [Natalie] das Prädikat einer schönen Seele nicht weggenommen hätte, denn nur Natalie ist eigentlich eine rein ästhetische Natur.« So wird bei Goethe der anfänglich religiöse Begriff unter dem Einfluß von Schillers Ästhetik säkularisiert.

In Immanuel Kants »Anthropologie« (1798) werden als Eigenschaften der »schönen Seele« neben Seelengröße und Seelenstärke besonders die Seelengüte hervorgehoben: »Diese Seelengüte ist doch der Mittelpunkt, um welchen das Geschmacksurteil all seine Urteile der mit der Freiheit des Verstandes vereinbaren sinnlichen Lust versammelt« (Teil I, § 67). Bei Hegel wird die »schöne Seele« in der »Phänomenologie des Geistes« (1807) wegen ihrer Wirklichkeitsflucht, Kränklichkeit und privaten Religiosität verurteilt (VI, C).

Zum Begriff der schönen Seele siehe: Max Frh. von Waldberg: Studien und Quellen zur Geschichte des Romans. I. Zur Entwicklungsgeschichte der ›schönen Seele‹ bei den spanischen Mystikern. Berlin: Felber, 1910. (Literarhistorische Forschungen. 41.) – DWb. IX,1478f. – H. F. Müller: Zur Geschichte des Begriffs ›Schöne Seele‹. In: GRM 7 (1915-19). S. 236-249. – Hans Schmeer: Der Begriff der ›schönen Seele‹, besonders bei Wieland und in der deutschen Literatur des 18. Jahrhunderts. Berlin: Ebering, 1926. (Germanische Studien. H. 44.)

373,5-14 *Mit dem Anfange ... zu entwickeln:* »Mit einer Krankheit beginnt das Buch. Ein ›neunmonatiges Krankenlager‹ bringt einen geistigeren Menschen hervor, so wie die Zeit im Mutterleib den natürlichen Menschen hervorgebracht hat. Die Erinnerung an die Schwangerschaft ist alchemistischem Denken gemäß. Christi Wort zu Nikodemus über die ›neue Geburt‹ klingt nach« (Staiger II,142).

373,8 *dieses Zufalls:* Nach Adelung »in engerer Bedeutung, eine unerwartete merkliche Veränderung der Gesundheit, welche man nicht näher bezeichnen will oder kann«. Hier eindeutig auf *Blutsturz*, S. 373,6 bezogen.

373,31 *Mumien:* dienten im 18. Jahrhundert noch zur Herstellung von Medikamenten (FA).

374,1 *Fürst der Welt:* in Luthers Bibelübersetzung der Teufel. Wortzusammensetzungen mit Welt werden im Pietismus ebenfalls negativ verwendet und bezeichnen den Gegensatz zum Göttlichen.

Siehe: August Langen: Der Wortschatz des deutschen Pietismus. 2. erg. Aufl. Tübingen: Niemeyer, 1968. S. 117.

374,25-32 *was hätte ich ... belohnte:* Im dritten Band der »Contes nouveaux ou les fées à la mode« (1698) der Gräfin Marie Catherine d'Aulnoy wird die Geschichte eines Prinzen erzählt, der in ein Schäfchen verwandelt ist (FA).

375,2-15 *Unter allen ... Interesse:* Es handelt sich um die heroisch-galanten Romane von Andreas Heinrich Bucholtz (1607-71), »Des Christlichen Teutschen Groß-Fürsten Herkules und der böhmischen königlichen Fräulein Valiska Wundergeschichte« (1669f.), sowie von Herzog Anton Ulrich von Braunschweig-Lüneburg

Sechstes Buch. Bekenntnisse einer schönen Seele 147

(1633–1714), »Die Römische Octavia« (1711). An der Lektüre dieser Barockromane wird deutlich, daß die »schöne Seele« einer älteren Generation angehört als Wilhelm Meister, der »Die deutsche Schaubühne« und Koppes Tasso-Übersetzung liest (HA). Siehe Anm. zu S. 20,28 und 24,5.

375,16 *schmälen:* klein, gering machen, mindern, besonders in der Bedeutung von »übel von jemand sprechen«.

375,27 f. *von der natürlichen ... Geschlechts:* d. h. vom Sexualleben des Menschen. Charlotte v. Stein schrieb am 11. 11. 1795 an Schillers Frau: »[...] auch das Glaubensbekenntnis [Buch VI] hat mir sehr wohl gefallen. Ich glaube beinahe, es ist von einem Frauenzimmer, und er [Goethe] hat es nur zugestutzt. Eine ganze widerliche Stelle ist in dieser Konfession.« Charlotte v. Stein kann sich dabei natürlich auch auf die Seiten 375,36 f. und 380,20 ff. beziehen.

375,36 f. *Ein Huhn ... ein Fest:* Emil Staiger schreibt: »Wir hören Töne, die wir mit Goetheschen kaum zusammenzureimen vermögen, und begegnen Motiven, die er nicht erfunden haben kann, Andeutungen intimster Art, die einzufügen Goethe sein stets bewährter Takt verboten hätte, wenn sie ihm nicht als dokumentarische Wahrheit, als Auskunft über ein seltsames Wesen beachtlich erschienen wären. Dazu gehört etwa der Satz: ›Ein Huhn, ein Ferkel aufzuschneiden, war für mich ein Fest‹« (II,141).

378,10 f. *Phyllis und Damon:* typische Namen der Schäferdichtung des Rokoko (s. z. B. Geßners »Idyllen«, 1756).

378,19 *pikiert:* verärgert, gereizt, etwas beleidigt (von frz. piquer ›stechen, ärgern, reizen‹).

378,29 *honnête:* ehrbar, tugendhaft, wohlanständig, züchtig, schicklich.

378,37 *eines Affekts:* einer Gemütsbewegung, Leidenschaft. Ebenfalls ein wichtiger Begriff der Ästhetik des 18. Jahrhunderts.

379,12 f. *Komödien:* Theateraufführungen.

379,18 *introduziert:* eingeführt.
379,20 *Mentor:* Lehrer, Berater, nach dem Namen von Telemachs Erzieher in der »Odyssee«.
379,32 f. *es war bei mir ... gemeint:* es war von mir keineswegs (oder ganz und gar nicht) ernstlich gemeint.
379,34 *für den Unsichtbaren:* für Gott, Ausdrucksweise des Pietismus, z. B. auch »unsichtbarer Freund« genannt (386,11; 407,1).
379,35 *Schwarm:* weltliches Vergnügen, lärmende Ausschweifung.
380,2 *schwärmen:* in »engerer Bedeutung [...] sich von dunkeln verworrenen Vorstellungen, von seinen dunkeln Gefühlen, seiner Einbildungskraft bestimmen lassen, ihnen folgen, sich ihnen überlassen, und seine Einfälle für göttliche Offenbarung halten. In einer Sache schwärmen, seiner Einbildungskraft, seinen dunkeln Vorstellungen [...] sich überlassen, in denselben so warm empfinden und von denselben so begeistert werden, daß man das Mangelhafte, das Schwierige derselben [...] wenig oder nicht beachtet« (Adelung). ›Schwärmerei‹ und ›schwärmen‹ gehören zu den Schlüsselwörtern des 18. Jahrhunderts. Zunächst wird der Begriff im Bereich der Religion und Ethik verwendet, und zwar kritisch, wie hier in den »Bekenntnissen einer schönen Seele«. Das bekannteste Parallelbeispiel ist Lessings Nathan, der seine Pflegetochter auf die gefährlichen Folgen ihrer Schwärmerei aufmerksam macht. Recha bildet sich ein, nicht von einem Tempelherrn, sondern von einem Engel aus den Flammen des brennenden Hauses gerettet worden zu sein. Nathan bezeichnet sie und ihre Gesellschafterin Daja als »grausame Schwärmerinnen« und macht ihnen Vorhaltungen: »Wenn dieser Engel nun – nun krank geworden!« Und dann Recha allein zugewandt erklärt er:
Begreifst du aber,
Wieviel andächtig schwärmen leichter, als
Gut handeln ist? wie gern der schlaffste Mensch

Andächtig schwärmt, um nur [...]
Um nur gut handeln nicht zu dürfen?
(»Nathan der Weise«, I,2)
Auf dem Gebiet der Philosophie unterscheidet Lessing zwischen Enthusiasmus und Schwärmerei und rät dem Philosophen, nichts gegen den »Enthusiasmus der D a r s t e l l u n g« zu tun, sondern »ihn vielmehr auf das allersorgfältigste« zu pflegen. Gegen die Schwärmerei oder den »Enthusiasmus der Spekulation« aber empfiehlt er ihm, »sich die dunkeln lebhaften Empfindungen, die er während des Enthusiasmus gehabt hat, wenn er wieder kalt geworden, in deutliche Ideen aufzuklären« (»Über eine zeitige Aufgabe«, 1776 ff.).
Christoph Martin Wieland geht es in seinem Roman »Don Sylvio von Rosalva« (1764), dessen Untertitel »Der Sieg der Natur über die Schwärmerei« lautet, nicht nur um die Heilung des schwärmerischen Helden, sondern auch um ein poetologisches Problem, nämlich um die Rolle der echten und unechten Einbildungskraft in der Dichtung. Im »Agathon« (1767) und in der »Musarion« (1768) ironisiert Wieland übertriebene Askese, überspannte Philosophie und verstiegene Leidenschaft als Schwärmerei.
Bei Schiller findet der Begriff seine Anwendung in der Ethik. In den Briefen »Über die ästhetische Erziehung des Menschen« (1795) wendet er sich mit der folgenden Bemerkung gegen die Schwärmerei: »Es ist ein sehr verderblicher Mißbrauch, der von dem Ideal der Vollkommenheit gemacht wird, wenn man es bei der Beurteilung anderer Menschen und in den Fällen, wo man für sie wirken soll, in seiner ganzen Strenge zum Grund legt. Jenes wird zur Schwärmerei, dieses zur Härte und Kaltsinnigkeit führen. Man macht sich freilich seine gesellschaftlichen Pflichten ungemein leicht, wenn man dem w i r k l i c h e n Menschen, der unsre Hilfe auffordert, in Gedanken den I d e a l-Menschen unterschiebt, der sich wahrscheinlich selbst helfen könnte. Strenge gegen sich

selbst, mit Weichheit gegen andre verbunden, macht den wahrhaft vortrefflichen Charakter aus« (13. Brief, § 4, Fußnote). In seinem Aufsatz »Über die notwendigen Grenzen beim Gebrauch schöner Formen« (1795) überträgt Schiller den Begriff der Schwärmerei auf die Ästhetik. Er versucht, den Unterschied zwischen dem »bloßen Dilettanten« und dem »wahrhaften Kunstgenie« festzulegen. Das untrügliche Kennzeichen des Dilettanten ist für ihn die Schwärmerei. Das echte Kunstgenie ist daran zu erkennen, »daß es, bei dem glühendsten Gefühl für das Ganze, Kälte und Ausdauer für das Einzelne behält«.

Der junge Goethe legt in seiner theologischen Frühschrift »Brief des Pastors zu *** an den neuen Pastor zu ***« (1772) noch ein Wort für die Schwärmerei ein: »Die Schwärmer und Inspiranten haben sich oft unglücklicherweise ihrer Erleuchtung überhoben, man hat ihnen ihre eingebildete Offenbarung vorgeworfen; aber weh' uns, daß unsre Geistlichen nichts mehr von einer unmittelbaren Eingebung wissen.« Aber in den Gedichten der Klassik (»Venetianische Epigramme«, »Xenien«) wendet sich Goethe gegen die Schwärmerei. In den letzten Zeilen der »Metamorphose der Tiere« zeigen sich seine klassische Haltung und die Verwendung des Begriffs in seiner weitesten Bedeutung in besonders eindrucksvoller Weise:

Freue dich, höchstes Geschöpf, der Natur! Du fühlest dich fähig,
Ihr den höchsten Gedanken, zu dem sie schaffend sich aufschwang,
Nachzudenken. Hier stehe nun still und wende die Blicke Rückwärts, prüfe, vergleiche und nimm vom Munde der Muse,
Daß du schauest, nicht schwärmst, die liebliche volle Gewißheit.

380,20 f. *die Gesundheit ... in Gefahr:* Warnung vor Geschlechtskrankheiten.

380,30 *Narziß:* Als Modell gilt Dr. jur. Johann Daniel v.

Sechstes Buch. Bekenntnisse einer schönen Seele 151

Olenschlager, der 1737 von einer Reise durch Italien und Deutschland in seine Heimatstadt Frankfurt zurückgekehrt war. Auch die Streitszene (S. 382,35 ff.) ist biographisch zu belegen.

380,33 *placiert ... werden:* »eine Stellung, ein Amt erhalten, angebracht, angestellt oder untergebracht werden« (Campe).

381,5 *Menuett:* abgeleitet von frz. mener ›führen‹, ein Tanz, bei dem die Tänzerin vom Tänzer anfangs, in der Mitte und am Ende geführt wird (Campe).

382,2 *Kommerz:* Handel, Austausch.

382,31 *rauschend:* mit Geräusch verbunden.

383,2 *Narziß blutete:* Staiger hat auf »die beängstigende Verbindung von fließendem Blut und Liebe beim Erwachen der Neigung zu Narziß« hingewiesen, »eine Verbindung, die zwar nicht die schöne Seele, aber der Leser in der Andacht zu Christi blutenden Wunden wiedererkennen wird« (II,141).

384,29 *alteriert und affiziert:* erschrocken (bestürzt, verärgert) und davon angegriffen (bewegt, gerührt).

387,32 *avancieren:* »weiterkommen, Fortschritte machen, eine höhere Lebensstufe ersteigen« (Campe). Hier: befördern.

388,11 *Putzdocke:* eine geputzte Puppe (Docke: Puppe). Hier: eine Person, die sich gern schmückt.

389,5 *ernsthaft:* s. S. 378,17.

390,3–5 *Ich hatt' ihn ... Gunst:* Creizenach hat auf ähnliche Verse aus Hallers Gedicht »Doris« von 1730 hingewiesen (JA):
Mein Aug' ist nur auf dich gekehret;
Von allem, was man an dir ehret,
Begehr' ich nichts als deine Gunst (V. 118 ff.).

390,35 f. *als der Calvinist ... Lande:* Die Anhänger der durch Calvin begründeten protestantischen Religionslehre waren in Deutschland vom Augsburger Religionsfrieden (1555) ausgeschlossen. Im katholischen Frankreich wurden sie besonders verfolgt während der Hugenottenkriege (1562–98) und nach der Aufhebung des Edikts von Nantes (1685).

391,22 *Epistel:* poetischer Brief oder Briefgedicht. Diese Gattung geht auf Horaz und Ovid zurück, die der poetischen Epistel Weltgeltung verschafft haben. Im 18. Jahrhundert gehört die poetische Epistel zu den beliebtesten Gattungen in Frankreich, England und Deutschland. Die im Text erwähnte Epistel erfüllt alle Regeln der Gattung: obwohl an einen individuellen Empfänger gerichtet, spricht sie die Allgemeinheit an und verbindet auf »geistreiche« Weise Belehrung mit Unterhaltung.

393,2 *Negoziationen:* Unterhandlungen, Verhandlungen.

394,26–28 *Darf ich ... vorging?:* Creizenach hat gezeigt, wie verwandt diese Betrachtungen mit Susanna v. Klettenbergs Aufsatz »Vom billigen und unzeitigen Nachgeben« in der Sammlung »Der Christ in der Freundschaft« sind, die 1754 erschien und aus Aufsätzen von Karl v. Moser (»Philo«), Susanna und ihrer Schwester Maria Magdalena bestand (s. »Die schöne Seele«, hrsg. v. Heinrich Funck, S. 182–196).

396,14 *Räsonnement:* Vernunftgrund, Vernunfterörterung.

398,20 *meiner Renommee:* mein Ruf, mein guter Ruf (von frz. la renommée ›Ruf, Name, Ruhm‹).

398,26 *menagieren:* hier im Sinne von ›schonen‹ (den guten Ruf, das Ansehen schonen), von frz. ménager ›behutsam anwenden, gut benutzen, schonen, kunstreich herbeiführen, richtig verwerten‹.

399,11 *Bedienung:* im 18. Jahrhundert auch ›Amt‹.

399,36 *ruchtbar:* »Durch das Gerücht allgemein bekannt« (Adelung). Der Ausfall der Drittkonsonanz im modernen Deutsch geht auf Sprechererleichterung zurück (s. Friedrich Kluge, »Etymologisches Wörterbuch der deutschen Sprache«, Berlin: de Gruyter, [17]1957, S. 611).

400,19 *Stiefbruder:* der Oheim, der eine beherrschende Stellung in den »Lehrjahren« einnimmt.

401,34 *pantomimisch:* hier im übertragenen Sinne zu verstehen: »durch seine Handlungen«.

401,35 *Stiftsdame:* besaß im 18. Jahrhundert großes Ansehen in der Gesellschaft. Sie war dem Gelübde der Keuschheit und des Gehorsams verpflichtet. Ihr Lebenswandel war christlich-religiös bestimmt, aber der Zugang zur Gesellschaft stand ihr offen. Nur Mitglieder des Adels konnten Stiftsdamen werden. Die Aufnahme war verbunden mit der Übereignung einer beträchtlichen Summe Geldes an das Stift, das als eine Art Lebensversicherungsgesellschaft für unverheiratete adlige Töchter galt. Das Stift garantierte ihnen zeit ihres Lebens ein standesgemäßes Einkommen (HA).

402,26 *Galalivree:* Feierkleid, Prachtkleid, Prunkkleid.

403,24 *die Schuld der Natur bezahlte:* d. h. sie starb. Diese Wendung ist typisch für die Sprache der »Bekenntnisse«, die noch stark von dem religiösen Denken und der Ausdrucksweise des Barockzeitalters beherrscht ist. Das Leben des Menschen wird als Schuld angesehen, die mit dem Tode bezahlt wird (HA).

404,6 f. *»beloved ones«:* stammt wahrscheinlich aus englischen Erbauungsschriften, aber war auch ganz allgemein die Anrede der Gemeinde. Dem Ausdruck entspricht im Deutschen »im Herrn Geliebte«, »geliebte Gesinnungsgenossen«. Susanna v. Klettenberg verwendet in ihrem Briefwechsel zuweilen religiöse Formeln auf englisch (s. »Die schöne Seele«, hrsg. von Heinrich Funck, Leipzig: Insel Verlag, 1911, S. 241, 244).

404,14 *Gebetserhörungen:* spielten eine wichtige Rolle im Pietismus. In Lavaters Tagebuch heißt es am 24. 6. 1774: »Eine Weile bei Klettenberg: allein – und mit Goethe. Ein herrlicher Abend von Gebetserhörungen« (»Schriften der Goethe-Gesellschaft«, Bd. 16, Weimar: Verlag der Goethe-Gesellschaft, 1901, S. 282).

404,37 f. *Hallischen Bekehrungssystem:* Klettenberg folgte wirklich zu dieser Zeit dem Bekehrungssystem der Hallischen Pietisten (J. J. Spener, A. H. Francke). Dieses System bestand aus drei Stufen: 1. Weltleben, 2. Erkenntnis der Sündenverfallenheit, Höllenangst, 3. Bekehrung: innere Erleuchtung und Seelenglück.

407,29 f. *Ein Mann ... angekauft:* Als Modell gilt Friedrich Karl v. Moser, der 1751 als hessen-homburgischer Legationsrat nach Frankfurt kam.

407,35 *Philo:* griech. φιλῶ ›ich liebe‹, s. S. 583,31.

408,4 *der »Stillen im Lande«:* Quietisten (von lat. quietus ›ruhig, still‹), Anhänger einer vor allem im 17. und 18. Jahrhundert in Europa lebendigen Frömmigkeitsrichtung, die durch ein willen- und affektloses Sichergeben in Gottes Willen eine mystische Einigung mit Gott erstrebten.

409,6 *Agathon:* Anspielung auf Wielands Roman »Geschichte des Agathon« (1766/67, 3. Fassung 1794). Der Held des Romans wächst auf in der Umgebung des Delphischen Priestertums, das allgemein als »sittenrein« galt (HA VII,641). Aber Agathon ist dort der Verführung durch den homoerotischen Priester Theogiton und die leicht bejahrte Oberpriesterin Pythia ausgesetzt. Er entgeht ihren Verführungskünsten aufgrund seiner Jugend und Unschuld. Der Zufall bewahrt ihn vor der Verführung durch die eigene Sinnlichkeit in seiner Liebe zu dem jungen Mädchen Psyche, die sich zum Ende des Romans als seine eigene Schwester herausstellt. Agathon und Psyche werden durch Intrige getrennt. Der Held erliegt der Verführung schließlich in Smyrna in den Armen der Hetäre Danae, die ebenso wie die Heldin der »Bekenntnisse« eine »schöne Seele« genannt wird. Den Lesern des 18. Jahrhunderts muß diese ironische Anspielung offensichtlich gewesen sein.

409,9 *genau:* »[...] ›genaue Freundschaft‹ u. dgl. wird erst nach ›genaue Bekanntschaft‹ gebildet sein [...]. Es kann dabei einseitig die Vorstellung in den Vordergrund treten, daß nichts zu viel ist« (PB).

409,22 f. *ein Girard, ein Cartouche, ein Damiens:* berüchtigte Verbrecher des 18. Jahrhunderts: der Jesuit Jean-Baptiste Girard war 1731 (wohl zu Unrecht) in einen

Sechstes Buch. Bekenntnisse einer schönen Seele 155

Skandalprozeß verwickelt wegen Verführung eines Beichtkindes; Louis Dominique Cartouche war der Anführer einer Räuberbande, der 1721 hingerichtet wurde; Robert François Damiens, der einen Attentatsversuch auf Ludwig XV. verübte, wurde 1757 hingerichtet.

410,4 *von dieser Krankheit:* von der Krankheit des Bösen.

410,5 f. *der große Arzt:* Gott, typisch pietistische Ausdrucksweise; s. August Langen: Der Wortschatz des deutschen Pietismus. 2. erg. Aufl. Tübingen: Niemeyer, 1968. S. 348.

410,11 f. *David ... erblickte:* s. 2. Sam. 11: David beging Ehebruch, als er Bathseba, die Frau Urias, im Bade gesehen hatte, und sandte ihren Mann Uria bei einer Schlacht in den sicheren Tod. Es handelt sich hier um eine biblische Anspielung auf die unterdrückte Sexualität, die die fromme Stiftsdame in ihrer Seele entdeckt (Beharriell, S. 47).

410,28 f. *die Lieder ... gedichtet hatte:* s. Psalm 51.

410,32 f. *um ein reines Herz flehte:* s. Psalm 51,12: »Schaffe in mir, Gott, ein rein Herz!«

410,34 f. *aus den symbolischen Büchern:* »In der theologischen Sprache aller Kirchen bedeutet Symbol zunächst das Bekenntnis, das in einer Kirche als verbindliche Formulierung des gemeinsam Geglaubten in Kraft steht. In diesem Sinne werden vorab die ökumenischen Bekenntnisse, weiter aber auch die Bekenntnisschriften der getrennten Kirchen Symbol genannt« (»Die Religion in Geschichte und Gegenwart«, Bd. 6, Tübingen: Mohr, 1962, Sp. 540).

411,2 *Was heißt ... zugehen?:* Fragen aus der Erklärung der Sakramente im Katechismus (HA).

413,26 *Oberhofprediger:* Als Modell gilt der Pfarrer Joh. Phil. Fresenius, der seit 1743 in Frankfurt wirkte.

413,35–37 *meine Seele ... schauen dürfte!:* Ähnlich heißt es in einem Brief von Susanna v. Klettenberg an Lavater aus dem Jahre 1774: »Sehen der Augen ist nichts, wann es nicht zum Gefühl im Herzen wird« (s. »Die schöne Seele«, hrsg. von Heinrich Funck, S. 259).

414,9 *herrnhutische Gemeinde:* eine aus dem Pietismus hervorgegangene religiöse Gemeinschaft innerhalb des Protestantismus, die in ihrer Gemeindeordnung die urchristliche Brüdergemeinschaft zu verwirklichen suchte. Sie geht teilweise auf die Böhmischen (Mährischen, engl. *Moravian*) Brüder zurück, teils auf den Grafen Nikolaus Ludwig von Zinzendorf. Nach dem Verlust der Religionsfreiheit in Böhmen (1620) siedelten sich Reste der Böhmischen Brüder als Flüchtlinge vor der Gegenreformation 1722 auf den Zinzendorfschen Besitzungen in der Oberlausitz (Sachsen) an. Ihre Kolonie nannten sie Herrnhut, daher die Bezeichnung herrnhutische Gemeinde oder Gemeine (auch Brüdergemeinde bzw. Brüdergemeine). Die Doppelform Gemeinde / Gemeine ist sowohl im Althochdeutschen als auch im Mittelhochdeutschen als Substantivbildung aus »gemein« belegt. Beide Formen gingen im Neuhochdeutschen in gleicher Bedeutung nebeneinander her, bis sich schließlich im 19. Jahrhundert »Gemeinde« in der Schriftsprache durchsetzte (s. DWb., IV, I/2, Sp. 3220 bis 3242). Die Böhmischen Brüder schlossen sich den Zinzendorfschen Hausversammlungen an, die nach Speners Vorbild als christliche Hausgemeinschaften, die über die engere Familie hinausgingen, durchgeführt wurden. Im Jahre 1727 nahmen sie ein Statut zur Gründung eines Verbandes brüderlicher Liebe und gegenseitiger Unterordnung an. Graf Zinzendorf wurde einer der »Vorsteher« der Gemeinde. Die Gemeinde war zunächst eine innerkirchliche Gemeinschaft, wie sie von Spener und dem Pietismus angestrebt wurden. Schließlich erfolgte eine Trennung von der lutherischen Landeskirche, doch wurde der Zusammenhang mit den protestantischen Kirchen bewahrt, indem sich die Herrnhutische Gemeinde 1748 zur Augsburgischen Konfession bekannte.

Die Herrnhutische Gemeinde stellte die individuelle Gemeinschaft mit Christus und die innere Erfahrung der eigenen Erlösung als das eigentlich Wesentliche der Religion heraus. Die Gemeindeordnung war auf die Förderung dieser Heilsgemeinschaft ausgerichtet. Ihre kirchliche Eigenheit war in dem als Bekenntnisbuch geltenden Gesangbuch der Gemeinde festgelegt. Solange Zinzendorf lebte, war er der Leiter der Herrnhutischen Gemeinde, die unter seiner Leitung eine ausgedehnte Missionstätigkeit in Holland, in der Schweiz, in Rußland, England und in Nordamerika entfaltete. Zinzendorf reiste 1737 nach London und 1741/42 nach Pennsylvanien. Aufgrund der Glaubensfreiheit in den englischen Kolonien in Nordamerika sah er dort eine große Zukunft für die in Bethlehem, nördlich von Philadelphia, gegründete Herrnhutische Gemeinde voraus. Siehe auch: S. 363,27; 415,34; 416,11–419,4; 432,31–433,19; 451,33–452,19; 554,24–35.

414,11 *Schriften des Grafen:* d. h. Schriften von Nikolaus Ludwig Graf von Zinzendorf.

414,16 *Ebersdorfer Gesangbuch:* eine 1742 erschienene Sammlung pietistischer Lieder, die von Friedrich Christoph Steinhofer für die Gemeinde Ebersdorf in der Oberlausitz zusammengestellt wurde. Am 8. 9. 1768 schreibt Goethe an E. Th. Langer: »Das Ebersdorfer Gesangbuch ist bei dieser Gemeine in großem Ansehen, meine Mutter weiß sogar, daß es Herrnhuter Lieder sind.«

415,37 *Beichtvater:* Die Beichte war keineswegs durch Luther abgeschafft worden und im Protestantismus des 18. Jahrhunderts durchaus noch üblich. Erst später wurde sie durch die sog. »allgemeine Beichte« ersetzt, aber im 18. Jahrhundert bestand noch die »Privatbeichte« (HA).

416,6 *Kavalier:* Als Modell gilt Gottschalk Friedrich v. Bülow, der zu den Herrnhutern übergetreten war und in Frankfurt ein Konventikel errichtete.

416,20 *Approbation:* Billigung, Genehmigung.

416,25 *brouilliert:* mit jemand entzweit, mit ihm überworfen sein.

417,5 *herrnhutische Bilder:* Es ist anzunehmen, daß es sich dabei entweder um Bilder hervorragender Mitglieder der Gemeinde oder Darstellungen ihres Gemeindelebens bzw. ihrer Missionstätigkeit handelt.
419,14 *auf des Oheims Schloß:* Das Schloß des Oheims wird Schauplatz der Handlung in Buch VIII.
420,7 *Kopulation:* Trauung, Verbindung.
420,14 f.: *die Baumeister ... entsprungen:* s. Anm. zu S. 177,4 über die Konditoren als Künstler.
421,12–15 *war das Schloß ... bewirtet haben:* Die Beobachtung, die hier über die Größe des Schlosses gemacht wird, erweist sich als folgenreich für die Handlung in Buch VIII, in dem sich fast alle Personen des Romans auf dem Schloß einfinden und einige die Zimmer miteinander teilen müssen (s. S. 627,30 ff.). Diese Zimmerverteilung wird besonders für den Harfner und Wilhelm bedeutsam.
421,31 f. *das Eine, was not ist:* s. Lukas 10,42: »Eines aber ist not. Maria hat das gute Teil erwählet, das soll nicht von ihr genommen werden.« Vgl. auch S. 423,12 f.
422,24 *Advokat des bösen Geistes:* lat. advocatus diaboli, hat bei einer Heiligsprechung die Aufgabe, alles anzuführen, was dagegen spricht.
422,28–34 *Beschämen Sie ... suchen:* Auch Fräulein von Klettenberg empfahl Goethe, sich nicht der christlichen Ausdrucksweise zu bedienen. Goethe berichtet: »Wenn ich mich [...] als einen Auswärtigen, Fremden, sogar als einen Heiden gab, war ihr dieses nicht zuwider, vielmehr versicherte sie mir, daß ich ihr so lieber sei als früher, da ich mich der christlichen Terminologie bedient, deren Anwendung mir nie recht habe glücken wollen [...]« (DuW, Buch XV).
423,2–12 *Das ganze Weltwesen ... dargestellt haben:* In diesen Sätzen kommt das Bildungsideal des Oheims zum Ausdruck.
423,20 f. *Kondeszendenz:* Herablassung, Nachgiebigkeit, Angleichung an den Standpunkt eines Gesprächspartners, wie es der Oheim gern zu tun pflegte (s. S. 401,11 ff.).

425,25 *Danaiden ... Sisyphus:* Die Danaiden ermordeten in der Brautnacht ihre Freier. Zur Sühne mußten sie in der Unterwelt Wasser in ein durchlöchertes Faß schöpfen. Sisyphus mußte für seinen ruchlosen Lebenswandel büßen, indem er in der Unterwelt einen Felsblock auf eine Anhöhe wälzen mußte. Wenn der Stein den höchsten Punkt erreicht hatte, rollte er wieder hinunter und Sisyphus mußte von neuem beginnen.

427,23 *Penaten:* altrömische Hausgötter.

428,20 f. *ein Chor ... Instruments:* Goethe berichtet von seinem zweiten römischen Aufenthalt am 22. 3. 1788: »Die Kapellmusik [ital. a cappella ›für Singstimmen allein, ohne Instrumentalbegleitung‹] ist undenkbar schön« (FA).

428,33 f. *das ... Chor:* »Chor ist ursprünglich M., wird aber daneben als N. gebraucht« (PB).

433,4 *Einer ihrer Bischöfe:* Als Modell gilt Friedrich Wenzel Neißer, der zu Fräulein von Klettenbergs herrnhutischem Bekanntschaftskreis gehörte.

433,12 *Herrn von L*:* Als Modell dieser Figur gilt Johannes Lorez, früher Offizier in holländischen Diensten, der ebenfalls zu Klettenbergs herrnhutischem Verkehr gehörte.

433,17 *die Hand küssen:* Die Sitte des Handkusses wurde 1769 bei den Herrnhutern abgeschafft (BA).

433,18 *Reise nach Holland:* Klettenberg hatte ebenfalls eine Reise nach Holland geplant, wo es auch zahlreiche pietistische Gemeinden gab. Holland war damals das Vermittlungsland aller mystischen Strömungen des Kontinents (s. Wieser, »Der sentimentale Mensch«). Klettenberg aber gab ihre Pläne auf (s. Briefe an Neißer vom 14. 8. 1767 sowie 16. 3. 1769): »Die holländische Reise war bei mir kein Scherz, was mich aber verhindert hat nach Marieborn zu kommen, stunde mir auch hier im Weg, ich bin des Herrn Magd, mir geschehe, wie Er will« (s. »Die schöne Seele«, S. 239).

433,34–434,4 *Es war ... Ich bin:* Nach Walzel zeigt sich hier der Einfluß von Emanuel Swedenborg (1688–1772), dem schwedischen Mystiker und Theosophen.

Siehe: L. Weiss: Goethe und Swedenborg. In: GJb. 3 (1882) S. 349–351. – Waldo C. Peebles: Swedenborg's Influence upon Goethe. In: GR 8 (1933) S. 147–156.

434,7 *der Arzt:* Als Modell gilt Dr. Johann Friedrich Metz, ebenfalls aus dem Bekanntenkreis der Klettenberg.

434,25 *Spezereien:* Gewürze und gewürzähnliche Produkte, wie z. B. Heilmittel, die der Pflanzenwelt entstammen.

435,3 *Knaben:* Friedrich, s. Buch II ff.

435,8 f. *besonders ... Stande:* Das Stiftsfräulein spricht hier die Ansicht aus, daß die Lebenserwartungen eines Kindes aus dem Adel beschränkt waren im 18. Jahrhundert. An welche Gefahren dabei zu denken sei, wird nicht ausgesprochen, aber aus dem Zusammenhang läßt sich auch auf moralische Gefahren schließen, denen der Oheim mit seinen Erziehungsplänen zu begegnen suchte. Da sich die demographische Erforschung des 18. Jahrhunderts noch in ihren Anfängen befindet, läßt sich die vorgetragene Ansicht des Stiftsfräuleins schwer beweisen oder widerlegen. Für Frankreich sind zum Beispiel für die vierziger und siebziger Jahre des 18. Jahrhunderts erhöhte Sterblichkeitsziffern belegt. Dagegen ist für die Kindersterblichkeit im 18. Jahrhundert für Frankreich ein Rückgang von 280 auf 240 pro Tausend nachgewiesen worden (heute 20 pro Tausend).

Siehe dazu: John McManners: Death and the Enlightenment. Changing Attitudes to Death among Christians and Unbelievers in Eighteenth-Century France. London: Oxford University Press, 1982.

Die Philosophen der französischen Aufklärung benutzten das Argument der angeblich ansteigenden Kindersterblichkeit, um Kritik an der absolutistischen Regierung zu üben. Auf ähnliche Weise scheint das Stiftsfräulein aus moralischen Gründen dieses Argument zu verwenden.

435,29 *Der älteste Sohn:* Lothario.

436,1 f. *deutsches Schloß:* ein sog. Radschloß, in dem aus

einem Stück Schwefelkies durch Reibung Funken springen und das Zündkraut entzünden (FA).
436,5 *Die älteste Tochter:* die schöne Amazone, Natalie, die später den Ehrennamen der »schönen Seele« erhält (s. S. 637,21–27).
436,27 *angeboren:* verwandt.
436,37 *Schwester:* die Gräfin, s. III,12.
437,36 f. *einen französischen Geistlichen:* der Abbé der »Lehrjahre« und der »Wanderjahre« (s. I,17; II,9; VII,1). Im 18. Jahrhundert hatte ein französischer Abbé die Freiheiten eines Weltgeistlichen. Er durfte am Hofe leben und in den Salons erscheinen, ferner sich der Jugenderziehung, Finanzverwaltung und Schriftstellerei widmen (BA).
438,19 f. *dem unsichtbaren ... Freunde:* Metapher für Christus. Als unsichtbarer Freund erscheint Christus auch in den Aufsätzen der Klettenberg (FA).
439,7–11 *Ich erinnere mich ... von Reue:* Siehe dazu Schiller: »Mit einer Leichtigkeit, als wenn bloß der Instinkt aus ihr handelte, übt sie der Menschheit peinlichste Pflichten aus [...]« (»Über Anmut und Würde«, 1793).

Siebentes Buch

Der Ton der letzten beiden Bücher ist so verschieden von den ersten fünf, schreibt Hans Reiss, »daß man von einem Bruch in der Gesamtkonzeption gesprochen hat. Ein genaueres Studium [ergibt] die Art der Einwirkung des sechsten auf die späteren Bücher und die Verflechtung aller miteinander [...]. [Aber] man muß tiefer schürfen, um mehr als nur äußere Zusammenhänge zu ergründen, wie sie sich durch die Verwandtschaft der schönen Seele mit Lothario und Natalie und dem Grafen ergeben oder aus thematischen Gründen vorhanden sind. Dann erst bestätigt sich die Wahrheit jener Einsicht Schillers und Friedrich Schlegels, daß die letzten zwei Bücher die Auflösung des Geschehens und ein Zusammenziehen vieler Fäden sind« (S. 80).

Erstes Kapitel

441,29 *Kunstwerk:* »Leicht befremdend ist [...] der Umstand, daß die geplante Rede als ›pathetisch‹ [S. 443,17] und ›Kunstwerk‹ bezeichnet wird und der Gegner in günstigem Licht erscheint. Was sollen wir aber nun dazu sagen, wenn eine Liebesgeschichte Lotharios nach der andern zur Sprache kommt, wenn wir ihn in der Gesellschaft der unangenehmen hysterischen Lydie finden und zusehen, wie er diese Person mit der fühlbarsten Gleichgültigkeit behandelt, wie er dennoch immer der ›treffliche‹, ›tüchtige‹, ›edle‹ Lothario heißt und wie derselbe Mann in seiner kühn entschlossenen Tätigkeit, in seinem Sinn für Hier und Jetzt sowohl die Achtung vieler schätzenswerter Gestalten des Romans wie sichtlich auch des Erzählers genießt, wie er, der ›Schuldige‹, ferner Aureliens Tod nur mit wenigen Worten berührt und endlich Wilhelm sich herbeiläßt, Lydie gröblich zu betrügen und aus dem Hause zu entfernen? Goethe hält es nicht für nötig, eine Erklärung abzugeben. Er macht sich ein Vergnügen daraus, auf einmal mit anderen Maßen zu messen« (Staiger II,146).

443,3 *ein wohlgebildeter Mann:* Man hat in der Gestalt Lotharios Züge des Herzogs Carl August erkannt (s. Staiger II,146; Hering, »Wilhelm Meister und Faust«, S. 146). Die jüngste Forschung hat auf die Verführerfigur Lothario in dem klassizistischen Trauerspiel »The Fair Penitent« (Die schöne Büßerin, 1703) von Nicholas Rowe (1674–1718) hingewiesen. Seit dem 18. Jahrhundert wird der Name Lothario im Englischen als Synonym für Verführer oder Libertin verwendet. Goethe mag entweder durch den Roman »The Vicar of Wakefield« (1766) von Oliver Goldsmith (1728–74) oder durch den Roman »Clarissa« (1748–59) von Samuel Richardson (1689–1761) mit dem Drama von Nicholas Rowe bekannt geworden sein. In beiden Romanen wird es erwähnt; im »Vicar of Wakefield« kommt es sogar zu einer Diskussion über

Shakespeare und Nicolas Rowe, die als Vorbild auf die »Lehrjahre« gewirkt haben mag, sowie zu einer Aufführung von »The Fair Penitent«.
Siehe: Jane K. Brown: Wilhelm Meister's Theatrical Mission. In: Goethe's Narrative Fiction. Hrsg. von William J. Lillyman. Berlin: de Gruyter, 1983.

444,19–24 *Er betrachtete ... Wellen:* Nach Creizenach ist der unglückliche Vater der Kapitän Pierce, dessen Schiff 1786 strandete. Er hatte seine beiden Töchter, zwei Nichten und noch andere Frauen an Bord. Da er sie nicht retten konnte, entschloß er sich, mit ihnen zu sterben. Kupferstiche von Smirke (1786) und von Northcote (1787) stellten das Ereignis dar (JA).

444,30 *Sonderbare Traumbilder:* Traum als Rückschau und Vorausdeutung (siehe Wilhelms ersten Traum in I,12, S. 42,29 ff.). Der Traum in Buch VII bringt den Leser nach der Unterbrechung durch Buch VI wieder mit den Gestalten des Romans in Verbindung. Raum und Zeit sind aufgehoben: alle Romangestalten seit dem Erzählbeginn erscheinen vereint an einem Ort. Zugleich wird Wilhelms Zukunft in den letzten Sätzen sehnsüchtig vorweggenommen: *aber die Hand der Amazone hielt ihn zurück. Wie gern ließ er sich halten!* (S. 446,8 f.).
Siehe: Riemann. S. 15; 24. – Hass. S. 194.

Zweites Kapitel

446,18–26 *wem es ... billig schätzt:* Der Bildungsgedanke wird wieder aufgenommen (s. auch S. 441,8 ff.).

446,19 *Operationen:* Unternehmen, Verfahren, Handlungen.

448,30 *Es ist doch ... sonderbar:* Jarnos Worte sind ein Kommentar zur Ironie des Schicksals, die im Roman wirksam ist: Wilhelm tritt in den Bereich der Turmgesellschaft zu dem Zeitpunkt, da sie ihn in ihren Kreis aufnehmen will (HA).

Drittes Kapitel

450,3–452,12 *Veränderungen ... Herrnhut:* erstes Reformgespräch über die Aufhebung der traditionellen Feudalverhältnisse. Das Gespräch spiegelt die sozialreformerischen Pläne des Adelskreises um Lothario wider. Lothario ist entschlossen, einen Teil seiner adligen Besitzprivilegien im Rahmen der gesellschaftlichen und ökonomischen Veränderungen aufzugeben. Vgl. auch die weiteren Reformgespräche auf S. 531,24–532,37 und 590,12 bis 591,31.
Siehe dazu Rolf-Peter Janz: Zum sozialen Gehalt der Lehrjahre. In: Literaturwissenschaft und Geschichtsphilosophie. Festschrift für Wilhelm Emrich. Hrsg. von Helmut Arntzen. Berlin: de Gruyter, 1975. S. 320–340. – Karl-Heinz Hahn: Adel und Bürgertum im Spiegel Goethescher Dichtungen zwischen 1790 und 1810 unter bes. Berücksichtigung von Wilhelm Meisters Lehrjahren. In: Goethe 95 (1978) S. 150–162. – Hans R. Vaget: Liebe und Grundeigentum in Wilhelm Meisters Lehrjahren. In: Legitimationskrisen des deutschen Adels 1200 bis 1900. Hrsg. von Peter U. Hohendahl. Stuttgart: Metzler, 1979. S. 137–157. – Karl-Heinz Hahn: Zeitgeschichte in Goethes Roman Wilhelm Meisters Lehrjahre. In: Deutsche Klassik und Revolution: Texte eines literaturwissenschaftlichen Kolloquiums. Hrsg. von Paolo Chiarini und Walter Dietze. Rom: Ateneo, 1981. S. 169–194.
450,12 *strack:* gerade, straff.
450,29 *Interessen:* Zinsen.
451,8 *Amerika:* Motiv wird wieder aufgenommen, s. S. 273,1 ff.; 590,18 ff.
451,33 *Schwager:* der Graf, der sich den Herrnhutern angeschlossen hat (s. S. 194,29 ff.). Zur Gemeinde der Herrnhuter s. Anm. zu S. 414,9.
453,21 *in Gesellschaft von Zigeunern:* Anspielung auf Wilhelm Meisters Bohemeleben.
453,23–455,7 *Ich bin ... die Ihrigen:* theoretisierendes Gespräch über das Theater.

Viertes Kapitel

455,31 f. *Mitteilung des interessanten Manuskripts:* Gemeint sind die »Bekenntnisse« (Buch VI).

456,33 *Gespenster:* Gemeint sind Mignon und Felix.

458,13–36 *Lydie ... Abenteuer:* Die Entführung gehört zu den typischen Motiven des Romans im 18. Jahrhundert (s. Samuel Richardson, »Pamela«, 1740, »Clarissa«, 1748; Johann Timotheus Hermes, »Sophiens Reise von Memel nach Sachsen«, 1770–72; Sopie von La Roche, »Geschichte des Fräuleins von Sternheim«, 1771; Friedrich Nicolai, »Das Leben und die Meinungen des Herrn Magisters Sebaldus Nothanker«, 1773 f.; Wieland, »Agathon«, 1766/67, 3. Fassung 1794). Christian F. Gellert spielt auf diese Lesererwartung an, wenn er seine schwedische Gräfin von G*** sagen läßt: »Meine Leser, die viel Romane [...] gelesen haben, werden mit dieser Nachricht gar nicht zufrieden sein. Hätte mich nicht einer von den jungen Herren, die mich begleiteten, entführen [...] können? Ich war ja schön, und wie die Leute sagten, recht sehr schön; und ich bin auf einem so weiten Wege nicht ein einzig Mal entführt worden? Ist dieses wohl glaublich?« (»Leben der schwedischen Gräfin von G***«, 1747/48).

458,25 *Gerichtshalter:* der vom Gerichtsherrn, meistens einem adligen Lehnsherrn, mit der Verwaltung der Gerichtsbarkeit beauftragte Rechtsgelehrte (DWb., Bd. 4,I,2, Sp. 3662).

459,28 *Fräulein Theresen:* Sie wird im Gegensatz zu Natalie als *wahre Amazone* bezeichnet. Wilhelm findet sie *himmelweit* von Natalie *unterschieden* (S. 462,6 f.).
Auch Therese tritt in Männerkleidung auf, aber bei ihrer Stellung als Guts- und Forstverwalterin erweist sich die Männerkleidung als praktisch und berufsbedingt. Sie will nicht scheinen, wie die Menschen auf dem Theater, sondern nur für das gelten, was sie wirklich ist. Therese hat eine starke Abneigung gegen das Theaterspiel und Maske-

raden, die sich auch auf Wilhelm überträgt, so daß er schließlich keine Freude mehr findet an der Illusion der Bühnenwelt, bzw. den Schein der Bühnenwelt zu durchschauen beginnt.

Thereses Interessen sind die Haushaltung und *ökonomische Gegenstände*. In der gemeinschaftlichen Kindererziehung mit Natalie beaufsichtigt Therese die *dienstfertigen Haushälterinnen*, während die »schöne Seele« diejenigen übernimmt, *an denen sich ein [...] feineres Talent zeigt* (S. 480,7 ff.). Wie Jarno sagt: *Therese dressiert ihre Zöglinge, Natalie bildet sie* (S. 557,31 f.). Thereses Lebensbereich spiegelt ihren Charakter wider. Ihr Haus ist *äußerst reinlich und ordentlich* (S. 462,4). In ihrem kleinen Garten kann sich Wilhelm kaum herumdrehen, *so eng waren die Wege, und so reichlich war alles bepflanzt. Er mußte lächeln, als er über den Hof zurückkehrte, denn da lag das Brennholz so akkurat gesägt, gespalten und geschränkt, als wenn es ein Teil des Gebäudes wäre und immer so liegen bleiben sollte. Rein standen alle Gefäße an ihren Plätzen* (S. 465,28 ff.).

Die Schlüsselwörter für Therese sind Einsicht, Ordnung, Zucht, Befehl. Jarno geht so weit, daß er ihr die christlichen Grundtugenden abspricht: *Statt des Glaubens [...] hat sie die Einsicht, statt der Liebe die Beharrlichkeit, und statt der Hoffnung das Zutrauen* (S. 557,34 ff.). Therese gesteht, daß es für sie *nichts Höheres in der Welt* [gibt] *als Klarheit und Klugheit* (S. 558,2 f.). Neidlos erkennt sie die Überlegenheit der »schönen Seele« in der aufsteigenden Reihe der weiblichen Personen des Romans an. Natalie stellt die Verbindung von Thereses aktivem Leben und dem kontemplativen Leben der »schönen Seele« der »Bekenntnisse« dar, bzw. die Verbindung der Schönheit der Gräfin mit Thereses praktischem Handeln.

459,31 *artige Hermaphroditen:* hübsche Zwitterwesen. Ironische Anspielung auf die männliche Kleidung der schönen Amazone und der Therese. Zum Androgynenproblem s. Anm. zu S. 91,21 f.

Fünftes Kapitel

464,34 *Podagra:* Fußgicht.
465,32 *geschränkt:* kreuzweise übereinander gelegt.

Sechstes Kapitel

467,22 f. *die Geschichte eines deutschen Mädchens:* Therese sieht sich als deutsches Mädchen im Gegensatz zu ihrer Mutter, die das südliche Frankreich bereist und sich Frau von Saint Alban nennt.

467,24–479,19 *Mein Vater ... gesehen:* »Was Therese von ihrem Lebenslauf berichtet, ist im Grunde ein Gegenbild zu den ›Bekenntnissen‹ der Stiftsdame. Sosehr das Wesen der beiden entgegengesetzt ist, so handelt es sich doch in beiden Fällen um die Geschichte einer Selbstbildung, das heißt des unbedingten Durchsetzens des eigenen Wesens. Insgesamt werden Wilhelm durch Therese Lebensvorstellungen und Lebenslehren vorgeführt, die dem absoluten Streben Wilhelms ganz entgegengesetzt sind [...]« (Hass, S. 196).

468,24–469,13 *sie fing an ... zurückließen:* Wilhelm wird noch einmal mit dem Problem des Scheins der Theaterwelt konfrontiert (s. Hass, S. 196).

470,22 *nach dem südlichen Frankreich:* entfernte Anspielung auf Moritz August v. Thümmels Roman »Reise in die mittäglichen Provinzen von Frankreich«. Leipzig: Göschen, 1791–1805, ist nicht unmöglich (mittäglich = südlich).

470,31–33 *von einem Schlagflusse ... benahm:* Goethe beschreibt hier einen Fall von Aphasie (Verlust des Sprechvermögens infolge von Gehirnstörung) mit rechtsseitiger Lähmung.
Siehe: M. Jastrowitz: Historische Notiz über Aphasie. In: GJb. 16 (1895) S. 192 f.

472,3 *Unterschleif:* Handlung, bei der man etwas widerrechtlich zurückhält.

473,2–474,15 *über die Frauen ... wohl ansteht:* Lotharios Ansichten über die Frauenbildung wurden von den Romantikern, insbesondere Friedrich Schlegel und Schleiermacher, kritisiert.

473,19 *politisch:* im 18. Jahrhundert meistens noch im Sinne von ›weltklug‹. »Im gemeinen Leben wird es oft auch bloß für ›klug‹ gehört« (Campe).

476,1 *sekundierte:* sekundieren: »helfen, unterstützen, Beistand leisten« (Campe).

477,35 f. *haushältischen:* haushältig: »den Haushalt verstehend, die nötigen Einsichten und Fertigkeiten besitzend, einem Hauswesen gehörig vorzustehen und dabei besonders weise Sparsamkeit zu beobachten, [...] sparsam« (Campe II).

482,20 f. *Freigut:* »ein freies Landgut [...] welches niemanden mit Lehnspflicht zugetan ist« (Adelung).

482,21 *ein artiges Kapital:* ein Kapital, das angenehm empfunden wird zur Unterstützung des Lebensunterhalts.

483,1–22 *über Heiraten ... Hand geben:* theoretisierendes Gespräch über die Mißheirat oder Mesalliance, typisch für den Roman des 18. Jahrhunderts (s. Gellerts »Das Leben der schwedischen Gräfin von G***«, Sophie v. la Roches »Geschichte des Fräuleins von Sternheim«, J. T. Hermes' »Sophiens Reise von Memel nach Sachsen«, J. C. Wezels »Hermann und Ulrike«, 1780). Schiller am 5. 7. 1796 an Goethe: »Manchem wird es wunderbar vorkommen, daß ein Roman, der so gar nichts ›Sansculottisches‹ [Sansculotte: in der Französischen Revolution Spottname für die proletarischen Revolutionäre, weil sie keine Culotten (Kniehosen) wie die höheren Stände, sondern Pantalons (lange Hosen) trugen (sans-culotte ›ohne Kniehose‹). Goethe schrieb einen Aufsatz »Literarischer Sansculottismus«] hat, vielmehr an manchen Stellen der Aristokratie das Wort zu reden scheint, mit drei Heuraten endigt, die alle drei Mißheuraten sind.« Vgl. auch S. 182,7 ff., s. S. 532,23 ff.; 557,3 ff.

Siebentes Buch. Siebentes und Achtes Kapitel 169

483,35 *Exekution:* Ausführung, Vollziehung, Vollstreckung.

484,3 *dem großen Turm:* Vorausdeutung auf den »Turm« (s. Kap. 9, S. 516,18 ff.).

Siebentes Kapitel

485,8 f. *Fühlbarkeit:* wie auch schon im »Werther« im Sinne von ›Feingefühl, Sensibilität‹.

485,16–488,10 *Zu einer andern Zeit ... gewirkt hätte:* ähnlich in den »Wanderjahren« (I,11) Lenardos Besuch im Pächterhaus (»Das nußbraune Mädchen«).

485,21 *mürber:* matter; Adjektiv, »welches diejenige Eigenschaft fester Körper bezeichnet, da ihre Teile bei einer sehr geringen Gewalt leicht ihren Zusammenhang verlieren« (Adelung).

487,29 *Muhme:* gewöhnlich ›Tante, ältere weibliche Verwandte‹, hier aber: jüngere weibliche Verwandte, Nichte (mhd. muome ›weibliche Seitenverwandte‹).

489,35–37 *Aber bei dem Grabe ... annehmen?:* Wilhelms »sittliche Sendung [wird] vollends in ein ironisches Licht [gerückt]: Er tadelt Lothario, daß er sich nicht einmal des Sohnes annehme, den Aurelie ihm geboren habe. Felix aber ist Marianes und sein eigener, Wilhelms, Sohn. Eine gründlichere Lektion könnte das Schicksal ihm nicht erteilen« (Staiger II,148).

490,16 *Verlassenschaft:* »was man bei seinem Tode an zeitlichen Gütern verläßt oder hinterläßt, die Hinterlassenschaft, der Nachlaß« (Adelung).

Achtes Kapitel

494,2 f. *die alte Barbara:* Nach Walzel wird das späte Wiedererkennen Barbaras durch die Mitteilungen S. 262,26 ff.; 293,27 ff.; 490,24 ff. motiviert (FA).

494,2–18 *Barbara ... Knie:* »Hat Wilhelm bisher auf der Bühne nur täuschenden Schein erfahren, so findet er jetzt

bei seiner Rückkehr auf der Bühne nur wirkliche Lebensgestalten vor: die alte Barbara, [...] Mignon und Felix. Der Schauplatz des Scheins [...] wird nun für Wilhelm zur Szene seines wirklichen Lebens« (Hass, S. 197).
498,13 *Sibylle! Furie!:* in der Antike: Sibylle = weissagende Frau, Furie = Rachegöttin. Hier mehr in der Bedeutung ›altes nachträgerisches Weib‹, vgl. auch S. 35,17.
500,26 *disponieren:* verfügen.
509,12 *selbstischen:* egoistischen.
512,14 f. *Die Vernunft ... besser:* Mignon ist ganz Herz und Gefühl und wendet sich gegen die Vernunft.
512,32 *betriegen:* ältere Form von ›betrügen‹. Im Mittelhochdeutschen heißt es noch ›betriegen‹. Die Umbildung zu ›betrügen‹ erfolgt nach dem Vorbild von ›lügen‹ (mhd. liegen).
513,7–10 *Selbst als Zuschauer ... mehr:* Wilhelm hat die Entwicklungsstufe erreicht, die für Therese charakteristisch ist. Sie schaut durch die Illusion des Theaterspiels hindurch, und auch Wilhelm wird jetzt nicht mehr durch den Schein des Theaters getäuscht.
514,23–26 *Ich verlasse ... führen muß:* Wilhelms letzter Brief über das Theater. Den ersten Brief schrieb er an Mariane und entwarf ihre gemeinsame Zukunft auf dem Theater (I,16). Der zweite Brief ist der Bildungsbrief an Werner, in dem er dem Jugendfreund darlegt, daß er als Bürger nur auf dem Theater die ersehnte »harmonische Ausbildung seiner Natur« finden könne (V,3). Mit diesem letzten Brief nimmt Wilhelm nun endgültig Abschied vom Theater und wendet sich dem neuen Tätigkeitskreise zu. Hans-Egon Hass schreibt: »Der Erzähler macht uns deutlich, daß der Entschluß zum Verlassen des Theaters zugleich eine Absage an sein [Wilhelms] unbedingtes, nur auf die innere Bildung gerichtetes Streben darstellt: ›Er erkundigte sich nach seinem Vermögen, und es schien ihm nunmehr sonderbar, daß er so lange sich nicht darum bekümmert hatte. Er wußte nicht, daß es die Art aller der Menschen sei, denen an ihrer inneren Bildung viel gelegen

ist, daß sie die äußeren Verhältnisse ganz und gar vernachlässigen.‹ In der Tat finden wir denn nun Wilhelm bei diesem endgültigen Abschied vom Theater durchaus verwandelt: ›Er reiste fort mit einem ganz andern Sinn als das erste Mal‹ – nicht mehr durch einen Auftrag empfindsam bewegt, der im Widerspruch zur Wirklichkeit seines Reiseziels steht, sondern mit Gesinnungen, die in gleicher Weise der Sphäre seiner Herkunft wie der seines Reiseziels gemäß sind. Der Gutskauf, den Jarno und der Abbé zusammen mit einem Handelshaus, nämlich dem Werners, geplant haben, verbindet symbolisch Wilhelms Herkunft mit seiner neuen Gegenwart« (Hass, S. 198).

Neuntes Kapitel

515,16 *Kalkuls:* Berechnungen.
Anschläge: »Berechnung der Kosten und Einkünfte einer Sache, die Schätzung des Wertes oder der Kosten derselben« (Adelung).
516,5 *unsere Geheimnisse:* Das Motiv des Geheimbundes ist durchaus üblich im 18. Jahrhundert (s. Jean Paul, »Die unsichtbare Loge«, 1792; Mozart/Schikaneder, »Die Zauberflöte«, 1791; Schiller, »Der Geisterseher«, 1787). Hier macht sich der große Einfluß der Freimaurerei bemerkbar. Es entwickelt sich u. a. eine eigene Romanform, der sog. Geheimbundroman des ausgehenden 18. Jahrhunderts (s. z. B. Karl Grosse, »Der Genius«, 4 Tle., Halle a. d. S. 1791–95).
516,33 *Saal:* »Der Saal des Turms, in dem Wilhelm schließlich einzutreten gerufen wird, ist eine ehemalige Kapelle, also ein Sakralraum, der jedoch weltlich verwandelt ist, symbolisch für ein Menschenbild, das zwar nach den Maßen der religiösen Erhöhung des Menschen, aber nicht mehr nach den Inhalten der christlichen Lehre gebildet ist. So ist an die Stelle des Altars ein großer Tisch getreten, von dem Wilhelm dann, gleichsam an Stelle des

Sakraments, seinen Lehrbrief empfängt. Statt des Altarbildes befindet sich über dem Tisch eine Öffnung, durch die zu Wilhelm menschliche Erzieher als Lebende sprechen. Mit dem Strahl der aufgehenden Sonne tritt ein irdisch-kosmisches Symbol an die Stelle eines kirchlich religiösen Jenseitssymbols« (Hass, S. 199).
Goethe verwendet hier Zeremonien und Symbole des freimaurerischen Initiationsritus.

Siehe dazu: Woldemar Frh. von Biedermann: Goethe als Freimaurer. In: W. v. B.: Goethe-Forschungen. N. F. Leipzig: Biedermann, 1886, S. 296–302. – Veit Valentin: Goethes Freimaurerei in seinen nichtfreimaurerischen Dichtungen. Ein Beitrag zur Motiventwicklung bei Goethe. In: GJb. 22 (1901) S. 139–149. – Hugo Wernekke: Goethe und die königliche Kunst. Leipzig: Insel Verlag, 1905. – Gotthold Deile: Goethe als Freimaurer. Berlin: Mittler & Sohn, 1908. – Ferdinand Josef Schneider: Die Freimaurerei und ihr Einfluß auf die geistige Kultur am Ende des 18. Jahrhunderts. Prag: Taussig & Taussig, 1909. – Franz Carl Endres: Goethe und die Freimaurerei. Festschrift zur zweihundertjährigen Wiederkehr von Goethes Geburtstag. Basel: Verlag der Freimaurerloge Freundschaft und Beständigkeit, 1949. – August Horneffer: Goethe der Meister. Bielefeld: Verlag Humanitas, 1949. – Reinhart Koselleck: Kritik und Krise: Eine Studie zur Pathogenese der bürgerlichen Welt. Frankfurt a. M.: Suhrkamp, 1973. – Rosemarie Haas: Die Turmgesellschaft in Wilhelm Meisters Lehrjahren: Zur Geschichte des Geheimbundromans und der Romantheorie im 18. Jahrhundert. Bern / Frankfurt a. M.: Lang, 1975. (Regensburger Beiträge zur deutschen Sprach- und Literaturwissenschaft. Reihe B. Bd. 7.) – Peter Christian Lutz (Hrsg.): Geheime Gesellschaften. 2 Bde. Heidelberg: Lambert Schneider, 1979–80. (Wolfenbütteler Studien zur Aufklärung. Bd. 5, 1–2.)

Die erste Freimaurerloge konstituierte sich 1717 in London. In kurzer Zeit breitete sich die Freimaurerei dann auf dem Kontinent aus und entwickelte sich zu einer der bedeutendsten intellektuellen und gesellschaftlichen Bewegungen des 18. Jahrhunderts. Die erste Gesellschaft in Deutschland wurde 1737 gegründet. Als weltweite Humanitätsbewegung auf der Grundlage des Deismus fand die Freimaurerei unter den Intellektuellen des 18. Jahrhunderts viele Anhänger, wie z. B. Goethe, Herder, Lessing, Wieland (s. dazu Lessings »Ernst und Falk: Gespräche für Freimäurer«, 1778). Man erhoffte sich von der Freimaurerei die Verbreitung der Ideale der Aufklärung und politische Emanzipation des Bürgertums unter dem Schutz des vom absolutistischen Staate garantierten Geheimnisses.

Goethe wurde 1780 als Lehrling in die Loge Anna Amalia in Weimar aufgenommen und 1782 in den Meistergrad erhoben. Zwischen 1783 und 1808 war Goethe kein aktives Mitglied und äußerte sich kritisch über die Freimaurerei. Erst mit der Wiederbelebung der Weimarer Loge 1808 änderte sich seine negative Haltung. Es kann sich also in den »Lehrjahren« nicht um direkte Übernahme des Logenwesens handeln, sondern nur um eine bewußte Auswahl bestimmter Elemente, die in die Konzeption des Romans passen, wie z. B. die Aufnahme in die Turmgesellschaft (s. Haas, »Die Turmgesellschaft«, S. 21–28).

Als zusätzliches Vorbild ist der Geheimbundroman zu berücksichtigen, der durch Schillers »Geisterseher« (1786–89) literaturfähig gemacht worden war. Die Ursprünge dieser Gattung gehen auf den französischen Erziehungsroman zurück (François Fénelon, »Avantures de Télémaque«, 1699; Andrew Michael Ramsay, »Les Voyages de Cyrus«, 1727; Jean Terrason, »Séthos«, 1731). Als Haupttypen des Geheimbundromans gelten der Emissär, der den Helden als Schutzgeist begleitet und das Schicksal verkörpert, sowie die Bundestochter, deren Funktion darin besteht, den Helden dem Bund zuzuführen. In der Rolle des Kunstfreundes und des Landgeistlichen erfüllt der Abbé die Aufgabe des Emissärs, ebenso wie Jarno als Werbeoffizier und Shakespeare-Kenner und der Geist der Hamlet-Aufführung, der sich später auch als Abgesandter der Turmgesellschaft herausstellt. Sie sind die vier Emissäre der »Lehrjahre«. Die Funktion der Bundestochter wird von Natalie übernommen, die zahlreiche Züge dieser Figur aufweist. Aber hier handelt es sich ebenfalls nicht um direkte Übernahme, sondern auch um Distanzierung und Ironisierung des Vorbildes (s. Haas, »Die Turmgesellschaft«, S. 28–38).

517,20f. *Wo mag ... schmachten?:* ironische Rückverweisung auf I,17 und Vorausdeutung auf VIII,10. Siehe Anm. zu S. 69,23.

517,27–30 *Sonderbar! ... Zufall sein?:* Das Schicksal erscheint »durch die planvolle Lenkung der Turmgesellschaft gleichsam ersetzt und aufgehoben, [aber] in einer zweiten Ebene ist die Führung der Turmgesellschaft für Wilhelm [...] gerade eine Schicksalsfügung. Indem das Schicksal als Zufall erklärt wird, wird es entdämonisiert, rationalisiert, gleichsam ins Irdische geholt – indem vom Zusammenhang des Zufalls gesprochen wird, wird ein sinnvoller Zusammenhang alles Wirklichen, eine vernünftige Ordnung des Seins an die Stelle des Schicksals gesetzt, eine Ordnung, in der auch das menschliche Leben mit der Folge seiner Veränderungen seinen Beziehungsort hat. Wenn in der Schicht des realen Geschehnisverlaufs Wilhelms Weg zum ›Turm‹ tatsächlich vom ›Leben‹ und nicht vom ›Turm‹ bestimmt wurde, wenn andererseits aber dieser Weg durchaus an das Ziel des ›Turms‹ führt, so löst sich dieser Widerspruch in solcher Anschauung eines sinnbestimmten Zusammenhangs der Wirklichkeit auf. Die Gestalten, die zu Wilhelm im Turmsaal sprechen, führen ihm noch einmal die wesentlichen Irrtümer seines bisherigen Lebens vor« (Hass, S. 199f.).

519,15 *Lehrbrief:* Emil Staiger hat den Lehrbrief »ein Evangelium reinster Menschlichkeit« genannt, »das gereift ist in langer Erfahrung und einen bildungswilligen Geist wohl bis zum Tode beschäftigen könnte« (Staiger II,157). Der Anfang des Lehrbriefs ist eine wörtliche Übersetzung: »Vita brevis, ars longa, occasio praeceps, experientia fallax, iudicium difficile« (Hippokrates).

Siehe: Karl Deichgräber: Goethe und Hippokrates. In: Archiv für Geschichte der Medizin 29 (1937) S. 27–56.

Erzähltechnisch ist wichtig, daß der Leser den Inhalt des Lehrbriefs nur stückweise kennenlernt und nie den gesamten Inhalt erfährt. Zunächst wird der Lehrbrief so weit mitgeteilt, wie Wilhelm ihn liest (S. 519,16–520,8). Später liest Jarno einige Sätze daraus vor (S. 576,28–32; 577,30–37; 578,34–579,19; 579,22–25). Inzwischen erhebt sich bereits Wilhelms Unmut über *diese Phrasen* (S. 576,34) und *Sentenzen* (579,32).

Zur Turmgesellschaft siehe: Max Wundt: Goethes Wilhelm Meister. Berlin/Leipzig: Göschen, 1913, S. 252–267. – Robert Hering: Wilhelm Meister und Faust. Frankfurt a. M.: Schulte-Bulmke, 1952. S. 189–223. – Karl Schlechta: Goethes Wilhelm Meister. Frankfurt a. M.: Klostermann, 1953. S. 46–75. – Rosemarie Haas: Die Turmgesellschaft in Wilhelm Meisters Lehrjahren. Bern / Frankfurt a. M.: Lang, 1975.

Rosemarie Haas hat auf die Entwicklung der Turmgesellschaft vom Geheimbund zur ökonomischen *Sozietät* (S. 591,11) mit Assekuranz hingewiesen: »Wohlorganisiert, praktisch und geheimnislos, wie die idealen Gesellschaften Lessings, Wielands und Herders, so ist auch die Sozietät der ›Lehrjahre‹« (S. 76). Die Darstellung der Turmgesellschaft ist nicht rein utopisch, – sie stellt nicht nur eine »Insel« dar, wie Georg Lukács (»Werke«, Bd. 7, Neuwied 1964, S. 76) gemeint hat –, sondern nimmt auch Bezug auf zeitgeschichtliche Ereignisse. Die Freimaurergesellschaften in Deutschland befanden sich um 1780 in einer krisenhaften Entwicklung, die einerseits auf Mystizismus (Rosenkreuzer, Templerorden), andererseits auf politische Verschwörung (Illuminatenorden) hinauslief. In den »Lehrjahren« wird den Geheimgesellschaften durch das Beispiel der Turmgesellschaft eine praktische Funktion im Rahmen der Sozialreform und als Alternative zur Französischen Revolution zugewiesen.

Achtes Buch. Erstes Kapitel

522,15 f. *Bildung:* In dem Augenblick, da Wilhelm mit Gewißheit erfährt, daß Felix sein Sohn ist, sind seine *Lehrjahre* vorüber, und er wird losgesprochen von der Natur. Durch die Natur gelangt er zur Bildung: er fühlt jetzt *die Notwendigkeit, sich zu belehren, indem er zu lehren aufgefordert ward* durch die Wißbegierde seines Sohnes (s. auch S. 526,19 ff.).

522,32 f. *Der gute Mann ... vorwärtsgegangen zu sein:* Hierzu schrieb Schiller am 3. Juli 1796 an Goethe: »Gar sehr habe ich mich über Werners traurige Verwandlung gefreut. Ein solcher Philister konnte allenfalls durch die Jugend und durch seinen Umgang mit Wilhelm eine Zeitlang emporgetragen werden; sobald diese zwei Engel von ihm weichen, fällt er, wie recht und billig, der Materie anheim und muß endlich selber darüber erstaunen, wie weit er hinter seinem Freunde zurückgeblieben ist. Diese Figur ist auch deswegen so wohltätig für das Ganze, weil sie den Realism, zu welchem Sie den Helden des Romans zurückführen, erklärt und veredelt. Jetzt steht er in einer schönen menschlichen Mitte da, gleich weit von der *Phantasterei* und *Philisterhaftigkeit*, und indem Sie ihn von dem Hange zur ersten so glücklich heilen, haben Sie vor der letzern nicht weniger gewarnt.« (BA).

523,14 f. *du sollst mir ... erkaufen:* »Es entspricht dem ironischen Geist der Erzählung, daß gerade Werner den Bildungssinn des nutzlos-schlendernden Lebens, das Wilhelm geführt hat, feststellt« (Hass, S. 201). Es entspricht ferner der Ironie des Romans, daß Werners scherzhafte Bemerkung, die in seiner kaufmännisch-bürgerlichen Weltanschauung begründet ist, im Roman eine Erfüllung findet.

524,11 *L'hombre:* Kartenspiel mit französischen Karten ohne 8, 9, 10, in dem durch Reizen der Hombra (span. el hombre ›der Mensch‹) ermittelt wird, der gegen die anderen spielt.

Achtes Buch. Erstes Kapitel

525,21–27 *das Porträt ... Hosen:* Es muß sich um ein Bild von Wilhelm Meister im Shakespeare-Kostüm der Wandertruppe handeln, als er sich als Prinz Harry verkleidete. Die Kleidung erinnert an die Mode der Stürmer und Dränger.

525,29–32 *nur fehlt der Zopf ... von dir:* Gläubige Juden folgen nicht den Moden der Haartracht, sondern dem biblischen Gebot, das Haupthaar nicht zu scheren (s. auch Anm. zu S. 247,26 f.). Juden mußten bei Grenzübertritt Zoll zahlen, ferner Geleite für persönliche Sicherheit auf den Straßen. Siehe: H. G. Adler, »Die Juden in Deutschland«, München: Kösel, ²1961, S. 31: »Solange Mendelssohn lebte, mußte an jeder Grenze der rund 300 deutschen Staaten jeder Jude den Leib- oder Geleitzoll entrichten. 1776 hatte Mendelssohn in Dresden den Leibzoll in der Höhe der Taxe zu zahlen, die für die Einfuhr eines polnischen Stiers festgesetzt war.«

526,14 *Zugvogel:* s. Anm. zu S. 83,2. Das Zugvogelmotiv deutet hier an, »Wilhelm habe die Notwendigkeit der Selbstbeschränkung erkannt, bedeutet aber nicht, daß er das Leben nun ohne ideelle Regungen führen wolle. Es heißt nur, daß er sich nicht mehr wie ein Zugvogel ohne dauerndes Heim fühle und durchaus den Sinn der Selbstbeschränkung erkannt habe« (Reiss, S. 88).

527,21 *einige Tauben abgeschnitten:* einigen Tauben den Hals abgeschnitten.

529,16 *schauderhafte Empfindung:* Schauder erregende Empfindung.

530,1–27 *Wilhelm beschäftigte ... umgehen:* »[...] der neue Lebensirrtum Wilhelms, nämlich die Werbung um Theresen, zeigt die ironische Struktur des epischen Ablaufs. Wilhelm bittet Theresen um ihre Hand, ohne vorher den Rat des ›Turms‹, seiner neuen Freunde, einzuholen. Er geht hier einen falschen Weg, gerade weil er sich, nun des bisherigen Wirkens des ›Turms‹ bewußt, dessen Leitung wissentlich entzieht« (Hass, S. 201).

Zweites Kapitel

531,24–532,37 *Zu seinem Glücke ... zurücklegt:* theoretisierendes Gespräch über die Besteuerung des Grundbesitzes. Im zweiten Reformgespräch tritt Lothario zu Werner als typischem Vertreter des aufsteigenden Bürgertums in Beziehung. Die Verbindung von bürgerlichem Kapital und adligem Grundbesitz entspricht den Plänen des Reformadels, der durch die Turmgesellschaft repräsentiert wird. Siehe auch S. 450,3–452,12 und S. 590,12–591,31.

532,6 *Gleichheit:* Lothario spricht sich hier fortschrittlich gegen das mittelalterliche Lehnswesen und für die Umwandlung der Lehensgüter in freien Besitz aus, der verkäuflich und teilbar ist (HA).
Siehe: Wilhelm Mommsen: Die politischen Anschauungen Goethes. Stuttgart: Deutsche Verlagsanstalt, 1948. S. 265–267. Vgl. auch Literaturhinweise der Anm. zu S. 450,3–452,12.

532,15 f. *Lehns-Hokuspokus:* Förmlichkeiten und Gesetze, die die Verfügungsgewalt der adligen Grundbesitzer einengten (BA).

532,23–28 *Wie viel glücklicher ... verlegen sein:* Seinem Brief vom 5. 7. 1796 über das Thema der Mißheiraten (vgl. Anm. zu S. 483,1–22) fügte Schiller folgenden Absatz hinzu: »Da ich an der Entwicklung selbst nichts anders wünsche, als es ist, und doch den wahren Geist des Werkes auch in Kleinigkeiten und Zufälligkeiten nicht gerne verkannt sehe, so gebe ich Ihnen zu bedenken, ob der falschen Beurteilung nicht noch durch ein paar Worte ›in Lotharios Munde‹ zu begegnen wäre. Ich sage in Lotharios Munde, denn dieser ist der aristokratische Charakter. Er findet bei den Lesern aus seiner Klasse am meisten Glauben, bei ihm fällt die Mésalliance auch am stärksten auf; zugleich gäbe dies eine Gelegenheit, die nicht so oft vorkommt, Lotharios vollendeten Charakter zu zeigen. Ich meine auch nicht, daß dieses bei der Gelegenheit selbst geschehen sollte, auf welche der Leser es anzuwenden hat; desto besser vielmehr, wenn es unab-

Achtes Buch. Zweites und Drittes Kapitel 179

hängig von jeder Anwendung und nicht als Regel für einen einzelnen Fall, aus seiner Natur heraus gesprochen wird.« Daß Goethe diesen Rat befolgt hat, zeigt Goethes Aufzeichnung vom 9. 7. 1796: »Lothario kann bei Gelegenheit, da er von Aufhebung des Feudal-Systems spricht, etwas äußern, was auf die Heiraten am Schlusse eine freiere Aussicht gibt.«

533,9 *Billet:* hier: kurzer Brief, »den man an nahe Personen schreibt, bei welchen man die gewöhnliche Briefform nicht nötig zu haben glaubt« (Campe).

533,19 *Post:* öffentliches Transportmittel des 18. Jahrhunderts.

538,3 f. *das wohlbekannte ... Königssohn:* Motiv des Bildes vom kranken Königssohn, s. Anm. zu S. 69,23; vgl. S. 542,1.

539,34 *anständig:* in der Bedeutung von ›passend‹, d. h. zur Rolle als Engel passend.

540,26–541,6 *So laßt ... jung!:*
Interpretation: Storz. S. 112–114. – Staiger II,170 f.

Drittes Kapitel

542,4 *physikalisches Kabinett:* Sammlung mit physikalischen Apparaten.

542,19 *ein Bild:* Porträt der »schönen Seele« aus den »Bekenntnissen« im sechsten Buch.

542,31 *so viel Ähnlichkeit:* Die »schöne Seele« hatte auf die *Familienähnlichkeit* aufmerksam gemacht (s. S. 435,21).

546,10 *einer unbedingten Freiheit:* im ursprünglichen Sinne zu verstehen als eine durch nichts bedingte Freiheit. Siehe Goethes Notiz zu den »Lehrjahren«: »Wilhelm, der eine unbedingte Existenz führt, [...] bedingt sich solche immer mehr, eben weil er frei und ohne Rücksichten handelt.«

547,19 f. *Sie mag ... zu Hause sein:* Das Geheimnis von Mignons Herkunft findet seine Aufklärung im neunten Kapitel.

551,26 f. *die Schilderung ... macht:* s. »Bekenntnisse«, S. 436,5 ff.
554,24 *den abgeschiedenen Grafen:* Zinzendorf, der 1760 gestorben war, hatte nicht nur in Europa gewirkt, sondern auch zur Gründung von Brüdergemeinen in Amerika beigetragen. Siehe Anm. zu S. 414,9.

Viertes Kapitel

558,8 *das ... gutmütige Suchen:* ›gutmütig‹ hier im Sinne von »guten Mut, Zuversicht haben« (BA).
559,19 *Sagazität:* »eigentlich die ›Spürkraft‹, uneigentlich, der ›eindringende und erfinderische Verstand‹. Kant hat es durch ›Nachforschungsgabe‹ verdeutscht. ›Forschkraft‹ dürfte besser sein, weil es sowohl kürzer ist, als auch passender zu sein scheint« (Campe).
559,23 *künstlicher:* hier im Sinne von ›listiger‹, ähnlich S. 594,37.

Fünftes Kapitel

565,9 *dem Saale der Vergangenheit:* Nach Creizenach entspricht der Saal Goethes architektonischem Ideal (JA). Anregung zu dieser Darstellung waren wahrscheinlich altrömische Urnengewölbe, sog. Kolumbarien, die Goethe auf seiner Italienreise kennenlernte. Emil Staiger (II,158) führt als Vorbild die Gräber im Maffeianum zu Verona an. Riemann hat auf ein literarisches Vorbild hingewiesen: Theodor Gottlieb Hippels »Lebensläufe nach aufsteigender Linie«, T. 3, Bd. 1, Berlin 1781 (Riemann, S. 19 f.). Der »Sterbegraf« in Hippels »Lebensläufen« hat auf seinem Schloß einen Sterbesaal bauen lassen: »Zu beiden Seiten der großen Türe standen zwei Genien, deren jeder eine Fackel umgekehrt hatte und ins Kreuz auf eine Urne hielt. Zwei Sphinxe von beiden Seiten sahen zu. [...] Sodann allerlei Arten von Pyramiden, Mausoleen, Grabmälern, Urnen [...].« Aber der Graf fühlt sich im Gegensatz zum Oheim dem Memento mori verpflichtet. Wenn man den Saal betritt, so heißt es bei Hippel, so ist einem, als werde man daran ermahnt: »Mensch, du mußt sterben.« Es zeigt sich also, daß dieser »Sterbesaal« in Hippels »Lebensläufen« dem *Saal der Vergangenheit* diametral entgegengesetzt ist.

Siehe: Fritz Werner: Das Todesproblem in den Werken Theodor Gottlieb v. Hippels. Halle a. d. S.: Niemeyer, 1938. (Hermaea. 33.) S. 39–69. – Hannelore Schlaffer: Wilhelm Meister. Das Ende der Kunst und die Wiederkehr des Mythos. Stuttgart: Metzler, 1980. S. 64–75.

566,16 *ins Rötliche hinüberblickt:* hinüberglänzt, blicken im Sinne von »Licht, Farbe ausstrahlen« (HA).

566,30 *Gedenke zu leben:* Im Gegensatz zum christlich-mittelalterlichen Memento mori (»Gedenke zu sterben«) als Ausdruck der Goetheschen Weltfrömmigkeit. Auch im Gegensatz zu dem christlichen »Sterbegrafen« in Hippels »Lebensläufen«. Schiller schreibt am 3. 7. 1796 an Goethe: »Dieser Saal der Vergangenheit vermischt die ästhetische Welt, das Reich der Schatten im idealen Sinn, auf eine herrliche Weise mit dem lebendigen und wirklichen, so wie überhaupt aller Gebrauch, den Sie von den Kunstwerken gemacht, solche gar trefflich mit dem Ganzen verbindet. Es ist ein so froher freier Schritt aus der gebundenen engen Gegenwart heraus und führt doch immer so schön zu ihr zurücke. Auch der Übergang von dem mittlern Sarkophag zu Mignon und zu der wirklichen Geschichte ist von der höchsten Wirkung. Die Inschrift: ›gedenke zu leben‹ ist trefflich und wird es noch vielmehr, da sie an das verwünschte Memento mori erinnert und so schön darüber triumphiert.«

568,37 *Chöre der Sänger verborgen stehen:* so wird die Illusion von unsichtbaren Engelchören erweckt (s. Mignons Exequien, Kap. 8).

569,1 f. *die Teppiche:* Nach Walzel hat Goethe wohl die nach Raffaelschen Kartons gewebten Teppiche vor Augen, die zu Fronleichnam in den Kolonnaden der Peterskirche ausgehängt wurden (s. »Italienische Reise«, 31. 5. 1787).

574,5 *angebildete:* anerzogene, erworbene.

574,25–29 *alles, was ... nur lächeln:* Die Bedeutung der »Turmgesellschaft« wird hier von Jarno ironisch in Frage gestellt. Schiller hat diese Absicht Goethes wohl erkannt, wenn er ihm am 8. 7. 1796 schreibt: »Daß Sie aber auch selbst bei diesem Geschäfte, diesem Zweck – dem einzigen in dem ganzen Roman, der wirklich ausgesprochen wird, selbst bei dieser geheimen Führung Wilhelms durch Jarno und den Abbé, alles Schwere und Strenge vermieden und die Motive dazu eher aus einer Grille, einer Menschlichkeit, als aus moralischen Quellen hergenommen haben, ist eine von denen Ihnen eigensten Schönheiten. Der B e g r i f f einer Maschinerie wird dadurch wieder aufgehoben, indem doch die W i r k u n g davon bleibt, und alles bleibt, was die Form betrifft, in den Grenzen der Natur, nur das Resultat ist mehr, als die bloße sich selbst überlassene Natur hätte leisten können.«

Hans-Egon Hass schreibt: »Es ist dem Geist der Erzählung gemäß, daß Wilhelm ein Wink gegeben wird, das Wirken des ›Turms‹ nicht allzu ernst zu nehmen« (S. 204).

575,10–581,11 *Jarno blickte ... sich liebhaben:* In einem Brief vom 8. 7. 1796 hatte Schiller empfohlen, den Lehrbrief (S. 519,15 ff.) zu kommentieren und zu erweitern. Der Kommentar erfolgt hier durch Jarno. Goethe schrieb am 9. 7. 1796 an Schiller, daß die erste Hälfte des Lehrbriefs von der Kunst, die zweite vom Leben handeln sollte (FA).

577,18–37 *Sie haben mir ... bedauern:* Über Wilhelms Fähigkeiten als Schauspieler (vgl. V,11). Literarische Vorbilder für dieses Gespräch finden sich bei Karl Philipp Moritz und Christoph Martin Wieland. Im »Anton Reiser« heißt es über den Helden: »Er glaubte, es könne ihm nicht fehlschlagen, weil er jede Rolle tief empfand und sie in seiner eigenen Seele vollkommen darzustellen und auszuführen wußte – er konnte nicht unterscheiden, daß dies alles nur in ihm vorging, und daß es an äußerer Darstellungskraft ihm fehlte. [...] Es war also kein echter Beruf, kein reiner Darstellungstrieb, der ihn anzog: denn ihm lag mehr daran, die Szenen des Lebens in sich als außer sich darzustellen« (Vierter Teil). Im »Agathon« heißt es über die Tänzerin Psyche als Darstellerin der Daphne: »Psyche sollte die Person der Daphne gespielt haben, und hat ihre eigene gespielt.« Die kleine Tänzerin wird kritisiert: »Du hättest den Charakter annehmen sollen, den ihr [der Daphne] die Dichter geben, und hast dich begnügt dich selbst in ihre Umstände zu setzen« (Buch IV, Kap. 6). Nur Danae, die Geliebte Agathons, ist fähig, dieser Forderung der Kritik gerecht zu werden.

In dem Gespräch mit Jarno wird das Problem des Dilettantismus angeschnitten, das für Goethes Kunst- und Bildungsauffassung von zentraler Bedeutung ist. Wilhelm ist ein Dilettant auf dem Theater. Dieser Dilettantismus droht ihm zum Schaden für seine weitere Entwicklung auszuschlagen. Aber durch Lenkung der Turmgesellschaft und eigenen Entschluß lernt er, diesen Dilettantismus als Irrtum zu erkennen. Es ist ein Irrtum, aber ein fruchtbarer, denn trotz aller bedenklichen Tendenzen des Dilettantismus fördert er Wilhelms Entwicklung.

Der Dilettantismus ist ein Hauptthema der »Lehrjahre« und des Weimarer Klassizismus (s. auch S. 68,6f.; 599 ff.). Die Vorgeschichte des Dilettantismusproblems beginnt mit der Sulzer-Rezension von 1772. Dabei handelt es sich um Goethes Kritik an dem Grundartikel aus Johann Georg Sulzers »Allgemeinen Theorie der Schönen Künste« (1772), der unter dem Titel »Die Schönen Künste in ihrem Ursprung, ihrer wahren Natur und besten Anwendung betrachtet« im selben Jahr erschienen war. Goethes Rezension in den »Frankfurter Gelehrten Anzeigen« vom Dezember 1772 enthält seine frühe Kunstanschauung, die bereits eine Typologie von Künstler und Kunstfreund zu erkennen gibt. Diese Typologie besteht aus der Opposition von Genie und Kenner und Liebhaber und Dilettant mit negativer Bewertung der Kenner- und Dilettantenfigur. Diese Konzeption erfährt eine teilweise Revision in dem Falconet-Aufsatz von 1775/76, wird aber bis zu dem ersten Weimarer Jahrzehnt von 1775 bis 1786 weitergeführt. In dem Falconet-Aufsatz, in dem Goethe sich auf den Schweizer Bildhauer Etienne Maurice Falconet (1716–91) und dessen Schrift über das antike Reiterstandbild des Marcus Aurelius auf dem Kapitol (»Observations sur la statue de Marc Aurèle«, 1771) bezieht, wird die ursprüngliche Kunstauffassung der Sturm-und-Drang-Zeit zugunsten des Meisterlichen verschoben und dem dezidierten Liebhaber als Schüler der Weg zur Erlangung von Meisterschaft eröffnet. Für die Weimarer Zeit ist es im Zusammenhang mit den »Lehrjahren« von Bedeutung, daß die Schüler-Meister-Thematik im Vordergrund steht. Das Resultat ist, wie Hans Rudolf Vaget sagt, ein »autobiographisch begründetes, völlig positives Bild des Dilettanten als Schüler und potentieller Meister« (»Dilettantismus und Meisterschaft: Zum Problem des Dilettantismus bei Goethe: Praxis, Theorie, Zeitkritik«, München: Winkler, 1971, S. 53).

Die italienische Reise ist nach Vaget im Hinblick auf das Dilettantismusproblem nicht als Wendepunkt zu betrachten. Vaget betont auch für diese Periode die Kontinuität in Goethes Kunstanschauung. Der Dilettantismusbegriff erfährt lediglich eine gewisse Einschränkung, Theorie und Kennerschaft werden dagegen aufgewertet. Dilettantismus wird jetzt als »zwar unvollkommener aber keineswegs wertloser Bildungstrieb« betrachtet (Vaget, S. 77). Der Typ des Kenners wird rehabilitiert, aber für Dilettant und Kenner gilt weiterhin das »Vorbild der Meisterschaft« (Vaget, S. 62).

Für das Jahrzehnt nach der Rückkehr aus Italien von 1788 bis 1798 sind sowohl eine wohlwollend pädagogische als auch eine negativ polemische Tendenz in Goethes Dilettantismuskritik anzusetzen. Beide Tendenzen finden sich in den letzten Büchern der »Lehrjahre«. Einerseits geht es um die Erziehung des wirklich interessierten Liebhabers der Kunst, andererseits um die »Kritik der Pfuscherei und des Halbkönnertums« (Vaget, S. 95). Diese kunstpolitischen Bestrebungen Goethes finden später ihren Niederschlag in der Zeitschrift »Die Propyläen«, die sich besonders auf das Thema Meisterschaft und Dilettantismus konzentrieren. Goethe und Schiller planten für diese Zeitschrift 1799 ein gemeinsames Projekt über den Dilettantismus, in dem die Einzelkünste im Hinblick auf Nutzen und Schaden des Dilettantismus abgefragt werden. Der Dilettantismus in der Schauspielkunst erfährt dabei eine überraschend scharfe Kritik. Der Nutzen wird als »klein und dürftig eingeschätzt« (Vaget, S. 180), der Schaden wird in der »zerstörten Idealität der Kunst« gesehen (ebd., S. 181). Der Dilettant stellt auf der Bühne eine »Karikatur der eigenen [...] Individualität« dar (ebd.). Die Parallelen zu den »Lehrjahren« sind offensichtlich.

Das Dilettantismusprojekt von 1799 wird schließlich aufgegeben, weil Goethe vor einer endgültigen Verurteilung des Dilettantismus zurückscheute. Wie die »Lehrjahre« zeigen, war Goethe am Dilettantismus letztlich »in seiner allgemeinen menschlichen Problematik« interessiert (Vaget, S. 197). Der angeborene »rastlose Bildungstrieb« führt Wilhelm unausweichlich zum Dilettantismus, der ihm sowohl zum Nutzen als auch Schaden ausschlagen kann.

So wird der Dilettant für Goethe mehr und mehr zum problematischen Charakter schlechthin und somit zur »Symbolgestalt für die umfassendere Lebensproblematik von Subjektivität und Objektivität, Unbedingtheit und Entsagung« (Vaget, S. 216).

581,7 *undelikat:* ohne Feingefühl.

Sechstes Kapitel

581,18 *Livree:* Dienstkleidung, Dienertracht, Bedientenkleidung.

581,30 *hasenfüßig:* närrisch, wunderlich. Siehe auch die Redensart »einen Hasenfuß in der Tasche führen«, d. h. eine versteckte Narrheit haben (DWb., Bd. 4,2, Sp. 536). Bei Campe heißt es: »Uneigentlich sagt man im gemeinen Leben von einem possenhaft scherzenden oder törichten und lächerlichen Menschen, er habe einen Hasenfuß in der Tasche.«

582,6 *Ew. Gnaden und Liebden:* Euer Gnaden und Liebden: eine scherzhafte Zusammenstellung von Anredetiteln, da ›Euer Liebden‹ im Gegensatz zu ›Euer Gnaden‹ zwischen gleichstehenden Fürsten gebraucht wird.

582,12 *Vikariatsgraf:* Wenn im deutschen Reiche der Thron des Kaisers unbesetzt war, so übten Kurfürsten als Reichsvikare die kaiserlichen Pflichten und Rechte aus. Familien, die zu dieser Zeit in den Adelsstand erhoben wurden, nannte man Vikariatsgrafen (FA).

582,23 f. *Grab des Königs Mausolos:* sog. Mausoleum: Grabstätte des Königs Mausolos von Karien, die in der Mitte des 4. Jahrhunderts v. Chr. in Halikarnassos errichtet wurde und zu den sieben Weltwundern gehörte.

582,32 *Hechel:* Gerät zur Flachsbearbeitung, bestehend aus einer viereckigen Platte mit aufrecht stehenden spitzen Stahlzähnen.

582,34 f. *großmütig ... Alexander:* Gemeint ist wahrscheinlich Publius Cornelius Scipio Africanus maior (gest. 183 v. Chr.), der Besieger Hannibals. In Zedlers »Universal-Lexikon« werden zahlreiche Beispiele seiner Großmütigkeit angeführt (Bd. 36, 1743, Sp. 609–613). Alexander der Große (gest. 323 v. Chr.) war bekannt wegen seiner Freigebigkeit (s. Zedlers »Universal-Lexikon«, Bd. 1, 1732, Sp. 1148 und 1150).

583,3 f. *damit ihr Fuß ... stoße:* biblische Ausdrucksweise (s. Psalm 91, V. 12; Matth. 4,6; Luk. 4,11).

Achtes Buch. Sechstes Kapitel 187

583,9 f. *Profan-Skribenten:* weltliche Schriftsteller.
583,31 *Philéo, Philoh:* griech. φιλέω, φιλῶ ›ich liebe‹ (s. Anm. zu S. 93,6 f.; 407,35).
583,32 *Derivativis:* Ableitungen, abgeleitete Wörter (Dativ Plural), lat. derivativum ›abgeleitetes Wort‹.
584,18–29 *dem roten Offizierchen ... gekommen:* Aufklärung der Episode aus Buch V,15 (S. 351,28–355,7).
584,30–32 *Mir hat sie's ... verwandelt zu werden:* vgl. Anm. zu S. 182,25 *Circe.*
585,6–8 *Bibel in Folio ... Schriften: Folio:* Buchformat, bei dem der Druckbogen nur einmal gefaltet wird, es ist hier etwa an die große Foliobibel mit Kupferstichen von Matthäus Merian zu denken. – *Chronik:* Johann Ludwig Gottfried, »Historische Chronica oder Beschreibung der führnembsten Geschichten so sich von Anfang der Welt bisz auf unsere Zeiten zugetragen, Nach Ausztheylung der vier Monarcheyen und beygefügter Jahrrechnung auffs fleissigst in Ordnung gebracht«, Frankfurt a. M.: Rötel, 1630–34, und »Theatrum Europaeum, Oder, Auszführliche und warhafftige Beschreibung aller und jeder denkwürdiger Geschichten, so sich hin und wider in der Welt, fürnämlich aber in Europa, und Teutschlanden, so wol im Religion- als Prophan-Wesen [...] zugetragen haben«, Frankfurt a. M.: Hoffmann, 1643 ff., diese beiden Werke gehörten zu den wichtigsten Geschichtsquellen des 17. Jahrhunderts. Ferner: Peter Lauremberg, »Acerra Philologica. Das ist: Dreyhundert auszerlesene, nützliche, lustige, und denkwürdige Historien und Discursen, Zusammengebracht ausz den berühmsten Griechischen und Lateinischen Scribenten«, Leyden: Bachführer, 1640. Bei *Gryphii Schriften* ist etwa an eine Gesamtausgabe der »Freuden und Trauerspiele auch Oden und Sonette sampt Herr Peter Squentz Schimpff-Spiel«, Breslau: Lischke & Trescher, 1658, des deutschen Barockdichters Andreas Gryphius zu denken.
585,23 f. *nichts Neues ... Sonne:* vgl. Pred. 1,9.

Siebentes Kapitel

590,12–591,31 *wichtiges Geschäft ... entgegenzusetzen:* im dritten und letzten Reformgespräch kommen die Maßnahmen zur Diskussion, die die Turmgesellschaft zur Sicherung ihres Kapitals gegen Verluste durch politische Revolution plant. Das Kapital soll in verschiedenen Ländern angelegt werden, um eventuelle Verluste durch Revolutionen auszugleichen. Siehe auch 450,3–452,12 und 531,24–532,37.

590,18 f. *nach Amerika überzuschiffen:* Noch einmal wird das Amerika-Motiv in aller Eindringlichkeit herausgestellt. Das Motiv wird zum Zentralmotiv in den »Wanderjahren«. Siehe Anm. zu S. 273,2. Siehe auch S. 451,8 ff.; 554,31.

591,3 *Hören Sie mich aus:* Hören Sie mir bis zu Ende zu!

591,13 f. *assekurieren:* versichern.

592,35 *Supplement:* Ergänzung.

593,5 *Maria von Magdala:* auch Maria Magdalena genannt, Begleiterin Jesu, Verkörperung der Büßerin.

593,12 *Seelenverkäufer:* »Ein Name, welchen man in Holland denjenigen Leuten gibt, welche Matrosen für die Schiffe im voraus annehmen, sie bis zur Abfahrt unterhalten, und sie bei der Abfahrt notdürftig ausrüsten, worauf sie sich denn von ihrem künftigen Sold« bezahlen lassen (Adelung).

596,35 *Messe:* »Ein öffentlicher zum Handel [...] auf besondere und vorzügliche Art privilegierter Jahrmarkt« (Adelung).

598,7 *Exequien:* ›Leichenfeier‹ oder ›Todtenfeier‹. Es begreift nämlich nach dem Sprachgebrauche der katholischen Kirche mehr in sich, als ›Leichenbegängniß‹, nämlich auch die für den Verstorbenen zu lesenden Messen, usw.« (Campe). Siehe auch »Urfaust«: »Exequien der Mutter Gretgens.«

Achtes Kapitel

602,8–606,8 *Am Abend lud ... wieder zurück:*
Interpretation: Storz. S. 136–148. – Walter Rehm: Der Todesgedanke in der deutschen Dichtung vom Mittelalter bis zur Romantik. Halle a. d. S.: Niemeyer, 1928. S. 337 f. Tübingen: Niemeyer, ²1967.

602,21 *Wen bringt ihr uns:* Hier beginnt der Wechselgesang zu Mignons Totenfeier, der aus dem Chor der Knaben, die an Mignons Sarg stehen, und den unsichtbaren Engelchören (s. S. 568,37) besteht. Ähnliche Beispiele rhythmischer Prosa finden sich im 6. Buch, Kap. 2 von Wielands »Agathon«.

606,2–4 *Der Abbé ... hinaus:* Der Marchese und Wilhelm werden von den übrigen hinausgeführt als diejenigen Trauertragenden, die Mignon am nächsten stehen.

Neuntes Kapitel

607,19–621,35 *Meinen Vater ... verwischt:* Kindervertauschung und Inzest oder Gefahr unschuldiger Blutschande (Liebende erkennen sich als Geschwister) bzw. Angst vor vermeintlicher Blutschande gehören zu den typischen Motiven des Romans im 18. Jahrhundert: Fielding, »Joseph Andrews« (1742); Gellert, »Leben der schwedischen Gräfin von G***« (1747/48); Hermes, »Sophiens Reise von Memel nach Sachsen« (1770); Wieland, »Agathon«.

609,3 *Schwärmerei:* vgl. Anm. zu S. 380,2.

611,36–612,11 *fragt die Natur ... straft sie:* Nach Creizenach spricht Augustin hier ahnungslos das Todesurteil über die Frucht des Inzests aus (JA). Im Hinblick auf Mignons kurzes Leben erscheinen seine Worte prophetisch.

612,16 *überstrengte:* zu stark angespannte.

613,25 *Er handle ... aus eigner Willkür:* In seinem Brief vom 2. 7. 1796 an Goethe schrieb Schiller: »Wie schön gedacht ist es, daß Sie das praktisch Ungeheure, das furchtbar

Pathetische im Schicksal Mignons und des Harfenspielers von dem theoretisch Ungeheuren, von den Mißgeburten des Verstandes ableiten, so daß der reinen und gesunden Natur nichts dadurch aufgebürdet wird. Nur im Schoß des dummen Aberglaubens werden diese monstrosen Schicksale ausgeheckt, die Mignon und den Harfenspieler verfolgen« (BA).

615,18 *mehrern:* doppelter Komparativ, durchaus noch üblich im 18. Jahrhundert.

617,7 *Einstimmung:* Übereinstimmung.

617,17 *kiesichte:* kiesige, aus Kies bestehende.

618,18–21 *Er behauptete ... Messer drohe:* Hier findet sich die Aufklärung für den Anschlag des Harfners auf Felix (s. S. 344,33 f.). Siehe auch S. 626,13 ff.

620,8–18 *In dieser ... Tage:* Eine ähnliche Darstellung einer Bestattung und Wunderwirkung, die von einem Leichnam ausgeht, gestaltet Goethe in den »Wahlverwandtschaften« (II,18).

620,23–27 *Wandelte nicht ... wollen?:* Dem heiligen Karl Borromäus, Kardinal und Erzbischof von Mailand (1538–84), wurde in der Nähe seines Geburtsortes Arona am Südende des Lago Maggiore 1697 eine Statue errichtet.

Zehntes Kapitel

627,14–19 *Mylord! ... gesehen haben:* Daß der Graf zum Schluß Wilhelm durch seine seltsame Vermutung gleichsam adelt und der Gesellschaft ebenbürtig macht, gehört mit zur Ironie des Erzählers.

627,31 *Fourierzettel:* Quartierliste. Wort aus der Militärsprache. »Ein Fourier ist ein Feld- oder Soldatenschreiber, der die Musterrolle führt, die Soldatenquartiere besorgt; ein Hoffourier ist ein Hofdiener, der für die Quartiere der anlangenden Gäste sorgt und die Befehle des Hofmarschalls vollzieht« (Adelung).

628,5 *Dislokationsplan:* Umquartierungsplan, ebenfalls ein

Achtes Buch. Zehntes Kapitel 191

Wort aus der Militärsprache: »Verlegung, z. B. der Soldaten an andere Örter, oder in andere Wohnungen« (Campe).
629,24 *Konfidenz:* vertrauliche Mitteilung.
630,10 *Karavine:* kleine Karaffe.
634,32–635,11 *Es kommt ... heilsam ist?:* Anspielung auf das Motiv vom kranken Königssohn.
635,12 *schwadronieren:* »eigentlich, den Degen kreisförmig schwingen, [...] mit dem Degen hin und herfahren, [...] fuchteln«. Im übertragenen Sinne: »Viel und prahlerisch reden. Dieses [Wort kommt] nicht anders als in vertrauten Gesprächen und in niedriger Schreibart vor« (Campe).
637,5 *Die Natur hat gewirkt:* Hans-Egon Hass schreibt: »Am Ende überläßt auch der ›Turm‹ die Entwicklung, indem er auf jeden Eingriff der ›Vernunft‹ verzichtet, ganz der Natur, das heißt also dem ›Leben‹. Wenn selbst der Abbé verlangt, ›keinen Schritt zu dieser Verbindung zu tun, sondern alles seinen Gang gehen zu lassen‹, so weist das darauf hin, daß der Widerstreit von ›Vernunft‹ und ›Leben‹ auch vom ›Turm‹ mit umfaßt wird, daß von einer klaren und eindeutigen Gegenposition zwischen ›Turm‹ und ›Leben‹ eben doch nicht gesprochen werden kann« (S. 307 f.).
637,9–15 *Unglaublich ... verfehlen:* Lotharios Bildungsidee.
637,21–27 *dieser schönen Seele ... Erscheinung:* In seinem Brief vom 3. 7. 1796 an Goethe schrieb Schiller: »Es ist zu bewundern, wie schön und wahr die drei Charaktere der Stiftsdame, Nataliens und Theresens nuanciert sind. Die zwei ersten sind heilige, die zwei andern sind wahre und menschliche Naturen; aber eben darum, weil Natalie heilig und menschlich zugleich ist, so erscheint sie wie ein Engel, da die Stiftsdame nur eine Heilige, Therese nur eine vollkommene Irdische ist. Natalie und Therese sind beide Realistinnen; aber bei Theresen zeigt sich auch die Beschränkung des Realism, bei

Natalien nur der Gehalt desselben. Ich wünschte, daß die Stiftsdame ihr das Prädikat einer schönen Seele nicht weggenommen hätte, denn nur Natalie ist eigentlich eine rein ästhetische Natur. Wie schön, daß sie die Liebe, als einen Affekt, als etwas Ausschließendes und Besonderes gar nicht kennt, weil die Liebe ihre Natur, ihr permanenter Charakter ist. Auch die Stiftsdame kennt eigentlich die Liebe nicht – aber aus einem unendlich verschiedenen Grunde.« Aufgrund von Schillers Hinweis übertrug Goethe den Ehrennamen der »schönen Seele« auf Natalie.

637,25 *rubrizierte:* rubrizieren (lat. ruber ›rot‹): »eigentlich, ›mit rother Tinte überschreiben, oder ›mit einer roten Überschrift versehen‹, uneigentlich [wie hier], 1. überhaupt ›überschreiben‹ oder ›mit Überschriften versehen‹« (Campe).

638,30 *Freiredoute:* Eine Redoute ist eine geschlossene Veranstaltung für geladene Gäste, z. B. ein Maskenball. Eine Freiredoute ist ein Maskenball, zu dem alle eingeladen sind, d. h. ein Volksfest.

639,1–20 *Lothario umarmte ... vertauschen möchte:*

Zum Abschluß des Romans siehe: Robert Hering: Wilhelm Meister und Faust. Frankfurt a. M.: Schulte-Bulmke, 1952. S. 223–231. – Günther Müller: Gestaltung – Umgestaltung in Wilhelm Meisters Lehrjahren. Halle a. d. S.: Niemeyer, 1948. S. 81–90. – Gerda Röder: Glück und glückliches Ende im deutschen Bildungsroman. Eine Studie zu Goethes Wilhelm Meister. München: Hueber, 1968. S. 154–182.

Günther Müller schreibt über das Ende des Romans: »Nur e i n Satz läßt Natalie nahend auftauchen, und nicht einmal ihre Name fällt mehr: ›Lothario umarmte seinen Freund und führte ihn zu der Schwester, sie kam mit Theresen ihm entgegen, alles schwieg.‹ [...] Das Unbeschreibliche, hier ists getan. [...]
Doch auch damit schließt das Erzählen nicht. Wieder läßt es Friedrich das Wort ergreifen und den Gehalt seiner Aussagen unter tollen Formen möglichst verstecken, wie-

wohl er das Wirken des Vergangenen in der zukunftsvollen Gegenwart scharf genug herausstellt. Der letzte Satz des Erzählens bildet Wilhelms scheues, beglücktes Aufatmen in der endlichen, wachstumsgerechten Entscheidung. Aber nicht nur durch Lothars und Friedrichs Hinweise, sondern durch den ganzen Rhythmus vergegenwärtigt das Erzählen den Vorgang als einen über diese Rast und Lösung, über dies Aufblühen hinauswachsenden, so daß man sagen kann, das Erzählen hört auf, wie der Abbé am Beginn des Kapitels aufgehört hatte, aber es gibt im Aufhören das Erzählte als ein **unaufhörliches Wachsen**. Eben darin stellt sich das Werk [...] dar als eine Dichtung von der Metamorphose des Menschen« (S. 89 f.).

639,15 f. *Saul ... Königreich fand:* s. 1. Sam. 9 f.: Saul, der von Gott ausersehene König, kommt auf der Suche nach den Eselinnen seines Vaters zum Propheten Samuel und wird von ihm zum König gesalbt.

639,18–20 *ein Glück ... vertauschen möchte:* Gerda Röder weist darauf hin, daß in Wilhelms letztem Wort sowohl der Superlativ als auch der bestimmte Artikel fehlen: »›ein Glück‹ hat er erlangt, das seine, ihm zugemessene. [... Er spricht] eine Tatsache aus, die keiner mehr bezweifelt, der Erzähler kann sich jeder ironischen Relativierung enthalten; denn was Wilhelm ausspricht, ist die Erfüllung seiner Lehrjahre und des ganzen Romans. – Das Ganze des Romans weist darauf hin, daß das Glück der höheren Stufe, wie es Wilhelm schließlich zukommt, nie verdienbar ist. [... Die] ›Lehrjahre‹ verzichten auf den Optimismus, den Helden sein Glück durch eigene Leistung erwerben zu lassen: weder für die Gegenwart noch für die Zukunft ist das angedeutet. Daß das *höchste* Glück nur einen Augenblick dauern kann, wird im Ende erkannt.« (Gerda Röder, »Glück und glückliches Ende im deutschen Bildungsroman«, München: Hueber, 1968, S. 161 f.)

II. Varianten und Paralipomena

Goethe begann die Arbeit am »Wilhelm Meister« spätestens im Jahre 1777. Der erste Tagebuchvermerk stammt vom 16. 2. 1777. In einem Brief an Karl Ludwig von Knebel vom 21. 11. 1782 wird auch der volle Titel genannt: »Wilhelm Meisters Theatralische Sendung«. Im selben Jahre wurde der Abschluß des dritten Buches verzeichnet, 1783 folgte das vierte Buch, 1784 das fünfte und schließlich 1785 das sechste Buch. Die Arbeit am siebenten Buch wurde durch die Reise nach Italien unterbrochen. Erst 1794 wurde die Arbeit am Roman wieder aufgegriffen, dieses Mal aber unter einem neuen Gesichtspunkt. Der neue Titel lautete jetzt »Wilhelm Meisters Lehrjahre«.
Das Originalmanuskript des »Urmeister« von Buch eins bis sieben ist bisher nicht aufgefunden worden und muß als verloren gelten. Aber eine Abschrift von Buch eins bis sechs wurde 1910 von dem Zürcher Gymnasialprofessor Gustav Billeter gefunden. Es handelt sich eigentlich um die Abschrift einer Abschrift. Goethes Schweizer Freundin Bäbe (Barbara) Schultheß und ihrer Tochter lag eine Diktatfassung von Schreiberhand vor, von der sie eine zweite Abschrift für den Eigenbedarf herstellten, bevor sie das Manuskript aus Weimar an den Absender zurückschickten.
»Wilhelm Meisters Theatralische Sendung« ist ein Fragment geblieben. Goethe verarbeitete den gestalteten Stoff in der zweiten Fassung des Romans von 1795/96. Der Text der »Theatralischen Sendung« in der Schultheßschen Abschrift wurde 1911 zum ersten Mal von Harry Maync herausgegeben und wird heute allgemein als »Urmeister« bezeichnet.
Ob der Titel »Theatralische Sendung« bereits die Ironie enthält, die Wilhelm Meisters Theatererlebnisse in den »Lehrjahren« bestimmen, ist bis heute in der Forschung nicht eindeutig beantwortet worden. Auf jeden Fall widmet sich die erste Fassung in stärkerem Maße dem Theaterleben.

Eine Reihe von Szenen und Figuren wurden später gestrichen, so z. B. die Aufführung von Wilhelm Meisters Drama »Belsazar« und die Figuren des Schauspielers Bendel und der Madame de Retti, die nach dem Vorbild der Neuberin entworfen war (III,6–14). Außerdem folgte Goethe in der »Theatralischen Sendung« noch dem natürlichen chronologischen Verlauf der Geschichte von »174–« an, während er in den »Lehrjahren« als erfahrener Erzählautor die Kindheit im Rückblick erfaßt (s. I,1–3 der »Theatralischen Sendung« im Vergleich zu I,2/3 der »Lehrjahre«). Auch ist das Verhältnis der Eltern zueinander wesentlich negativer geschildert.

1. Wilhelm Meisters theatralische Sendung
(Auszüge)

Erstes Buch. Erstes Kapitel

Es war einige Tage vor dem Christabend 174–, als Benedikt Meister, Bürger und Handelsmann zu M–, einer mittleren Reichsstadt, aus seinem gewöhnlichen Kränzchen abends gegen achte nach Hause ging. Es hatte sich wider die Gewohnheit die Tarockpartie früher geendigt, und es war ihm nicht ganz gelegen, daß er so zeitlich in seine vier Wände zurückkehren sollte, die ihm seine Frau eben nicht zum Paradiese machte. Es war noch Zeit bis zum Nachtessen, und so einen Zwischenraum pflegte sie ihm nicht mit Annehmlichkeiten auszufüllen, deswegen er lieber nicht ehe zu Tische kam, als wenn die Suppe schon etwas überkocht hatte.

Er ging langsam und dachte so dem Bürgermeisteramte nach, das er das letzte Jahr geführt hatte, und dem Handel und den kleinen Vorteilen, als er eben im Vorbeigehen seiner Mutter Fenster sehr emsig erleuchtet sah. Das alte Weib lebte, nachdem sie ihren Sohn ausgestattet und ihm ihre Handlung übergeben hatte, in einem kleinen Häuschen zurückgezogen, wo sie nun vor sich allein mit einer Magd bei ihren reichlichen Renten sich wohl befand, ihren Kindern und Enkeln mitunter was zugute tat, ihnen aber das Beste bis nach ihrem Tode aufhub, wo sie hoffte, daß sie gescheuter sein sollten, als sie bei ihrem Leben nicht hatte sehen können. Meister war durch einen geheimen Zug nach dem Hause geführt, da ihm, als er angepocht hatte, die Magd hastig und geheimnisvoll die Türe öffnete und ihn zur Treppe hinauf begleitete. Er fand, als er zur Stubentüre herein trat, seine Mutter an einem großen Tische mit Wegräumen und Zudecken beschäftigt, die ihm auf seinen Guten Abend mit einem »Du kommst mir nicht ganz gelegen« antwortete; »weil du nun einmal da bist, so magst du's wissen, da sieh, was ich zurecht mache«, sagte sie und hob die Servietten auf, die übers Bett geschlagen waren, und tat zugleich einen Pelzmantel weg, den sie in der Eile übern Tisch gebreitet hatte, da nun denn der Mann eine Anzahl spannenlanger, artig gekleideter Puppen erblickte, die in schöner Ordnung, die beweglichen Drähte an den Köpfen befestigt, neben einander lagen und nur den Geist zu erwarten schienen, der sie aus ihrer Untätigkeit regen sollte. »Was gibt denn das, Mutter?« sagte Meister. – »Einen heiligen Christ vor deine Kinder!« antwortete die Alte; »wenn's ihnen so viel Spaß macht als mir, eh ich sie fertig kriegte, soll mir's lieb sein.« Er besah's eine Zeitlang, wie es schien, sorgfältig, um ihr nicht gleich den Verdruß zu machen, als hielte er ihre Arbeit vergeblich. »Liebe Mutter«, sagte er endlich, »Kinder sind Kinder, Sie macht sich zu viel zu schaffen, und am Ende seh' ich nicht, was es nutzen soll.« – »Sei nur stille«, sagte die Alte, indem sie die Kleider der Puppen, die sich etwas verschoben hatten, zurecht rückte, »laß es nur gut sein, sie werden eine rechte Freude haben, es ist so hergebracht bei mir, und das weißt du auch, und ich lasse nicht davon; wie ihr klein wart, wart ihr immer drin vergakelt und trugt euch mit euern Spiel- und Naschsachen herum die ganze Feiertage; euere Kinder sollen's nun auch so wohl haben, ich bin Großmutter und weiß, was ich zu

1. Wilhelm Meisters theatralische Sendung

tun habe.« – »Ich will Ihr's nicht verderben«, sagte Meister, »ich denke nur, was soll den Kindern, daß man's ihnen heut oder morgen gibt; wenn sie was brauchen, so geb' ich's ihnen, was braucht's da heiliger Christ zu? Da sind Leute, die lassen ihre Kinder verlumpen und sparen's bis auf den Tag.« – »Benedikt«, sagte die Alte, »ich habe ihnen Puppen geputzt und habe ihnen eine Komödie zurechte gemacht, Kinder müssen Komödien haben und Puppen. Es war euch auch in eurer Jugend so, ihr habt mich um manchen Batzen gebracht, um den Doktor Faust und das Mohrenballett zu sehen; ich weiß nun nicht, was ihr mit euern Kindern wollt, und warum ihnen nicht so gut werden soll wie euch.«
»Wer ist denn das?« sagte Meister, indem er eine Puppe aufhub. – »Verwirrt mir die Drähte nicht«, sagte die Alte, »es ist mehr Mühe, als Ihr denkt, bis man's so zusammenkriegt. Seht nur, das da ist König Saul. Ihr müßt nicht denken, daß ich was umsonst ausgebe; was Läppchen sind, die hab' ich all' in meinem Kasten, und das bißchen falsch Silber und Gold, das drauf ist, das kann ich wohl dranwenden.« – »Die Püppchen sind recht hübsch«, sagte Meister. – »Das denk' ich«, lächelte die Alte, »und kosten doch nicht viel. Der alte, lahme Bildhauer Merks, der mir Interessen schuldig ist von seinem Häuschen so lang, hat mir Hände, Füße und Gesichter ausschneiden müssen, kein Geld krieg' ich doch nicht von ihm und vertreiben kann ich ihn nicht, er sitzt schon seit meinem seligen Mann her und hat immer richtig eingehalten bis zu seiner zwoten, unglücklichen Heurat.« – »Dieser in schwarzem Samt und der goldenen Krone, das ist Saul?« fragte Meister; »wer sind denn die andern?« – »Das solltest du *so* sehen«, sagte die Mutter. »Das hier ist Jonathan, der hat Gelb und Rot, weil er jung ist und flatterig, und hat einen Turban auf. Der oben ist Samuel, der hat mir am meisten Mühe gemacht mit dem Brustschildchen. Sieh den Leibrock, das ist ein schieler Taft, den ich auch noch als Jungfer getragen habe.« – »Gute Nacht«, sagte Meister, »es schlägt just achte.« – »Sieh nur noch den David!« sagte die Alte. »Ah der ist schön, der ist

ganz geschnitzt und hat rote Haare; sieh, wie klein er ist und hübsch.« – »Wo ist denn nun der Goliath?« sagte Meister; »der wird doch nun auch kommen.« – »Der ist noch nicht fertig«, sagte die Alte. »Das muß ein Meisterstück werden. Wenn's nur erst alles fertig ist. Das Theater macht mir der Konstabler-Lieutenant fertig, mit seinem Bruder; und hinten zum Tanz, da sind Schäfer und Schäferinnen, Mohren und Mohrinnen, Zwerge und Zwerginnen, es wird recht hübsch werden! Laß es nur gut sein, und sag' zu Hause nichts davon und mach' nur, daß dein Wilhelm nicht hergelaufen kommt; der wird eine rechte Freude haben, denn ich denk's noch, wie ich ihn die letzte Messe ins Puppenspiel schickte, was er mir alles erzählt hat, und wie er's begriffen hat.« – »Sie gibt sich zu viel Mühe«, sagte Meister, indem er nach der Türe griff. – »Wenn man sich um der Kinder willen keine Mühe gäbe, wie wärt ihr groß geworden?« sagte die Großmutter.
Die Magd nahm ein Licht und führt' ihn hinunter. –

Zweites Kapitel

Der Christabend nahte heran in seiner vollen Feierlichkeit. Die Kinder liefen den ganzen Tag herum und standen am Fenster, in ängstlicher Erwartung, daß es nicht Nacht werden wollte. Endlich rief man sie, und sie traten in die Stube, wo jedem sein wohl erleuchtetes Anteil zu höchstem Erstaunen angewiesen ward. Jeder hatte von dem Seinigen Besitz genommen und war nach einem Zeitlang Angaffen im Begriff, es in eine Ecke und in seine Gewahrsam zu bringen, als ein unerwartetes Schauspiel sich vor ihren Augen auftat. Eine Tür, die aus einem Nebenzimmer hereinging, öffnete sich, allein nicht wie sonst zum Hin- und Widerlaufen; der Eingang war durch eine unerwartete Festlichkeit ausgefüllt, ein grüner Teppich, der über einem Tisch herabhing, bedeckte fest angeschlossen den untern Teil der Öffnung, von da auf baute sich ein Portal in die Höhe, das mit einem mystischen Vorhang verschlossen war, und was von da auf

1. Wilhelm Meisters theatralische Sendung

die Türe noch zu hoch sein mochte, bedeckte ein Stück dunkelgrünes Zeug und beschloß das Ganze. Erst standen sie alle von fern, und wie ihre Neugierde größer wurde, um zu sehen, was Blinkendes sich hinter dem Vorhang verbergen möchte, wies man jedem sein Stühlchen an und gebot ihnen freundlich, in Geduld zu erwarten. Wilhelm war der einzige, der in ehrerbietiger Entfernung stehen blieb und sich's zwei-, dreimal von seiner Großmutter sagen ließ, bis er auch sein Plätzchen einnahm. So saß nun alles und war still, und mit dem Pfiff rollte der Vorhang in die Höhe und zeigte eine hochrot gemalte Aussicht in den Tempel. Der Hohepriester Samuel erschien mit Jonathan, und ihre wechselnde Stimmen vergeisterten ganz ihre kleine Zuschauer. Endlich trat Saul auf in großer Verlegenheit über die Impertinenz, womit der schwerlötige Kerl ihn und die Seinigen aufgefodert hatte – wie wohl ward's da unserm Wilhelm, der alle Worte abpaßte und bei allem zugegen war, als der zwerggestaltete, raupigte Sohn Isai mit seinem Schäferstab und Hirtentasche und Schleuder hervortrat und sprach: »Großmächtigster König und Herr Herr! es entfalle keinem der Mut um dessentwillen; wenn Ihro Majestät mir erlauben wollen, so will ich hingehen und mit dem gewaltigen Riesen in den Streit treten.« Dieser Aktus endigte sich. Die übrigen Kleinen waren alle vergakelt, Wilhelm allein erwartete das Folgende und sann drauf; er war unruhig, den großen Riesen zu sehen, und wie alles ablaufen würde.
Der Vorhang ging wieder auf. David weihte das Fleisch des Ungeheuers den Vögeln unter dem Himmel und den Tieren auf dem Felde. Der Philister sprach Hohn, stampfte viel mit beiden Füßen, fiel endlich wie ein Klotz und gab der ganzen Sache einen herrlichen Ausschlag. Wie dann nachher die Jungfrauen sungen: »Saul hat tausend geschlagen, David aber zehntausend«, und der Kopf des Riesen vor dem kleinen Überwinder hergetragen wurde, und er davor die schöne Königstochter zur Gemahlin kriegte, verdroß es Wilhelmen doch bei aller Freude, daß der Glücksprinz so zwergenmäßig gebildet wäre. Denn nach der Idee vom

großen Goliath und kleinen David hatte die liebe Großmutter nichts verfehlt, um beide recht charakteristisch zu machen. Die dumpfe Aufmerksamkeit der übrigen Geschwister dauerte ununterbrochen fort, Wilhelm aber geriet in eine Nachdenklichkeit, darüber er das Ballett von Mohren und Mohrinnen, Schäfern und Schäferinnen, Zwergen und Zwerginnen nur wie im Schatten vor sich hingaukeln sah. Der Vorhang fiel zu, die Türe schloß sich, und die ganze kleine Gesellschaft war wie betrunken taumelnd und begierig, ins Bett zu kommen; nur Wilhelm, der aus Gesellschaft mitmußte, lag allein, dunkel über das Vergangene nachdenkend, unbefriedigt in seinem Vergnügen, voller Hoffnungen, Drang und Ahndung.

Drittes Kapitel

Den andern Tag war eben alles wieder verschwunden, der mystische Schleier war aufgehoben, man ging durch diese Türe wieder frei aus einer Stube in die andre, aus der abends vorher so viel Abenteuer geleuchtet hatten. Die übrigen liefen mit ihren Spielsachen auf und ab, Wilhelm allein schlich hin und her, als wenn er eine verlorne Liebe suchte, als wenn er's fast unmöglich glaubte, daß da nur zwei Türpfosten sein sollten, wo gestern so viel Zauberei gewesen war. Er bat seine Mutter, sie möchte es ihm doch wieder spielen lassen, von der er eine harte Antwort bekam, weil sie keine Freude an dem Spaße, den die Großmutter ihren Enkeln machte, haben konnte, da dieses ihr einen Vorwurf ihrer Unmütterlichkeit zu machen schien. Es ist mir leid, daß ich es sagen muß, indes ist es wahr, daß diese Frau, die von ihrem Manne fünf Kinder hatte, zwei Söhne und drei Töchter, wovon Wilhelm der älteste war, noch in ihren ältern Jahren eine Leidenschaft für einen abgeschmackten Menschen kriegte, die ihr Mann gewahr wurde, nicht ausstehen konnte, und worüber Nachlässigkeit, Verdruß und Hader sich in den Haushalt einschlich; daß, wäre der Mann nicht ein redlicher, treuer Bürger und seine Mutter eine gutdenkende, billige Frau gewesen, schimpflicher Ehe- und Scheidungsprozeß die Familie entehrt hätte. Die armen Kinder waren am übelsten dran; denn wie sonst so ein hülfloses Geschöpf, wenn der Vater unfreundlich ist, sich zu der Mutter flüchtet, so kamen sie hier von der andern Seite doppelt übel an, denn die Mutter hatte in ihrer Unbefriedigung meistens auch üble Launen, und wenn sie die nicht hatte, so schimpfte sie doch wenigstens auf den Alten und freute sich, eine Gelegenheit zu finden, wo sie seine Härte, seine Rauhigkeit, sein übles Betragen heraussetzen konnte. Wilhelmen schmerzte das etlichemal, er verlangte nur Schutz gegen seinen Vater und Trost, wenn er ihm übel begegnet war; aber daß man ihn verkleinerte, konnte er nicht leiden, daß man seine Klagen als Zeugnisse gegen einen Mann mißdeutete, den er im Grunde des Herzens recht lieb hatte. Er kriegte dadurch eine Entfremdung gegen seine Mutter und war daher recht übel dran, weil sein Vater auch ein harter Mann war; daß ihm also nichts übrig blieb, als sich in sich selbst zu verkriechen, ein Schicksal, das bei Kindern und Alten von großen Folgen ist. [...]

Drittes Buch. Drittes Kapitel

Als Wilhelm in den Gasthof kam, traf er Herrn Narziß auf dem Vorsaal stehend an und ersuchte ihn, einen Augenblick mit ihm auf die Stube zu kommen. Er fand an ihm einen guten, muntern Purschen, der mit großer Leichtigkeit und vielem Leichtsinne seine Schicksale erzählte und nichts weniger als Herr von der Truppe war. Als ihm Wilhelm zu seinem Sukzesse Glück wünschte, nahm er es mit ziemlicher Gleichgültigkeit auf. »Wir sind es gewohnt«, sagte er, »daß man über uns lacht und unsere Künste bewundert, aber wir werden durch einen außerordentlichen Beifall um nichts gebessert, denn der Entrepreneur zahlt bei guter wie bei schlechter Einnahme jedem seine bestimmte Gage fort.« Wilhelm erkundigte sich nach verschiedenem, das der andre alles pünktlich beantwortete und zuletzt eilig tat und sich beurlaubte. »Wo wollen Sie denn so schnell hin, Monsieur Narziß?« sagte Wilhelm. Der junge Mensch lächelte und gestand, seine Figur und Talente haben ihm einen Beifall zugezogen, an dem ihm mehr gelegen sei, er habe von einigen Frauenzimmern in der Stadt zärtliche Billetts erhalten und sei auf diesen Abend und diese Nacht dringend eingeladen. Er fuhr fort, mit der größten Aufrichtigkeit seine Abenteuer zu erzählen, und hätte Namen, Straßen und Häuser angezeigt, wenn nicht Wilhelm, der sich vor einer solchen Indiskretion entsetzte, es abgelehnt und ihn entlassen hätte.

Sein junger Reisegefährte hatte inzwischen Mamsell Landerinetten unterhalten und gab bei dem Abendessen nicht undeutlich zu verstehen, mit was für Hoffnungen sie ihm geschmeichelt habe.

Es verstrichen noch einige Tage, die Wilhelm mit Einkassieren verschiedener Schuldposten zubrachte, und ob er gleich nicht mit Schärfe verfuhr, sehr gütig und nachsichtig war, so glückte es ihm doch, und er hätte mit dem, was er zu Hochdorf erhalten, beinahe funfzehnhundert Taler eingenommen. Davon Wernern in nächstem Briefe Nachricht zu geben und ihm den größten Teil zu überschicken, machte ihm eine außerordentliche Freude. Er empfahl sich auch einigen Handelsleuten, denen sein Wesen so wohl gefiel, daß sie Bestellungen machten, die er sorgfältig notierte. Endlich fand er vor gut, seine Reise weiter fortzusetzen, und weil hier seine Gesellschaft sich zerschlagen hatte, nahm er eine Postchaise, packte seinen Koffer auf und fuhr bei guter Zeit ab, um vor Nacht auf der nächsten Station anzulangen.

Die Zeit war ihm unter allerlei Gedanken verstrichen, die Nacht kam herbei, und er merkte, da der Postillon seinen Weg in dem Walde, in den sie geraten waren, bald hier- bald dorthin nahm, daß er den rechten möchte verloren haben. Er fand es auch wirklich so, als er sich darnach erkundigte, doch versicherte der Schwager, er könne nicht weit von dem Orte seiner Bestimmung ab sein. Es war tief in der Nacht, als sie bei einem Dorfe anlangten und sich um die Gegend

1. Wilhelm Meisters theatralische Sendung

erkundigten. Sie waren ganz und gar von der Straße abgekommen, und indem sie sich von ihr in einem fast rechten Winkel entfernt hatten, lag die Station, wo sie hin wollten, wohin noch überdies kein grader Weg ging, auf sechs Stunden ab, und Wilhelm verlangte, daß der Postillon die Nacht über hier bleiben und ihn des andern Morgens dorthin bringen sollte. Der Postillon bat dringend, daß er ihn gerade nach Hause wieder zurückkehren lassen möge, er sei noch neu im Dienst und habe, weil er die Pferde so abgetrieben, alles von seinem Herrn zu befürchten; er wolle sagen, daß er ihn auf die nächste Station geliefert, und hoffe mit dieser Lüge durchzukommen; dafür wolle er ihm gegen ein Billiges einen alten Reisewagen des Pfarrers und Bauernpferde verschaffen, um die er sich schon erkundigt; diese könnten ihn an den nächsten Ort, welches eine ansehnliche Landstadt sei und nur drei Stunden von hier liege, morgen früh bei Zeiten bringen, wo er alsdann wieder Postpferde nehmen und ohne Beschwerlichkeit in seine Route einfallen könnte. Der Wirt redete ihm selbst zu, und weil er gutmütig war, so ließ er es geschehen.

Des andern Morgens, als ihn sein neuer Fuhrmann gegen die Stadt brachte und er sie liegen sah, hörte er von demselben, daß eine starke Garnison drinne sei, und daß man an den Toren scharf examiniere. »Es kommt mir immer wunderbar vor«, sagte Wilhelm bei sich selbst, »wenn ich meinen Namen angeben und mich Meister nennen soll. Ich täte wahrlich besser, mich Geselle zu heißen, denn ich fürchte immer, ich werde in dem Gesellenstande stecken bleiben. Ich werde es auch zum Scherze tun, besonders da ich niemanden kenne und niemanden zu besuchen habe. Der Namen ist nicht wohlklingend, aber bedeutend; übersetzt kläng' er auch besser, doch wir wollen bei unsrer Muttersprache bleiben.« Er kam unter das Tor und wurde so aufgeschrieben. Es war noch früh, als er vor dem Gasthofe anlangte, der Wirt sagte ihm, daß seine meisten Zimmer von einer Truppe Komödianten, die sich hier befinden, genommen seien, doch werde er noch ein ganz artiges Stübchen vor sich finden, das in den Garten gehe. »Muß mich denn das Schicksal«, rief Wilhelm heimlich aus, »immer zu diesen Leuten führen, mit denen ich doch keine Gemeinschaft haben will noch soll!« Er antwortete dem Wirt, daß er kein Zimmer brauche, daß er nur einen Augenblick abtreten und alsdann Postpferde fordern wolle, um sogleich weiterzugehen.

An den Torpfosten war der gestrige Komödienzettel noch angeschlagen, und zu seiner größten Verwunderung fand er den Namen von Herrn und Frau Melina drauf. »Ich muß ihnen doch einen Guten Morgen sagen«, dachte er, und indem kam ein junges Geschöpf die Treppe heruntergesprungen, das seine Aufmerksamkeit erregte. Ein kurzes Westchen mit geschlitzten spanischen Ärmeln und weiten Beinkleidern stund dem Kinde gar artig, lange, schwarze Haare hatte es in Locken und Zöpfe um den Kopf gewunden. Er sah es scharf an und konnte nicht gleich einig werden, ob er es für einen Knaben oder für ein Mädchen halten sollte, doch entschied er sich bald für das letztere und grüßte, als sie bei ihm vorbeikam, mit einem Guten Morgen diese Erscheinung, fragte, ob etwa Herr und Frau Melina schon aufgestanden wären. Mit einem schwarzen, scharfen Seitenblick sah sie ihn an, indem sie an ihm vorbei und in die Küche lief, ohne zu antworten. Er schickte den Wirt hinauf und trat gleich nach ihm in die Stubentüre.

Viertes Kapitel

Madame warf, indem er hereintrat, einen weißen Mantel um, ihre tiefe Nachtkleidung zu verbergen, der Gemahl zog seine heruntergefallene Strümpfe hinauf und die Nachtmütze vom Kopfe. Man wollte einen Stuhl frei machen, ihn dem Hereintretenden anzubieten, aber der Tisch, das Bett, selbst der Ofen und das Fenstergesimse faßten nichts mehr. Man war sehr vergnügt, sich wieder zu finden, und Madame Melina besonders verbarg nicht ihre Absicht auf Wilhelms Achtung, sie machte einigen Anspruch auf Witz, Poesie und

1. Wilhelm Meisters theatralische Sendung

was darzu noch weiter gehören mag. Sie war ehemals während ihres verlängerten ehelosen Standes das Orakel ihres kleinen Städtchens, und die Anmaßung, womit sie sich Wilhelmen gegenwärtig zeigte, ließ sie freilich in keinem so vorteilhaften Lichte sehen, als wie sie damals im Glanze des Unglückes erschien. Ihre Bemühungen ließen Wilhelmen kalt, oder vielmehr, er bemerkte sie ganz und gar nicht. Man führte Beschwerde über die Direktrice, denn es war eine Frau, die diese Truppe zusammenhielt, man schalt sie als eine üble Wirtin, die in guten Zeiten nicht zurücklege, vielmehr mit einem von der Truppe, den sie sich zum Günstling ausersehen, alles vertue, und wenn denn schlimme Wochen einfielen, genötigt sei zu versetzen und ihren Akteurs das Versprochene dennoch nicht bezahlen könne. Ja sogar glaube man, sie habe noch außerdem Schulden, und es stehe nicht zum besten mit ihr, man müsse sich vorsehen.

Wilhelm erinnerte sich unter den Reden der sonderbaren Figur, die ihm begegnet war, und fragte nach ihr. »Wir wissen selbst nicht«, sagte Madame Melina, »was wir aus dem Kinde machen sollen. Vor ohngefähr vier Wochen war eine Gesellschaft Seiltänzer hier, die sehr künstliche Sachen zeigte. Unter andern war auch dieses Kind dabei, ein Mädchen, das alles recht gut ausführte, besonders tanzte sie den Fandango allerliebst und machte verschiedene andere Kunststücke mit vieler Geschicklichkeit und Anstand, doch war sie immer still, wenn man mit ihr sprach oder sie lobte oder sie um etwas fragte. Eines Tages kurz vor der Abreise hörten wir einen erschröcklichen Lärm unten im Hause. Der Herr von dieser Truppe schalt entsetzlich auf das Kind, das er zur Stube hinausgeworfen hatte und das in der Ecke des Saales unbeweglich stand. Er verlangte mit Heftigkeit etwas von ihm, das es, wie wir aber hörten, zu tun sich weigerte. Er holte darauf eine Peitsche und schlug unbarmherzig auf das Kind zu, es rührte sich nicht, verzog das Gesicht kaum, und es überfiel uns ein Mitleiden, daß wir herunter liefen und uns in die Sache mischten. Der ergrimmte Mann schalt nunmehr auf uns und schlug immer zu, bis er endlich, von uns aufgehalten, seinen Unwillen in einen ungeheuren Strom von Worten ausgoß. Er schrie, stampfte und schäumte, und so viel wir verstehen konnten, hatte das Kind sich geweigert zu tanzen und war weder mit Bitten noch mit Gewalt zu bewegen gewesen. Es sollte auf das Seil, es tat es nicht, viele hundert Menschen waren herbeigelaufen, den angekündigten Eiertanz zu sehen, man forderte ihn laut, aber vergebens. Der Unternehmer ward rasend, da das Publikum unwillig aus einander ging und unter diesem Vorwande nicht bezahlte. ›Ich schlage dich tot‹, rief er aus, ›ich lasse dich auf der Straße liegen, du magst auf dem Miste sterben, du sollst von mir keinen Bissen mehr nehmen!‹ Unsere Direktrice, die dabei stund und lange ein Aug' auf das Kind gehabt hatte, weil das Mädchen, welche sonst die Fiamette in der ›Gouvernante‹ spielte, ihr vor kurzem entführt worden war und uns auch ein Kammermädchen abging, wozu sie es zu brauchen glaubte, war gleich mit ihren gewöhnlichen Kunstgriffen hinter dem erzürnten Manne her und suchte ihn zu überreden, das beste sei, er gäbe das Kind weg. Sie erreichte auch ihre Absicht, und in der ersten Hitze überließ er das Geschöpf mit der Bedingung, daß man eine gewisse Summe für ihre Kleider bezahlen sollte, die ziemlich hoch angeschlagen waren. Madame de Retti, nicht faul, bezahlte das Geld auf der Stelle und nahm die Kleine mit auf ihre Stube. Es verging keine Stunde, als es den Seiltänzer reute und er das Kind wieder haben wollte. Unsere Prinzipalin wehrte sich tapfer, sie drohte, daß, wenn er noch einen Augenblick drauf bestünde, so wollte sie seine Grausamkeit gegen das Kind bei dem Oberamtmann anzeigen, der ein sehr gerechter und strenger Mann sei, und er sollte gewiß nicht mit heiler Haut davonkommen; dadurch ließ er sich abschrökken, und nach einigem Wortwechsel blieb das Kind unser. Es hat uns aber schon hundertmal gereut, daß wir uns der Kreatur angenommen haben. Sie ist uns zu gar nichts nütze. Auswendig lernt sie sehr geschwind, spielt aber erbärmlich. Es ist nichts aus ihr zu bringen. Sie ist sehr dienstfertig, tut

1. Wilhelm Meisters theatralische Sendung

nur eben das nicht, was man von ihr verlangt; wir hätten sie hundertmal selbst prügeln mögen. Den ersten Morgen, als sie bei uns geschlafen hatte, kam sie in den Knabenkleidern, in denen Sie sie gesehen haben, hervor und ist bisher nicht zu bewegen gewesen, sie abzulegen. Als unsere Direktrice sie halb im Scherze und halb im Ernste fragte, wie sie nun das ausgelegte Geld wieder ersetzen wollte, antwortete sie: ›Ich will dienen!‹ Und von der Zeit an leistet sie unverlangt der Direktrice und der ganzen Gesellschaft alle Dienste, auch die niedrigsten, mit einer Eile, einer Pünktlichkeit, mit einem guten Willen, der uns wieder mit ihrem halsstarrigen Wesen, mit ihren schlechten Talenten zum Theater aussöhnt.« Wilhelm verlangte, sie näher zu sehen, und Melina ging, sie zu holen. »Du hast dem Herren«, sagte Frau Melina, als das Kind hereintrat, »diesen Morgen nicht gedankt.« Es blieb an der Türe stehen, als wenn es gleich wieder hinausschlüpfen wollte, legte die rechte Hand vor die Brust und die linke vor die Stirne und bückte sich tief. »Tritt näher, liebe Kleine«, sagte Wilhelm. Sie sah ihn mit unsicherm Blick an und kam herbei.

»Wie nennst du dich?« fragte er. – »Sie heißen mich Mignon«, antwortete sie. – »Wie viel Jahre hast du?« – »Es hat sie niemand gezählt.« – »Wer war dein Vater?« – »Der große Teufel ist tot.« Die letzten Worte erklärte man ihm, daß ein gewisser Springer, der vor kurzem gestorben und sich den großen Teufel nannte, für ihren Vater sei gehalten worden. Sie brachte ihre Antworten in einem gebrochenen Deutsch und mit einer Art vor, die Wilhelmen in Verwirrung setzte, dabei legte sie jedesmal die Hände an Brust und Haupt und neigte sich tief.

»Was soll nun diese Gebärde bedeuten?« sagte Frau Melina, »das ist wieder etwas Neues, so hat sie alle Tage etwas Sonderbares.« Sie schwieg, und Wilhelm konnte sie nicht genug ansehen. Seine Augen und sein Herz wurden unwiderstehlich von dem geheimnisvollen Zustande dieses Wesens angezogen. Er schätzte sie zwölf bis dreizehn Jahre. Ihr Körper war gut gebaut, nur daß ihre Knöchel und

Gelenke einen stärkern Wachstum versprachen oder einen zurückegehaltnen ankündigten. Ihre Bildung war nicht regelmäßig, aber auffallend, ihre Stirne kündigte ein Geheimnis an, ihre Nase war außerordentlich schön, und der Mund, ob er schon ein wenig aufgeworfen war und sie manchmal mit demselben zuckte, doch noch immer treuherzig und reizend. Ihre Gesichtsfarbe war bräunlich, mit wenigem Rot ihre Wangen besprengt, überhaupt von der Schminke sehr verdorben, die sie auch jetzo nicht anders als mit dem größten Widerwillen auflegte. Wilhelm sah sie noch immer an und schwieg und vergaß der Gegenwärtigen über seiner Betrachtung. Frau Melina weckte ihn, indem sie dem Kinde ein Zeichen gab, das nach einem Bücklinge wie oben blitzschnell zur Türe hinausfuhr.

Wilhelm konnte diese Gestalt nunmehr nicht los werden. Er hätte gerne immer fort gefragt und immer fort von ihr erzählen hören, als Frau Melina es nun für genug hielt und das Gespräch auf ihr eigen Talent, Spiel und Schicksal brachte.

Fünftes Kapitel

Es war bald beschlossen, daß Wilhelm heute bleiben, die Bekanntschaft der Direktrice und der übrigen Gesellschaft machen, darauf diesen Abend die Komödie ansehen sollte; morgen früh bei Zeiten könne er abfahren. Die Reizung war zu groß, als daß er lange hätte widerstehen können, ob er gleich im Anfange einige Schwierigkeiten machte; denn er hatte Wernern versprochen, einen gewissen Tag in einer benannten Stadt zu sein. Dieser Termin ruckte heran; er hatte sich an dem letzten Orte schon länger, als er sollte, aufgehalten, durch den Irrtum des Postillons war er wieder verspätet worden. Des Gehorsames und der Ordnung von jeher gewohnt, hielt er Pflicht und Versprechen um seiner selbst willen heilig, weil er sich nur achtete, insofern er sie erfüllte. Doch seine Neigung überwog alles, er blieb mit dem festen Vorsatze, morgen ganz früh wegzureisen.

1. Wilhelm Meisters theatralische Sendung

Madame Melina bat ihn zu Tische, er lud sie nebst ihrem Manne auf sein Zimmer, bestellte das Essen, und als ihn der Wirt nach seinem Namen fragte, den er abends bei dem Kommandanten einzureichen verpflichtet war, gab er sich hier an, wie er sich im Tore genannt hatte, und bat seine Freunde, ihn auch so zu nennen und seinen bekannten Namen zu verschweigen. Bei Tische ging es sehr lustig zu. Madame tat alles mögliche zu gefallen, ihr Ehegatte machte mitunter einen trocknen Spaß, und Wilhelm, dem es zum erstenmale seit langer Zeit ganz frei ums Herz wurde, war offen, lebhaft und unterhielt sich mit vielem Feuer von seinen Materien. Man ließ sich den Wein, der durch einen Zufall gut war, schmecken und vergaß des Aufstehens.
Es fehlte Madame Melina nicht an einer Art von Verstand, nur war ihr Geist und Witz nicht ausgebildet. Sie fand manchmal das Gute, doch oft fiel sie aus dem Übertriebenen in das Gemeine. Die Epoche ihrer ersten, vorzüglichsten Bildung war in die Zeit der »Bremischen Beiträge« gefallen, sie hatte ihre Partie wider Gottscheden genommen und war auch meistens da stehen geblieben, außer daß Lessings Stücke, die von Zeit zu Zeit auf dem Theater erschienen, ihrem Geiste wieder eine andere Wendung gegeben hatten. In ihrem ledigen Stande war sie in Gelegenheitsgedichten und Madrigalen nicht unglücklich gewesen, und der Truppe hatte sie einige Prologe geschrieben und mit großem Beifall vorgebracht. Sie rezitierte ihrem Wirte einen und den andern, der daran lobte, was zu loben war. Keine fremde Sprache kannte sie, keine auswärtige Literatur, und also war ihr Kreis ziemlich enge. Er durfte noch viel enger sein, und Wilhelm hätte sie in seiner Unschuld für ein ausgebreitetes Genie gehalten, denn sie war das, was ich mit einem Worte eine Anempfinderin nennen möchte. Sie wußte jemanden, um dessen Achtung es ihr zu tun war, mit einer besondern Aufmerksamkeit zu schmeicheln, in seine Ideen, so lang es reichte, einzugehen, sobald sie über ihren Horizont waren, mit Ekstase eine solche ihr neue Erscheinung aufzunehmen, sie verstand zu fragen, zu schweigen und, ob sie gleich kein

tückisches Gemüt hatte, mit großer Vorsicht aufzupassen, wo des andern schwache Seite sein möchte. Tue man hinzu, daß sie, obgleich nicht mehr jung, doch wohl erhalten war, freundliche Augen und einen hübschen Mund hatte, wenn sie ihn nicht verzog, so wird man begreifen, daß unser Held sich in ihrer Gesellschaft ganz wohl befand.
Die Zeit zum Schauspiele kam herbei, ohne daß man die Direktrice gesprochen hatte. Man gab Holbergs »Bramarbas«. Madame Melina beschwerte sich über die Rolle der Leonore, über das Platte und Geschmacklose des Stückes, an dem das Publikum einen großen Gefallen zeige. Man schied, und Wilhelm ging nach der Bude. Er fand gar bald die Akteurs, wie er sie zu sehen schon gewohnt war, meistens Leute, die noch in der extemporierten Komödie mitgespielt und sich an einen gewissen individuellen Schritt gewöhnt hatten, in welchem sie sich so sehr gefielen, daß sie auch dieses Stück gleichsam als ein Scenario ansahen und ihm mit Zusätzen und Possen eine noch breitere Gestalt gaben, als es von Natur hatte. Leonore war so artig, als sie heraustrat, ihren Freund sogleich mit den Augen aufzusuchen und einige von denen guten Lehren, über die er sich bei Tische ausgebreitet, sowohl bei dem Rezitieren als in ihren Gebärden nach bester Möglichkeit anzuwenden und zu benutzen. Dies gefiel ihm wohl, und ob sie gleich selten zum Vorscheine kam, vergaß er doch wie gewöhnlich aller übrigen und lobte sie sehr, indem er sie nach Hause führte, über ihr Spiel Anmerkungen machte und sie versicherte, daß sie es weit bringen würde, wenn sie aufmerksam auf sich selbst und auf die Kunst sein wollte. Dieser Diskurs ward auf ihrem Zimmer, wohin sie Wilhelm begleitete, fortgesetzt, man vergaß auch diesmal die Direktrice zu besuchen, wie man sich vorgesetzt hatte, und man bemerkte nicht eher, daß es spät war, als bis Herr Melina in das Zimmer trat. »Ach!« rief sie aus, »wie glücklich wäre ich, wenn ich Ihres Unterrichtes genießen könnte! wie viel glücklicher, wenn Sie mich alle meine Rollen spielen sehen könnten! wie, wenn ich von Ihnen lernen könnte, sie zu spielen!«

1. Wilhelm Meisters theatralische Sendung

Wilhelm zeigte sein Bedauern, man drang auf ihn, noch den morgenden Tag zuzugeben, wo nicht gespielt würde, wo nur früh morgens eine Probe sei, in welcher er Madame de Retti kennen lernen und man sich übrigens den Tag auf das angenehmste unterhalten könne. Die beiden Eheleute wurden dringend, und sie besonders tat so artig, so halb vertraut und nahm es zuletzt als unmöglich an, daß sie jetzo von ihm Abschied nehmen könnte, daß es ihm auch ohnmöglich ward und er zu bleiben versprach.
Als er auf seine Stube kam und seine Sachen musterte, vermißte er die große, lederne Brieftasche, worinnen er alle Dokumente und die zu seinem Geschäfte nötige Papiere mit sich führte. Anfangs erschrak er, doch bald fiel ihm ein, daß er solche habe bei einem Freunde an dem Orte seines letzten Aufenthaltes stehen lassen. Dort waren noch einige Sachen zurückgeblieben, und er hatte gebeten, man möchte sie ihm nachschicken, wenn er seine Ankunft in einer bestimmten Stadt würde gemeldet haben. Er beruhigte sich deswegen bald und dachte, es mag alsdann alles mit einander kommen, der Aufenthalt kann so groß nicht sein.
Des andern Morgens stieg er früh auf, er fand das ganze Haus noch stille, nur Mignon war schon auf dem Gange. Er tat freundlich gegen das Kind, redete es an, fragte verschiedenes. Es sah ihm scharf in das Gesicht, antwortete aber auf keine Frage und bezeigte nicht die mindeste Rührung noch Neigung zu ihm. Es schien ganz gefühllos. Endlich griff er in die Tasche und reichte ihm ein Stück Geld; die Gesichtszüge der kleinen Kreatur wurden heiterer, sie schien zu zweifeln und zauderte, es zu nehmen; endlich da sie sah, daß es Ernst war, fuhr sie hastig zu und besah die Gabe mit einem sichtbaren Vergnügen in ihren Händen. Er gab nachher Frau Melina seine Verwunderung über die starke Neigung des Kindes zu dem Gelde zu erkennen. »Ich kann Ihnen dieses Phänomen erklären«, sagte sie. »Kurz nachdem die Prinzipalin dieses seltsame Geschöpf dem Seiltänzer abgenommen hatte, sagte sie einmal zu ihm: ›Nun bist du mein, du kannst dich nur gut aufführen.‹ – ›Ich bin dein‹,

versetzte Mignon, ›ich habe wohl gesehen, daß du mich gekauft hast, was hast du bezahlt?‹ Die Prinzipalin sagte aus Scherz: ›Hundert Dukaten; wenn du mir sie wiedergibst, so sollst du frei sein und hingehen, wo du hin willst.‹ Seit der Zeit merken wir, daß sie Geld sammelt, wir schenken ihr manchmal Pfenninge, und sie hat mir eine große Schachtel mit Kupfergelde aufzuheben gegeben, daß wir auf den Verdacht gekommen sind, sie sammle zu ihrer Ranzion, zumal da sie neulich fragte, wie viel Pfenninge auf einen Dukaten gingen.«

Sechstes Kapitel

Um zehn Uhr fand sich Wilhelm auf dem Theater ein, und die ganze Truppe versamelte sich um ihn. Er sah sich um und suchte, ob er eine Gestalt fände, die ihn anzöge, und glaubte bald in diesem, bald in jenem Blicke Teilnehmung zu finden. Madame de Retti, die hereintrat, zog endlich allein seine Aufmerksamkeit auf sich. Ihr ganzes Wesen war männlich, ihr Gang und Betragen stolz, ohne beleidigend zu sein. Die andern stunden als ihre Hofleute um sie herum. Dem Fremden begegnete sie mit Freundlichkeit und Achtung. Während der Probe setzte sie sich zu dem Ankömmlinge, um ihn von theatralischen Angelegenheiten zu unterhalten. Dabei war sie unverwendet aufmerksam auf das Spiel der Akteurs. Den einen ermunterte sie durch einen Scherz, mit dem andern ging sie schon nicht so glimpflich um. Die Neulinge in der Kunst wies sie zurechte und den Eingebildeten sagte sie ein belehrend Wort, ohne sie zu beleidigen oder zu beschämen. In der Stille bedauerte sie gegen Wilhelmen, daß es so wenig Schauspielern Ernst sei, und besonders daß man sie dahin nicht bringen könne, die Proben wichtig zu traktieren. Ihre Gesinnungen hierüber hörte unser Freund sehr gerne, weil es die seinigen waren. »Ein Schauspieler«, sagte er, »sollte nichts Angelegneres haben als auf das pünktlichste zu memorieren. Schon bei der ersten Probe sollte er seine Rolle ganz auswendig wissen, um alsdann die vielerlei

1. Wilhelm Meisters theatralische Sendung

Schattierungen, die sie annimmt, sorgfältig zu studieren. Sein Gehen und Kommen, Bleiben und Stehen, sein Tun und Lassen und jede Gebärde sollte er in den verschiedenen Proben verschiedentlich durchdenken, um sich dadurch des Mechanischen zu versichern, daß er bei der Aufführung sich ganz seinem Herzen, seiner Laune und dem Glück überlassen könnte. Dadurch würde auch eine Mannigfaltigkeit in sein Spiel kommen, daß ein Stück bei mehreren Vorstellungen den Zuschauern immer neu bliebe. Wie verschieden kann der Sänger eine einzige haltende Note, einen einzigen Gang ausdrücken, ohne aus dem Charakter der Arie hinauszugehen, wenn er Methode hat und abwechselnde Manieren mit Geschmack anzuwenden weiß. Ebenso ist es auch mit den Rollen, wo ein eingeschränkter Akteur nur Ketten und Banden, ein kluger und gewandter Schauspieler aber eine freie Laufbahn erblickt.«
Madame de Retti war sehr erfreut, die guten Lehren, welche sie so oft ihren Schauspielern und meist vergebens geprediget, aus dem Munde des Dritten zu hören. Das Gespräch wurde lebhafter, und Wilhelm war schon von ihren großen theatralischen Einsichten ganz bezaubert. Man vergaß der Probierenden zu nicht geringem Verdrusse der Madame Melina, die sich unter ihnen befand und die Aufmerksamkeit ihres neuen Freundes von sich abgelenkt sah. Wilhelm war nunmehro ganz in seinem Elemente und fast das erstemal in seinem Leben im Gespräch über seine Lieblingsmaterie mit einer Person, die darinne weit bekannter war als er, die durch ihre Erfahrung das bestätigen, ausbreiten, berichtigen konnte, was er sich in seinem Winkel ausgedacht hatte. Wie vergnügt war er, wenn er mit ihr zusammentraf, wie aufmerksam, wenn ihm etwas Neues aufstieß, und wie sorgfältig im Fragen und im Zergliedern, wenn sie mit ihm nicht einer Meinung war! Sie berief sich im Gespräche auf verschiedene Stücke, die er von ihr und ihrer Truppe sollte aufführen sehen.
Seine Zweifel waren geschwinder als gestern gehoben, er versprach noch einige Tage dazubleiben und überlegte bei

sich selbst, seine Reise sei ja ohnedies willkürlich, und eine Woche auf oder ab würde an denen Schuldforderungen, die nunmehro schon Jahre stehen, nicht viel verschlimmern. Er überließ sich ganz seiner Neigung, und in der Gesellschaft beider Frauen, mit Gesprächen, Lesen, Rezitieren, mit dem Besuche des Schauspieles und der Unterhaltung darüber verstrich eine Woche und noch eine, ehe er es bemerkte.

Ehe der Mensch sich einer Leidenschaft überläßt, schaudert er einen Augenblick davor, wie vor einem fremden Elemente; doch kaum hat er sich ihr ergeben, so wird er, wie der Schwimmer von dem Wasser, angenehm umfaßt und getragen, er befindet sich in dem neuen Zustande wohl und gedenkt nie eher an den festen Boden, bis ihn die Kräfte verlassen oder der Krampf ihm droht, ihn unter die Wellen zu ziehen.

Auch ward ihm Mignons Gestalt und Wesen immer reizender. In allem seinem Tun und Lassen hatte das Kind etwas Sonderbares. Es ging die Treppe weder auf noch ab, sondern es sprang, es stieg auf den Geländern der Gänge weg, und ehe man sich's versah, saß es oben auf dem Schranke und blieb eine ganze Weile ruhig. Auch hatte Wilhelm bemerkt, daß es für jeden eine besondere Art von Gruß hatte, und seit einiger Zeit grüßte sie ihn mit beiden über die Brust geschlagnen Armen. Manche Tage antwortete sie mehr auf verschiedene Fragen und immer sonderbar; doch konnte man nicht unterscheiden, ob es Witz oder Mangel des Ausdruckes war, indem sie ein gar gebrochenes, mit Französisch und Italienisch durchflochtenes Deutsch sprach. In seinen Diensten war es unermüdet, früh mit der Sonne auf; abends verlor es sich zeitig, und Wilhelm erfuhr erst spät, daß es in einer Dachkammer auf der nackten Erde schlafe und durch nichts zu bewegen sei, ein Bett oder einen Strohsack anzunehmen. Er fand sie oft, daß sie sich wusch, und sie war immer reinlich gekleidet, obgleich fast alles doppelt und dreifach an ihr geflickt war.

Man sagte ihm auch, daß sie alle Morgen ganz frühe in die Messe ging, und da er nach einem sehr frühen Spaziergang, den er gemacht hatte, bei der Kirche vorbeiging und hineintrat, so fand er sie in einer Ecke bei der Kirchtüre mit ihrem Rosenkranze knien und sehr andächtig beten. Sie bemerkte ihn nicht, er ging nach Hause und machte sich tausend Gedanken über diese Gestalt und konnte sich nichts Bestimmtes dabei denken.

Siebentes Kapitel

Da man zusammen in *einem* Hause wohnte und Gelegenheit hatte, sich jederzeit zu sehen, wurde man bald vertrauter, und die beiden Frauens nahmen Wilhelmen in die Mitte, jede suchte ihn anzuziehen, jede fand ihn angenehm, und daß man spürte, er habe Geld und sei nicht karg, sprach sehr mit zu seiner Empfehlung. Er, ohne daß die mindeste Zärtlichkeit sich in seine Empfindung gemischt hätte, befand sich zwischen beiden Weibern sehr behaglich. Madame de Retti erweiterte seinen Geist und vermehrte seine Kenntnisse, indem sie ihm von sich, ihren Talenten, Unternehmungen und Schicksalen sprach. Madame Melina zog ihn an, indem sie von ihm zu lernen und sich nach ihm zu bilden suchte. Jene erwarb sich unmerklich eine Gewalt über ihn durch ihren entschiedenen und herrischen Charakter, diese durch ihre Gefälligkeit und Nachgiebigkeit, so daß er bald allein von beider Willen abhing und ihm beider Gesellschaft höchst notwendig wurde. Es währte nicht lang, so wurde man bekannter und vertrauter. Wilhelm verschwieg Madame Melina seine Leidenschaft zu Marianen nicht und fand in einer schmerzhaften Wiederholung seiner Geschichte das größte Vergnügen. Der Prinzipalin entdeckte er die Geheimnisse seiner Autorversuche, rezitierte ihr Stellen aus seinen Stücken, die von ihr mit großem Lobe und mit vorteilhaften Vergleichungen aufgenommen wurden. Dagegen hatten sie ihm nichts als ihre Finanzgeheimnisse zu entdecken, dabei jene ganz aufrichtig zu Werke ging, diese aber nicht mehr offenbarte, als sie glaubte, daß rätlich sei.

Sie hatten sich oft und so weitläufig über das Geistreiche und Vortreffliche der Kunst unterhalten, und in der Ausführung blieben sie leider immer weit zurück. Der Mißstand schlechter und ungehöriger Kleider fiel Wilhelmen, der sehr viel auf das Kostüm hielt, am meisten auf. Madame Melina zuckte die Achseln und gestand ihm, daß ihre besten Sachen und zwar für eine Kleinigkeit von funfzig Talern versetzt seien, wovon die Juden ihr nur zur Not manchmal zu einem Abend der Aufführung ein Stück wieder verabfolgen ließen, welches sie teuer bezahlen müsse. Kaum erfuhr dies Wilhelm, als er mit sich zu Rate ging, und er fand gar bald Anlaß und Ursache genug, diese Summe an seine gute Freundin zu borgen, besonders da er durch ihr Versprechen, ihn auf das baldigste wieder zu bezahlen, gesichert ward.

Der Pfandinhalter wurde herbeigerufen, es fanden sich auch noch einige Sachen des Herrn Gemahls dabei, es waren Interessen zu berichtigen, so daß es sich über siebenzig Taler belief, die er jedoch gerne hinzuzahlte. Diese großmütige Handlung blieb, wie natürlich, nicht verschwiegen, und Madame de Retti fand es bequem, auch von diesen Gesinnungen Vorteil zu ziehen. Denn wie wir schon oben gehört haben, stand es wirklich mit ihr auf dem schlimmsten. Sie hatte auf ihrer ganzen Fahrt durch die Welt mit allen ihren Talenten wenig erobert und nichts gespart. Was sie an großen Orten zu Zeiten des Glückes erworben hatte, ging auch sogleich in lustigem Leben wieder fort. Ihr unruhiger Charakter ließ sie von glücklichen Umständen wenig Vorteil ziehen, und ihr herrschsüchtiges und unbiegsames Wesen konnte sich in bösen Zeiten zum Nachgeben und zur Gefälligkeit nicht herabstimmen. Sie hungerte oft als Prinzipalin, wo sie als untergebene Aktrice einer andern Truppe ein reichliches Auskommen hätte finden können.

Man sprach von verschiedenen Trauerspielen und andern wichtigen Stücken, die man dem neuen Gaste zu Ehren gern gegeben hätte. Man ließ ihn merken, daß er sowohl Kenner als Liebhaber und Beschützer des Theaters sei; man wiederholte es von allen Seiten und wußte es so zu bringen und zu

1. Wilhelm Meisters theatralische Sendung

legen, daß er sich endlich entschloß, auch hier der bedrängten Schauspielkunst, die er so oft in Prologen durch den Apollo hatte beschützen sehen, in eigener Person zu Hülfe zu kommen. Er sagte sich vor, daß er auf das Geld, welches er einkassieret, auch wieder einiges Recht habe, um es gelegentlich anzuwenden, daß es doch nur wie verloren Geld sei, daß er auf seiner Reise wieder sparen wolle und daß es ja auch hier sicher genug stehe, indem man ihm die ganze Garderobe zu verschreiben versprach. Es wurde ihm nunmehro ganz leicht, seiner bedrängten Freundin dreihundert Taler zuzusagen und letzt vierhundert Taler auszuzahlen. Herr Melina, der zuerst von diesem Handel abzuraten schien, übernahm nunmehro die Legalität desselben, ließ einen Notarius kommen und die Verschreibung in bester Form ausfertigen. Dadurch wurden die gefangenen Helden und Sultanen befreit, die reichen Kleider los, es kam ein Leben unter die Truppe, die Abwechselung ihrer Stücke zog Zuschauer herbei, die Einnahme war stärker als jemals, Wilhelm schoß noch einiges Geld zu, um die alten Dekorationen aufzufrischen, man faßte neuen Mut; Madame de Retti, indem sie ihren heimlichen Gläubigern hier und da etwas abtragen konnte, erhielt wieder Kredit, man aß, man trank, lebte herrlich und in Freuden, versicherte und schwur, daß man in dieser Jahreszeit – der Frühling war schon weit vorgerückt – noch niemals eine so glückliche Theaterepoche erlebt habe.

Achtes Kapitel

Am allerlustigsten ging es zu, wenn Wilhelm sie einlud und auf seine Kosten traktierte; da zeigten sie sich so fröhlich und guten Mutes, als wenn sie den Mangel nicht kennten oder nie zu befürchten hätten. Eines Tages, als sie bei einer solchen Mahlzeit saßen, fiel es ihnen ein, die Charaktere verschiedener Personen nachzuahmen, und ein jeder wählte sich etwas Besonderes. Der eine stellte einen Betrunkenen vor, der andere einen pommerischen Edelmann, einer einen niedersächsischen Schiffer, der andre einen Juden, und als Wilhelm und Madame Melina nichts für sich finden konnten, weil sie in der Nachahmung nicht sehr geübt waren, so sagte Madame de Retti scherzend: »Sie können nur die Verliebten spielen, denn dies ist wohl das allgemeinste Talent.« Sie selbst machte, indem sie einen runden Strohdeckel statt des Hütchens sich auf den Kopf band, eine Tirolerin auf das artigste, welches um so angenehmer auffiel, als ihre neckischen Einfälle und ihr drolliges Wesen mit der Hoheit, die man sonst an ihr gewohnt war, einen gefälligen Kontrast machten. Sie hatten angenommen, als wären sie eine Gesellschaft, die sich auf dem Postwagen zusammengefunden, im Wirtshause gegenwärtig abgestiegen und im Begriffe sei, bald wieder fort zu fahren. Ein jeder spannte seine Einbildungskraft an, aus den gemeinen Vorfällen, die solchen Gesellschaften zu begegnen pflegen, die merkwürdigsten und komischsten Situationen herauszuziehen und sie mit mehr oder weniger Geschmack anzuknüpfen und auszuführen. Man beschwerte sich, man schraubte einander, Vorwürfe, Drohungen, lustige Aussichten, und was nur erdenklich war, wurden in Bewegung gebracht, daß Wilhelm zuletzt, dem seine Rolle ohnedem diesmal nicht sehr natürlich war, als Zuschauer herzlich lachte und der Prinzipalin versicherte, daß ihn lange kein Stück so wohl unterhalten habe.

»Wie leid ist es mir«, sagte sie, »daß wir um das Extemporieren gebracht sind, es hat mich hundertmal gereut, daß ich selbst mit schuld daran gewesen; nicht daß man hätte die alten Unschicklichkeiten beibehalten und gute Stücke nicht darneben aufführen sollen. Wenn man nur einmal die Woche extemporiert hätte, so wäre der Akteur in der Übung, das Publikum in dem Geschmack an dieser Art geblieben, und man hätte mancherlei Nutzen herausziehen können, denn das Extemporieren war die Schule und der Probierstein des Akteurs. Es kam nicht darauf an, eine Rolle auswendig zu lernen und sich einzubilden, daß man sie spielen könne, sondern der Geist, die lebhafte Einbildung,

1. Wilhelm Meisters theatralische Sendung

die Gewandtheit, die Kenntnis des Theaters, die Gegenwart des Geistes zeigte sich mit jedem Schritt auf das klärste; der Schauspieler war durch die Not gezwungen, sich mit allen Ressourcen, die das Theater anbietet, bekannt zu machen, er wurde darauf recht einheimisch, wie der Fisch im Wasser, und ein Dichter, der Gabe genug gehabt hätte, diese Werkzeuge zu brauchen, würde auch auf das Publikum einen großen Effekt gemacht haben. Allein ich ließ mich leider von den Kunstrichtern hinreißen, und weil ich selbst ernsthaft war, an Possen und Schwänken keinen Gefallen hatte und mich glücklich fand, eine Chimene, Rodogune, Zaire, Merope vorzustellen, hielt ich mich und meine Truppe für zu vornehm, als daß ich die Zuschauer wie bisher belustigen sollte. Ich verbannte den Hanswurst, begrub den Harlekin, und wenn diesen durch die Umstände erlaubt gewesen wäre, ein eigenes Theater zu errichten, so hätten sie mich als eine Königin, die ihren Minister und General zu Zeit der Not abdankt und darüber schwachen und platten Widersächern in die Hände fällt, gar trefflich parodieren können. Und welcher deutsche Schriftsteller hat uns bisher für das, was wir hingegeben, entschädigt? Wenn wir die Übersetzung der Molièrischen Stücke nicht gehabt hätten, wir hätten uns nicht zu retten gewußt, da unsere besten Originalschauspiele das Unglück haben, nicht theatralisch zu sein.«

Wilhelm versetzte eins und das andere dagegen, als sie dem Akteur, der den Juden vorstellte und gegen ihr über saß, zurief: »Nicht wahr, Alter, wenn wir Verstand und Glück genug gehabt hätten, unsern Plan zu rechter Zeit auszuführen, so hätten wir den Deutschen ein treffliches Geschenk machen können, das der Grund eines Nationaltheaters geworden wäre und von den besten Köpfen hätte benutzt und verfeinert werden können. Wir sprachen oft über die Vorteile der italienischen Masken, über das Interesse, daß jeder einen bestimmten Charakter, Heimat und Sprache hat, über die Bequemlichkeit, daß ein Akteur sich in eine einzelne Personnage recht hineinstudieren kann und alsdann, wenn er geistreich immer in gleichem Charakter handelt, statt das Publikum zu ermüden, jederzeit gewiß ist, es zu entzücken. Wir dachten an etwas auf deutsche Weise in dieser Art hervorzubringen; unser Hanswurst war ein Salzburger, unsern Landjunker wollten wir aus Pommern nehmen, unsern Doktor aus Schwaben, unser Alter sollte ein niedersächsischer Handelsmann sein, wir wollten ihm eine Art von Matrosen als Diener geben, unsere Verliebten sollten Hochdeutsch sprechen und aus Obersachsen sein, und die schöne Leonore, oder wie wir sie nennen wollten, sollte ein Leipziger Stubenmädchen als Columbine bei sich haben. Wir wollten den Schauplatz in Häfen, Handelsstädte, auf große Messen verlegen, um diese Leute alle geschickt zusammenzubringen. Wir wollten selbst einen reisenden Arlekin, Pantalon, Brighella aufführen und durch diese Kontraste unsere Stücke noch mannigfaltiger und reizender machen. Unser Einfall war nur obenhin. Wie vieles hätte man durch Zeit und Muße dazu gewinnen können! Ein jeder neuer Akteur, der zur Truppe gekommen wäre, brachte vielleicht wieder einen neuen Einfall, eine auffallende Nachahmung irgend einer Landesart mit, wie wir denn auch besonders die Juden nicht vergessen hatten. Manche Menschen haben Scherze, die ihrem Individuo besonders wohl anstehen. Die Figuren hätten auch durch irgend einen Fehler, Stottern, Hinken, oder was man gewollt hätte, noch eine nähere charakteristische Bestimmung erhalten, und wir glaubten wenigstens damals, wir müßten viel Glück damit machen. Aber leider schlugen unsere Versuche fehl, die wir zum Trutz der Puristen, mit denen wir uns wieder entzweit hatten, dem Publiko vortrugen. Man nahm die Besten gegen uns ein, und die ersten Versuche, die vor einigen Jahren gewiß Beifall erhalten hätten, fielen gänzlich. Sie leisteten auch das nicht, was wir im Sinne hatten; die Akteurs waren aus der Übung, es fehlte uns an Leuten, die Charaktere mannigfaltig zu machen, und wir mußten uns eben zurückeziehen, unser Vorhaben aufgeben und dem Strome folgen, in dem wir noch schwimmen. Ich bin nun überzeugt, daß man ohne ein Wunder diese Epoche nicht wieder zurückbringen kann. Wir sind wie Leute, die auf einen unbequemen oder schlechten Weg geraten, aber bei dem allen nun einmal zu weit vorwärts sind, um zurückezukehren und den andern von Anfange betreten zu können.«

Sie wollte noch verschiedenes hinzufügen, als sie draußen einen großen Lärmen hörten, kurz darauf Mignon zur Türe hineinstürzte und eine fremde Mannsperson ihr drohend folgte.

»Wenn diese Kreatur Ihnen gehört«, sagte der Unbekannte, »so strafen Sie solche über ihre Ungezogenheit in meiner Gegenwart ab. Sie hat mir ins Gesicht geschlagen, daß mir noch die Ohren sumsen und der Backen brennt. « – »Wie kommst du dazu, Mignon?« fragte Wilhelm. Mignon, der sich hinter Wilhelms Stuhl ganz ruhig hingestellt hatte, antwortete: »Ich habe Hände, ich habe Nägel, ich habe Zähne, er soll mich nicht küssen.« – »Wie«, rief Wilhelm aus, »mein Herr? also sind Sie wohl der angreifende Teil? Was berechtigt Sie, von dem Kinde zu fordern, was unschicklich ist?« – »Ich werde wahrhaftig«, antwortete der Fremde, »mit einer solchen Kreatur keine große Umstände machen sollen. Ich wollte sie küssen, und sie hat sich impertinent aufgeführt, ich verlange Satisfaktion.« – »Mein Herr«, versetzte Wilhelm, dem der Trutz des Fremden das Blut in Bewegung brachte, »Sie würden am besten tun, das Kind um Verzeihung zu bitten und ihm für die Lektion zu danken, und so bleibt der Vorteil immer noch auf Ihrer Seite.« Darauf versetzte der Fremde stolz und drohend: »Wenn Sie mir versagen, was Sie mir schuldig sind, so will ich dem ungezogenen Ding mit der Peitsche schon Sitten lehren, wo ich sie finde.« – »Mein Herr«, rief Wilhelm aus, indem er aufsprang und ihm die Augen für Zorne funkelten, »und ich schwöre, daß ich dem Hals und Beine brechen will, der dem Kinde ein Haar krümmt.« Er wollte noch mehr sagen, aber der Zorn verhinderte ihn, und er hätte, um ihn auszulassen, wahrscheinlich den Fremden zur Türe hinausgeschmissen, welches die erste Gewalttätigkeit gewesen wäre, welcher er sich in seinem Leben schuldig gemacht,

wenn ihn nicht Madame Melina heimlich bei dem Rockzipfel gefaßt und ihn gegen sich gezogen hätte.
Der Fremde stutzte über diese Begegnung, und da es die übrige Gesellschaft merkte, wurde auch ihr Mut lebendig, und sie fielen alle, besonders die Frau Prinzipalin, mit unfreundlichen Worten über ihn her, daß er vor das Rätlichste hielt, sich zurückezuziehen und mit heimlichem Brummen und Drohen die Gesellschaft zu verlassen. Man hielt sich über ihn, da er weg war, auf, besonders wurde über seinen linken feuerroten Backen gescherzt, Mignon gelobt, Wilhelm ließ noch ein paar Flaschen Wein bringen, man ward munter, lustig und vertraut.
Des Abends saß Wilhelm in seiner Stube und schrieb; es klopfte an seiner Türe, und Mignon trat herein mit einem Kästchen unter dem Arme. »Was bringst du mir?« rief Wilhelm ihr entgegen. Mignon hatte die rechte Hand auf das Herz gelegt und machte, indem er den rechten Fuß hinter den linken brachte und beinah mit dem Knie die Erde berührte, eine Art von spanischem Kompliment mit der größten Ernsthaftigkeit. Eine gleiche Verbeugung folgte mitten in der Stube, und endlich, als er gegen Wilhelmen herankam, kniete er ganz auf das rechte Knie nieder, stellte die Schachtel auf den Boden, faßte Wilhelms Füße und küßte sie mit großem Eifer, doch ohne eine anscheinende Bewegung des Herzens, ohne einen Ausdruck von Rührung oder Zärtlichkeit. Wilhelm, der nicht wußte, was er daraus machen sollte, wollte sie aufheben, allein Mignon widerstand und sagte in einem sehr feierlichen Tone: »Herr, ich bin dein Sklave, kaufe mich von meiner Frau, daß ich dir alleine zuhöre.« Sie nahm hierauf das Kästchen von dem Boden und erklärte ihm, so gut sie konnte, daß dieses ihr Erspartes sei, um sich loszukaufen; sie bat ihn, es anzunehmen, und, weil er reich sei, das, was an hundert Dukaten fehlte, zuzulegen, sie wollte es ihm reichlich wieder einbringen und ihn bis an seinen Tod nicht verlassen. Sie brachte das alles mit großer Feierlichkeit, Ernst und Ehrfurcht vor, so daß Wilhelm bis in das Innerste seiner Seele bewegt ward

1. Wilhelm Meisters theatralische Sendung

und ihr nicht antworten konnte. Sie kramte darauf ihre Barschaft aus, deren Anblick Wilhelmen ein freundliches Lächeln abzwang. Alle Sorten waren abgesondert und in Röllchen und Papierchen verteilt. Sie hatte sich für Silber und Kupfer besondere Kerbhölzchen gemacht und auf die verschiedenen Seiten die verschiedenen Sorten mit abwechselnden Zeichen eingeschnitten. Unbekannte und einzelne Münzen hatte sie am untersten Ende der Stäbchen wieder besonders angemerkt und legte nach diesem wunderbaren Sortenzettel ihrem Herrn und Beschützer ihre Schätze vor. Wilhelm merkte wohl, daß der Vorfall von diesem Mittag einen tiefen Eindruck auf sie gemacht hatte. Er suchte sie zu beruhigen, indem er versprach, ihr Geld aufzuheben und für sie zu sorgen, und bemühte sich vergebens, ihr begreiflich zu machen, daß er sie nicht bei sich behalten und mitnehmen könne. Sie verließ ihn, indem sie rückwärts zur Türe ging mit eben den Verbeugungen, mit denen sie gekommen war, und grüßte von der Zeit an, wo sie ihm begegnete oder zu ihm trat, ihn jederzeit auf diese Weise, indem sie sich in einiger Entfernung hielt.

Neuntes Kapitel

Nach und nach hatte Madame de Retti ihrem theatralischen Gast und Freunde alle Stücke gespielt, worauf sie sich etwas zugute tat, und hatte an manchen Stellen den jungen Kenner überrascht und in Erstaunen gebracht. Die übrigen von der Truppe taten auch ihr möglichstes, besonders da der Beifall des Publikums immer zunahm und eine bessere Zirkulation des Geldes den Kreislauf ihres stockenden Humors völlig wieder herstellte.

Nun fing endlich Wilhelm an, ernstlich an seine Abreise zu gedenken, welche ihm ein guter, warnender Geist manchmal in Erinnerung gebracht hatte.

Die meisten übersetzten Trauerspiele, welche Madame de Retti aufführen ließ, waren, wie jedermann weiß, in schlechte Alexandriner geschmiedet, sie beklagte sich öfters darüber, und Wilhelm übersetzte ihr zu Liebe einige starke Stellen in gute Verse, die ihr besonders wohl gefielen, daß sie solche oft mit großem Vergnügen rezitierte. An ruhigen Abenden hatte er manchmal etwas von seinen Arbeiten vorgelesen, die großen Beifall erhielten. Er führte sie sorgfältiger als jene Briefschaften im Grunde seines Koffers mit sich; nur das Trauerspiel »Belsazar« hatte er vorzutragen noch keine Stimmung gefunden. Er hatte es immer aufgeschoben, und nunmehro wollte er es ihnen zum Abschiedsschmause geben. Er nahm es hervor, sah es an, korrigierte noch ein und den andern schwerfälligen Vers, und ob er es gleich im ganzen nicht billigte, so gefiel es ihm doch meistenteils, da er es wieder durchlas.

Als er damit beschäftigt war, trat Mignon herein. Das Kind bediente ihn als seinen Herrn nunmehr regelmäßig, ob es gleich die andern nicht vernachlässigte. Es trat zu ihm und sagte: »Deine Weste ist blau, du liebst das Blau, ich will deine Farbe tragen.« – »Gerne«, versetzte Wilhelm, »ich werde dich darum nur lieber sehen«, und schenkte ihm ein blau und weißes seidenes Halstuch. »Du gutes Kind«, dachte er bei sich selbst, »was wird aus dir werden, wie kann ich für dich sorgen, als daß ich dich deiner Frau auf das dringendste empfehle. Wärst du ein Knabe, so solltest du gewiß mit mir reisen, und ich wollte dich pflegen und dich erziehen, so gut ich könnte.« Er ging in der Stube auf und ab, dachte dem Schicksale des Kindes nach und fühlte in *einem* Augenblicke, daß er es verlassen müsse und daß er es nicht verlassen könne.

Er nahm sein Manuskript und ging zu Madame de Retti hinüber, wohin er eine Schale Punsch bestellt hatte und wo er die Auswahl der Akteurs zusammen fand. »Ich weiß nicht«, sagte er, »ob Sie gestimmt sind, ein Stück anzuhören, das vielleicht hie und da zu geistlich ist?«

Sie versicherten alle, daß sie sehr aufmerksam sein würden, ob es gleich nicht durchaus wahr sein mochte, indem einige lieber in der Karte gespielt, andere lieber geschwätzt hätten.

1. Wilhelm Meisters theatralische Sendung

Er fing an zu lesen, und es wird um der Folge willen nötig sein, daß wir etwas von dem Inhalte erwähnen.
Der König, sein Charakter, Leben und Wesen ist uns schon im vorigen Buche bekannt geworden. An seinem Hofe hielt sich eine Prinzessin auf mit Namen Kandate, deren Vater von Nebukadnezarn seines Reiches entsetzt worden war. Sie hegte einen heimlichen, unversöhnlichen Haß gegen des Überwinders Sohn und sann auf Gelegenheit, sich und den Geist ihres Vaters zu rächen, ja, wenn es möglich wäre, ihren Zustand mit dem Throne zu vertauschen.
Eron, ihr Freund, ein Herr vom alten Hofe, dem es unerträglich fällt, vom jungen Könige vernachlässiget zu werden, der, um zu seinem vorigen Einflusse zu gelangen, alles auf das Spiel setzt, hat mit der Prinzessin eine Verschwörung angezettelt, sie haben sich mit dem medischen Könige Darius in eine Unterhandlung eingelassen und dieser versprochen, ihr Rückhalt, wenn es fehl schlüge, zu sein. Darius selbst hat auf Babylon einen Anschlag; er kommt in fremder Gestalt an Hof und erscheint vor Belsazarn als ein medischer Feldherr; bei den Verschwornen zeigt er sich an als des Geheimnisses kundig, doch auch diese erkennen in ihm den König nicht. In der Nacht, die vor Belsazars Geburtstag hergeht, der zur Ausführung des Vorhabens bestimmt ist, versammeln sich die Verschwornen nach und nach in einer Halle des Palastes, und der Gegenstand der Handlung entwickelt sich allmählich. Der Anschlag Erons ist, die Prinzessin auf den Thron zu heben und sie mit dem Könige der Meder zu vermählen. Der verstellte Darius gibt als Abgesandter Hoffnung dazu, jedoch kein festes Versprechen. Die Prinzessin empfindet, ohne seinen hohen Stand zu vermuten, eine Neigung zu dem verkappten Helden und wünscht mit ihm den Thron von Babel zu besitzen. Aber ganz andere Wünsche, ganz andere Sorgen nährt die Brust des Fürsten. So sehr er wünscht, das Reich einem unwürdigen Könige zu entreißen, so widrig ist ihm die Verräterei, die ihm darzu die Hände bietet. Und, o sonderbares Schicksal! es mischt sich auch hier die Liebe hinein. Die Gemahlin

Belsazars, Nitokris, hat sein Herz gerührt, er brennt für sie mit der stärksten Leidenschaft und fürchtet, daß sie dem Mörder ihres Gemahles ihr Herz und ihre Hand nie gönnen werde. Er sucht die Verschwornen durch allerlei Vorstellungen zu bereden, ihr Unternehmen noch einige Zeit aufzuschieben, und sie gehen, zu großem Verdrusse des Erons, unschlüssig aus einander.

Wilhelm, der das Stück fast auswendig wußte, las es sehr gut und mit vielen Nuancen des Ausdruckes. Ein jeder Zuhörer suchte sich schon in Gedanken eine Person aus, die er vorzustellen gedachte, ein jeder pries den jungen Schriftsteller und trank seine Gesundheit in einem Glase Punsch. Die Prinzipalin war von der Rolle der Prinzeß, als wenn sie ihr zur Ehre geschrieben sei, ganz entzückt, bat sich einen Augenblick das Manuskript aus und las sogleich einige stolze, unruhige, herrische Stellen.

Wilhelm, der ein so großes Vergnügen empfand, als etwa ein Schiffbaumeister fühlen mag, wenn er sein erstes großes Fahrzeug von dem Stapel in das Wasser läßt und es zum erstenmal vor seinen Augen schwimmen sieht, erhöhte seine Geister durch den feurigen Trank, fing den zweiten Akt an, dessen ersten Monolog wir in dem vorigen Buche gesehen haben.

Der junge König, des festen Entschlusses, seinen Geburtstag mit der Verehrung der Götter und der Betrachtung über sich selbst anzufangen, will nach Danielen schicken, um sich mit ihm zu unterhalten. Ein Hofmann, der dazwischenkommt, zerstreut ihn, und er übergibt sich dem Strome der für ihn zubereiteten Feste. Kaum daß er die Glückwünsche seiner Gemahlin anhören mag, deren Gegenwart ihm lästig ist, weil er wohl fühlt, er begegne ihr, der zartesten, liebenswürdigsten Fürstin, nicht wie er sollte. Der Monolog trägt ihre stillen Klagen vor, in denen sie Darius unterbricht. Diese letzte Szene wurde nicht mit dem Beifalle aufgenommen, den sie verdiente, denn sie war für diese Zuhörer zu fein angelegt. Der junge Held zeigt seine Leidenschaft, indem er sie zu verbergen sucht, und die Empfindungen der Königin

1. Wilhelm Meisters theatralische Sendung

für ihn bleiben verborgen, ob sie gleich mit offenem guten Herzen spricht. Auch nach vollendetem zweiten Akte wiederholte man allgemeine Lobeserhebungen, auf die sich ein älterer und mit dem Publiko näher bekannter Dichter weniger als unser Freund zugute getan hätte.

Die erste Schale Punsch war leer, man bestellte eine zweite, und der Wirt, der schon darauf vorbereitet war, brachte sie sogleich. Mit noch mehr Begeisterung fing man an, den dritten Akt zu lesen und zu hören. Die Königin vertraut in einem Gespräche mit Danielen dem weisen Manne ihr ganzes feines Herze; die stille Duldsamkeit ihres Schicksales, die innere Sicherheit ihres guten Wesens machen ihre Gestalt höchst liebenswürdig. Man sieht den Darius neben ihrem Gemahle, die Erscheinung des jungen Helden macht ihr einen glücklichen Eindruck, und die Empfindung seiner Würde leuchtet wie ein sanfter Schein über der trüben Dämmerung ihres Zustandes. Sie fühlt nichts Arges in dieser angenehmen Empfindung, und Daniel ist weise genug, sie nicht zu stören. Eine Hofdame der Königin tritt hinzu und erzählt den Gang des Festes bis zu dem Augenblicke. Der König tritt herein, umgeben von den Großen seines Reiches, die ihm ihre Glückwünsche bringen, die Königin und Daniel fügen die ihrigen hinzu. Man erhebt sich zu dem Gastmahle, und Nitokris entschuldigt sich, nicht dabei zu sein. Es wird ihr leicht zugestanden, und so schließt sich der dritte Akt.

Die Betrachtung, ob man hätte einen der vier großen Propheten auf das Theater bringen sollen, wurde reiflich durchgedacht, und diese kritischen Überlegungen verminderten ein wenig den guten Eindruck dieses Aufzuges.

Zu Anfange des vierten erscheint Eron mit einem Verschwornen höchst verdrießlich, daß eine so kostbare Gelegenheit, ihr Vorhaben auszuführen, ihnen entschlüpfen soll. Er fängt an, dem medischen Abgesandten zu mißtrauen, und möchte wohl gar vermuten, daß dieser andere geheime Absichten habe, vielleicht seinen König ohne ihre Beihülfe auf den Thron zu setzen und die Prinzessin ganz und gar auszuschließen. Er entdeckt ihr, die vor Verdruß über das unsinnige Schwelgen von der Tafel aufgestanden und herbeikommt, seine Vermutung. Sie beschließen, ihren Anschlag hinter dem medischen Fürsten auszuführen, ein wachsames Auge auf ihn zu haben und ihn allenfalls, bis die Tat vorüber, selbst gefangen zu nehmen. Darius tritt eben zu ihnen mit einer lebhaften Beschreibung des wüsten Unsinnes der Tafel, wovon er unvermerkt sich entfernt hat. Er erzählt, daß eben die güldnen und silbernen Geschirre, die dem Gotte der Juden geweiht seien, herbeigeholt werden und man dem König göttliche Ehre erzeige. Eron verläßt sie, mit einem Winke an die Prinzessin, des Fremden Gesinnungen zu erforschen. Ihre Unterhaltung läuft sehr kalt ab; Eron kommt zurück, erzählt die schröckliche Geschichte des erschienenen Wunders und dringt auf die Vollbringung der Tat, da die Götter selbst ein Zeichen geben. Darius sucht vergebene Ausflüchte.

Zu Anfange des fünften Aktes erscheint der niedergeschlagene König, den die Deutung der geheimnisvollen Worte schröckt; sein berauschter Geist sieht überall Schröcknisse, und nur seine Gemahlin steht ihm in diesem traurigen Zustande bei. Nach einer rührenden Szene verläßt er sie und wird in dem Augenblicke von den Verschwornen ermordet.

Die Prinzessin tritt auf, maßt sich des Reiches an, läßt die Königin bewachen. Sie befiehlt, den bisher gefangen gehaltenen Fremden wieder frei zu geben; Darius, der seine Wache überwältigt hat, kommt selbst an der Spitze medischer Soldaten, die durch einen geheimen Weg in die Stadt gedrungen, herein, entdeckt sich, zeigt sich als Herrn, die Verschwornen fallen ihm zu, er überläßt der Prinzessin einen königlichen Anteil von Gütern und Reichtümern und tröstet die betrübte Königin auf eine so gute Art, daß den Zuschauern Hoffnung genug zu seinem künftigen Glücke übrig bleibt, obgleich der Vorhang fällt.

Nun ging es an ein Schwätzen, an ein Schreien, ein jeder redete nur von sich selbst, und keiner hörte sich selbst vor

1. Wilhelm Meisters theatralische Sendung

dem andren. Das Stück müsse gespielt werden, waren sie alle laut einig.

Wilhelm, der sie alle entzündet sah, war höchst ergötzt, so viele Menschen durch das Feuer seiner Dichtkunst angeflammt zu haben. Er glaubte, was in ihm loderte, auf ihnen verbreitet zu sehen, er fühlte sie wie sich und mit sich über das Gemeine erhöht. Er sprach Worte voll Geistes, voll Adel und Liebe.

Der sorgfältige Wirt hatte indes ihre Schale nie leer werden lassen, und es schmeckte den Gästen immer besser. Sie jauchzten ihren Beifall laut, und ihre Freude ward immer ungezogener. Sie tranken Wilhelms Gesundheit hoch und schrien, daß es ihm zum Abscheu klang und seine durch manches Glas Punsch und die Rezitation des Stückes erhöheten Geister gewaltsam und unbehäglich niedergedrückt wurden. Der Lärm wurde immer ärger, sie wiederholten die Gesundheit des Dichters und der Kunst und schwuren, daß nach solch einem Feste niemand wert sei, aus diesen Gläsern und Gefäßen zu trinken, sie schmissen mit Gewalt die Stengelkelche an die Decke; die Prinzipalin wehrte vergebens. Sie zerschlugen den Punschnapf, und die Neige floß herunter. Die Gläser, die nicht entzweigehen wollten, wurden gewaltsam gegen die Wände geschmissen und fuhren zurückprallend mit den zerschmetternden Fensterscheiben klingend auf die Straße. Ein und der andere lag überfüllt in der Ecke, andere taumelten, alle rasten, man sang, man heulte, und Wilhelm, nachdem er den Wirt herbeigerufen, schlich sich mit einer verworrenen, höchst unangenehmen Empfindung in sein Zimmer.

Zehntes Kapitel

Den Sonntagmorgen, der auf diese wüste Nacht folgte, hatte Wilhelm größtenteils verschlafen, und er fand sich bei dem Erwachen verstimmt. Sein Vorsatz, abends, wenn die Vorlesung vorbei wäre, noch einzupacken, endlich an Wernern zu schreiben, Postpferde zu bestellen und heute frühe abzufahren, war unerfüllt geblieben. Er zog sich an und dachte nach, was er tun sollte. Mignon kam herein, brachte wie gewöhnlich Wasser und fragte, was er befehle. Der Anblick des Kindes ermunterte ihn, denn es hatte sein weiß und blau seidenes Halstuch umgebunden, hatte sich bei den Komödiantinnen verschiedene Läppchen blauen Taft zusammengebettelt und sie als Aufschläge und Kragen an sein Westchen mit Geschicklichkeit angeheftet, daß es ganz artig ließ. Sie brachte ein Kompliment von der Prinzipalin, die sich das gestrige Stück nur auf diesen Morgen ausbat. Er schickte es mit der Versicherung, daß er bald nachfolgen würde.

Als er hinüberkam, fand er Madame Melina und de Retti beide beschäftigt, sich das Stück, besonders die Szenen der Prinzessin und Königin, vorzulesen. »Wir müssen es spielen«, rief ihm die Prinzipalin entgegen, »Sie müssen es uns lassen.« Madame Melina schickte ihren besten Blick nach ihm und bat auf das freundlichste. Es war das erstemal, daß die beiden Frauen ganz einig waren. Die Prinzipalin fühlte sich schon ganz in der Rolle der Prinzessin, Madame Melina wünschte sehnlich die junge Königin zu spielen. Man schlug einen jungen, hübschen Menschen, der sich zu bilden anfing, zum Belsazar vor. Ein gewandter, alter Akteur sollte den Eron machen, Daniel ward Herrn Melina zuteil, zur Hofdame fand sich auch eine Aktrice, und die übrigen Rollen waren unbedeutend; außer der Rolle des Darius, wozu Madame de Retti ganz zuletzt und gleichsam mit Scham ihren Liebling, Herrn Bendel, in Vorschlag brachte.

Dieser Mensch, den wir, wenn wir es nicht für unanständig und ein Wortspiel dem guten Geschmacke ungenießbar hielten, kurz und gut Herr Bengel nennen und seinen Charakter und Wesen dadurch mit einem Worte bezeichnen würden, war eine ungeschickte, breite Figur, ohne den mindesten Anstand, ohne Gefühl. Er hatte nicht nur keine Eigenschaften des Akteurs, sondern er hatte auch alle Fehler, die einen Schauspieler verwerflich machen. Nur eins zu

1. Wilhelm Meisters theatralische Sendung

bedenken, so nudelte er mit der Sprache, wenn wir mit diesem Ausdrucke einen näselnden und durch eine unbehülfliche Zunge schlecht artikulierten Ton bezeichnen dürfen. Kleine Augen, dicke Lippen, kurze Arme, eine breite Brust und Rücken; genug, er hatte vor den Augen seiner Frauen Gnade gefunden. Wir haben uns bisher gehütet, dieser leidigen Figur anders als nur im Vorbeigehen zu erwähnen, und tun es auch hier wider Willen, besonders da er zu großem Verdrusse unsers Helden zum Vorschein kommt.

Der betroffene Schriftsteller wandt' verschiedenes gegen diese Person ein, jedoch mit Mäßigung, weil er das Verhältnis kannte, allein er wurde widerlegt, und leider widerlegte ihn die Unmöglichkeit, denn es war niemand bei der Truppe, der diese Rolle besser als er ausgeführt hätte. Man meinte, daß er doch den Grafen Essex mit Beifall gespielt; nur war leider dieser Graf Essex, worin ihn Wilhelm wohl gesehen hatte, ein schwerer Stein auf des jungen Autors Herz.

Man redete so lang und so viel, daß endlich Wilhelm, der alte Hoffer, es doch wieder möglich dachte, daß der Schauspieler durch Fleiß und Mühe bei dieser Rolle sich wieder verbessern könnte, und idealisierte ihn schon in seinem Geiste. Endlich gab er nach, und es ward beschlossen, so bald als möglich an das Werk zu gehen.

Man hatte bei dieser Gelegenheit die ganze Truppe durchgegangen und auch von Mignon und von der Ungeschicklichkeit des Kindes, irgend etwas zu repräsentieren, gesprochen. Wilhelm hatte sie in einigen Stücken gesehen, wo sie kleine Rollen so trocken, so steif und, wenn man sagen soll, eigentlich gar nicht spielte. Sie sagte ihre Lektion her und machte, daß sie fortkam. Er nahm sie zu sich und ließ sie manchmal rezitieren, aber auch da war er auf keine Weise mit ihr zufrieden. Wenn er sie bat, sich anzugreifen, so war ihr Ausdruck auf gemeinen und bedeutenden Stellen gleich angespannt, sie sprach alles mit einer phantastischen Erhebung, und wenn er das Natürliche von ihr verlangte, wenn er sie bat, ihm nur nachzusprechen, begriff sie niemals, was und wie er es wollte.

Dagegen hörte er sie einsmals auf einer Zither klimpern, die mit unter dem Theater-Hausrat war. Er sorgte davor, daß sie ordentlich bezogen wurde, und Mignon fing an, in abgebrochenen Zeiten darauf allerlei zu spielen und zu phantasieren, immer, wie gewöhnlich, in wunderbaren Stellungen. Bald saß sie auf der obersten Sprosse einer Leiter, mit übereinandergeschlagenen Füßen, wie die Türken auf ihren Teppichen, bald spazierte sie auf den Dachrinnen der Hofgebäude, und der klagende Ton ihrer Saiten, zu dem sich auch manchmal eine angenehme, obgleich etwas rauhe Stimme gesellte, machte alle Menschen aufmerksam, staunen und stutzen. Einige verglichen sie einem Affen, andere anderen fremden Tieren, und darinne kamen sie überein, daß etwas Sonderbares, Fremdes und Abenteuerliches in dem Kinde stecke. Man konnte nicht verstehen, was sie sang, es waren immer dieselben oder doch sehr ähnliche Melodien, die sie nach ihren Empfindungen, Gedanken, Situationen und Grillen verschiedentlich zu modifizieren schien. Nachts setzte sie sich auf Wilhelms Schwelle oder auf den Ast eines Baumes, der unter seinem Fenster stand, und sang auf das anmutigste. Wenn er sich hinter den Scheiben blicken ließ oder sich in der Stube bewegte, war sie weg. Sie hatte sich ihm so notwendig gemacht, daß er morgens nicht ruhen konnte, bis er sie sah, und nachts spät rief er meistens noch nach einem Glas Wasser, um ihr eine Gute Nacht zu wünschen. Wenn er seiner Neigung gefolgt hätte, würde er sie als seine Tochter behandelt und sich sie ganz und gar zugeeignet haben.

Eilftes Kapitel

Die Rollen wurden ausgeschrieben und gelernt. Ein jeder nahm mehr oder weniger Wilhelms guten Rat an, las mit ihm in seiner Gegenwart die Szenen, selbst die Direktrice hörte auf seine Erinnerungen. Man befliß sich einer wahren,

1. Wilhelm Meisters theatralische Sendung

gefühlten, starken Deklamation. In kurzer Zeit ward durch diese Einigkeit eine solche Harmonie in das Stück gebracht, daß auch selbst die Proben angenehm und gut zu hören waren. Madame Melina gab sich die größte Mühe, und Wilhelm versäumte nicht, sie in dem Eifer zu unterstützen. Sie konnte ihre Rolle in wenig Tagen auswendig; Wilhelm mußte sie ihr stellenweise vorsagen, sie szenenweise mit ihr spielen, und sie kam dem rechten Ausdrucke ziemlich nahe. Nur freilich war die stille Reinheit, die sanfte Höhe, die innerliche Zärtlichkeit der Königin nicht in ihrem Charakter; es war ein gewisser Ton, eine gewisse gesetzte Rührung, die sie nicht ausdrücken konnte, doch blieb es schon immer sehr viel, und Wilhelm ward täglich zufriedner.

Mit dieser Übereinstimmung der Akteurs unter einander und mit dem Stücke machte die Roheit, die Unart und Albernheit des Monsieur Bendels den allerschlimmsten Kontrast. Er war von Natur einbildisch und hatte eine große Meinung von seinem Spiele; diesmal aber war er doppelt und dreifach ungezogen, weil er auf Wilhelmen, für den die Direktrice so viele Achtung bezeigte, eine grimmige und unbändige Eifersucht empfand, die sich manchmal auf eine ungezogene Art und besonders bei dem Lernen und Probieren des Stückes zeigte. Da der leidige Mensch alle Tage trank und kaum des Morgens nüchtern war, so wurde dadurch seine schlechte und wüste Aufführung nur immer unleidlicher. In seinem Verdrusse schüttete er noch mehr Wein in sich und wurde bei seiner übervollblütigen Konstitution etlichemal auf dem Theater von einer Art von Schwindel überfallen, daß man ihn nach Hause bringen und ihm zur Ader lassen mußte. So störete er den Frieden, die Ordnung und die Annehmlichkeit der studierenden und probierenden Gesellschaft, die sich lange nicht so angenehm und einig gefühlt hatte, und die bei der Aussicht einer reichlichen Einnahme, die ihr dieses Stück verschaffen sollte, doppelten und dreifachen Eifer zeigte.

Wilhelm machte indessen eine neue Bekanntschaft. In dem Schauspiele hatte er einigemal neben einem Offiziere geses-

sen und gefunden, daß er mit gutem Geschmacke von den Stücken und den Akteurs urteilte. Er war bisher aus langer Weile manchmal auf die Parade gegangen, wo eben dieser Mann gewöhnlich zu ihm trat und sich mit ihm von literarischen Angelegenheiten unterhielt. Mit größter Verwunderung und Anteil fragte er endlich Wilhelmen, ob es wahr sei, daß bald ein Stück von ihm selbst würde aufgeführt werden. Wilhelm gestund es, und jener bezeugte eine freundliche Teilnehmung. Der Offizier war eine von den guten Seelen, die an dem, was andern widerfährt und was andere leisten, einen herzlichen Anteil zu nehmen von der Natur bestimmt sind. Sein Stand, der ihn zu einem harten, trotzigen Geschäfte verdammte, hatte ihn, indem er ihn mit einer rauhen Schale umzog, in sich noch weicher gemacht. In einem strengen Dienste, wo alles seit Jahren in der bestimmtesten Ordnung ging, wo alles abgemessen, die eherne Notwendigkeit allein die Göttin war, der man opferte, wo die Gerechtigkeit zur Härte und Grausamkeit ward und der Begriff von Mensch und Menschheit gänzlich verschwand, war seine gute Seele, die in einem freien und willkürlichen Leben ihre Schönheit würde gezeigt und ihre Existenz würde gefunden haben, gänzlich verdruckt, seine Gefühle abgestumpft und fast zugrunde gerichtet worden. Das unschuldige Vergnügen, das ihm übrig blieb, war die aufkeimende deutsche Literatur. Er war darinne bis auf jede Kleinigkeit bekannt, er wußte, was wir hatten und nicht hatten, er hoffte, er wünschte, und ob er gleich einige fremde Sprachen besaß und ihre besten Schriftsteller las, so gab er doch in seinem Herzen dem engen Haushalte seines Vaterlandes vor jenen Reichtümern den Vorzug, indem er sich ihnen näher fühlte.
Er war auf so eine gute Weise parteiisch und versprach sich alles, was er nicht vorzeigen konnte, von dem nächsten Geschlechte. Man konnte ihn einen wahren Patrioten nennen, einen von denen, die in der Stille zur Aufnahme und Aufmunterung der Wissenschaften bei uns, ohne es zu wissen und zu wollen, so vieles beigetragen haben.

1. Wilhelm Meisters theatralische Sendung

Sie gingen manchmal zusammen auf das Billard, manchmal spazieren und wurden einander wechselsweise gar vieles. Wilhelm, der außer dem dramatischen Fache nicht sehr bewandert war, wurde durch ihn in die weiteren Kreise der schönen Literatur hinausgeführt, und es verging kein Tag ohne Nutzen und ohne die Freude einer neuen geistigen Bekanntschaft.

Als Herr von C. das Trauerspiel seines jungen Freundes durchlas, war er entzückt und erstaunt. Er gab ihm vor allen, die in deutschen Versen abgefaßt und bekannt waren, den Vorzug, und bat ihn, ja auf dem Wege fortzufahren, und wünschte ihm nur mehr Welt- und Menschenkenntnis, um seinen Stücken den echten Wert und das rechte Gepräge geben zu können. »Dieses Stück«, sagte er, »so wohl es mir gefällt, ist nur von innen heraus geschrieben, es ist ein einziger Mensch, der fühlt und handelt. Man sieht, daß der Autor sein eignes Herz kennt, aber er kennt die Menschen nicht.« Wilhelm gab dies gern und noch mehr zu, schüttete das Kind mit dem Bade aus, ließ sich aber doch ganz gerne widerlegen, als der Offizier den eigentlichen Wert des Stükkes mit Kenntnis und Verstand bestimmte.

Zwölftes Kapitel

Madame Melina ließ unsern jungen Dichter nun gar nicht los. Sie war klug genug zu sehen, wie vielerlei Vorteile sie von ihm ziehen könne. Im Trauerspiele hatte man sie bisher mit Gleichgültigkeit aufgenommen, sie hoffte, diesmal glücklicher zu sein. Er probierte gewöhnlich mit ihr alle Tage, und sie schien von der Art, wie er den Darius machte, ganz entzückt.

Mignon setzte sich meistenteils in eine Ecke, wenn sie rezitierten, und war überhaupt immer gegenwärtig, wenn Wilhelm las oder deklamierte, verließ ihn nicht mit den Augen und schien sich selbst zu vergessen. Sie verlangte manchmal von Wilhelmen eine Lektion zum Auswendiglernen, die er ihr denn auch meistenteils aus seinen eigenen

Stücken gab. Sie lernte auch geschwind, nur wollte die Rezitation nicht geschickter werden.

Eines Tages, da Wilhelm und Madame Melina geendigt hatten und über verschiedene Verse sprachen, fragte das Kind, ob es seine Rolle aufsagen dürfe. Man erlaubte es ihm, und es fing folgende Stelle aus der »Königlichen Einsiedlerin«, die er ihr gestern abgeschrieben hatte, sehr pathetisch vorzutragen an. Er ging in der Stube hin und her, ohne sonderlich auf sie Acht zu haben, indem er an etwas anders dachte.

> Heiß mich nicht reden, heiß mich schweigen,
> Denn mein Geheimnis ist mir Pflicht;
> Ich möchte dir mein ganzes Innre zeigen,
> Allein das Schicksal will es nicht.
>
> Zur rechten Zeit vertreibt der Sonne Lauf
> Die düstre Nacht, und sie muß sich erhellen,
> Der harte Fels schließt seinen Busen auf,
> Mißgönnt der Erde nicht die tief verborgnen Quellen.
>
> Ein jeder fühlt im Arm des Freundes Ruh,
> Dort kann die Flut der Klagen sich ergießen;
> Allein mir drückt ein Schwur die Lippen zu,
> Und nur ein Gott vermag sie aufzuschließen.

Wilhelm merkte nicht auf, wie sie die ersten Verse vortrug, doch da es an die letzten kam, sprach sie solche mit einer Emphase von Innigkeit und Wahrheit aus, daß er aus seinem Traume geweckt wurde und es ihm klang, als wenn ein anderer Mensch redete. Er war eben im Auf- und Abgehen weggewendet, er fuhr schnell herum, sah das Kind an, das, nachdem es geendiget hatte, sich wie gewöhnlich beugte.

Wilhelms Plan, mit dem er sich beruhigte, war nunmehr gemacht. Er hatte sich entschlossen, die Aufführung seines Stückes abzuwarten, alsdann sogleich zu reisen und sich bei Wernern über seinen bisherigen Aufenthalt zu entschuldigen.

Man ging immer weiter und überlegte, was man, um dem

1. Wilhelm Meisters theatralische Sendung

Stücke sein Recht anzutun, für Kleidungen und Dekorationen nötig habe. Unser Offizier half zu Büchern und Reisebeschreibungen, woraus man die orientalischen Trachten am besten wählen könnte. Von anständigen tragischen Dekorationen war auch wenig da, und obgleich das Theater nur einigemal verändert ward, so mußte doch auch dafür gesorgt werden, und, wie natürlich, fiel auch hier die Last auf den guten Dichter. Der mußte für Stoff und Zindel, Leinwand und Farbe, für Schneider und Maler stehen, und er begnügte sich mit dem Versprechen, das ihm auch bisher nicht viel gefruchtet hatte, man wollte ihn aus der zu hoffenden Einnahme sogleich entschädigen, indes sollten ihm die anzuschaffenden Bedürfnisse mit dem übrigen als Pfand verschrieben sein. Es ruckte alles näher und näher zusammen; sogar hatte man die gewöhnlichen Musikanten bei einem solchen Feste zu spielen für unwürdig gehalten, und die Regiments-Hautboisten erhielten die Erlaubnis, ihre Stelle gegen gute Bezahlung einzunehmen.
Alle diese schöne Aussichten wurden durch die einige und leidige Gestalt des bengelhaften Darius bei jeder Probe gestört. Wilhelm tat alles mögliche, um den Vorhang des Selbstbetrugs, der ihm sonst selten versagte, vor die Augen zu ziehen; bald hoffte er, es würde der Mensch in einer schönen Kleidung sich besser ausnehmen, er hoffte, die Stärke der Harmonie, worinne die andern spielten, würde ihn mit hinreißen, er tröstete sich sogar mit der Erwartung eines Wunders, das vielleicht am Abende der Aufführung die harte Schale dieser Natur sprengen und noch eine angenehme Gestalt zum Vorschein bringen könnte, er verließ sich zuletzt auf die Beleuchtung und auf die Schminke, er nahm alle natürliche und unnatürliche Möglichkeiten zum Trost und Hülfe; vergebens! sobald jener den Mund auftat, ward alle Illusion zerstört, und wenn er einesteils jenen Tag mit großer Sehnsucht erwartete, so war es ihm ein Schrökken, wenn er in Gedanken jene verstimmende Natur hereintreten sah.

Dreizehntes Kapitel

Das Publikum fing nun an, auf unsern Schriftsteller aufmerksam zu werden. Man zeigte sich ihn einander, daß er es sei, von dem ehestens ein Stück aufgeführt werden sollte, man beschäftigte sich mit ihm in allen Gesellschaften. Er machte die Bekanntschaft vieler Offiziere, Herr von C. brachte ihn in ein Haus, wo eine Dame mit ihren beiden Schwestern das Band eines angenehmen Zirkels war. Sie konnten ihren Gellert auswendig, brachten Rabeners Späße nicht ungeschickt an, sangen Zachariäs Lieder und spielten recht hübsch auf dem Klaviere. Wilhelm war überall gut aufgenommen, weil er sehr bescheiden und doch bei näherer Bekanntschaft treuherzig und lebhaft war. Er befand sich auch recht wohl in dieser neuen Sphäre; nur daß es ihm dabei wie andern jungen Leuten erging. Aus Gutmütigkeit und Biegsamkeit überließ er sich dem herrschenden Tone einer jeden Gesellschaft; in der einen war er sanft, zurückhaltend und unbedeutend, in der andern schwärmte er, mit den Offizieren war er laut und trank auch wohl gelegentlich über die Maßen, welche Abwechselung der Lebensart ihn mit sich selbst in einige Verwirrung setzte.

Der Titel und Inhalt seines Stückes war nunmehr bekannt geworden, mehrere hatten daraus rezitieren hören, einige Liebhaber waren in die Probe geschlichen, man sprach, man urteilte schon von allen Seiten. Die Geistlichkeit wurde aufmerksam, da sie hörte, daß Daniel, der vierte unter den großen Propheten, sollte von einem landstreichenden Komödianten vorgestellt werden. Sie brachten die Sache höheren Ortes an, und in Abwesenheit des Oberamtmanns erging ein Befehl an Madame de Retti, das Stück nicht aufzuführen. Welch ein unerwarteter Fall! welch ein Verdruß! welche Sorge! Herr von C. erfuhr es bald, es ärgerte ihn, und jene Tätigkeit, die er stets für seine Freunde zeigte, war auch hier des Schriftstellers und der Schauspieler Hülfe. Er lief herum, er bewies, überredete. Zum Glücke war Racinens »Athalie« in der Residenz französisch gespielet

1. Wilhelm Meisters theatralische Sendung

worden; er zeigte, daß dieses Stück noch viel unverfänglicher sei, indem, obgleich die Geschichte davon in der Bibel stehe, die Schauspieler doch lauter Heiden seien, bis auf den einzigen Daniel, welcher ganz vortreffliche moralische Sachen sage. Seine Bemühungen und Gründe, mehr aber noch der Einfluß, den er auf einige verständige und seine Freunde auf unverständige Frauen hatten, brachten diese Sache bald wieder in das Gleis, und das Verbot wurde aufgehoben.

Der Tag war nunmehr angesetzt, und den Abend vorher sollte die letzte Probe sein. Man wollte die Dekorationen und die Kleider auch einmal bei Lichte sehen. Wilhelm lief und rannte den ganzen Tag. Er hatte nicht allein das Theater auf das beste herausstaffiert, sondern er ließ auch das Proszenium und die Logen selbst, die bisher mit armseligen Lappen behängt waren, mit Leinwand, wo es nötig war, beschlagen und mit architektonischen Zieraten bemalen. Er hatte, um die Beleuchtung zu verdoppeln, mehrere Lampen und Plaker angeschafft, und es war ihm dieses Geschäft höchst angenehm und befriedigend, da er alle seine erworbene Kenntnisse und die Ideen, mit denen er sich bisher getragen, überall zum größten Teile anwenden und in Ausübung bringen konnte. Er putzte die Bude so artig heraus, als wenn es eine Christbude gewesen wäre, und gefiel sich so wohl darinne, daß er nicht einmal mittags nach Hause ging, sondern sich das Essen hinaufbringen ließ. Er agierte, rezitierte für sich, machte Plane zu neuen Stücken, und das Herz schlug ihm für Freude und Erwartung, wenn er sich statt der leeren Bänke und Wände so viel über einander gebaute Köpfe vorstellen konnte.

Abends kamen Herr und Frau Melina zuerst und brachten die böse Nachricht, daß Monsieur Bendel wieder einen neuen, schweren Anfall seiner Krankheit gehabt hätte. Es habe ihn mit Frost und Hitze angegriffen, das Blut wäre ihm alles nach dem Kopfe gestiegen, und es sei manchmal, als wenn er gar ersticken wolle. Man habe sogleich nach einem Arzte geschickt, der versicherte, es sei ein Übergang wie der vorige auch und habe gar nichts zu bedeuten. Es zeige sich die Wirkung einer Unmäßigkeit, und wenn er sich die Nacht ruhig halte und die verordnete Medizin brauche, so werde er morgen gewiß spielen können. »Sie sind wohl so gut«, sagte Madame Melina, »und nehmen heute abend seine Rolle; Sie wissen das Stück ja so, daß Sie es aus dem Kopfe soufflieren könnten, und es ist uns allen ein großer Vorteil, daß Sie die Hauptprobe selbst dirigieren, damit uns die Prinzipalin nicht bald dieses, bald jenes heißt, worüber sie am Ende selbst ungewiß ist.«

Die übrigen kamen nach und führten eine gleiche Sprache. Die Musik war auch bestellt. Man suchte schickliche, ernsthafte, prächtige Stücke zwischen die Akte aus verschiedenen Symphonien heraus. Man fing an zu probieren, und Wilhelm, der, um die anderen ins Feuer zu setzen, selbst ins Feuer kam, übertraf sich in Sprache und Spiel. Alle taten das Ihrige, so daß ein jeder mit sich selbst und mit den andern am Ende herzlich zufrieden war.

»Ach wie anders wird es sein«, sagte Madame Melina, »wenn morgen unser schwerer Held auftritt, daß die Bretter knarren und das Theater sich biegen möchte! Wollte doch der Himmel, mein Freund, Sie wären zu dieser Kunst bestimmt und müßten das schöne Talent, das Ihnen die Natur zugegeben, nicht mutwillig verbergen und vergraben!« – »Sie sehen«, sagte er, »meine Beste, daß mir leider dahin der Weg verschlossen ist.« – »Es scheint nur so«, sagte Madame Melina, »ich war in dem nämlichen Falle, es ist nur eine papierne Türe, die man mit dem Ellenbogen einstoßen kann.«

Die Schneider, die mit den Kleidern ankamen, unterbrachen sie, man ging bei Seite, man zog sich an, man fand sich schön, nur noch nicht reich genug, es wurde noch mehr Zindel aufzusetzen, noch mehr Flintern anzubringen geboten. Endlich kehrte man nach Hause zurück, und die erste Frage daselbst war, wie sich der Kranke befinde? Man hörte, er schlafe, und es war das erstemal, daß sein Schlafen oder Wachen jemanden außer die Prinzipalin interessiert hatte.

Vierzehntes Kapitel

Der andere Morgen erschien und weckte Wilhelmen bei Zeiten. Er hörte, Bendel habe eine ruhige Nacht gehabt und schlafe noch. Er nahm daraus gute Hoffnung und eilte nach dem Schauplatze, wo noch verschiedene Handwerksleute beschäftiget waren. Gegen Mittag war alles fertig, die Verwandlungen, ob sie gleich zwischen die Akte fielen, sorgfältig probieret, und es begegneten ihm, da er nach Hause ging, schon verschiedene Postkutschen mit Fremden, die der Ruf herbeigezogen hatte. Er genoß zum erstenmale das Vergnügen, das Publikum durch sich in Bewegung zu sehen. Die feuchten Komödiantenzettel liefen von Haus zu Hause, und der Name Belsazar schien ihm mit großen Buchstaben an allen Eckhäusern entgegen.

Als er nach Hause kam, fand er verschiedene Bedienten und Leute, die Geld in den Händen hielten. Es war das erstemal, daß sich die Prinzipalin nicht zu helfen wußte, denn schon waren alle Logen genommen und alle Billette ausgeteilet. Man hatte schon angefangen, noch einige besonders nachzumachen, welches aber Wilhelm verhinderte, weil die Leute nicht alle Raum finden und sich im Hause entweder erbärmlich drängen oder wohl gar wieder würden weggehen müssen.

Bendel war indessen aufgestanden, streckte sich im Sessel und nahm ein tüchtiges Frühstück zu sich. Er war der einzige, der seine Rolle noch nicht recht auswendig konnte, und, was das schlimmste war, er hatte gleich vom Anfange einige Verse falsch gelesen und in andern aus Unverstand die Worte zu versetzen sich angewöhnt, wodurch ein alberner Sinn in verschiedene wichtige Stellen kam. Durch vieles Einreden war er aufmerksam darauf, allein ehe man sich es versah, entfuhr dem ungeschickten Gehirne der gewohnte Irrtum. Er fing an zu stottern, und anstatt den Fehler zu verbessern, verwirrte sich seine ungelenke Zunge in einem doppelten und dreifachen Quiproquo. Er hatte seine Rolle neben sich liegen, und indem er sie hersagte, schien er sie in diesem Augenblicke eben zur gelegenen Zeit vergessen zu haben. Wilhelm, der in die Stube hereintrat, konnte es nicht ausstehen, er eilte unwillig fort, und die Prinzipalin war in der größten Verlegenheit.

Wie hundertmal ist es bemerkt worden, daß der schönste Wunsch des Menschen, wenn er sich ihm endlich in seinem ganzen Umfange erfüllt, doch meist durch eine irdische Zugabe verdorben und der angenehmste Genuß dadurch oft zur Marter wird. Unser Freund sah nunmehr den Tag erschienen, den er sich als Knabe so manchmal herbeigewünscht hatte.

Wir sehen, daß Kinder zuerst durch die äußere Form eines Metiers, das ihr Vater treibt oder das sie sonst zu ergreifen gelockt werden, sich rühren lassen. Sie nehmen Stecken und machen sich Schnurrbärte, um Soldaten, Bindfaden, um Kutscher, und papierne Umschläge, um Pfarrer zu scheinen; so war es unserm jungen Dichter auch gegangen; als Knabe hatte er schon Komödienzettel geschrieben, worauf er eigene Stücke, die nicht gefertigt noch zu fertigen waren, mit prächtigen Titeln ankündigte. Wenn er nachher die Personen eines Stückes und die ersten Szenen davon schrieb, dachte er sich, wie schön es sein müsse, dies dereinst in so zierlichem Formate wie die erste Ausgabe von Lessings Schriften gedruckt zu sehen. Wenn er im Parterre saß und die angefangene Symphonie die Gemüter der Zuschauer erhob, »Ach«, dachte er, »wenn du so glücklich sein solltest, vor dem Vorhange zu sitzen, die Ouvertüre zu hören und dein eigen Stück zu erwarten!« Der gute Knabe hoffte damals, es würden ihm alsdann seine eigenen Sachen so außerordentlich und er sich selbst so ehrwürdig vorkommen als ihm gegenwärtig die über ihn erhabene Schriftsteller und ihre Werke. Und wem geht es nicht so, der andere in Reichtum, Rang, Titel, Ämtern und Ehren über sich glänzen sieht? –

Der Tag war nunmehr da, und wie viel fehlte es an jenem Entzücken, mit dem er als Kind dem häuslichen Puppenspiele zum erstenmale beigewohnt! Durch die Proben ermüdet, schien ihm das Stück beinahe selbst trivial zu sein. Scheu vor der Verantwortung gegen die Seinigen wegen seines langen Aufenthaltes, angefesselt durch das Geld, welches er leichtsinnigerweise verborgt und selbst diese Tage her in ein leichtes Brettergerüste verwendet hatte, war er von innen heraus nicht ganz heil; doch hätte seine Leidenschaft alles überwogen, wenn ihn nicht der verwünschte Darius ganz und gar aus allem Behagen geworfen hätte. Es war ihm wie einem Tänzer, der sich sonst ganz frisch befindet, nur daß ihm die große Zehe, wie er das Brettergerüste besteiget, erbärmlich zu schmerzen anfängt.

Er eilte bald wieder auf das Theater, vergnügte sich an der Ruhe und Ordnung, die oben herrschte; der Tapezierer war eben daselbst und schlug einen großen Fußteppich von grünem Friese auf die Scene. Eine Ausgabe, die auch Wilhelmen stark in den Beutel fiel, ob er gleich überzeugt war, seinem Trauerspiele dadurch die letzte Würde zu geben. Die Stunden liefen herum, und schon gegen viere suchten die müßigsten Zuschauer sich die besten Plätze, gegen fünfe war das Haus ziemlich voll, außer den genommenen Logen. Die Musik war angekommen und gab mit unerträglichem Stimmen und Klimpern den Zuschauern die nächste Hoffnung, daß sich der Schauplatz bald eröffnen werde. Im völligen Putze traten die Akteurs nach einander an, die vorderen Lampen wurden angezündet, und es fehlten nur noch die beiden Fürstinnen mit dem medischen Helden, sonst war alles zum Anfange bereit. Ein jeder Schauspieler zeigte sich in seiner Kleidung unserem Freunde, der an ihnen noch einiges zurecht rückte, als einige Bedienten aus der Stadt eilig auf das Theater kamen und fragten, ob denn das Stück nicht gespielt werde? Es wollte verlauten, als wenn ein Akteur krank geworden sei und man das Trauerspiel nicht geben könne. Wilhelm versicherte, es sei ein Irrtum, er wäre wieder besser, und man würde um die bestimmte Stunde, die heranrücke, anfangen. Es war auch ein Bedienter von seinem militärischen Freunde darunter, den er mit eben diesen Worten abfertigte.

Kaum war dieses geschehen, als Madame de Retti ihm sagen ließ, er möchte doch eilig in das Wirtshaus kommen, und der Bote verbarg ihm nicht, daß Monsieur Bendel einen neuen Anfall der Krankheit in diesem Augenblicke litte. Voller Schröcken lief Wilhelm hin und fand beide Frauen im königlichen Habite um den halb angekleideten Menschen beschäftigt, der im Sessel lag, sinnlos, dem ein Arzt zur Seite stund und ein Chirurgus die Ader öffnete. Madame de Retti war außer sich, Madame Melina wollte rasend werden, der Arzt schalt auf den unmäßigen Menschen, der seine gewöhnliche Mahlzeit zu sich genommen und sich seine Flasche Wein nicht versagt hätte, wodurch die ohnedem in dem Körper steckende Krankheit neuen Trieb erhalten. Er versicherte, sie möchten nur keine Umstände machen, sich auskleiden und ein anderes Stück spielen. Als das Blut lief, erholte sich der Kranke ein wenig, und der Arzt befahl dem dabei stehenden Theaterschneider, daß er ihn schnell sollte auskleiden und ihn in das Bett bringen helfen.

Wilhelm stand unbeweglich, es lag eine Last auf ihm wie auf einem, den der Alp drückt, er konnte kein Glied rühren, es war, als wenn sein Blut stockte und das Herz stille stünde. Er ging mit den beiden Frauen in ein anderes Zimmer. »Was fangen wir an!« rief er aus. Die Kutschen, durch die letzte Nachricht, welche er den Bedienten gegeben, in Bewegung gebracht, fingen an zu rasseln. Es wurde ihm so bange wie einem, dem eine Last vom Berge hinunter zu rollen anfängt, die er nicht aufhalten kann, wie einem, der im Begriffe ist zu gleiten und hinterdrein zu rutschen. »Was fangen wir an!« rief Madame de Retti und sah der bestürzten Madame Melina in die Augen. »Ach«, rief jene mit einem bewegten Tone, »es ist nur *ein* Mittel! Mein Herr! Mein Freund!« – »Ja unser Freund«, rief die Prinzipalin, indem sie ihn wie jene bei der Hand nahm, »Sie müssen uns retten!« Er stand zwischen beiden Weibern, deren ganze Seele durch das Schröcken, durch die Furcht, die Verlegenheit, die Sorge, die sie in dem Augenblicke ergriff, erhöht war; er verstand sie nicht – und gleich darauf verstand er sie – und auf einmal

1. Wilhelm Meisters theatralische Sendung

kamen alle seine Lebensgeister in Bewegung. Mit dem Gedanken, daß man es von ihm verlangen könnte, daß es möglich sei, wendete sich auf einmal die Last, die seinen Busen beschwerte, weg, die drückende Stille war aufgehoben; aber er fühlte sich einem Sturme von Zweifeln, Wünschen, Mut und Bangigkeit ausgesetzt, dem er fast unterlag. »Was sagen Sie?« rief er aus, »nein, es kann nicht sein.« – »Sehen Sie unsere Verlegenheit«, rief Madame de Retti, »fühlen Sie Ihre eigene. Wir sind verloren, wenn wir das Publikum nicht befriedigen, unser Schicksal hängt von Ihrem Willen ab, und diese ganze Verwirrung wird durch ein Wort von Ihnen gehoben, auf das schönste gehoben, denn es kann diese Rolle niemand wie Sie selbst spielen.« – »Wie schön war unsere Probe gestern«, rief Madame Melina, »ach, wenn ich mir die heutige Aufführung so denke, ich komme außer mir vor Entzücken, und meine ganze Angst verwandelt sich in Wonne.« Eine löste die andere ab, jede sagte etwas Dringenderes und Schöneres, ihre bewegten Seelen rührten die seinige mehr als ihre Worte; ihre schöne Kleidungen und edeles Betragen machten das, was sie sagten, noch eindringender. »Sie können es nicht versagen«, rief die Prinzessin aus, »an dem heutigen Tage hängt unser ganzes Glück. Sie sind auch mir es schuldig, denn hier ist das einzige Mittel, daß ich aufhöre, Ihre Schuldnerin zu sein. Ich bin oft unglücklich gewesen, aber wenn wir in dem Moment das Publikum aufbringen und seine Erwartung täuschen, so werde ich elender sein als jemals.« Die Tränen liefen ihr von den Wangen, eine Träne glänzte in dem Auge der Madame Melina, seine Augen wurden naß, und er wußte nicht mehr, wie er sie abweisen sollte. »Wollen Sie mich zu Ihren Füßen sehen?« rief die stolze Prinzessin, indem sie sich vor ihm auf die Knie warf. »Können wir dringender bitten?« rief die reizende Königin und fiel auf der anderen Seite vor ihm nieder. Er konnte es nicht aushalten, er zwang sie aufzustehn, er konnte nicht Ja sagen und hatte nicht die Kraft, ein entscheidendes Nein herauszubringen. Madame de Retti stund auf und ging an das Fenster, ihre Tränen zu trocknen. »Entschließen Sie sich«, sagte Madame Melina heimlich, »es weiß niemand Ihren rechten Namen als mein Mann und ich, Sie sind hier völlig unbekannt, Ihren Verwandten ist Ihr hiesiger Aufenthalt ein Geheimnis; ich schwöre Ihnen, es soll auf keine Weise jemals über unsere Lippen kommen.« – »Möchte doch«, rief Madame de Retti, die sich wieder zu ihm kehrte, »nur der tausendste Teil von dem, was Sie jemals für die Schauspielkunst empfunden, in diesem Augenblicke Ihre harte Brust erweichen.«

Es schlug sechse.

Ihr Wunsch war schon, eh sie ihn taten, wirksam gewesen. Was sich beide Frauen in dem Drang ihrer Seelen möglich dachten, konnte er sich endlich auch möglich denken, gerührt wie er war, wenn er es recht fühlte, in dem glücklichsten Momente! War nicht sein eigener Wunsch erfüllt? Ein guter Geist hatte den leidigen Sünder, der die ganze Übereinstimmung seiner schönen Dichtung zerstörte, gelähmt. Ihm selbst war es gegeben, die Krone des Beifalles zu brechen, ihm war es aufgedrungen, das Schicksal seines eigenen Stückes und seiner Freunde zu entscheiden. Die Zusammenstimmung aller Umstände bis auf den heutigen Tag schien dieses Opfer zu verlangen, das dem größten Triumphe, den ein Mensch erringen konnte, ähnlich sah. Er ward nachdenkend, er schwankte, die Frauen redeten nicht mehr, sie faßten ihn bei der Hand und sahen ihn beweglich an. Wenn nur ein Freund gegenwärtig gewesen wäre, den er um Rat hätte fragen können.

Es stürzte jemand mit Ungestüm die Treppe hinauf und rief, sie möchten nicht länger zaudern, sie möchten kommen, das ganze Haus sei angefüllt, das Publikum werde unruhig und poche schon eine Viertelstunde. »Ein einziges Ja«, sagten die Frauen, »würde diesem unübersehlichen Unheile ein Ende machen.« – »Es ist unmöglich«, sagte Wilhelm, »wie soll ich mich der Rolle in dieser Verlegenheit gewiß ganz erinnern, wo soll ich ein Kleid hernehmen, das in dem Augenblicke

1. Wilhelm Meisters theatralische Sendung

anständig wäre und zu den übrigen paßte, die alle neu sind?«
Da er Einwendungen machte, war er verloren. Die erste hob Madame Melina gleich, und wegen der zweiten rief die Prinzipalin nach dem Theaterschneider. »Könnt Ihr das Kleid des Herrn Bendel geschwind diesem Herrn auf den Leib passen?« sagte sie. »Es geht nicht an«, rief Wilhelm, »er ist viel größer und stärker als ich.« – »Das hat gar nichts zu sagen«, versetzte der Schneider, »einnähen kann man geschwinder als auslassen, besser zu groß als zu klein. In einer Viertelstunde bin ich fertig, so was kommt tausendmal vor.« Die Prinzipalin winkte ihm, er lief hinüber und holte die Kleider. »Was machen Sie«, sagte Wilhelm, »ich kann mich nicht entschließen.« »Es bleibt uns nichts anders übrig«, versetzte sie. Ein zweiter Bote stürzte herein. »Wo bleiben Sie?« rief er in voller Hast; »die Zuschauer werden unbändig, das Parterre verlangt das Stück und pocht und tobt, die gedrückte Galerie kracht von Unfug, ein Teil fordert sein Geld, die Logen drohen, nach ihren Kutschen zu schicken, die Musik spielt indessen, was sie kann, um den Sturm nur einigermaßen zu besänftigen.« Die zwei Boten stunden neben einander und harrten auf Antwort, der Schneider kam mit den Kleidern auf dem Arme. »Ich schicke hin«, rief die Prinzipalin, »damit das Publikum nur zur Geduld komme.« Sie ging mit den Boten zur Türe hinaus, Wilhelm sagte weder Ja noch Nein und ließ sich ankleiden. Draußen befahl sie, der Alte, dem die Rolle des Erons zugeteilt war, sollte vor den Vorhang treten und mit seiner gewöhnlichen Geschicklichkeit das Publikum anreden, die Ursache anzeigen, nur um eine Viertelstunde Aufschub bitten und mit Demut und Bescheidenheit das Beste versprechen.
Die flinken Hände des Schneiders und einer Näherin, die man herbeigerufen hatte, bildeten schnell unseren Freund zum Helden um, noch ehe er sich besann. Madame Melina kämmte ihm selbst die Haare in fliegende Locken, die ein köstlich geputzter Helm mit großen Federn zu drücken

bestimmt war. Der Harnisch und das Schürzchen, der Mantel und der Gürtel glänzten wie wahrhaft und paßten wie angegossen. Zum Glücke fanden sich ein Paar neue Schnürstiefel, die dem Helden genau anlagen. Er war fast in kürzerer Zeit gewaffnet als die Helden Homers, die sich zur eiligen Schlacht rüsten.

Er besah sich im Spiegel, und der alte Geist des Schauspieles kam über ihn. Er rückte selbst die Stücke, die ihn zierten, zurechte, die Frauen putzten rechts und links und ließen ihn nicht zu sich kommen. Er saß im Wagen und stand auf dem grünen Teppiche zum größten Erstaunen und zur großen Freude der übrigen Akteurs, ehe er sich besinnen konnte.

Mit Schaudern sah er durch die Lücke des Vorhanges in die gedrängte Versammlung. Die Symphonie des Stückes ging an, und sein Geist, der aus einer Leidenschaft in die andere geworfen war, faßte sich zusammen und rufte die ersten Verse seiner Rolle aus dem Gedächtnisse hervor. Er maß etlichemal mit schnellen Heldenschritten den grünen Teppich, beredete noch eins und das andere, ermahnte den Souffleur und die Handlanger, die bei den Verwandlungen angestellt waren, und in weniger als einer Minute schien er sich mit seinem Zustande so bekannt, als wenn er Jahre lang dabei hergekommen sei.

Wie einer, der mühsam über den gefrornen, hockrichten Boden eilt und unsicher auf seinen ledernen Sohlen das glatte Eis betritt, gar bald, wenn er die Schrittschuhe nur untergebunden hat, von ihnen hinweggeführt wird und mit leichtem Fluge das Ufer verläßt, seines vorigen Schrittes und Zustandes auf dem glatten Elemente vergißt und vor den ungeschickten, herbeigelaufenen Neugierigen auf den Dämmen in ehrenvoller Schönheit dahinschwebet; oder wie Merkur, sobald er die goldnen Flügel umgebunden, über Meer und Erde sich leicht nach dem Willen der Götter bewegt, so schritt auch unser Held in seinen Halbstiefeln berauscht und sorgenlos über das Theater hin, als das letzte Presto der

Symphonie ihn nötigte, sich hinter die Kulissen zu verbergen. Der Vorhang rauschte hinauf, und man erlaube mir, ihn hier fallen zu lassen.

Goethes Werke. Festausgabe. Hrsg. von Robert Petsch. Leipzig: Bibliographisches Institut, 1926. Bd. 10. S. 23–28, 133–174. [Zit. als: FA.]

2. Paralipomena

Für die Zeit der italienischen Reise ist die Änderung der Konzeption des Romans anzusetzen. Zunächst werden äußerliche Motive für die Weiterarbeit am Roman festgehalten, dann aber wird auch ein philosophisches Schema für den Roman entworfen, das von der ursprünglichen Konzeption hinwegführt. In den neunziger Jahren folgen dann wesentlich ausgeprägtere Schemata, die den Roman in der heutigen Gestalt erkennen lassen.

In einem Notizblatt der italienischen Reise (1788) findet sich folgendes Motiv-Verzeichnis:

»Felix Unarten
   Schauckeln bey Tisch
   Hemdenknöpfe verlegen
   aus der Bouteille trincken
   aus der Schüßel essen«

Ferner in einem Tagebuchblatt aus Italien:

»Felix Unarten
   Den Teller nicht rein essen
   Das Glas nicht austrincken
   aus der Flasche trincken
   Aus der Schüßel essen
Wilhelm der eine unbedingte Existenz führt, in höchster Freyheit lebt bedingt sich solche immer mehr, eben weil er frey und ohne Rücksicht handelt«

In einem Notizbuch Goethes aus dem Jahre 1793, das auch Aufzeichnungen zur »Belagerung von Mainz« (1822 ersch.) enthält, befinden sich folgende Schemata für »Wilhelm Meisters Lehrjahre«:

»In Wilh.   den sittlichen Traum.
In Laertes den Wunsch unbedingt zu leben
In Philine die reine Sinnlichkeit
Abbé   Pädagogischer Traum«

Ferner:

»Wilhelm   aesthetisch sittlicher Traum
Lothario   heroisch acktiver Traum
Laertes   Unbedingter Wille
Abbé   Pädagogischer prakt Traum
Philine   Gegenwärtige Sinnlichkeit Leichtsinn
Aurelie   Hartnäckich hartnäckiges Selbstquälendes festhalten
Emilie   Weibl. ästh sittl. Wirklichkeit pracktisch
Julie   Häusliche reine Wirklichkeit
Mariane
Mignon   Wahnsinn des Mißverhältnisses«

In einem Brief an Schiller vom 9. 7. 1796 verzeichnet Goethe auf einem Extrablatt die einzelnen Stellen und Motive, die er auf Schillers Rat hin zu ändern gedenkt:

»Zum achten Buche:
1. Die sentimentale Forderung bey Mignons Tod zu befriedigen.
2. Der Vorschlag des balsamirens und die Reflexion über das Band [der Instrumententasche] zurück zu rücken.
3. Lothario kann bey Gelegenheit, da er von Aufhebung des Feudal Systehms spricht, etwas äußern, was auf die Heirathen am Schlusse eine freyere Aussicht giebt.
4. Der Markese wird früher erwähnt, als Freund des Oheims.

5. Das Prädikat der ›Schönen Seele‹ wird auf Natalien abgeleitet.
6. Die Erscheinung der Gräfin wird motivirt.
7. Werners Kindern wird etwas von ihren Jahren abgenommen.«

WA I 21,331–333

Kompositionen zu den Gedichten in den »Lehrjahren«:

Die erste Ausgabe der »Lehrjahre« von 1795/96 bei Johann Friedrich Unger enthält auf besonderen Blättern folgende acht Lieder mit Noten in Kompositionen von Johann Friedrich R e i c h a r d t (1752–1814): 1. Was hör ich draußen vor dem Tor (S. 131 f.); 2. Wer nie sein Brot (S. 139); 3. Wer sich der Einsamkeit ergibt (S. 140); 4. Kennt du das Land (S. 148); 5. Nur wer die Sehnsucht kennt (S. 249); 6. Singet nicht in Trauertönen (S. 330 f.); 7. Heiß mich nicht reden, heiß mich schweigen (S. 372); 8. So laßt mich scheinen, bis ich werde (S. 540 f.). (Siehe dazu Karl Goedeke: Grundriß zur Geschichte der deutschen Literatur aus den Quellen. 3. neubearb. Aufl. Bd. 4,3. Dresden: Ehlermann, 1912. S. 426.)

III. Dokumente zur Entstehungsgeschichte

1. Entstehung

Die erste Nachricht zur Entstehung des »Wilhelm Meister« ist eine Tagebucheintragung vom 16. 2. 1777: »In Garten, diktiert an ›Wilhelm Meister‹.« Weitere Eintragungen für die Arbeit am Roman finden sich für April, Juli und Oktober 1777. Am 31. 10. 1777 schreibt Goethe an Charlotte von Stein: »Gestern Abend hab' ich einen Salto mortale über drei fatale Kapitel meines Romans gemacht, vor denen ich schon so lange scheue; nun da die hinter mir liegen, hoff' ich den ersten Teil bald ganz zu produzieren.« Im Januar 1778 kündigte Goethe seinem Freund Carl Ludwig von Knebel die Vollendung des ersten Buches seines Romans an. Bereits damals lag ein Plan von acht Büchern vor. Daß es sich um einen Theaterroman handelte, wird deutlich aus einem Brief vom 5. 8. 1778 an Knebel, in dem Goethe den Freund bittet, ihm »weder direkt noch indirekt ins theatralische Gehege zu kommen«, da er dabei sei, »das ganze Theaterwesen in einem Roman [...] vorzutragen«. Vom November 1778 an ruhte die Arbeit am Roman, da Goethe mit den dramatischen Plänen zu »Egmont«, »Iphigenie auf Tauris« und »Torquato Tasso« beschäftigt war. Erst im Februar 1780 kam die Arbeit am Roman wieder in Gang, aber nur mit Stockungen. Im Juni 1782 dann konnte sich Goethe auf den »Wilhelm Meister« konzentrieren. In einem Brief an Charlotte von Stein vom 24. 6. 1782 nannte er ihn »sein geliebtes dramatisches Ebenbild«. Im August 1782 vermeldete Goethe den Abschluß des zweiten, im November 1782 den Abschluß des dritten Buches. In einem Brief vom 21. 11. 1782 an Knebel fällt zum ersten Mal der vollständige Titel des Romans: »Wilhelm Meisters theatralische Sendung«. Im Mai 1783 erfolgte die Übersendung einer Abschrift der ersten drei Bücher an Knebel mit der Bitte um Weiterleitung an Goethes Mutter und später auch an Bar-

1. Entstehung

bara Schultheß in Zürich, der die Überlieferung der bis 1910 verloren geglaubten »Theatralischen Sendung« zu verdanken ist (s. Kap. II, Varianten und Paralipomena). Am Weimarer Hof hatte Goethe zu diesem Zeitpunkt bereits mehrfach aus dem Roman vorgelesen.

Die Arbeit am Roman ging jetzt zügiger voran: im November 1783 wurde das vierte Buch abgeschlossen, im Oktober 1784 das fünfte und im November 1785 das sechste Buch. Goethe arbeitete noch an einem siebenten Buch, das aber nicht in der Ur-Meister-Abschrift der Barbara Schultheß überliefert ist, sondern später in die »Lehrjahre« verarbeitet wurde. Dann schob sich im September 1786 die Reise nach Italien dazwischen, und es blieb beim Sammeln von Motiven und Gedanken zum »Wilhelm Meister«. Dazu gehören die zwei kleinen Aufzeichnungen zu den Unarten des Knaben Felix sowie die äußerst wichtige Charakteristik Wilhelms, der sich seine Freiheit immer mehr bedinge, »eben weil er frey und ohne Rücksicht handelt« (s. Kap. II, Varianten und Paralipomena).

Für die Veränderung der Konzeption des Romans während des italienischen Aufenthaltes ist besonders Goethes Bekanntschaft mit Karl Philipp Moritz und dessen Theaterroman »Anton Reiser« (1785–90) zu berücksichtigen. Dieser Roman, der viele autobiographische Züge enthält, stellt die Theaterleidenschaft des Protagonisten in ein durchaus kritisches Licht.

Goethe sehnte sich nach Abschluß seines Romans, aber ahnte, daß es ihm in Italien nicht möglich wäre, das Werk auch nur fortzusetzen. Dafür waren die Pläne damals noch viel zu weit gespannt. Wie Goethe während seines zweiten römischen Aufenthaltes 1787 schrieb, hatte er Gelegenheit gehabt, über sich selbst und andere, über Welt und Geschichte viel nachzudenken, wovon er manches Gute auf seine Art mitteilen wollte: »Zuletzt wird alles im ›Wilhelm‹ gefaßt und geschlossen.« Herzog Karl August versprach er in einem Brief vom 16. 2. 1788 aus Rom, daß er den »Wilhelm Meister« »ausschreiben« werde, und zwar an dessen

Seite in Deutschland, »und wenn's in Aschersleben sein sollte« (wo der Herzog gerade zum Chef eines preußischen Kürassier-Regimentes ernannt worden war).

Nach der Rückkehr aus Italien blieb die Arbeit am »Wilhelm Meister« für mehr als fünf Jahre liegen. In Goethes »Schriften«, die 1787–90 in acht Bänden erschienen, wurde der Roman in der vorliegenden Form von sechs Büchern nicht einmal als Fragment wie der »Faust« aufgenommen. Auch eine Ermunterung der Herzoginmutter Anna Amalia im Januar 1791, sich den Roman doch wieder vorzunehmen, hält nur für wenige Wochen vor. Dann stockt die Arbeit wieder. In die Zwischenzeit fallen die Französische Revolution, die Goethe äußerst bewegte, seine Teilnahme am französischen Feldzug und an der Belagerung von Mainz 1792/93, seine Arbeiten am »Reineke Fuchs« und den Revolutionskomödien sowie seine umfangreichen naturwissenschaftlichen Studien. Diese Ereignisse und Werke sind bei der veränderten Perspektive des Romans in seiner endgültigen Fassung zu beachten.

Als Goethe 1794 die Arbeit am Roman wieder aufnahm mit der Absicht, sich die »Pseudo-Konfession [...] vom Herzen und Halse« zu schaffen (Brief an Herder, Mai 1794), hatte sich sein Standpunkt gegenüber dem Schicksal seines Helden verändert. Er nannte ihn jetzt »Wilhelm Schüler«, der, er wisse nicht wie, den Namen »Meister« erwischt habe (Brief an Schiller, 6. 12. 1794). Bereits in einem Notizbuch von 1793, das auch Eintragungen aus der Belagerung von Mainz enthält, befindet sich der Entwurf eines neuen Schemas für den Roman, der die einzelnen Charaktere stärker auf philosophisch orientierte Prinzipien festlegt, darunter Wilhelm auf den »ästhetisch-sittlichen Traum« (s. Kap. II, Varianten und Paralipomena).

Um sich zum Abschluß des Werkes zu zwingen, schloß Goethe im Mai 1794 einen Vertrag mit dem Verleger Johann Friedrich Unger in Berlin ab. Als Schiller wenige Wochen später Goethe zur Mitarbeit an den »Horen« einlud und ihn zum Abdruck des »Wilhelm Meister« in der Zeitschrift

1. Entstehung

aufforderte, mußte Goethe mit Bedauern absagen, da er den Roman bereits an Unger verkauft hatte. Jedoch versicherte sich Goethe der »antizipierenden Kritik« Schillers an dem Roman. Mit Ausnahme des ersten Bandes sandte er ihm die einzelnen Bücher im Manuskript, bevor er sie in Druck gab. Schiller teilte ihm mit, »was in dem künftigen stehen müsse, und wie es sich verwickeln und entwickeln werde« (Brief an Christian Gottfried Körner, 9. 10. 1794).

Zunächst arbeitete Goethe die bereits geschriebenen sechs Bücher der »Theatralischen Sendung« um, indem sie zu Buch 1–4 der »Lehrjahre« zusammengezogen wurden. Im September 1794 waren die ersten beiden Bücher bereits umgeschrieben, so daß der erste Band im Januar 1795 erscheinen konnte. Im Dezember 1794 wurde das dritte, im Februar 1795 das vierte Buch abgeschlossen, so daß der zweite Band Ostern 1795 herauskam. Im Februar 1795 arbeitete Goethe das Schema zum fünften und sechsten Buch aus, wobei zunächst im März das sechste Buch, »Bekenntnisse einer schönen Seele«, vorgenommen und die Verbindungen von dem bereits vorliegenden Teil zu dem nur im Entwurf bestehenden Teil nach rückwärts und vorwärts hergestellt wurden. Im Juli 1795 wurde auch das fünfte Buch abgeschlossen, so daß im Herbst 1795 der dritte Band erscheinen konnte.

Von nun an rückte die Arbeit langsamer voran, da es sich bei den Büchern sieben und acht um Neuland handelte. Im Januar 1796 wurde das siebente Buch zu Ende gebracht, und im Juni 1796 folgte das achte nach. Am 7. 7. 1796 schrieb Goethe in einem Dankesbrief an Schiller, daß er ohne dessen kritische Freundschaft das Ganze kaum hätte zustande bringen können. Einige von Schillers Einwänden können noch im Manuskript angebracht werden. Im Oktober 1796 lagen »Wilhelm Meisters Lehrjahre« schließlich vollständig in vier Bänden vor.

2. Briefwechsel mit Schiller[1]

Am 23. 8. 1794 schrieb Schiller als Herausgeber der »Horen«, der bedeutendsten Zeitschrift der Klassik von 1795 bis 1797, an Goethe:

»Es wäre nun doch gut, wenn man das neue Journal bald in Gang bringen könnte, und [...] so nehme ich mir die Freiheit, bei Ihnen anzufragen, ob Sie Ihren Roman nicht nach und nach darin erscheinen lassen wollen?«

Goethe antwortete ihm am 27. 8., daß er seinen Roman wenige Wochen vorher bereits an Unger gegeben habe und die ersten gedruckten Bogen bereits in seinen Händen seien:

»Mehr als einmal habe ich diese Zeit gedacht, daß er [der Roman] für die Zeitschrift recht schicklich gewesen wäre; es ist das einzige, was ich noch habe, das Masse macht und das eine Art von problematischer Komposition ist, wie sie die guten Deutschen lieben.«

Am 6. 12. 1794 sandte Goethe die Druckbogen des ersten Bandes an Schiller:

»Endlich kommt das erste Buch von Wilhelm Schüler, der, ich weiß nicht wie, den Namen Meister erwischt hat. Leider werden Sie die beiden ersten Bücher nur sehen, wenn das Erz ihnen schon die bleibende Form gegeben; demohngeachtet sagen Sie mir Ihre offne Meinung, sagen Sie mir, was man wünscht und erwartet. Die folgenden werden Sie noch im biegsamen Manuskript sehen und mir Ihren freundschaftlichen Rat nicht versagen.«

---

[1] Im folgenden zitiert nach der Ausgabe: »Der Briefwechsel zwischen Schiller und Goethe«, hrsg. von Emil Staiger, Frankfurt a. M.: Insel Verlag, 1966.

2. Briefwechsel mit Schiller

Schiller antwortete am 9. 12. 1794 aus Jena:

»Mit wahrer Herzens-Lust habe ich das erste Buch Wilhelm Meisters durchlesen und verschlungen, und ich danke demselben einen Genuß, wie ich lange nicht und nie als durch Sie gehabt habe. Es könnte mich ordentlich verdrüßen, wenn ich das Mißtrauen, mit dem Sie von diesem trefflichen Produkt Ihres Genius sprechen, einer andern Ursache zuschreiben müßte als der Größe der Foderungen, die Ihr Geist jederzeit an sich selbst machen muß. Denn ich finde auch nicht Etwas darin, was nicht in der schönsten Harmonie mit dem lieblichen Ganzen stünde. Erwarten Sie heute kein nähers Detail meines Urteils. Die Horen und deren Ankündigung, nebst dem Posttag, zerstreuen mich zu sehr, als daß ich mein Gemüt zu einem solchen Zweck gehörig sammeln könnte. Wenn ich die Bogen noch einige Zeit hier behalten darf, so will ich mir mehr Zeit dazu nehmen und versuchen, ob ich etwas von dem fernern Gang der Geschichte und der Entwicklung der Charaktere divinieren kann. Herr v. Humboldt hat sich auch recht daran gelabt und findet, wie ich, Ihren Geist in seiner ganzen männlichen Jugend, stillen Kraft und schöpferischer Fülle. Gewiß wird diese Wirkung allgemein sein. Alles hält sich darin so einfach und schön in sich selbst zusammen, und mit wenigem ist soviel ausgerichtet. Ich gestehe, ich fürchtete mich anfangs, daß wegen der langen Zwischen-Zeit, die zwischen dem ersten Wurfe und der letzten Hand verstrichen sein muß, eine kleine Ungleichheit, wenn auch nur des Alters, sichtbar sein möchte. Aber davon ist auch nicht eine Spur zu sehen. Die kühnen poetischen Stellen, die aus der stillen Flut des Ganzen wie einzelne Blitze vorschlagen, machen eine treffliche Wirkung, erheben und füllen das Gemüt. Über die schöne Charakteristik will ich heute noch nichts sagen. Ebensowenig von der lebendigen und bis zum Greifen treffenden Natur, die in allen Schilderungen herrscht, und die Ihnen überhaupt in keinem Produkte versagen kann. Von der Treue des Gemäldes einer *theatralischen Wirtschaft* und

Liebschaft kann ich mit vieler Kompetenz urteilen, indem ich mit beidem besser bekannt bin, als ich zu wünschen Ursache habe. Die Apologie des Handels ist herrlich und in einem großen Sinn. Aber daß Sie neben dieser die Neigung des Haupthelden noch mit einem gewissen Ruhm behaupten konnten, ist gewiß keiner der geringsten Siege, welche die Form über die Materie errang. Doch ich sollte mich gar nicht in das Innere einlassen, weil ich es in diesem Augenblick nicht weiter durchführen kann.«

Goethe beantwortete Schillers Brief bereits am 10. 12. 1794:

»Sie haben mir durch das gute Zeugnis, das Sie dem ersten Buche meines Romans geben, sehr wohlgetan. Nach den sonderbaren Schicksalen, welche diese Produktion von innen und außen gehabt hat, wäre es kein Wunder, wenn ich ganz und gar konfus darüber würde. Ich habe mich zuletzt bloß an meine Idee gehalten und will mich freuen, wenn sie mich aus diesem Labyrinthe herausleitet.
Behalten Sie das erste Buch, solange Sie wollen, indes kommt das zweite, und das dritte lesen Sie im Manuskripte, so finden Sie mehr Standpunkte zum Urteil. Ich wünsche, daß Ihr Genuß sich mit den folgenden Büchern nicht mindere, sondern mehre. Da ich nebst der Ihrigen auch Herrn v. Humboldts Stimme habe, werde ich desto fleißiger und unverdroßner fortarbeiten.«

Am 3. 1. 1795 übersandte Goethe den ersten Band des Romans an Schiller mit einem zweiten Exemplar für Wilhelm von Humboldt. Schiller dankte ihm am 7. Januar und teilte Goethe seine ersten Eindrücke der Lektüre mit:

»Für das überschickte Exemplar des Romans empfangen Sie meinen besten Dank. Ich kann das Gefühl, das mich beim Lesen dieser Schrift, und zwar in zunehmendem Grade, je weiter ich darin komme, durchdringt und besitzt, nicht besser als durch eine süße und innige Behaglichkeit, durch ein Gefühl geistiger und leiblicher Gesundheit ausdrücken,

2. Briefwechsel mit Schiller

und ich wollte dafür bürgen, daß es dasselbe bei allen Lesern im ganzen sein muß.
Ich erkläre mir dieses Wohlsein von der durchgängig darin herrschenden ruhigen Klarheit, Glätte und Durchsichtigkeit, die auch nicht das Geringste zurückläßt, was das Gemüt unbefriedigt und unruhig läßt und die Bewegung desselben nicht weiter treibt, als nötig ist, um ein fröhliches Leben in dem Menschen anzufachen und zu erhalten. Über das einzelne sage ich Ihnen nichts, bis ich das dritte Buch gelesen habe, dem ich mit Sehnsucht entgegen sehe.
Ich kann Ihnen nicht ausdrücken, wie peinlich mir das Gefühl oft ist, von einem Produkt dieser Art in das philosophische Wesen hinein zu sehen. Dort ist alles so heiter, so lebendig, so harmonisch aufgelöst und so menschlich wahr, hier alles so strenge, so rigid und abstrakt und so höchst unnatürlich, weil alle Natur nur Synthesis und alle Philosophie Antithesis ist. Zwar darf ich mir das Zeugnis geben, in meinen Spekulationen der Natur so treu geblieben zu sein, als sich mit dem Begriff der Analysis verträgt; ja vielleicht bin ich ihr treuer geblieben, als unsre Kantianer für erlaubt und für möglich hielten. Aber dennoch fühle ich nicht weniger lebhaft den unendlichen Abstand zwischen dem Leben und dem Räsonnement – und kann mich nicht enthalten, in einem solchen melancholischen Augenblick für einen Mangel in meiner Natur auszulegen, was ich in einer heitern Stunde bloß für eine natürliche Eigenschaft der Sache ansehen muß. So viel ist indes gewiß, der Dichter ist der einzige wahre *Mensch,* und der beste Philosoph ist nur eine Karikatur gegen ihn.«

Am 22. 2. 1795 nimmt Schiller zum ersten Mal kritisch Stellung zu einer Episode im Manuskript des vierten Buches:

»Eine etwas wichtigere Bemerkung muß ich bei Gelegenheit des Geld-Geschenkes machen, das Wilhelm von der Gräfin durch die Hände des Barons erhält und annimmt. Mir

deucht – und so schien es auch Humboldten – daß nach dem zarten Verhältnisse zwischen ihm und der Gräfin diese ihm ein solches Geschenk und durch eine fremde Hand nicht anbieten, und er nicht annehmen dürfe. Ich suchte im Kontext nach etwas, was ihre und seine Delikatesse retten könnte, und glaube, daß diese dadurch geschont werden würde, wenn ihm dieses Geschenk als Remboursement für gehabte Unkosten gegeben und unter diesem Titel von ihm angenommen würde. Entscheiden Sie nun selbst. So wie es dasteht, stutzt der Leser und wird verlegen, wie er das Zartgefühl des Helden retten soll.
Übrigens habe ich beim zweiten Durchlesen wieder neues Vergnügen über die unendliche Wahrheit der Schilderungen und über die treffliche Entwicklung des Hamlet empfunden. Was die letztere betrifft, so wünschte ich, bloß in Rücksicht auf die Verkettung des Ganzen und der Mannigfaltigkeit wegen, die sonst in einem so hohen Grade behauptet worden ist, daß diese Materie nicht so unmittelbar hintereinander vorgetragen, sondern, wenn es anginge, durch einige bedeutende Zwischen-Umstände hätte unterbrochen werden können. Bei der ersten Zusammenkunft mit Serlo kommt sie zu schnell wieder aufs Tapet, und nachher im Zimmer Aureliens gleich wieder. Indes sind dies Kleinigkeiten, die dem Leser gar nicht auffallen würden, wenn Sie ihm nicht selbst durch alles Vorhergehende die Erwartung der höchsten Varietät beigebracht hätten.«

Goethe ließ sich durch diese Kritik nicht entmutigen und berichtete Schiller am 18. 3. 1795 über seine Fortschritte am fünften und sechsten Buch:

»Vorige Woche bin ich von einem sonderbaren Instinkte befallen worden, der glücklicherweise noch fortdauert. Ich bekam Lust, das religiose Buch meines Romans auszuarbeiten, und da das Ganze auf den edelsten Täuschungen und auf der zartesten Verwechslung des Subjektiven und Objektiven beruht, so gehörte mehr Stimmung und Sammlung dazu als vielleicht zu einem andern Teile. Und doch wäre, wie Sie seiner Zeit sehen werden, eine solche Darstellung unmöglich gewesen, wenn ich nicht früher die Studien nach der Natur dazu gesammelt hätte. Durch dieses Buch, das ich vor Palmarum zu endigen denke, bin ich ganz unvermutet in meiner Arbeit sehr gefördert, indem es vor- und rückwärts weist und, indem es begrenzt, zugleich leitet und führt.«

Am 17. 6. 1795 teilt Schiller seine weiteren Leseeindrücke zur letzten Manuskriptsendung von Goethe mit:

»Dieses fünfte Buch Meisters habe ich mit einer ordentlichen Trunkenheit und mit einer einzigen ungeteilten Empfindung durchlesen. Selbst im Meister ist nichts, was mich so Schlag auf Schlag ergriffen und in seinem Wirbel unfreiwillig mit fortgenommen hätte. Erst am Ende kam ich zu einer ruhigen Besinnung. Wenn ich bedenke, durch wie einfache Mittel Sie ein so hinreißendes Interesse zu bewirken wußten, so muß ich mich noch mehr verwundern. Auch was das Einzelne betrifft, so fand ich darin treffliche Stellen. Meisters Rechtfertigung gegen Werner seines Übertritts zum Theater wegen, dieser Übertritt selbst, Serlo, der Souffleur, Philine, die wilde Nacht auf dem Theater u. dgl. sind ausnehmend glücklich behandelt. Aus der Erscheinung des anonymen Geistes haben Sie so viel Partie zu ziehen gewußt, daß ich darüber nichts mehr zu sagen weiß. Die ganze Idee gehört zu den glücklichsten, die ich kenne, und Sie wußten das Interesse, das darin lag, bis auf den letzten Tropfen auszuschöpfen. Am Ende freilich erwartet jedermann den Geist bei der Tafel zu sehen, aber da Sie selbst an diesen Umstand erinnern, so begreift man wohl, daß die Nichterscheinung ihre guten Ursachen haben müsse. Über die Person des Gespenstes werden so viele Hypothesen gemacht werden, als mögliche Subjekte dazu in dem Romane vorhanden sind. Die Majorität bei uns will schlechterdings, daß Mariane der Geist sei oder doch damit in Verbindung stehe. Auch sind wir geneigt, den weiblichen Kobold, der Meistern in seinem

Schlafzimmer in die Arme zu packen kriegt, für Eine Person mit dem Geist zu halten. Bei der letzteren Erscheinung habe ich aber doch auch an Mignon gedacht, die an dem heutigen Abend sehr viele Offenbarungen über ihr Geschlecht scheint erhalten zu haben. Sie sehen aus dieser kleinen hermeneutischen Probe, wie gut Sie Ihr Geheimnis zu bewahren gewußt.

Das Einzige, was ich gegen dieses Vte Buch zu erinnern habe, ist, daß es mir zuweilen vorkam, als ob Sie demjenigen Teile, der das Schauspielwesen ausschließend angeht, mehr Raum gegeben hätten, als sich mit der freien und weiten Idee des Ganzen verträgt. Es sieht zuweilen aus, als schrieben Sie *für* den Schauspieler, da Sie doch nur *von* dem Schauspieler schreiben wollen. Die Sorgfalt, welche Sie gewissen kleinen Details in dieser Gattung widmen, und die Aufmerksamkeit auf einzelne kleine Kunstvorteile, die zwar dem Schauspieler und Direktor, aber nicht dem Publikum wichtig sind, bringen den falschen Schein eines *besondern Zweckes* in die Darstellung, und wer einen solchen Zweck auch nicht vermutet, der möchte Ihnen gar schuld geben, daß eine Privat-Vorliebe für diese Gegenstände Ihnen zu mächtig geworden sei. Könnten Sie diesen Teil des Werkes füglich in engere Grenzen einschließen, so würde dies gewiß gut für das Ganze sein.«

Schiller war besonders an der Gesellschaftsdarstellung im Roman interessiert, die im englischen und französischen Roman des 18. Jahrhunderts vorherrschend war und als gattungscharakteristisch betrachtet wurde. Er wandte sich daher am 15. 6. 1795 an Goethe mit dem folgenden Vorschlag zur Diskussion der Soziologie und Poetik des Romans in den »Horen«:

»Was würden Sie dazu sagen, wenn ich mich, im Namen eines Herrn von X., gegen den Verfasser des Wilhelm Meister beschwerte, daß er sich so gern bei dem Schauspieler-Volk aufhält, und die *gute Sozietät* in seinem Roman

2. Briefwechsel mit Schiller

vermeidet? (Sicherlich ist dies der allgemeine Stein des Anstoßes, den die feine Welt an dem Meister nimmt, und es wäre nicht überflüssig, auch nicht uninteressant, die Köpfe darüber zurechtzustellen. Wenn Sie antworten wollen, so will ich Ihnen einen solchen Brief fabrizieren.)«

Goethe ging auf diesen Vorschlag nicht weiter ein, doch begrüßte er Schillers Kritik in einem Brief vom 18. 6. 1795 und nahm bei den theoretisierenden Gesprächen im fünften Buch eine Reihe von Textkürzungen vor:

»Um so lieber habe ich Ihre Erinnerungen, wegen des theoretisch-praktischen Gewäsches, genutzt und bei einigen Stellen die Schere wirken lassen. Dergleichen Reste der frühern Behandlung wird man nie ganz los, ob ich gleich das erste Manuskript fast um ein Drittel verkürzt habe.«

Am 17. 8. 1795 kommentierte Schiller ausführlich die Funktion des Christentums als einer ästhetischen Religion im Hinblick auf die Konzeption der schönen Seele im sechsten Buch. Der Kommentar gibt deutlich die Grundbegriffe der Schillerschen Ästhetik zu erkennen:

»Der Übergang von der Religion überhaupt zu der christlichen durch die Erfahrung der Sünde ist meisterhaft gedacht. Überhaupt sind die leitenden Ideen des Ganzen trefflich, nur, fürchte ich, etwas zu leise angedeutet. Auch will ich Ihnen nicht dafür stehen, daß nicht manchen Lesern vorkommen wird, als wenn die Geschichte stille stünde. Hätte sich manches näher zusammenrücken, anderes kürzer fassen, hingegen einige Hauptideen mehr ausbreiten lassen, so würde es vielleicht nicht übel gewesen sein. Ihr Bestreben, durch Vermeidung der trivialen Terminologie der Andacht Ihren Gegenstand zu purifizieren und gleichsam wieder ehrlich zu machen, ist mir nicht entgangen; aber einige Stellen habe ich doch angestrichen, an denen, wie ich fürchte, ein christliches Gemüt eine zu ›leichtsinnige‹ Behandlung tadeln könnte.

Dies wenige über das, was Sie gesagt und angedeutet. Dieser Gegenstand ist aber von einer solchen Art, daß man auch über das, was nicht gesagt ist, zu sprechen versucht wird. Zwar ist dieses Buch noch nicht geschlossen, und ich weiß also nicht, was etwa noch nachkommen kann, aber die Erscheinung des Oheims und seiner gesunden Vernunft scheint mir doch eine Krise herbeizuführen. Ist dieses, so scheint mir die Materie doch zu schnell abgetan, denn mir deucht, daß über das *Eigentümliche* christlicher Religion und christlicher Religions-Schwärmerei noch zu wenig gesagt sei; daß dasjenige, was diese Religion einer schönen Seele sein kann, oder vielmehr was eine schöne Seele daraus machen kann, noch nicht genug angedeutet sei. Ich finde in der christlichen Religion *virtualiter* die Anlage zu dem Höchsten und Edelsten, und die verschiedenen Erscheinungen derselben im Leben scheinen mir bloß deswegen so widrig und abgeschmackt, weil sie verfehlte Darstellungen dieses Höchsten sind. Hält man sich an den eigentümlichen Charakterzug des Christentums, der es von allen monotheistischen Religionen unterscheidet, so liegt er in nichts anderm als in der *Aufhebung des Gesetzes* oder des Kantischen Imperativs, an dessen Stelle das Christentum eine freie Neigung gesetzt haben will. Es ist also in seiner reinen Form Darstellung *schöner* Sittlichkeit oder der Menschwerdung des Heiligen, und in diesem Sinn die einzige *ästhetische* Religion; daher ich es mir auch erkläre, warum diese Religion bei der weiblichen Natur so viel Glück macht, und nur in Weibern noch in einer gewissen erträglichen Form angetroffen wird.«

Im Juni 1796 übersandte Goethe die letzten beiden Bücher im Manuskript und schrieb am 25. 6. 1796 an Schiller:

»Lesen Sie das Manuskript erst mit freundschaftlichem Genuß und dann mit Prüfung und sprechen Sie mich los, wenn Sie können. Manche Stellen verlangen noch mehr Ausführung, manche fordern sie, und doch weiß ich kaum,

2. Briefwechsel mit Schiller

was zu tun ist; denn die Ansprüche, die dieses Buch an mich macht, sind unendlich und dürfen, der Natur der Sache nach, nicht ganz befriedigt werden, obgleich alles gewissermaßen aufgelöst werden muß. Meine ganze Zuversicht ruht auf Ihren Forderungen und Ihrer Absolution. Das Manuskript ist mir unter den Händen gewachsen, und überhaupt hätte ich, wenn ich in der Darstellung hätte wollen weitläufiger sein und mehr Wasser des Raisonnements hätte zugießen wollen, ganz bequem aus dem letzten Bande zwei Bände machen können; so mag er denn aber doch in seiner konzentrierten Gestalt besser und nachhaltiger würken.«

Schiller antwortete darauf sogleich am 28. 6. 1796:

»Erwarten Sie heute noch nichts Bestimmtes von mir über den Eindruck, den das 8te Buch auf mich gemacht. Ich bin beunruhigt und bin befriedigt, Verlangen und Ruhe sind wunderbar vermischt. Aus der Masse der Eindrücke, die ich empfangen, ragt mir in diesem Augenblick Mignons Bild am stärksten hervor. Ob die so stark interessierte Empfindung hier noch mehr fodert, als ihr gegeben worden, weiß ich jetzt noch nicht zu sagen. Es könnte auch zufällig sein, denn beim Aufschlagen des Manuskripts fiel mein Blick zuerst auf das Lied, und dies bewegte mich so tief, daß ich den Eindruck nachher nicht mehr auslöschen konnte.
Das Merkwürdigste an dem Total-Eindruck scheint mir dieses zu sein, daß Ernst und Schmerz durchaus wie ein Schattenspiel versinken und der leichte Humor vollkommen darüber Meister wird. Zum Teil ist mir dieses aus der leisen und leichten Behandlung erklärlich; ich glaube aber noch einen andern Grund davon in der theatralischen und romantischen Herbeiführung und Stellung der Begebenheiten zu entdecken. Das Pathetische erinnert an den Roman, alles übrige an die Wahrheit des Lebens. Die schmerzhaftesten Schläge, die das Herz bekommt, verlieren sich schnell wieder, so stark sie auch gefühlt werden, weil sie durch etwas Wunderbares herbeigeführt wurden und deswegen schneller

als alles andere an die Kunst erinnern. Wie es auch sei, soviel ist gewiß, daß der Ernst in dem Roman nur Spiel und das Spiel in demselben der wahre und eigentliche Ernst ist, daß der Schmerz der Schein und die Ruhe die einzige Realität ist.
Der so weise aufgesparte Friedrich, der durch seine Turbulenz am Ende die reife Frucht vom Baume schüttelt und zusammenweht, was zusammen gehört, erscheint bei der Katastrophe gerade so, wie einer, der uns aus einem bänglichen Traum durch Lachen aufweckt. Der Traum flieht zu den andern Schatten, aber sein Bild bleibt übrig, um in die Gegenwart einen höheren Geist, in die Ruhe und Heiterkeit einen poetischen Gehalt, eine unendliche Tiefe zu legen. Diese Tiefe bei einer ruhigen Fläche, die überhaupt genommen Ihnen so eigentümlich ist, ist ein vorzüglicher Charakterzug des gegenwärtigen Romans. [...]
Wie trefflich sich dieses achte Buch an das sechste anschließt, und wie viel überhaupt durch die Antizipation des letztern gewonnen worden ist, sehe ich klar ein. Ich möchte durchaus keine andere Stellung der Geschichte als gerade diese. Man kennt die Familie schon so lange, ehe sie eigentlich kommt, man glaubt in eine ganz anfanglose Bekanntschaft zu blicken; es ist eine Art von optischem Kunstgriff, der eine treffliche Wirkung macht.
Einen köstlichen Gebrauch haben Sie von des Großvaters Sammlung zu machen gewußt; sie ist ordentlich eine mitspielende Person, und rückt selbst an das Lebendige.«

Darauf folgte in den ersten Julitagen eine Reihe von Briefen, in denen Schiller sich ausführlich mit dem Roman auseinandersetzte. Am 2. 7. 1796 schrieb er:

»Ich habe nun alle 8 Bücher des Romans aufs neue, obgleich nur sehr flüchtig, durchlaufen, und schon allein die Masse ist so stark, daß ich in 2 Tagen kaum damit fertig worden bin. Billig sollte ich also heute noch nichts schreiben, denn die erstaunliche und unerhörte Mannigfaltigkeit, die darin, im

2. Briefwechsel mit Schiller

eigentlichsten Sinne, *versteckt* ist, überwältigt mich. Ich gestehe, daß ich bis jetzt zwar die *Stätigkeit,* aber noch nicht die *Einheit* recht gefaßt habe, obwohl ich keinen Augenblick zweifle, daß ich auch über diese noch völlige Klarheit erhalten werde, wenn bei Produkten dieser Art die Stätigkeit nicht schon mehr als die halbe Einheit ist.

Da Sie, unter diesen Umständen, nicht wohl etwas ganz Genugtuendes von mir erwarten können und doch etwas zu hören wünschen, so nehmen Sie mit einzelnen Bemerkungen vorlieb, die auch nicht ganz ohne Wert sind, da sie ein unmittelbares Gefühl aussprechen werden. Dafür verspreche ich Ihnen, daß diesen ganzen Monat über die Unterhaltung über den Roman nie versiegen soll. Eine würdige und wahrhaft ästhetische Schätzung des ganzen Kunstwerks ist eine große Unternehmung. Ich werde ihr die nächsten 4 Monate ganz widmen und mit Freuden. Ohnehin gehört es zu dem schönsten Glück meines Daseins, daß ich die Vollendung dieses Produkts erlebte, daß sie noch in die Periode meiner strebenden Kräfte fällt, daß ich aus dieser reinen Quelle noch schöpfen kann; und das schöne Verhältnis, das unter uns ist, macht es mir zu einer gewissen Religion, Ihre Sache hierin zu der meinigen zu machen, alles, was in mir Realität ist, zu dem reinsten Spiegel des Geistes auszubilden, der in dieser Hülle lebt, und so, in einem höheren Sinne des Worts, den Namen Ihres Freundes zu verdienen. Wie lebhaft habe ich bei dieser Gelegenheit erfahren, daß das Vortreffliche eine Macht ist, daß es auf selbstsüchtige Gemüter auch nur als eine Macht wirken kann, daß es dem Vortrefflichen gegenüber keine Freiheit gibt als die Liebe.

Ich kann Ihnen nicht beschreiben, wie sehr mich die Wahrheit, das schöne Leben, die einfache Fülle dieses Werkes bewegte. Die Bewegung ist zwar noch unruhiger, als sie sein wird, wenn ich mich desselben ganz bemächtigt habe, und das wird dann eine wichtige Krise meines Geistes sein; sie ist aber doch der Effekt des Schönen, nur des Schönen, und die Unruhe rührt bloß davon her, weil der Verstand die Empfindung noch nicht hat einholen können. Ich verstehe Sie

nun ganz, wenn Sie sagten, daß es eigentlich das Schöne, das Wahre sei, was Sie, oft bis zu Tränen, rühren könne. Ruhig und tief, klar und doch unbegreiflich wie die Natur, so wirkt es und so steht es da, und alles, auch das kleinste Nebenwerk, zeigt die schöne Gleichheit des Gemüts, aus welchem alles geflossen ist.
Aber ich kann diesen Eindrücken noch keine Sprache geben, auch will ich jetzt nur bei dem achten Buche stehen bleiben. Wie ist es Ihnen gelungen, den großen so weit auseinander geworfenen Kreis und Schauplatz von Personen und Begebenheiten wieder so eng zusammen zu rücken. Es steht da wie ein schönes Planetensystem, alles gehört zusammen, und nur die italienischen Figuren knüpfen, wie Kometengestalten und auch so schauerlich wie diese, das System an ein entferntes und größeres an. Auch laufen alle diese Gestalten, so wie auch Mariane und Aurelie, völlig wieder aus dem Systeme heraus und lösen sich als fremdartige Wesen davon ab, nachdem sie bloß dazu gedient haben, eine poetische Bewegung darin hervorzubringen. Wie schön gedacht ist es, daß Sie das praktisch Ungeheure, das furchtbar Pathetische im Schicksal Mignons und des Harfenspielers von dem theoretisch Ungeheuren, von den Mißgeburten des Verstandes ableiten, so daß der reinen und gesunden Natur nichts dadurch aufgebürdet wird. Nur im Schoß des dummen Aberglaubens werden diese monstrosen Schicksale ausgeheckt, die Mignon und den Harfenspieler verfolgen. Selbst Aurelia wird nur durch ihre Unnatur, durch ihre Mannweiblichkeit zerstört. Gegen Marianen allein möchte ich Sie eines poetischen Eigennutzes beschuldigen. Fast möchte ich sagen, daß sie dem Roman zum Opfer geworden, da sie der Natur nach zu retten war. Um *sie* werden daher immer noch bittere Tränen fließen, wenn man sich bei den drei andern gern von dem Individuum ab zu der Idee des Ganzen wendet.
Wilhelms Verirrung zu Theresen ist trefflich gedacht, motiviert, behandelt und noch trefflicher benutzt. Manchen Leser wird sie anfangs recht erschrecken, denn Theresen

2. Briefwechsel mit Schiller

verspreche ich wenig Gönner; desto schöner reißen Sie ihn aber aus seiner Unruhe. Ich wüßte nicht, wie dieses falsche Verhältnis zärter, feiner, edler hätte gelöst werden können! Wie würden sich die Richardsons und alle andern gefallen haben, eine Szene daraus zu machen, und über dem Auskramen von delikaten Sentiments recht undelikat gewesen sein! Nur Ein kleines Bedenken hab ich dabei. Theresens mutige und entschlossene Widersetzlichkeit gegen die Partei, welche ihr ihren Bräutigam rauben will, selbst bei der erneuerten Möglichkeit, Lotharn zu besitzen, ist ganz in der Natur und trefflich; auch daß Wilhelm einen tiefen Unwillen und einen gewissen Schmerz über die Neckerei der Menschen und des Schicksals zeigt, finde ich sehr gegründet – nur, däucht mir, sollte er den Verlust eines Glücks weniger tief beklagen, das schon angefangen hatte, keines mehr für ihn zu sein. In Naliens Nähe müßte ihm, scheint mir, seine wieder erlangte Freiheit ein höheres Gut sein, als er zeigt. Ich fühle wohl die Komplikation dieses Zustands und was die Delikatesse foderte, aber auf der andern Seite beleidigt es einigermaßen die Delikatesse gegen Natalien, daß er noch im Stand ist, ihr gegenüber den Verlust einer Therese zu beklagen!

Eins, was ich in der Verknüpfung der Begebenheiten auch besonders bewundre, ist der große Vorteil, den Sie von jenem falschen Verhältnis Wilhelms zu Theresen zu ziehen gewußt haben, um das wahre und gewünschte Ziel, Naliens und Wilhelms Verbindung, zu beschleunigen. Auf keinem andern Weg hätte dieses so schön und natürlich geschehen können, als gerade auf dem eingeschlagenen, der davon zu entfernen drohte. Jetzt kann es mit höchster Unschuld und Reinheit ausgesprochen werden, daß Wilhelm und Natalie füreinander gehören, und die Briefe Theresens an Natalien leiten es auf das schönste ein. Solche Erfindungen sind von der ersten Schönheit, denn sie vereinigen alles, was nur gewünscht werden kann, ja was ganz unvereinbar scheint; sie verwickeln und enthalten schon die Auflösung in sich, sie beunruhigen und führen zur Ruhe, sie erreichen das Ziel, indem sie davon mit Gewalt zu entfernen scheinen.

Mignons Tod, so vorbereitet er ist, wirkt sehr gewaltig und tief, ja so tief, daß es manchen vorkommen wird, Sie verlassen denselben zu schnell. Dies war beim ersten Lesen meine sehr stark markierte Empfindung; beim zweiten, wo die Überraschung nicht mehr war, empfand ich es weniger, fürchte aber doch, daß Sie hier um eines Haares Breite zu weit gegangen sein möchten. Mignon hat gerade vor dieser Katastrophe angefangen, weiblicher, weicher zu erscheinen und dadurch mehr durch sich selbst zu interessieren; die abstoßende Fremdartigkeit dieser Natur hatte nachgelassen, mit der nachlassenden Kraft hatte sich jene Heftigkeit in etwas verloren, die von ihr zurückschreckte. Besonders schmelzte das letzte Lied das Herz zu der tiefsten Rührung. Es fällt daher auf, wenn unmittelbar nach dem angreifenden Auftritt ihres Todes der Arzt eine Spekulation auf ihren Leichnam macht und das lebendige Wesen, die Person so schnell vergessen kann, um sie nur als Werkzeug eines artistischen Versuches zu betrachten; eben so fällt es auf, daß Wilhelm, der doch die Ursache ihres Todes ist und es auch weiß, in diesem Augenblick für jene Instrumententasche Augen hat und in Erinnerungen vergangener Szenen sich verlieren kann, da die Gegenwart ihn doch so ganz besitzen sollte.

Sollten Sie in diesem Falle auch vor der Natur ganz recht behalten, so zweifle ich, ob Sie auch gegen die ›sentimentalischen‹ Foderungen der Leser es behalten werden, und deswegen möchte ich Ihnen raten – um die Aufnahme einer an sich so herrlich vorbereiteten und durchgeführten Szene bei dem Leser durch nichts zu stören – einige Rücksicht darauf zu nehmen.

Sonst finde ich alles, was Sie mit Mignon, lebend und tot, vornehmen, ganz außerordentlich schön. Besonders qualifiziert sich dieses reine und poetische Wesen so trefflich zu diesem poetischen Leichenbegängnis. In seiner isolierten Gestalt, seiner geheimnisvollen Existenz, seiner Reinheit

2. Briefwechsel mit Schiller

und Unschuld repräsentiert es die Stufe des Alters, auf der es steht, so rein, es kann zu der reinsten Wehmut und zu einer wahr menschlichen Trauer bewegen, weil sich nichts als die Menschheit in ihm darstellte. Was bei jedem andern Individuum unstatthaft – ja in gewissem Sinn empörend sein würde, wird hier erhaben und edel.

Gerne hätte ich die Erscheinung des Marchese in der Familie noch durch etwas anders als durch seine Kunstliebhaberei motiviert gesehen. Er ist gar zu unentbehrlich zur Entwicklung, und die *Notdurft* seiner Dazwischenkunft könnte leicht stärker als die innere Notwendigkeit derselben in die Augen fallen. Sie haben durch die Organisation des übrigen Ganzen den Leser selbst verwöhnt und ihn zu strengeren Foderungen berechtigt, als man bei Romanen gewöhnlich mitbringen darf. Wäre nicht aus diesem Marchese eine alte Bekanntschaft des Lothario oder des Oheims zu machen und seine Herreise selbst mehr ins Ganze zu verflechten?

Die Katastrophe so wie die ganze Geschichte des Harfenspielers erregt das höchste Interesse; wie vortrefflich ich es finde, daß Sie diese ungeheuren Schicksale von frommen Fratzen ableiten, habe ich oben schon erwähnt. Der Einfall des Beichtvaters, eine leichte Schuld ins Ungeheure zu malen, um ein schweres Verbrechen, das er aus Menschlichkeit verschweigt, dadurch abbüßen zu lassen, ist himmlisch in seiner Art und ein würdiger Repräsentant dieser ganzen Denkungsweise. Vielleicht werden Sie Speratens Geschichte noch ein klein wenig ins kürzere ziehen, da sie in den Schluß fällt, wo man ungeduldiger zum Ziele eilt.

Daß der Harfner der Vater Mignons ist, und daß Sie selbst dieses eigentlich nicht aussprechen, es dem Leser gar nicht hinschieben, macht nur desto mehr Effekt. Man macht diese Betrachtung nun selbst, erinnert sich, wie nahe sich diese zwei geheimnisvollen Naturen lebten, und blickt in eine unergründliche Tiefe des Schicksals hinab.«

Am 3. 7. 1796 schrieb Schiller an Goethe, wobei er u. a. darauf verwies, daß der Begriff der schönen Seele eigentlich besser auf Natalie zutrifft:

»Ich habe nun Wilhelms Betragen bei dem Verlust seiner Therese im ganzen Zusammenhang reiflich erwogen und nehme alle meine vorige Bedenklichkeiten zurück. So wie es ist, muß es sein. Sie haben darin die höchste Delikatesse bewiesen, ohne im geringsten gegen die Wahrheit der Empfindung zu verstoßen.
Es ist zu bewundern, wie schön und wahr die drei Charaktere der *Stiftsdame*, *Nataliens* und *Theresens* nuanciert sind. Die zwei ersten sind heilige, die zwei andern sind wahre und menschliche Naturen; aber eben darum, weil Natalie heilig und menschlich zugleich ist, so erscheint sie wie ein Engel, da die Stiftsdame nur eine Heilige, Therese nur eine vollkommene Irdische ist. Natalie und Therese sind beide Realistinnen; aber bei Theresen zeigt sich auch die Beschränkung des Realism, bei Natalien nur der Gehalt desselben. Ich wünschte, daß die Stiftsdame ihr das Prädikat einer schönen Seele nicht weggenommen hätte, denn nur Natalie ist eigentlich eine rein ästhetische Natur. Wie schön, daß sie die Liebe, als einen Affekt, als etwas Ausschließendes und Besonderes gar nicht kennt, weil die Liebe ihre Natur, ihr permanenter Charakter ist. Auch die Stiftsdame kennt eigentlich die Liebe nicht – aber aus einem unendlich verschiedenen Grunde.
Wenn ich Sie recht verstanden habe, so ist es gar nicht ohne Absicht geschehen, daß Sie Natalien unmittelbar von dem Gespräch über die Liebe und über ihre Unbekanntschaft mit dieser Leidenschaft den Übergang zu dem Saal der Vergangenheit nehmen lassen. Gerade die Gemütsstimmung, in welche man durch diesen Saal versetzt wird, erhebt über alle Leidenschaft, die Ruhe der Schönheit bemächtigt sich der Seele, und diese gibt den besten Aufschluß über Nataliens liebefreie und doch so liebevolle Natur.
Dieser Saal der Vergangenheit vermischt die ästhetische

Welt, das Reich der Schatten im idealen Sinn, auf eine herrliche Weise mit dem lebendigen und wirklichen, so wie überhaupt aller Gebrauch, den Sie von den Kunstwerken gemacht, solche gar trefflich mit dem Ganzen verbindet. Es ist ein so froher freier Schritt aus der gebundenen engen Gegenwart heraus, und führt doch immer so schön zu ihr zurücke. Auch der Übergang von dem mittlern Sarkophag zu Mignon und zu der wirklichen Geschichte ist von der höchsten Wirkung. Die Inschrift: *gedenke zu leben* ist trefflich und wird es noch vielmehr, da sie an das verwünschte *Memento mori* erinnert und so schön darüber triumphiert.

Der Oheim mit seinen sonderbaren Idiosynkrasien für gewisse Naturkörper ist gar interessant. Gerade solche Naturen haben eine so bestimmte Individualität und so ein starkes Maß von Empfänglichkeit, als der Oheim besitzen muß, um das zu sein, was er ist. Seine Bemerkung über die Musik und daß sie ganz rein zu dem Ohre sprechen solle, ist auch voll Wahrheit. Es ist unverkennbar, daß Sie in diesen Charakter am meisten von Ihrer eigenen Natur gelegt haben.

Lothario hebt sich unter allen Hauptcharakteren am wenigsten heraus, aber aus ganz objektiven Gründen. Ein Charakter wie dieser kann in dem Medium, durch welches der Dichter wirkt, nie ganz erscheinen. Keine einzelne Handlung oder Rede stellt ihn dar; man muß ihn sehen, man muß ihn selbst hören, man muß mit ihm leben. Deswegen ist es genug, daß die, welche mit ihm leben, in dem Vertrauen und in der Hochschätzung gegen ihn so ganz einig sind, daß alle Weiber ihn lieben, die immer nach dem Total-Eindruck richten, und daß wir auf die Quellen seiner Bildung aufmerksam gemacht werden. Es ist bei diesem Charakter der Imagination des Lesers weit mehr überlassen als bei den andern, und mit dem vollkommensten Rechte; denn er ist ästhetisch, er muß also von dem Leser selbst produziert werden, aber nicht willkürlich, sondern nach Gesetzen, die Sie auch bestimmt genug gegeben haben. Nur seine Annähe-

rung an das Ideal macht, daß diese Bestimmtheit der Züge nie zur Schärfe werden kann.
Jarno bleibt sich bis ans Ende gleich, und seine Wahl, in Rücksicht auf Lydien, setzt seinem Charakter die Krone auf. Wie gut haben Sie doch Ihre Weiber unterzubringen gewußt! – Charaktere wie Wilhelm, wie Lothario können nur glücklich sein durch Verbindung mit einem harmonierenden Wesen, ein Mensch wie Jarno kann es nur mit einem kontrastierenden werden; dieser muß immer etwas zu tun und zu denken und zu unterscheiden haben.
Die gute Gräfin fährt bei der poetischen Wirtsrechnung nicht zum besten; aber auch hier haben Sie völlig der Natur gemäß gehandelt. Ein Charakter wie dieser kann nie auf sich selbst gestellt werden, es gibt keine Entwicklung für ihn, die ihm seine Ruhe und sein Wohlbefinden garantieren könnte, immer bleibt er in der Gewalt der Umstände, und daher ist eine Art negativen Zustandes alles, was für ihn geschehen kann. Das ist freilich für den Betrachter nicht erfreulich, aber es ist so, und der Künstler spricht hier bloß das Naturgesetz aus. Bei Gelegenheit der Gräfin muß ich bemerken, daß mir ihre Erscheinung im achten Buche nicht gehörig motiviert zu sein scheint. Sie kommt *zu* der Entwicklung, aber nicht *aus* derselben.
Der Graf souteniert seinen Charakter trefflich, und auch dieses muß ich loben, daß Sie ihn durch seine so gut getroffenen Einrichtungen im Hause an dem Unglück des Harfenspielers schuld sein lassen. Mit aller Liebe zur Ordnung müssen solche Pedanten immer nur Unordnung stiften.
Die Unart des kleinen Felix, aus der Flasche zu trinken, die nachher einen so wichtigen Erfolg herbeiführt, gehört auch zu den glücklichsten Ideen des Plans. Es gibt mehrere dieser Art im Roman, die insgesamt sehr schön erfunden sind. Sie knüpfen auf eine so simple und naturgemäße Art das Gleichgültige an das Bedeutende und umgekehrt und verschmelzen die Notwendigkeit mit dem Zufall.
Gar sehr habe ich mich über Werners traurige Verwandlung gefreut. Ein solcher Philister konnte allenfalls durch die

2. Briefwechsel mit Schiller

Jugend und durch seinen Umgang mit Wilhelm eine Zeitlang emporgetragen werden; sobald diese zwei Engel von ihm weichen, fällt er, wie recht und billig, der Materie anheim und muß endlich selber darüber erstaunen, wie weit er hinter seinem Freunde zurückgeblieben ist. Diese Figur ist auch deswegen so wohltätig für das Ganze, weil sie den Realism, zu welchem Sie den Helden des Romans zurückführen, erklärt und veredelt. Jetzt steht er in einer schönen menschlichen Mitte da, gleich weit von der *Phantasterei* und der *Philisterhaftigkeit*, und indem Sie ihn von dem Hange zur ersten so glücklich heilen, haben Sie vor der letztern nicht weniger gewarnt.

Werner erinnert mich an einen wichtigen chronologischen Verstoß, den ich in dem Roman zu bemerken glaube. Ohne Zweifel ist es Ihre Meinung nicht, daß Mignon, wenn sie stirbt, 21 Jahre und Felix zu derselben Zeit 10 oder 11 Jahre alt sein soll. Auch der blonde Friedrich sollte wohl bei seiner letzten Erscheinung noch nicht etliche und zwanzig Jahr alt sein u. s. f. Dennoch ist es wirklich so, denn von Wilhelms Engagement bei Serlo bis zu seiner Zurückkunft auf Lotharios Schloß sind wenigstens sechs Jahre verflossen. Werner, der im fünften Buche noch unverheuratet war, hat am Anfang des achten schon mehrere Jungens, die ›schreiben und rechnen, handeln und trödeln, und deren jedem er schon ein eigenes Gewerb eingerichtet hat‹. Ich denke mir also den ersten zwischen dem 5ten und 6ten, den zweiten zwischen dem 4ten und 5ten Jahr; und da er sich doch auch nicht gleich nach des Vaters Tode hat trauen lassen und die Kinder auch nicht gleich da waren, so kommen zwischen 6 und 7 Jahren heraus, die zwischen dem 5ten und 8. Buch verflossen sein müssen.«

Am 5. 7. 1796 nahm Schiller zur Person des Titelhelden Stellung und wies auf die politische Symbolik der »Mésalliancen«, der Heiraten zwischen den Ständen am Ende des Romans, hin:

»Jetzt, da ich das Ganze des Romans mehr im Auge habe, kann ich nicht genug sagen, wie glücklich der Charakter des Helden von Ihnen gewählt worden ist, wenn sich so etwas wählen ließe. Kein anderer hätte sich so gut zu einem *Träger* der Begebenheiten geschickt, und wenn ich auch ganz davon abstrahiere, daß nur an einem solchen Charakter das Problem aufgeworfen und aufgelöst werden konnte, so hätte schon zur bloßen *Darstellung* des Ganzen kein anderer so gut gepaßt. Nicht nur der *Gegenstand* verlangte ihn, auch der *Leser* brauchte ihn. Sein Hang zum Reflektieren hält den Leser im raschesten Laufe der Handlung still und nötigt ihn immer, vor- und rückwärts zu sehen und über alles, was sich ereignet, zu denken. Er sammelt sozusagen den Geist, den Sinn, den innern Gehalt von allem ein, was um ihn herum vorgeht, verwandelt jedes dunkle Gefühl in einen Begriff und Gedanken, spricht jedes einzelne in einer allgemeineren Formel aus, legt uns von allem die Bedeutung näher, und indem er dadurch seinen eigenen Charakter erfüllt, erfüllt er zugleich aufs vollkommenste den Zweck des Ganzen.

Der Stand und die äußre Lage, aus der Sie ihn wählten, macht ihn dazu besonders geschickt. Eine gewisse Welt ist ihm nun ganz neu, er wird lebhafter davon frappiert, und während daß er beschäftigt ist, sich dieselbe zu assimilieren, führt er auch uns in das Innere derselben und zeigt uns, was darin Reales für den Menschen enthalten ist. In ihm wohnt ein reines und moralisches Bild der Menschheit, an diesem prüft er jede äußere Erscheinung derselben, und indem von der einen Seite die Erfahrung seine schwankenden Ideen mehr bestimmen hilft, rektifiziert eben diese Idee, diese innere Empfindung gegenseitig wieder die Erfahrung. Auf diese Art hilft Ihnen dieser Charakter wunderbar, in allen vorkommenden Fällen und Verhältnissen das rein Menschliche aufzufinden und zusammen zu lesen. Sein Gemüt ist zwar ein treuer, aber doch kein bloß passiver Spiegel der Welt, und obgleich seine Phantasie auf sein Sehen Einfluß hat, so ist dieses doch nur idealistisch, nicht phantastisch, poetisch, aber nicht schwärmerisch: es liegt dabei keine

2. Briefwechsel mit Schiller

Willkür der spielenden Einbildungskraft, sondern eine schöne moralische Freiheit zum Grunde.

Überaus wahr und treffend schildert ihn seine Unzufriedenheit mit sich selbst, wenn er Theresen seine Lebensgeschichte aufsetzt. Sein Wert liegt in seinem Gemüt, nicht in seinen Wirkungen, in seinem Streben, nicht in seinem Handeln; daher muß ihm sein Leben, sobald er einem andern davon Rechenschaft geben will, so gehaltleer vorkommen. Dagegen kann eine Therese und ähnliche Charaktere ihren Wert immer in barer Münze aufzählen, immer durch ein äußres Objekt dokumentieren. Daß Sie aber Theresen einen Sinn, eine Gerechtigkeit für jene höhere Natur geben, ist wieder ein sehr schöner und zarter Charakterzug: in ihrer klaren Seele muß sich auch das, was sie nicht in sich hat, abspiegeln können, dadurch erheben Sie sie auf einmal über alle jene bornierte Naturen, die über ihr dürftiges Selbst auch in der Vorstellung nicht hinaus können. Daß endlich ein Gemüt wie Theresens an eine, ihr selbst so fremde, Vorstellungs- und Empfindungs-Weise glaubt, daß sie das Herz, welches derselben fähig ist, liebt und achtet, ist zugleich ein schöner Beweis für die objektive Realität derselben, der jeden Leser dieser Stelle erfreuen muß.

Es hat mich auch in dem 8ten Buche sehr gefreut, daß Wilhelm anfängt, sich jenen imposanten Autoritäten, Jarno und dem Abbé gegenüber mehr zu fühlen. Auch dies ist ein Beweis, daß er seine Lehrjahre ziemlich zurückgelegt hat, und Jarno antwortet bei dieser Gelegenheit ganz aus meiner Seele: ›Sie sind bitter, das ist recht schön und gut, wenn Sie nur erst einmal recht böse werden, so wird es noch besser sein.‹ – Ich gestehe, daß es mir ohne diesen Beweis von Selbstgefühl bei unserm Helden peinlich sein würde, ihn mir mit dieser Klasse so eng verbunden zu denken, wie nachher durch die Verbindung mit Natalien geschieht. Bei dem lebhaften Gefühl für die Vorzüge des Adels und bei dem ehrlichen Mißtrauen gegen sich selbst und seinen Stand, das er bei so vielen Gelegenheiten an den Tag legt, scheint er nicht ganz qualifiziert zu sein, in diesen Verhältnissen eine vollkommene Freiheit behaupten zu können, und selbst noch jetzt, da Sie ihn mutiger und selbständiger zeigen, kann man sich einer gewissen Sorge um ihn nicht erwehren. Wird er den Bürger je vergessen können, und muß er das nicht, wenn sich sein Schicksal vollkommen schön entwickeln soll? Ich fürchte, er wird ihn nie ganz vergessen, er hat mir zu viel darüber reflektiert, er wird, was er einmal so bestimmt außer sich sah, nie vollkommen in sich hinein bringen können. Lotharios vornehmes Wesen wird ihn, so wie Nataliens doppelte Würde des Standes und des Herzens, immer in einer gewissen Inferiorität erhalten. Denke ich mir ihn zugleich als den Schwager des Grafen, der das Vornehme seines Standes auch durch gar nichts Ästhetisches mildert, vielmehr durch Pedanterie noch recht heraussetzt, so kann mir zuweilen bange für ihn werden.

Es ist übrigens sehr schön, daß Sie, bei aller gebührenden Achtung für gewisse äußere positive Formen, sobald es auf etwas rein Menschliches ankommt, Geburt und Stand in ihre völlige Nullität zurückweisen und zwar, wie billig, ohne auch nur ein Wort darüber zu verlieren. Aber was ich für eine offenbare Schönheit halte, werden Sie schwerlich allgemein gebilligt sehen. Manchem wird es wunderbar vorkommen, daß ein Roman, der so gar nichts ›Sansculottisches‹ hat, vielmehr an manchen Stellen der Aristokratie das Wort zu reden scheint, mit drei Heuraten endigt, die alle drei Mißheuraten sind. Da ich an der Entwicklung selbst nichts anders wünsche, als es ist, und doch den wahren Geist des Werkes auch in Kleinigkeiten und Zufälligkeiten nicht gerne verkannt sehe, so gebe ich Ihnen zu bedenken, ob der falschen Beurteilung nicht noch durch ein paar Worte ›in Lotharios Munde‹ zu begegnen wäre. Ich sage in Lotharios Munde, denn dieser ist der aristokratischte Charakter, Er findet bei den Lesern aus seiner Klasse am meisten Glauben, bei ihm fällt die *Mésalliance* auch am stärksten auf; zugleich gäbe dieses eine Gelegenheit, die nicht so oft vorkommt, Lotharios vollendeten Charakter zu zeigen. Ich meine auch nicht, daß dieses bei der Gelegenheit selbst geschehen sollte,

2. Briefwechsel mit Schiller

auf welche der Leser es anzuwenden hat; desto besser vielmehr, wenn es unabhängig von jeder Anwendung und nicht als Regel für einen einzelnen Fall, aus seiner Natur heraus gesprochen wird.
Was Lothario betrifft, so könnte zwar gesagt werden, daß Theresens illegitime und bürgerliche Abkunft ein Familiengeheimnis sei; aber desto schlimmer, dürften alsdann manche sagen, so muß er die Welt hintergehen, um seinen Kindern die Vorteile seines Standes zuzuwenden. Sie werden selbst am besten wissen, wie viel oder wie wenig Rücksicht auf diese Armseligkeiten zu nehmen sein möchte.
Für heute nichts weiter. Sie haben nun allerlei durcheinander von mir gehört und werden noch manches hören, wie ich voraussehe; möchte etwas darunter sein, was Ihnen dienlich ist.«

Am 8. 7. 1796 deutete Schiller die Funktion der Turmgesellschaft als Maschine im Sinne des Ausdrucks Deus ex machina, als einer höheren Macht, die das Schicksal des Einzelnen lenkt. Schiller sah den Roman in dieser Hinsicht mit dem Epos (bzw. der Epopee, wie er schreibt) verwandt:

»Da Sie mir das 8te Buch noch eine Woche lassen können, so will ich mich in meinen Bemerkungen vor der Hand besonders auf dieses Buch einschränken; ist dann das Ganze einmal aus Ihren Händen in die weite Welt, so können wir uns mehr über die Form des Ganzen unterhalten, und Sie erweisen mir dann den Gegendienst, mein Urteil zu rektifizieren.
Vorzüglich sind es zwei Punkte, die ich Ihnen, vor der gänzlichen Abschließung des Buches, noch empfehlen möchte.
Der Roman, so wie er da ist, nähert sich in mehrern Stücken der Epopee, unter andern auch darin, daß er Maschinen hat, die in gewissem Sinne die Götter oder das regierende Schicksal darin vorstellen. Der Gegenstand foderte dieses. Meisters

Lehrjahre sind keine bloß blinde Wirkung der Natur, sie sind eine Art von Experiment. Ein verborgen wirkender höherer Verstand, die Mächte des Turms, begleiten ihm mit ihrer Aufmerksamkeit, und ohne die Natur in ihrem freien Gange zu stören, beobachten, leiten sie ihn von ferne und zu einem Zwecke, davon er selbst keine Ahnung hat noch haben darf. So leise und locker auch dieser Einfluß von außen ist, so ist er doch wirklich da, und zu Erreichung des poetischen Zwecks war er unentbehrlich. *Lehrjahre* sind ein Verhältnisbegriff, sie fodern ihr *Correlatum*, die *Meisterschaft*, und zwar muß die Idee von dieser letzten jene erst erklären und begründen. Nun kann aber diese Idee der Meisterschaft, die nur das Werk der gereiften und vollendeten Erfahrung ist, den Helden des Romans nicht selbst leiten, sie kann und darf nicht, als sein Zweck und Ziel, *vor* ihm stehen, denn sobald er das Ziel sich dächte, so hätte er es *eo ipso* auch erreicht; sie muß also als Führerin *hinter* ihm stehen. Auf diese Art erhält das Ganze eine schöne Zweckmäßigkeit, ohne daß der Held einen Zweck hätte, der Verstand findet also ein Geschäft ausgeführt, indes die Einbildungskraft völlig ihre Freiheit behauptet.

Daß Sie aber auch selbst bei diesem Geschäfte, diesem Zweck – dem einzigen in dem ganzen Roman, der wirklich ausgesprochen wird, selbst bei dieser geheimen Führung Wilhelms durch Jarno und den Abbé, alles Schwere und Strenge vermieden und die Motive dazu eher aus einer Grille, einer Menschlichkeit, als aus moralischen Quellen hergenommen haben, ist eine von denen Ihnen eigensten Schönheiten. Der *Begriff* einer Maschinerie wird dadurch wieder aufgehoben, indem doch die *Wirkung* davon bleibt, und alles bleibt, was die Form betrifft, in den Grenzen der Natur, nur das Resultat ist mehr, als die bloße sich selbst überlassene Natur hätte leisten können.

Bei dem allen aber hätte ich doch gewünscht, daß Sie das Bedeutende dieser Maschinerie, die notwendige Beziehung derselben auf das Innere Wesen, dem Leser ein wenig näher gelegt hätten. Dieser sollte doch immer klar in die Ökono-

2. Briefwechsel mit Schiller

mie des Ganzen blicken, wenn diese gleich den handelnden Personen verborgen bleiben muß. Viele Leser, fürchte ich, werden in jenem geheimen Einfluß bloß ein theatralisches Spiel und einen Kunstgriff zu finden glauben, um die Verwicklung zu vermehren, Überraschungen zu erregen u. dgl. Das achte Buch gibt nun zwar einen *historischen* Aufschluß über alle einzelnen Ereignisse, die durch jene Maschinerie gewirkt wurden, aber den *ästhetischen* Aufschluß über den innern Geist, über die poetische Notwendigkeit jener Anstalten gibt es nicht befriedigend genug: auch ich selbst habe mich erst bei dem zweiten und dritten Lesen davon überzeugen können.

Wenn ich überhaupt an dem Ganzen noch etwas auszustellen hätte, so wäre es dieses, ›daß bei dem großen und tiefen Ernste, der in allem Einzelnen herrscht, und durch den es so mächtig wirkt, die Einbildungskraft zu frei mit dem Ganzen zu spielen scheint‹ – Mir deucht, daß Sie hier die freie Grazie der Bewegung etwas weiter getrieben haben, als sich mit dem poetischen Ernste verträgt, daß Sie über dem gerechten Abscheu vor allem Schwerfälligen, Methodischen und Steifen sich dem andern Extrem genähert haben. Ich glaube zu bemerken, daß eine gewisse Kondeszenz gegen die schwache Seite des Publikums Sie verleitet hat, einen mehr theatralischen Zweck und durch mehr theatralische Mittel, als bei einem Roman nötig und billig ist, zu verfolgen.

Wenn je eine poetische Erzählung der Hülfe des Wunderbaren und Überraschenden entbehren konnte, so ist es Ihr Roman; und gar leicht kann einem solchen Werke schaden, was ihm nicht nützt. Es kann geschehen, daß die Aufmerksamkeit mehr auf das Zufällige geheftet wird, und daß das Interesse des Lesers sich konsumiert, Rätsel aufzulösen, da es auf den innern Geist konzentriert bleiben sollte. Es kann geschehen, sage ich, und wissen wir nicht beide, daß es wirklich schon geschehen ist?

Es wäre also die Frage, ob jenem Fehler, wenn es einer ist, nicht noch im 8ten Buche zu begegnen wäre. Ohnehin träfe er nur die Darstellung der Idee, an der Idee selbst bleibt gar nichts zu wünschen übrig. Es wäre also bloß nötig, dem Leser dasjenige etwas bedeutender zu machen, was er bis jetzt zu frivol behandelte, und jene theatralischen Vorfälle, die er nur als ein Spiel der Imagination ansehen mochte, durch eine deutlicher ausgesprochene Beziehung auf den höchsten Ernst des Gedichtes, auch vor der Vernunft zu legitimieren, wie es wohl *implicite*, aber nicht *explicite* geschehen ist. Der Abbé scheint mir diesen Auftrag recht gut besorgen zu können, und er wird dadurch auch sich selbst mehr zu empfehlen Gelegenheit haben. Vielleicht wäre es auch nicht überflüssig, wenn noch im achten Buch der nähern Veranlassung erwähnt würde, die Wilhelmen zu einem Gegenstand von des Abbé pädagogischen Planen machte. Diese Plane bekämen dadurch eine speziellere Beziehung, und Wilhelms Individuum würde für die Gesellschaft auch bedeutender erscheinen.

Sie haben in dem 8ten Buch verschiedene Winke hingeworfen, was Sie unter den Lehrjahren und der Meisterschaft gedacht wissen wollen. Da der Ideen-Inhalt eines Dichterwerks, vollends bei einem Publikum wie das unsrige, so vorzüglich in Betrachtung kommt und oft das einzige ist, dessen man sich nachher noch erinnert, so ist es von Bedeutung, daß Sie hier völlig begriffen werden. Die Winke sind sehr schön, nur nicht hinreichend scheinen sie mir. Sie wollten freilich den Leser mehr selbst finden lassen als ihn geradezu belehren; aber eben weil Sie doch etwas heraus sagen, so glaubt man, dieses sei nun auch alles, und so haben Sie Ihre Idee enger beschränkt, als wenn Sie es dem Leser ganz und gar überlassen hätten, sie heraus zu suchen.

Wenn ich das Ziel, bei welchem Wilhelm nach einer langen Reihe von Verirrungen endlich anlangt, mit dürren Worten auszusprechen hätte, so würde ich sagen, ›er tritt von einem leeren und unbestimmten Ideal in ein bestimmtes tätiges Leben, aber ohne die idealisierende Kraft dabei einzubüßen.‹ Die zwei entgegengesetzten Abwege von diesem glücklichen Zustand sind in dem Roman dargestellt und zwar in allen möglichen Nüancen und Stufen. Von jener unglücklichen Expedition an, wo er ein Schauspiel aufführen will, ohne an den Inhalt gedacht zu haben, bis auf den Augenblick, wo er – Theresen zu seiner Gattin wählt, hat er gleichsam den ganzen Kreis der Menschheit *einseitig* durchlaufen; jene zwei Extreme sind die beiden höchsten Gegensätze, deren ein Charakter wie der seinige nur fähig ist, und daraus muß nun die Harmonie entspringen. Daß er nun, unter der schönen und heitern Führung der Natur (durch Felix) von dem Idealischen zum Reellen, von einem vagen Streben zum Handeln und zur Erkenntnis des Wirklichen übergeht, ohne doch dasjenige dabei einzubüßen, was in jenem ersten strebenden Zustand Reales war, daß er Bestimmtheit erlangt, ohne die schöne Bestimmbarkeit zu verlieren, daß er sich begrenzen lernt, aber in dieser Begrenzung selbst, durch die Form, wieder den Durchgang zum Unendlichen findet u. s. f., dieses nenne ich die Krise seines Lebens, das Ende seiner Lehrjahre, und dazu scheinen sich mir alle Anstalten in dem Werk auf das vollkommenste zu vereinigen. Das schöne Naturverhältnis zu seinem Kinde und die Verbindung mit Nataliens edler Weiblichkeit garantieren diesen Zustand der geistigen Gesundheit, und wir sehen ihn, wir scheiden von ihm auf einem Wege, der zu einer endlosen Vollkommenheit führt.

Die Art nun, wie *Sie* Sich über den Begriff der *Lehrjahre* und der *Meisterschaft* erklären, scheint beiden eine engere Grenze zu setzen. Sie verstehen unter den ersten bloß den Irrtum, dasjenige außer sich zu suchen, was der innere Mensch selbst hervorbringen muß; unter der zweiten die Überzeugung von der Irrigkeit jenes Suchens, von der Notwendigkeit des eignen Hervorbringens u. s. w. Aber läßt sich das ganze Leben Wilhelms, so wie es in dem Romane vor uns liegt, wirklich auch vollkommen unter diesem Begriffe fassen und erschöpfen? Wird durch diese Formel alles verständlich? Und kann er nun bloß dadurch, daß sich das Vaterherz bei ihm erklärt, wie am Schluß des VIIten Buchs geschieht, losgesprochen werden? Was ich also hier wünschte, wäre dieses, daß die Beziehung aller einzelnen

Glieder des Romans auf jenen philosophischen Begriff noch etwas klärer gemacht würde. Ich möchte sagen, die Fabel ist vollkommen wahr; auch die Moral der Fabel ist vollkommen wahr, aber das Verhältnis der einen zu der andern springt noch nicht deutlich genug in die Augen.«

Am 9. 7. 1796 bedankte sich Goethe für die ausführlichen Hinweise und erklärte seine dichterische Verfahrensweise mit dem Hinweis auf einen »gewissen realistischen Tic«. Dieser »realistische Tic« besteht z. B. darin, daß der Leser den Lehrbrief (VII,9) nie in seiner ganzen Länge zu lesen bekommt. Auf einem Extrablatt verzeichnete Goethe die Änderungen, die noch vorzunehmen waren (s. Kap. II, Varianten und Paralipomena). Im Vergleich zu Schillers ausführlichen ästhetischen Erörterungen nehmen sich diese Änderungen, die Goethe ihm zugesteht, verhältnismäßig vordergründig aus:

»Indem ich Ihnen, auf einem besondern Blatt, die einzelnen Stellen verzeichne, die ich, nach Ihren Bemerkungen, zu ändern und zu supplieren gedenke, so habe ich Ihnen für Ihren heutigen Brief den höchsten Dank zu sagen, indem Sie mich, durch die in demselben enthaltnen Erinnerungen, nötigen auf die eigentliche Vollendung des Ganzen aufmerksam zu sein. Ich bitte Sie, nicht abzulassen, um, ich möchte wohl sagen, mich aus meinen eignen Grenzen hinauszutreiben. Der Fehler, den Sie mit Recht bemerken, kommt aus meiner innersten Natur, aus einem gewissen realistischen Tic, durch den ich meine Existenz, meine Handlungen, meine Schriften den Menschen aus den Augen zu rücken behaglich finde. So werde ich immer gerne *incognito* reisen, das geringere Kleid vor dem bessern wählen, und, in der Unterredung mit Fremden oder Halbbekannten, den unbedeutendern Gegenstand oder doch den weniger bedeutenden Ausdruck vorziehen, mich leichtsinniger betragen als ich bin, und mich so, ich möchte sagen, zwischen mich selbst

und zwischen meine eigne Erscheinung stellen. Sie wissen recht gut, teils wie es ist, teils wie es zusammenhängt.
Nach dieser allgemeinen Beichte will ich gern zur besondern übergehn: daß ich ohne Ihren Antrieb und Anstoß, wider besser Wissen und Gewissen, mich auch dieser Eigenheit bei diesem Roman hätte hingehen lassen, welches denn doch, bei dem ungeheuern Aufwand, der darauf gemacht ist, unverzeihlich gewesen wäre, da alles das, was gefordert werden kann, teils so leicht zu erkennen, teils so bequem zu machen ist.
So läßt sich, wenn die frühe Aufmerksamkeit des Abbés auf Wilhelmen rein ausgesprochen wird, ein ganz eigenes Licht und geistiger Schein über das Ganze werfen, und doch habe ich es versäumt; kaum daß ich mich entschließen konnte, durch Wernern etwas zu Gunsten seines Äußerlichen zu sagen.
Ich hatte den Lehrbrief im siebenten Buch abgebrochen, in dem man bis jetzt nur wenige Denksprüche über Kunst und Kunstsinn liest. Die zweite Hälfte sollte bedeutende Worte über Leben und Lebenssinn enthalten, und ich hatte die schönste Gelegenheit, durch einen mündlichen Kommentar des Abbés, die Ereignisse überhaupt, besonders aber die durch die Mächte des Turms herbeigeführten Ereignisse zu erklären und zu legitimieren, und so jene Maschinerie von dem Verdacht eines kalten Romanbedürfnisses zu retten und ihr einen ästhetischen Wert zu geben, oder vielmehr ihren ästhetischen Wert ins Licht zu stellen. – Sie sehen, daß ich mit Ihren Bemerkungen völlig einstimmig bin.
Es ist keine Frage, daß die scheinbaren, von mir ausgesprochenen Resultate viel beschränkter sind als der Inhalt des Werks, und ich komme mir vor wie einer, der, nachdem er viele und große Zahlen über einander gestellt, endlich mutwillig selbst Additionsfehler machte, um die letzte Summe, aus Gott weiß was für einer Grille, zu verringern.
Ich bin Ihnen, wie für so vieles, auch dafür den lebhaftesten Dank schuldig, daß Sie, noch zur rechten Zeit, auf so eine entschiedene Art diese perverse Manier zur Sprache bringen,

und ich werde gewiß, in so fern es mir möglich ist, Ihren gerechten Wünschen entgegen gehn. Ich darf den Inhalt Ihres Briefes nur selbst an die schicklichen Orte verteilen, so ist der Sache schon geholfen. Und sollte mirs ja begegnen, wie denn die menschlichen Verkehrtheiten unüberwindliche Hindernisse sind, daß mir doch die letzten bedeutenden Worte nicht aus der Brust wollten, so werde ich Sie bitten, zuletzt, mit einigen kecken Pinselstrichen, das noch selbst hinzu zu fügen, was ich, durch die sonderbarste Natur-Notwendigkeit gebunden, nicht auszusprechen vermag. Fahren Sie diese Woche noch fort mich zu erinnern und zu beleben [...].«

Schiller antwortete noch am selben Tage, indem er zwar auf Goethes »realistischen Tic« einging, aber doch auf die Klärung gewisser philosophischer Probleme des Romans hindrängte:

»Es ist mir sehr lieb, zu hören, daß ich Ihnen meine Gedanken über jene zwei Punkte habe klar machen können und daß Sie Rücksicht darauf nehmen wollen. Das, was Sie Ihren realistischen Tic nennen, sollen Sie dabei gar nicht verleugnen. Auch das gehört zu Ihrer poetischen Individualität, und in den Grenzen von dieser müssen Sie ja bleiben; alle Schönheit in dem Werk muß *Ihre* Schönheit sein. Es kommt also bloß darauf an, aus dieser subjektiven Eigenheit einen objektiven Gewinn für das Werk zu ziehen, welches gewiß gelingt, sobald Sie wollen. Dem Inhalte nach muß in dem Werk *alles* liegen, was zu seiner Erklärung nötig ist, und, der Form nach, muß es *notwendig* darin liegen, der innere Zusammenhang muß es mit sich bringen – aber wie fest oder locker es zusammenhängen soll, darüber muß Ihre eigenste Natur entscheiden. Dem Leser würde es freilich bequemer sein, wenn Sie selbst ihm die Momente, worauf es ankommt, blank und bar zuzählten, daß er sie nur in Empfang zu nehmen brauchte; sicherlich aber hält es ihn bei dem Buche fester und führt ihn öfter zu demselben zurück, wenn er sich

2. Briefwechsel mit Schiller

selber helfen muß. Haben Sie also nur dafür gesorgt, daß er gewiß findet, wenn er mit gutem Willen und hellen Augen sucht, so ersparen Sie ihm ja das Suchen nicht. Das Resultat eines solchen Ganzen muß immer die eigene, freie, nur nicht willkürliche Produktion des Lesers sein, es muß eine Art von Belohnung bleiben, die nur dem Würdigen zu teil wird, indem sie dem Unwürdigen sich entzieht.
Ich will, um es nicht zu vergessen, noch einige Erinnerungen hersetzen, worauf ich, in Rücksicht auf jene geheime Maschinerie, zu achten bitte. 1) Man wird wissen wollen, zu welchem Ende der Abbé oder sein Helfershelfer den Geist des alten Hamlet spielt. 2) Daß der Schleier mit dem Zettelchen »Flieh, flieh« etc. zweimal erwähnt wird, erregt Erwartungen, daß diese Erfindung zu keinem unbedeutenden Zwecke diene. Warum, möchte man fragen, treibt man Wilhelmen, von der Einen Seite, von dem Theater, da man ihm doch, von der andern, zur Aufführung seines Lieblingsstücks und zu seinem Debüt behülflich ist? Man erwartet auf diese 2 Fragen eine mehr spezielle Antwort, als Jarno bis jetzt gegeben hat. 3) möchte man wohl auch gerne wissen, ob der Abbé und seine Freunde, vor der Erscheinung Werners im Schlosse, schon gewußt, daß sie es bei dem Guts-Kauf mit einem so genauen Freund und Verwandten zu tun haben? ihrem Benehmen nach scheint es fast so, und so wundert man sich wieder über das Geheimnis, das sie Wilhelmen daraus gemacht haben. 4) wäre doch zu wünschen, daß man die Quelle erführe, aus welcher der Abbé die Nachrichten von Theresens Abkunft schöpfte, besonders da es doch etwas befremdet, daß dieser wichtige Umstand so genau dabei interessierten Personen und die sonst so gut bedient sind, bis auf den Moment, wo der Dichter ihn braucht, hat ein Geheimnis bleiben können.
Es ist wohl ein bloßer Zufall, daß die zweite Hälfte des Lehrbriefs weggeblieben ist, aber ein geschickter Gebrauch des Zufalls bringt in der Kunst, wie im Leben, oft das Trefflichste hervor. Mir deucht, diese zweite Hälfte des Lehrbriefs könnte im achten Buch, an einer weitbedeutende-

ren Stelle und mit ganz andern Vorteilen nachgebracht werden. Die Ereignisse sind unterdessen vorwärts gerückt, Wilhelm selbst hat sich mehr entwickelt, Er sowohl als der Leser sind auf jene praktischen Resultate über das Leben und den Lebensgebrauch weit besser vorbereitet, auch der Saal der Vergangenheit und Nataliens nähere Bekanntschaft können eine günstigere Stimmung dazu herbeigeführt haben. Ich riete deswegen sehr, jene Hälfte des Lehrbriefs ja nicht wegzulassen, sondern wo möglich den philosophischen Gehalt des Werkes – deutlicher oder versteckter – darin nieder zu legen. Ohnehin kann, bei einem Publikum, wie nun einmal das deutsche ist, zu Rechtfertigung einer Absicht, und hier namentlich noch zu Rechtfertigung des Titels, der vor dem Buche steht und jene Absicht deutlich ausspricht, nie zuviel geschehen.

Zu meiner nicht geringen Zufriedenheit habe ich in dem 8ten Buche auch ein paar Zeilen gefunden, die gegen die Metaphysik Fronte machen und auf das spekulative Bedürfnis im Menschen Beziehung haben. Nur etwas schmal und klein ist das Almosen ausgefallen, das Sie der armen Göttin reichen, und ich weiß nicht, ob man Sie mit dieser kargen Gabe quittieren kann. Sie werden wohl wissen, von welcher Stelle ich hier rede, denn ich glaube es ihr anzusehen, daß sie mit vielem Bedacht darein gekommen ist.

Ich gestehe es, es ist etwas stark, in unserm spekulativischen Zeitalter einen Roman von diesem Inhalt und von diesem weiten Umfang zu schreiben, worin ›das einzige was not ist‹ so leise abgeführt wird – einen so sentimentalischen Charakter, wie Wilhelm doch immer bleibt, seine Lehrjahre ohne Hülfe jener würdigen Führerin vollenden zu lassen. Das schlimmste ist, daß er sie wirklich in allem Ernste vollendet, welches von der Wichtigkeit jener Führerin eben nicht die beste Meinung erweckt.

Aber im Ernste – woher mag es kommen, daß Sie einen Menschen haben erziehen und fertig machen können, ohne auf Bedürfnisse zu stoßen, denen die Philosophie nur begegnen kann? Ich bin überzeugt, daß dieses bloß der *ästheti-*

schen Richtung zuzuschreiben ist, die Sie in dem ganzen Roman genommen. Innerhalb der ästhetischen Geistesstimmung regt sich kein Bedürfnis nach jenen Trostgründen, die aus der Spekulation geschöpft werden müssen; sie hat Selbständigkeit, Unendlichkeit in sich; nur wenn sich das Sinnliche und das Moralische im Menschen feindlich entgegen streben, muß bei der reinen Vernunft Hülfe gesucht werden. Die gesunde und schöne Natur braucht, wie Sie selbst sagen, keine Moral, kein Naturrecht, keine politische Metaphysik: Sie hätten eben so gut auch hinzusetzen können, sie braucht keine Gottheit, keine Unsterblichkeit, um sich zu stützen und zu halten. Jene 3 Punkte, um die zuletzt alle Spekulation sich dreht, geben einem sinnlich ausgebildeten Gemüt zwar Stoff zu einem poetischen Spiel, aber sie können nie zu ernstlichen Angelegenheiten und Bedürfnissen werden.

Das einzige könnte man vielleicht noch dagegen erinnern, daß unser Freund jene ästhetische Freiheit noch nicht so ganz besitzt, die ihn vollkommen sicher stellte, in gewisse Verlegenheiten nie zu geraten, gewisser Hülfsmittel (der Spekulation) nie zu bedürfen. Ihm fehlt es nicht an einem gewissen philosophischen Hange, der allen sentimentalen Naturen eigen ist, und käme er also einmal ins Spekulative hinein, so möchte es, bei diesem Mangel eines philosophischen Fundaments, bedenklich um ihn stehen; denn nur die Philosophie kann das Philosophieren unschädlich machen; ohne sie führt es unausbleiblich zum Mystizism. (Die Stiftsdame selbst ist ein Beweis dafür. Ein gewisser ästhetischer Mangel machte ihr die Spekulation zum Bedürfnis, und sie verirrte zur Herrenhuterei, weil ihr die Philosophie nicht zu Hülfe kam; als Mann hätte sie vielleicht alle Irrgänge der Metaphysik durchwandert.)

Nun ergeht aber die Foderung an Sie (der Sie auch sonst überall ein so hohes Genüge getan), Ihren Zögling mit vollkommener Selbständigkeit, Sicherheit, Freiheit und gleichsam architektonischer Festigkeit so hinzustellen, wie er ewig stehen kann, ohne einer äußern Stütze zu bedürfen, man will ihn also durch eine ästhetische Reife auch selbst über das Bedürfnis einer philosophischen Bildung, die er sich nicht gegeben hat, vollkommen hinweggesetzt sehen. Es fragt sich jetzt: ist er Realist genug, um nie nötig zu haben, sich an der reinen Vernunft zu halten? Ist er es aber nicht – sollte für die Bedürfnisse des Idealisten nicht etwas mehr gesorgt sein?

Sie werden vielleicht denken, daß ich bloß einen künstlichen Umweg nehme, um Sie doch in die Philosophie hinein zu treiben, aber was ich noch etwa vermisse, kann sicherlich auch in Ihrer Form vollkommen gut abgetan werden. Mein Wunsch geht bloß dahin, daß Sie die Materien *quaestionis* nicht *umgehen*, sondern ganz auf Ihre Weise lösen möchten. Was bei Ihnen selbst alles spekulative Wissen ersetzt und alle Bedürfnisse dazu Ihnen fremd macht, wird auch bei Meistern vollkommen genug sein. Sie haben den Oheim schon sehr vieles sagen lassen, und auch Meister berührt den Punkt einigemal sehr glücklich; es wäre also nicht so gar viel mehr zu tun. Könnte ich nur in Ihre Denkweise dasjenige einkleiden, was ich im Reich der Schatten und in den ästhetischen Briefen, der meinigen gemäß, ausgesprochen habe, so wollten wir sehr bald einig sein.

Was Sie über Wilhelms Äußerliches Wernern in den Mund gelegt, ist von ungemein guter Wirkung für das Ganze. Es ist mir eingefallen, ob Sie den Grafen, der am Ende des achten Buches erscheint, nicht auch dazu nutzen könnten, Wilhelmen zu völligen Ehren zu bringen. Wie, wenn der Graf, der Zeremonien-Meister des Romans, ihn durch sein achtungsvolles Betragen und durch eine gewisse Art der Behandlung, die ich Ihnen nicht näher zu bezeichnen brauche, auf einmal aus seinem Stande heraus in einen höheren stellte, und ihm dadurch auf gewisse Art den noch fehlenden Adel erteilte. Gewiß, wenn selbst der Graf ihn distinguierte, so wäre das Werk getan.

Über Wilhelms Benehmen im Saal der Vergangenheit, wenn er diesen zum erstenmal mit Natalien betritt, habe ich noch eine Erinnerung zu machen. Er ist mir hier noch zu sehr der alte Wilhelm, der im Hause des Großvaters am liebsten bei

2. Briefwechsel mit Schiller

dem kranken Königsohn verweilte, und den der Fremde, im ersten Buch, auf einem so unrechten Wege findet. Auch noch jetzt bleibt er fast ausschließend bei dem bloßen *Stoff* der Kunstwerke stehen und poetisiert mir zu sehr damit. Wäre hier nicht der Ort gewesen, den Anfang einer glücklicheren Krise bei ihm zu zeigen, ihn zwar nicht als Kenner, denn das ist unmöglich, aber doch als einen mehr objektiven Betrachter darzustellen, so daß etwa ein Freund, wie unser Meyer[2], Hoffnung von ihm fassen könnte?
Sie haben Jarno schon im siebenten Buche so glücklich dazu gebraucht, durch seine harte und trockene Manier eine Wahrheit heraus zu sagen, die den Helden so wie den Leser auf einmal um einen großen Schritt weiter bringt: ich meine die Stelle, wo er Wilhelmen das Talent zum Schauspieler rund weg abspricht. Nun ist mir beigefallen, ob er ihm nicht, in Rücksicht auf Theresen und Natalien, einen ähnlichen Dienst, mit gleich gutem Erfolg für das Ganze, leisten könnte. Jarno scheint mir der rechte Mann zu sein, Wilhelmen zu sagen, daß Therese ihn nicht glücklich machen könne, und ihm einen Wink zu geben, welcher weibliche Charakter für ihn tauge. Solche einzelne dürr gesprochene Worte, im rechten Moment gesagt, entbinden auf einmal den Leser von einer schweren Last und wirken wie ein Blitz, der die ganze Szene erleuchtet.«

Schiller wies dabei auf seine Briefe »Über die ästhetische Erziehung des Menschen« hin, die zur gleichen Zeit wie die »Lehrjahre« entstanden und ihren Einfluß auf die ästhetische Konzeption des Romans, insbesondere des siebenten und achten Buches, sowie auf die Auffassung der Erziehung des Titelhelden ausübten.
Im Juli und August 1796 wurden noch weitere Briefe, die sich auf den Roman bezogen, zwischen Goethe und Schiller

---

2 Johann Heinrich Meyer (1760–1832); Schweizer Maler und Kunsthistoriker, mit dem sich Goethe 1786 in Rom befreundete und dessen Kunstanschauungen ihn beeinflußten. Meyer zog später nach Weimar, wo er 1795 Professor am Zeicheninstitut wurde.

gewechselt. Goethe bestand auf seinen eigenen Vorstellungen, und Schiller machte ihm ohne weiteres Zugeständnisse in dieser Hinsicht.
Am 19. 10. 1796 antwortete Schiller noch einmal auf eine Sendung der Aushängebogen oder Druckfahnen des überarbeiteten achten Buches:

»Mit dem heutigen Paket haben Sie mir eine recht unverhoffte Freude gemacht. Ich fiel auch gleich über das 8te Buch des Meisters her und empfing aufs neue die ganze volle Ladung desselben. Es ist zum Erstaunen, wie sich der epische und philosophische Gehalt in demselben drängt. Was innerhalb der Form liegt, macht ein so schönes Ganze, und nach außen berührt sie das Unendliche, die Kunst und das Leben. In der Tat kann man von diesem Roman sagen, er ist nirgends beschränkt als durch die rein ästhetische Form, und wo die Form darin aufhört, da hängt er mit dem Unendlichen zusammen. Ich möchte ihn einer schönen Insel vergleichen, die zwischen zwei Meeren liegt.
Ihre Veränderungen finde ich zureichend und vollkommen in dem Geist und Sinne des Ganzen. Vielleicht, wenn das Neue gleich mit dem Alten entstanden wäre, möchten Sie hie und da mit Einem Strich geleistet haben, was jetzt mit mehrern geschieht, aber das kann wohl keinem fühlbar werden, der es zum erstenmal in seiner jetzigen Gestalt liest. Meine Grille mit etwas deutlicherer Pronunziation der Haupt-Idee abgerechnet, wüßte ich nun in der Tat nichts mehr, was vermißt werden könnte. Stünde indessen nicht Lehrjahre auf dem Titel, so würde ich den didaktischen Teil in diesem achten Buch für fast überwiegend halten. Mehrere philosophische Gedanken haben jetzt offenbar an Klarheit und Faßlichkeit gewonnen.
In der unmittelbaren Szene nach Mignons Tod fehlt nun auch nichts mehr, was das Herz in diesem Augenblick fodern kann; nur hätte ich gewünscht, daß der Übergang zu einem neuen Interesse mit einem neuen Kapitel möchte bezeichnet worden sein.

Der Marchese ist jetzt recht befriedigend eingeführt. Der Graf macht sich vortrefflich. Jarno und Lothario haben bei Gelegenheit der neuen Zusätze auch an Interesse gewonnen.
Nehmen Sie nun zu der glücklichen Beendigung dieser großen Krise meinen Glückwunsch an, und lassen Sie uns nun bei diesem Anlaß horchen, was für ein Publikum wir haben.«

Bereits am 22. 10. 1796 übersandte Goethe sechs Exemplare des ausgedruckten letzten Bandes, der das siebente und achte Buch enthielt, an Schiller. Das erste Exemplar war für Schiller bestimmt, die restlichen für Freunde und Bekannte in Jena.

3. Äußerungen Goethes nach 1796

1819 machte sich Goethe folgende Aufzeichnungen über die Entstehung der »Lehrjahre« für den Abschnitt der »Tag- und Jahreshefte«, in dem er sich Rechenschaft über seine Tätigkeit von 1782 bis 1786 ablegte:

»Die Anfänge ›Wilhelm Meisters‹ hatten lange geruht. Sie entsprangen aus einem dunkeln Vorgefühl der großen Wahrheit: daß der Mensch oft etwas versuchen möchte, wozu ihm Anlage von der Natur versagt ist, unternehmen und ausüben möchte, wozu ihm Fertigkeit nicht werden kann; ein inneres Gefühl warnt ihn abzustehen, er kann aber mit sich nicht ins klare kommen und wird auf falschem Wege zu falschem Zwecke getrieben, ohne daß er weiß, wie es zugeht. Hiezu kann alles gerechnet werden, was man falsche Tendenz, Dilettantismus usw. genannt hat. Geht ihm hierüber von Zeit zu Zeit ein halbes Licht auf, so entsteht ein Gefühl, das an Verzweiflung grenzt, und doch läßt er sich wieder gelegentlich von der Welle, nur halb widerstrebend, fortreißen. Gar viele vergeuden hiedurch den schönsten Teil ihres

Lebens und verfallen zuletzt in wundersamen Trübsinn. Und doch ist es möglich, daß alle die falschen Schritte zu einem unschätzbaren Guten hinführen: eine Ahnung, die sich im ›Wilhelm Meister‹ immer mehr entfaltet, aufklärt und bestätigt, ja sich zuletzt mit klaren Worten ausspricht: ›Du kommst mir vor wie Saul, der Sohn Kis', der ausging, seines Vaters Eselinnen zu suchen, und ein Königreich fand.‹«

FA XVIII,244.

Ebenfalls 1819 äußerte er sich in einem Gespräch mit einem Unbekannten zum Schluß des »Wilhelm Meister« und zur Symbolik der Heiraten zwischen den Ständen, indem er sich gegen Aufklärung und ein simples glückliches Ende des Romans wandte:

»Sie werfen mir den Schluß des ›Meister‹ vor, nennen die Einhüllung in den geheimen Bund und das dahin Gehörige wohlfeil und einen Mangel der Lösung im vollen Sonnenscheine. Lieber Freund, erst haben Sie ein Hochwichtiges darin gefunden, daß eitel Mesalliancen zum Vorschein kommen und die mittlere Welt sich in die höhere eindränge, und nun vermissen Sie für ein solches Buch den vollen Sonnenschein. Ein solcher hätte erschreckend beleidigt, die Seele des Buchs aber ist eine höfliche Andeutung; mehr lag nicht in meinem Charakter und in meiner Fähigkeit, und das Zusammengehn dieser beiden macht allein eine wohlthätige Romanerscheinung.«

Hans Gerhard Gräf: Goethe über seine Dichtungen. T. 1: Die epischen Dichtungen. Bd. 2. Frankfurt a. M.: Rütten & Loening, 1902. S. 940f. [Zit. als: Gräf.]

Im Gespräch mit dem Kanzler Friedrich von Müller erklärte Goethe am 22. 1. 1821:

»Bei jetziger Wiederlesung meines Romans hätte ich fast zu mir selbst – wie einst zu Ariosto der Cardinal von Este – sagen mögen: Meister Ludwig, wo, Henker, habt Ihr all das tolle Zeug [...] hergenommen? Der ›Meister‹ belegt, in welcher entsetzlichen Einsamkeit er verfaßt worden, bei meinem stets auf's Allgemeinste gerichteten Streben. Wilhelm ist freilich ein ›*armer Hund*‹, aber nur an solchen lassen sich das Wechselspiel des Lebens und die tausend verschiedenen Lebensaufgaben recht deutlich zeigen, nicht an schon abgeschlossenen, festen Charakteren.«

Gräf. S. 954.

1823 oder 1824 fertigte Goethe die folgende Eintragung für das Jahr 1796 in den »Tag- und Jahresheften« an:

»Einer höchst lieb- und werten, aber auch schwer lastenden Bürde entledigte ich mich gegen Ende Augusts. Die Reinschrift des letzten Buches von ›Wilhelm Meister‹ ging endlich ab an den Verleger. Seit sechs Jahren hatte ich Ernst gemacht, diese frühe Konzeption auszubilden, zurechtzustellen und dem Drucke nach und nach zu übergeben. Es bleibt daher dieses eine der inkalkulabelsten Produktionen, mag man sie im ganzen oder in ihren Teilen betrachten; ja um sie zu beurteilen, fehlt mir beinahe selbst der Maßstab.«

FA XVIII,278.

Am 18. 1. 1825 wiederholte Goethe im Gespräch mit Eckermann diese Ansicht und würdigte zugleich Schillers fördernde Kritik:

»In seinen [Schillers] Briefen an mich sind über den ›Wilhelm Meister‹ die bedeutendsten Ansichten und Äußerungen. Es gehört dieses Werk übrigens zu den incalculabelsten Productionen, wozu mir fast selbst der Schlüssel fehlt. Man sucht einen Mittelpunct, und das ist schwer und nicht einmal gut. Ich sollte meinen, ein reiches, mannichfaltiges Leben, das unsern Augen vorübergeht, wäre auch an sich etwas ohne ausgesprochene Tendenz, die doch bloß für den Begriff ist. Will man aber dergleichen durchaus, so halte man sich an die Worte Friedrichs, die er am Ende an unsern

Helden richtet [...]. Denn im Grunde scheint doch das Ganze nichts Anderes sagen zu wollen, als daß der Mensch trotz aller Dummheiten und Verwirrungen, von einer höhern Hand geleitet, doch zum glücklichen Ziele gelange.«

Gräf. S. 1010f.

Schließlich erklärte er im Gespräch mit Eckermann am 25. 12. 1825:

»Den anscheinenden Geringfügigkeiten des ›Wilhelm Meister‹ liegt immer etwas Höheres zum Grunde, und es kommt bloß darauf an, daß man Augen, Weltkenntniß und Übersicht genug besitze, um im Kleinen das Größere wahrzunehmen. Andern mag das gezeichnete Leben als Leben genügen.«

Gräf. S. 1019.

IV. Dokumente zur Wirkungsgeschichte

1. Zeitgenössische Äußerungen

Die Äußerungen von Christian Gottfried Körner (1756–1831) und Wilhelm von Humboldt (1767–1835) über die »Lehrjahre« gehören noch zu den Werkstattgesprächen (s. Gille, »Wilhelm Meister im Urteil der Zeitgenossen«, 1971, S. 32 ff.). Sowohl Körner als auch Humboldt waren durch ihren Briefwechsel mit Schiller über die Entstehung des Goetheschen Romans orientiert und begleiteten das Erscheinen der einzelnen Bände zwischen 1795 und 1796 mit Kommentaren, die sie Goethe entweder direkt oder durch Schiller vermittelten. Goethe reagierte sehr positiv auf diese Briefe und trug der Kritik noch teilweise im siebenten und achten Buch Rechnung, indem er zum Beispiel im Hinblick auf Schillers und Humboldts Bedenken den Begriff der »schönen Seele« von der Stiftsdame auf Natalie übertrug (s. VIII,3, S. 542 ff.).

Körner sandte Schiller nach der Lektüre des Gesamtwerkes eine umfassende Kritik in Form eines Briefes vom 5. 11. 1796, den Schiller leicht gekürzt in den »Horen« unter dem Titel »Über Wilhelm Meisters Lehrjahre (aus einem Brief an den Herausgeber der Horen)« veröffentlichte. In dem sog. »Horen-Brief« sah K ö r n e r die vollendete Bildung des Titelhelden als das Ergebnis des Romans an:

»Die Einheit des Ganzen denke ich mir als die Darstellung einer schönen menschlichen Natur, die sich durch die Zusammenwirkung ihrer innern Anlagen und äußern Verhältnisse allmählich ausbildet. Das Ziel dieser Ausbildung ist ein vollendetes *Gleichgewicht* – Harmonie mit Freyheit.«

Die Horen 8 (1796) 12. St. S. 108.

Körners »Horen-Brief« ist als das vielleicht folgenreichste Dokument in der Rezeptionsgeschichte der »Lehrjahre« zu

betrachten, da er mit seiner Interpretation zur Aufstellung der Gattung des Bildungsromans beigetragen hat (s. Gille, S. 41 f.). Wenige Jahre später sollte sich der Dorpater Universitätsprofessor Karl (von) Morgenstern bei der Aufstellung seiner Definition des Bildungsromans auf Körner berufen.
Wilhelm von Humboldt, der Körners Brief gelesen hatte, wandte sich am 24. 11. 1796 in einem Brief an Goethe gegen die von Körner vertretene Auffassung, daß Wilhelm Meisters Bildung wirklich vollendet werde:

»Es ist schlimm, daß der Titel der ›Lehrjahre‹ von einigen nicht genug beachtet, von andern misverstanden wird. Die letztern halten darum das Werk nicht für vollendet. Und allerdings ist es das nicht, wenn ›Meister's Lehrjahre‹ *Meister's völlige Ausbildung, Erziehung* heißen sollte. Die wahren Lehrjahre sind nun geendigt, der Meister hat nun die Kunst des Lebens inne, er hat nun begriffen, daß man, um etwas zu haben, eins ergreifen und das andere dem aufopfern muß.«

> Neue Mittheilungen aus Johann Wolfgang von Goethe's handschriftlichem Nachlasse. T. 3: Goethe's Briefwechsel mit den Gebrüdern von Humboldt (1795–1832). Hrsg. von F. Th. Bratranek. Leipzig: Brockhaus, 1876. S. 22.

In den gegensätzlichen Auffassungen von Körner und Humboldt ist modellhaft der Meinungskonflikt angelegt, der die Forschung bis ins 20. Jahrhundert beherrschen sollte: nämlich die Entscheidung der Frage, ob die »Lehrjahre« die Geschichte von Wilhelms erfolgreicher Bildung darstellen oder nur sein vergebliches Streben nach Bildung.
Zur Rezeptionsgeschichte der »Lehrjahre« gehört auch der Vorwurf der Unsittlichkeit, der dem Roman gemacht wurde. Friedrich Heinrich Jacobi (1743–1819) sprach davon, »daß ein gewisser unsauberer Geist darin herrsche«. Friedrich Leopold Graf zu Stolberg (1750–1819) soll den Roman – mit Ausnahme der »Bekenntnisse einer schönen Seele«, die er »rettete und besonders binden ließ«, weil er sie

1. Zeitgenössische Äußerungen

für eine Verherrlichung der Herrnhuter Brüdergemeine hielt – in einem feierlichen Autodafé verbrannt haben. Auch Johann Gottfried Herder (1744–1803) äußerte seine moralischen Bedenken in einem Brief aus dem Jahre 1796 an die Gräfin Caroline Baudissin, die dem Kreis um Jacobi und Stolberg nahestand:

»Zuerst, liebe gnädige Gräfin, bin ich Ihnen noch eine Antwort über Goethes Roman schuldig. [...] Vor vielen Jahren las er [Goethe] uns daraus Stücke vor, die uns gefielen, ob wir gleich auch damals die schlechte Gesellschaft bedauerten, in der sein Wilhelm war und so lange, lange aushielt. Ich weiß, was ich auch damals dabei gelitten habe, daß der Dichter ihn so lange unter dieser Gattung Menschen ließ. Indessen war damals der Roman [»Wilhelm Meisters theatralische Sendung«] anders. Man lernte den jungen Menschen von Kindheit auf kennen, interessierte sich für ihn allmählich und nahm an ihm teil, auch da er sich verirrte. Jetzt hat der Dichter ihm eine andre Form gegeben; wir sehen ihn gleich da, wo wir ihn nicht sehen mögen, können uns seine Verirrungen nur durch den Verstand erklären, interessiert aber hat er uns noch nicht so sehr, daß wir irgend mit ihm sympathisieren könnten. Ich habe dem Dichter darüber Vorstellungen getan; er blieb aber bei seinem Sinn, und den zweiten Teil des ersten Bandes, wo die Philine vorkommt, habe ich im Manuskript gar nicht gelesen. Über alles dieses denke ich, wie Sie, liebe gnädige Gräfin, und jedes feine moralische Gefühl, dünkt mich, fühlt also. Goethe denkt hierin anders; Wahrheit der Szenen ist ihm alles; ohne daß er sich eben um das Pünktchen der Waage, das aufs Gute, Edle, auf die moralische Grazie weiset, ängstlich bekümmert. Im Grunde ist dies der Fehler bei mehreren seiner Schriften. Er hat sich also auch ganz von meinem Urteil weggewandt, weil wir hierinnen so verschieden denken.

Ich kann es weder in der Kunst noch im Leben ertragen, daß dem, was man Talent nennt, wirkliche, insonderheit morali-

sche Existenz aufgeopfert werde und jenes alles sein soll. Die Mariannen und Philinen, diese ganze Wirtschaft ist mir verhaßt; ich glaube, der Dichter habe sie auch verächtlich machen wollen, wie vielleicht die Folge zeigen wird. Es ist aber schlimm, daß er diese Folge nicht mitgab und den ersten Teil allein hinstellte. Aber auch hierinnen handelte Goethe nach seinem Willen.
Wie die Folge auch sein mag, so bleibt dem Helden des Stücks immer sein Flecken; seine erste Liebe ist – auf welch ein Geschöpf geworfen!
Machen Sie mir also keine Vorwürfe, liebe gnädige Gräfin! Es kann niemand mehr gegen diese Vorstellungsart haben als ich, da ich in mehreren Verhältnissen wirklich darunter leide. Vielleicht an keinem Orte Deutschlands setzt man sich über zarte moralische Begriffe, ich möchte sagen, über die Grazie unsrer Seele in manchem so weit weg als hier, und damit entgeht dem armen Menschen der größeste Reiz seines Lebens, und es erklingen sehr falsche Dissonanzen. Doch genug davon!
Mir hat im ganzen Buch vorzüglich der alte Harfenspieler gefallen; das ist mein Mann. Sonst sind sehr treffende, feine Bemerkungen darin, aber das Gewebe, worauf alles liegt, kann ich nicht lieben.«

> Herders Briefe. Ausgew., eingel. und erl. von Wilhelm Dobbek. Weimar: Volksverlag, 1959. S. 367 f.

Die zweite Phase der Wirkungsgeschichte von »Wilhelm Meisters Lehrjahre« besteht aus der Kritik der Frühromantiker. Mit Friedrich Schlegel (1772–1829) und Novalis (Friedrich von Hardenberg, 1772–1801) begann eine neue Periode der Auseinandersetzung mit Goethes Roman, die u. a. auch zur Ausbildung ihrer eigenen Dichtungsauffassung beitrug. An Goethes »Lehrjahren« entwickelten die Romantiker ihre Poesiekonzeption. In dem provozierenden Tendenz-Fragment (Nr. 216) im »Athenäum«, der Programm-Zeitschrift der Romantiker, stellte Friedrich S c h l e g e l 1798 den

1. Zeitgenössische Äußerungen

»Wilhelm Meister« als eines der bedeutendsten Ereignisse seiner Zeit heraus:

»Die Französische Revolution, Fichtes Wissenschaftslehre, und Goethes Meister sind die größten Tendenzen des Zeitalters. Wer an dieser Zusammenstellung Anstoß nimmt, wem keine Revolution wichtig scheinen kann, die nicht laut und materiell ist, der hat sich noch nicht auf den hohen weiten Standpunkt der Geschichte der Menschheit erhoben. Selbst in unsern dürftigen Kulturgeschichten [...] spielt manches kleine Buch, von dem die lärmende Menge zu seiner Zeit nicht viel Notiz nahm, eine größere Rolle, als alles, was diese trieb.«

> Kritische Friedrich-Schlegel-Ausgabe. Hrsg. von Ernst Behler [u. a.]. Bd. 2: Charakteristiken und Kritiken I (1796–1801). München/Paderborn/Wien: Schöningh, 1967. S. 198 f.

Ein damals noch unbekannter Entwurf von 1797 gibt freilich zu erkennen, daß Schlegel sich mit dem Begriff der Tendenz keineswegs eindeutig positiv für Goethes Roman einsetzte. In dem Entwurf zum Tendenz-Fragment heißt es:

»Die drei größten Tendenzen unsres Zeitalters sind die Wl.[Wissenschaftslehre], W[ilhelm] M.[eister] und die franz.[ösische] Revoluz[ion]. Aber alle drei sind doch nur Tendenzen ohne gründliche Ausführung. –«

> Ebd. Bd. 18: Philosophische Lehrjahre 1796 bis 1806. München/Paderborn/Wien:Schöningh, 1963. S. 85.

Der Literaturhistoriker Klaus F. Gille hat Schlegels Bezeichnung des Romans als einer der »größten Tendenzen des Zeitalters« dahingehend interpretiert, daß die »Lehrjahre« den Romantikern als »Vorbild« dienen sollten, »nicht als kanonisches Muster, sondern mit dem Ziel, [sie] im Dienste einer Literatur der Zukunft an Vollkommenheit zu übertreffen« (»Wilhelm Meister im Urteil der Zeitgenossen«, 1971, S. 107).

Friedrich Schlegels Rezension der »Lehrjahre« aus dem Jahre 1798 im »Athenäum« (Bd. 1, 2. St., S. 147–178) gehört zu den wichtigsten Besprechungen des Romans. Seine positive Kritik stellte sich in der Folgezeit als äußerst fruchtbar und anregend heraus. Schlegel führte die erste Strukturanalyse des Werkes durch und verwies dabei auf die innere »Organisation« des Romans und die Rolle des Erzählers. Indem Schlegel die Bedeutung der Ironie für den Roman erkannte, legte er nicht nur die Grundlagen für die weitere »Wilhelm Meister«-Kritik, sondern entwickelte dabei zugleich eines der wichtigsten Formprinzipien der romantischen Dichtung. In der Hervorhebung der ironischen Distanz des Goetheschen Erzählers und der »Ironie, die über dem ganzen Werke schwebt«, läßt sich die Rolle erkennen, die die »Lehrjahre« bei der Entstehung des Begriffs der »romantischen Ironie« spielten. Außerdem wurde Schlegel als Romantiker davon angezogen, daß Goethe in dem Roman die Dichtung zum Gegenstand der Dichtung machte, wie z. B. in der »Hamlet«-Diskussion. Dieses Motiv der »Poesie der Poesie« stellte einen zentralen Punkt der romantischen Dichtungsauffassung dar. Das Thema des Romans interpretierte Schlegel als »Lehrjahre der Lebenskunst«, »in denen nichts gelernt wird, als zu existieren«. Es gänge nicht um die erfolgreiche Erziehung dieses oder jenes Menschen, »sondern [...] die Bildung selbst sollte in mannigfachen Beispielen dargestellt und in einfache Grundsätze zusammengedrängt werden«. Bei der Frage nach der Bildung des Titelhelden stellte Schlegel die Vergeblichkeit seines Strebens danach heraus.

Friedrich Schlegel: Über Goethes Meister

Ohne Anmaßung und ohne Geräusch, wie die Bildung eines strebenden Geistes sich still entfaltet, und wie die werdende Welt aus seinem Innern leise emporsteigt, beginnt die klare

1. Zeitgenössische Äußerungen

Geschichte. Was hier vorgeht und was hier gesprochen wird, ist nicht außerordentlich, und die Gestalten, welche zuerst hervortreten, sind weder groß noch wunderbar: eine kluge Alte, die überall den Vorteil bedenkt und für den reicheren Liebhaber das Wort führt; ein Mädchen, die sich aus den Verstrickungen der gefährlichen Führerin nur losreißen kann, um sich dem Geliebten heftig hinzugeben; ein reiner Jüngling, der das schöne Feuer seiner ersten Liebe einer Schauspielerin weiht. Indessen steht alles gegenwärtig vor unsern Augen da, lockt und spricht uns an. Die Umrisse sind allgemein und leicht, aber sie sind genau, scharf und sicher. Der kleinste Zug ist bedeutsam, jeder Strich ist ein leiser Wink und alles ist durch helle und lebhafte Gegensätze gehoben. Hier ist nichts, was die Leidenschaft heftig entzünden, oder die Teilnahme sogleich gewaltsam mit sich fortreißen könnte. Aber die beweglichen Gemälde haften wie von selbst in dem Gemüte, welches eben zum ruhigen Genuß heiter gestimmt war. So bleibt auch wohl eine Landschaft von einfachem und unscheinbarem Reiz, der eine seltsam schöne Beleuchtung oder eine wunderbare Stimmung unsers Gefühls einen augenblicklichen Schein von Neuheit und von Einzigkeit lieh, sonderbar hell und unauslöschlich in der Erinnerung. Der Geist fühlt sich durch die heitre Erzählung überall gelinde berührt, leise und vielfach angeregt. Ohne sie ganz zu kennen, hält er diese Menschen dennoch schon für Bekannte, ehe er noch recht weiß, oder sich fragen kann, wie er mit ihnen bekannt geworden sei. Es geht ihm damit wie der Schauspielergesellschaft auf ihrer lustigen Wasserfahrt mit dem Fremden. Er glaubt, er müßte sie schon gesehen haben, weil sie aussehn wie Menschen und nicht wie Hinz oder Kunz. Dies Aussehn verdanken sie nicht eben ihrer Natur und ihrer Bildung: denn nur bei einem oder dem andern nähert sich diese auf verschiedne Weise und in verschiedenem Maß der Allgemeinheit. Die Art der Darstellung ist es, wodurch auch das Beschränkteste zugleich ein ganz eignes selbständiges Wesen für sich, und dennoch nur eine andre Seite, eine neue Veränderung der allgemeinen und unter allen Verwandlungen einigen menschlichen Natur, ein kleiner Teil der unendlichen Welt zu sein scheint. Das ist eben das Große, worin jeder Gebildete nur sich selbst wiederzufinden glaubt, während er weit über sich selbst erhoben wird; was nur so ist, als müßte es so sein, und doch weit mehr als man fodern darf.

Mit wohlwollendem Lächeln folgt der heitre Leser Wilhelms gefühlvollen Erinnerungen an die Puppenspiele, welche den neugierigen Knaben mehr beseligten als alles andre Naschwerk, als er noch jedes Schauspiel und Bilder aller Art, wie sie ihm vorkamen, mit demselben reinen Durste in sich sog, mit welchem der Neugeborne die süße Nahrung aus der Brust der liebkosenden Mutter empfängt. Sein Glaube macht ihm die gutmütigen Kindergeschichten von jener Zeit, wo er immer alles zu sehen begehrte, was ihm neu war, und was er gesehn hatte, nun auch gleich zu machen oder nachzuahmen versuchte oder strebte, wichtig, ja heilig, seine Liebe malt sie mit den reizendsten Farben aus, und seine Hoffnung leiht ihnen die schmeichelhafteste Bedeutung. Eben diese schönen Eigenschaften bilden das Gewebe seines Lieblingsgedankens, von der Bühne herab die Menschen zu erheben, aufzuklären und zu veredeln, und der Schöpfer eines neuen schöneren Zeitalters der vaterländischen Bühne zu werden, für die seine kindliche Neigung, erhöht durch die Tugend und verdoppelt durch die Liebe, in helle Flammen emporschlägt. Wenn die Teilnahme an diesen Gefühlen und Wünschen nicht frei von Besorgnis sein kann, so ist es dagegen nicht wenig anziehend und ergötzlich, wie Wilhelm auf einer kleinen Reise, auf welche ihn die Väter zum ersten Versuch senden, einem Abenteuer von der Art, die sich ernsthaft anläßt und drollig entwickelt, begegnet, in welchem er den Widerschein seines eignen Unternehmens, freilich nicht auf die vorteilhafteste Weise abgebildet, erblickt, ohne daß ihn dies seiner Schwärmerei untreu machen könnte. Unvermerkt ist indes die Erzählung lebhafter und leidenschaftlicher geworden, und in der warmen Nacht, wo Wilhelm, sich einer ewigen Verbindung mit seiner Mariane so nahe wähnend, liebevoll um ihre Wohnung schwärmt, steigt die heiße Sehnsucht, die sich in sich selbst zu verlieren, im Genuß ihrer eignen Töne zu lindern und zu erquicken scheint, aufs äußerste, bis die Glut durch die traurige Gewißheit und Norbergs niedrigen Brief plötzlich gelöscht, und die ganze schöne Gedankenwelt des liebenden Jünglings mit einem Streich vernichtet wird.

Mit diesem so hartam Mißlaut schließt das erste Buch, dessen Ende einer geistigen Musik gleicht, wo die verschiedensten Stimmen, wie ebensoviele einladende Anklänge aus der neuen Welt, deren Wunder sich vor uns entfalten sollen, rasch und heftig wechseln; und der schneidende Abstich kann die erst weniger, dann mehr als man erwartete, gereizte Spannung mit einem Zusatz von Ungeduld heilsam würzen, ohne doch je den ruhigsten Genuß des Gegenwärtigen zu stören, oder auch die feinsten Züge der Nebenausbildung, die leisesten Winke der Wahrnehmung zu entziehn, die jeden Blick, jede Miene des durch das Werk sichtbaren Dichtergeistes zu verstehen wünscht.

Damit aber nicht bloß das Gefühl in ein leeres Unendliches hinausstrebe, sondern auch das Auge nach einem großen Gesichtspunkt die Entfernung sinnlich berechnen, und die weite Aussicht einigermaßen umgrenzen könne, steht der Fremde da, der mit so vielem Rechte der Fremde heißt. Allein und unbegreiflich, wie eine Erscheinung aus einer andern edleren Welt, die von der Wirklichkeit, welche Wilhelmen umgibt, so verschieden sein mag, wie von der Möglichkeit, die er sich träumt, dient er zum Maßstab der Höhe, zu welcher das Werk noch steigen soll; eine Höhe, auf der vielleicht die Kunst eine Wissenschaft und das Leben eine Kunst sein wird.

Der reife Verstand dieses gebildeten Mannes ist wie durch eine große Kluft von der blühenden Einbildung des liebenden Jünglings geschieden. Aber auch von Wilhelms Serenate zu Norbergs Brief ist der Übergang nicht milde, und der Kontrast zwischen seiner Poesie und Marianens prosaischer ja niedriger Umgebung ist stark genug. Als vorbereitender

Teil des ganzen Werks ist das erste Buch eine Reihe von veränderten Stellungen und malerischen Gegensätzen in deren jedem Wilhelms Charakter von einer andern merkwürdigen Seite, in einem neuen helleren Lichte gezeigt wird; und die kleineren deutlich geschiednen Massen und Kapitel bilden mehr oder weniger jede für sich ein malerisches Ganzes. Auch gewinnt er schon jetzt das ganze Wohlwollen des Lesers, dem er, wie sich selbst, wo er geht und steht, in einer Fülle von prächtigen Worten die erhabensten Gesinnungen vorsagt. Sein ganzes Tun und Wesen besteht fast im Streben, Wollen und Empfinden, und obgleich wir voraussehn, daß er erst spät oder nie als Mann handeln wird, so verspricht doch seine grenzenlose Bildsamkeit, daß Männer und Frauen sich seine Erziehung zum Geschäft und zum Vergnügen machen und dadurch, vielleicht ohne es zu wollen oder zu wissen, die leise und vielseitige Empfänglichkeit, welche seinem Geiste einen so hohen Zauber gibt, vielfach anregen und die Vorempfindung der ganzen Welt in ihm zu einem schönen Bilde entfalten werden. Lernen muß er überall können, und auch an prüfenden Versuchungen wird es ihm nie fehlen. Wenn ihm nun das günstige Schicksal oder ein erfahrner Freund von großem Überblick günstig beisteht und ihn durch Warnungen und Verheißungen nach dem Ziele lenkt, so müssen seine Lehrjahre glücklich endigen.

Das zweite Buch beginnt damit, die Resultate des ersten musikalisch zu wiederholen, sie in wenige Punkte zusammenzudrängen und gleichsam auf die äußerste Spitze zu treiben. Zuerst wird die langsame aber völlige Vernichtung von Wilhelms Poesie seiner Kinderträume und seiner ersten Liebe mit schonender Allgemeinheit der Darstellung betrachtet. Dann wird der Geist, der mit Wilhelmen in diese Tiefe gesunken, und mit ihm gleichsam untätig geworden war, von neuem belebt und mächtig geweckt, sich aus der Leere herauszureißen, durch die leidenschaftlichste Erinnerung an Marianen, und durch des Jünglings begeistertes Lob der Poesie, welches die Wirklichkeit seines ursprünglichen Traums von Poesie durch seine Schönheit bewährt, und uns

in die ahndungsvollste Vergangenheit der alten Heroen und der noch unschuldigen Dichterwelt versetzt.
Nun folgt sein Eintritt in die Welt, der weder abgemessen noch brausend ist, sondern gelinde und leise wie das freie Lustwandeln eines, der zwischen Schwermut und Erwartung geteilt, von schmerzlichsüßen Erinnerungen zu noch ahndungsvolleren Wünschen schwankt. Eine neue Szene öffnet sich, und eine neue Welt breitet sich lockend vor uns aus. Alles ist hier seltsam, bedeutend, wundervoll und von geheimem Zauber umweht. Die Ereignisse und die Personen bewegen sich rascher und jedes Kapitel ist wie ein neuer Akt. Auch solche Ereignisse, die nicht eigentlich ungewöhnlich sind, machen eine überraschende Erscheinung. Aber diese sind nur das Element der Personen, in denen sich der Geist dieser Masse des ganzen Systems am klarsten offenbart. Auch in ihnen äußert sich jene frische Gegenwart, jenes magische Schweben zwischen Vorwärts und Rückwärts. Philine ist das verführerische Symbol der leichtesten Sinnlichkeit; auch der bewegliche Laertes lebt nur für den Augenblick; und damit die lustige Gesellschaft vollzählig sei, repräsentiert der blonde Friedrich die gesunde kräftige Ungezogenheit. Alles was die Erinnerung und die Schwermut und die Reue nur Rührendes hat, atmet und klagt der Alte wie aus einer unbekannten bodenlosen Tiefe von Gram und ergreift uns mit wilder Wehmut. Noch süßere Schauer und gleichsam ein schönes Grausen erregt das heilige Kind, mit dessen Erscheinung die innerste Springfeder des sonderbaren Werks plötzlich frei zu werden scheint. Dann und wann tritt Marianens Bild hervor, wie ein bedeutender Traum; plötzlich erscheint der seltsame Fremde und verschwindet schnell wie ein Blitz. Auch Melinas kommen wieder, aber verwandelt, nämlich ganz in ihrer natürlichen Gestalt. Die schwerfällige Eitelkeit der Anempfinderin kontrastiert artig genug gegen die Leichtigkeit der zierlichen Sünderin. Überhaupt gewährt uns die Vorlesung des Ritterstücks einen tiefen Blick hinter die Kulissen des theatralischen Zaubers wie in eine komische

Welt im Hintergrunde. Das Lustige und das Ergreifende, das Geheime und das Lockende sind im Finale wunderbar verwebt, und die streitenden Stimmen tönen grell nebeneinander. Diese Harmonie von Dissonanzen ist noch schöner als die Musik, mit der das erste Buch endigte; sie ist entzückender und doch zerreißender, sie überwältigt mehr und sie läßt doch besonnener.
Es ist schön und notwendig, sich dem Eindruck eines Gedichtes ganz hinzugeben, den Künstler mit uns machen zu lassen, was er will, und etwa nur im einzelnen das Gefühl durch Reflexion zu bestätigen und zum Gedanken zu erheben, und wo es noch zweifeln oder streiten dürfte, zu entscheiden und zu ergänzen. Dies ist das Erste und das Wesentlichste. Aber nicht minder notwendig ist es, von allem Einzelnen abstrahieren zu können, das Allgemeine schwebend zu fassen, eine Masse zu überschauen, und das Ganze festzuhalten, selbst dem Verborgensten nachzuforschen und das Entlegenste zu verbinden. Wir müssen uns über unsre eigne Liebe erheben, und was wir anbeten, in Gedanken vernichten können: sonst fehlt uns, was wir auch für andre Fähigkeiten haben, der Sinn für das Weltall. Warum sollte man nicht den Duft einer Blume einatmen, und dann doch das unendliche Geäder eines einzelnen Blatts betrachten und sich ganz in diese Betrachtung verlieren können? Nicht bloß die glänzende äußre Hülle, das bunte Kleid der schönen Erde, ist dem Menschen, der ganz Mensch ist, und so fühlt und denkt, interessant: er mag auch gern untersuchen, wie die Schichten im Innern aufeinander liegen, und aus welchen Erdarten sie zusammengesetzt sind; er möchte immer tiefer dringen, bis in den Mittelpunkt wo möglich, und möchte wissen, wie das Ganze konstruiert ist. So mögen wir uns gern dem Zauber des Dichters entreißen, nachdem wir uns gutwillig haben von ihm fesseln lassen, mögen am liebsten dem nachspähn, was er unserm Blick entziehen oder doch nicht zuerst zeigen wollte, und was ihn doch am meisten zum Künstler macht: die geheimen Absichten, die er im stillen verfolgt, und deren wir beim

Genius, dessen Instinkt zur Willkür geworden ist, nie zu viele voraussetzen können.

Der angeborne Trieb des durchaus organisierten und organisierenden Werks, sich zu einem Ganzen zu bilden, äußert sich in den größeren wie in den kleineren Massen. Keine Pause ist zufällig und unbedeutend; und hier, wo alles zugleich Mittel und Zweck ist, wird es nicht unrichtig sein, den ersten Teil unbeschadet seiner Beziehung aufs Ganze als ein Werk für sich zu betrachten. Wenn wir auf die Lieblingsgegenstände aller Gespräche und aller gelegentlichen Entwickelungen, und auf die Lieblingsbeziehungen aller Begebenheiten, der Menschen und ihrer Umgebung sehen: so fällt in die Augen, daß sich alles um Schauspiel, Darstellung, Kunst und Poesie drehe. Es war so sehr die Absicht des Dichters, eine nicht unvollständige Kunstlehre aufzustellen, oder vielmehr in lebendigen Beispielen und Ansichten darzustellen, daß diese Absicht ihn sogar zu eigentlichen Episoden verleiten kann, wie die Komödie der Fabrikanten und die Vorstellung der Bergmänner. Ja man dürfte eine systematische Ordnung in dem Vortrage dieser poetischen Physik der Poesie finden; nicht eben das tote Fachwerk eines Lehrgebäudes, aber die lebendige Stufenleiter jeder Naturgeschichte und Bildungslehre. Wie nämlich Wilhelm in diesem Abschnitt seiner Lehrjahre mit den ersten und notdürftigsten Anfangsgründen der Lebenskunst beschäftigt ist: so werden hier auch die einfachsten Ideen über die schöne Kunst, die ursprünglichen Fakta, und die rohesten Versuche, kurz die Elemente der Poesie vorgetragen: die Puppenspiele, diese Kinderjahre des gemeinen poetischen Instinkts, wie er allen gefühlvollen Menschen auch ohne besondres Talent eigen ist; die Bemerkungen über die Art, wie der Schüler Versuche machen und beurteilen soll, und über die Eindrücke, welche der Bergmann und die Seiltänzer erregen; die Dichtung über das goldne Zeitalter der jugendlichen Poesie, die Künste der Gaukler, die improvisierte Komödie auf der Wasserfahrt. Aber nicht bloß auf die Darstellungen des Schauspielers und was dem ähnlich ist, beschränkt sich

diese Naturgeschichte des Schönen; in Mignons und des Alten romantischen Gesängen offenbart sich die Poesie auch als die natürliche Sprache und Musik schöner Seelen. Bei dieser Absicht mußte die Schauspielerwelt die Umgebung und der Grund des Ganzen werden, weil eben diese Kunst nicht bloß die vielseitigste, sondern auch die geselligste aller Künste ist, und weil sich hier vorzüglich Poesie und Leben, Zeitalter und Welt berühren, während die einsame Werkstätte des bildenden Künstlers weniger Stoff darbietet, und die Dichter nur in ihrem Innern als Dichter leben, und keinen abgesonderten Künstlerstand mehr bilden.
Obgleich es also den Anschein haben möchte, als sei das Ganze ebenso sehr eine historische Philosophie der Kunst, als ein Kunstwerk oder Gedicht, und als sei alles, was der Dichter mit solcher Liebe ausführt, als wäre es sein letzter Zweck, am Ende doch nur Mittel: so ist doch auch alles Poesie, reine, hohe Poesie. Alles ist so gedacht und so gesagt, wie von einem der zugleich ein göttlicher Dichter und ein vollendeter Künstler wäre; und selbst der feinste Zug der Nebenausbildung scheint für sich zu existieren und sich eines eignen selbständigen Daseins zu erfreuen. Sogar gegen die Gesetze einer kleinlichen unechten Wahrscheinlichkeit. Was fehlt Werners und Wilhelms Lobe des Handels und der Dichtkunst, als das Metrum, um von jedermann für erhabne Poesie anerkannt zu werden? Überall werden uns goldne Früchte in silbernen Schalen gereicht. Diese wunderbare Prosa ist Prosa und doch Poesie. Ihre Fülle ist zierlich, ihre Einfachheit bedeutend und vielsagend und ihre hohe und zarte Ausbildung ist ohne eigensinnige Strenge. Wie die Grundfäden dieses Styls im ganzen aus der gebildeten Sprache des gesellschaftlichen Lebens genommen sind, so gefällt er sich auch in seltsamen Gleichnissen, welche eine eigentümliche Merkwürdigkeit aus diesem oder jenem ökonomischen Gewerbe, und was sonst von den öffentlichen Gemeinplätzen der Poesie am entlegensten scheint, dem Höchsten und Zartesten ähnlich zu bilden streben.
Man lasse sich also dadurch, daß der Dichter selbst die

1. Zeitgenössische Äußerungen

Personen und die Begebenheiten so leicht und so launig zu nehmen, den Helden fast nie ohne Ironie zu erwähnen, und auf sein Meisterwerk selbst von der Höhe seines Geistes herabzulächeln scheint, nicht täuschen, als sei es ihm nicht der heiligste Ernst. Man darf es nur auf die höchsten Begriffe beziehn und es nicht bloß so nehmen, wie es gewöhnlich auf dem Standpunkt des gesellschaftlichen Lebens genommen wird: als einen Roman, wo Personen und Begebenheiten der letzte Endzweck sind. Denn dieses schlechthin neue und einzige Buch, welches man nur aus sich selbst verstehen lernen kann, nach einem aus Gewohnheit und Glauben, aus zufälligen Erfahrungen und willkürlichen Foderungen zusammengesetzten und entstandnen Gattungsbegriff beurteilen; das ist, als wenn ein Kind Mond und Gestirne mit der Hand greifen und in sein Schächtelchen packen will.

Ebensosehr regt sich das Gefühl gegen eine schulgerechte Kunstbeurteilung des göttlichen Gewächses. Wer möchte ein Gastmal des feinsten und ausgesuchtesten Witzes mit allen Förmlichkeiten und in aller üblichen Umständlichkeit rezensieren? Eine sogenannte Rezension des »Meister« würde uns immer erscheinen, wie der junge Mann, der mit dem Buche unter dem Arm in den Wald spazieren kommt, und den Philine mit dem Kuckuck vertreibt.

Vielleicht soll man es also zugleich beurteilen und nicht beurteilen; welches keine leichte Aufgabe zu sein scheint. Glücklicherweise ist es eben eins von den Büchern, welche sich selbst beurteilen, und den Kunstrichter sonach aller Mühe überheben. Ja es beurteilt sich nicht nur selbst, es stellt sich auch selbst dar. Eine bloße Darstellung des Eindrucks würde daher, wenn sie auch keins der schlechtesten Gedichte von der beschreibenden Gattung sein sollte, außer dem, daß sie überflüssig sein würde, sehr den kürzern ziehen müssen; nicht bloß gegen den Dichter, sondern sogar gegen den Gedanken des Lesers, der Sinn für das Höchste hat, der anbeten kann, und ohne Kunst und Wissenschaft gleich weiß, was er anbeten soll, den das Rechte trifft wie ein Blitz.

Die gewöhnlichen Erwartungen von Einheit und Zusammenhang täuscht dieser Roman ebenso oft als er sie erfüllt. Wer aber echten systematischen Instinkt, Sinn für das Universum, jene Vorempfindung der ganzen Welt hat, die Wilhelmen so interessant macht, fühlt gleichsam überall die Persönlichkeit und lebendige Individualität des Werks, und je tiefer er forscht, je mehr innere Beziehungen und Verwandtschaften, je mehr geistigen Zusammenhang entdeckt er in demselben. Hat irgendein Buch einen Genius, so ist es dieses. Hätte sich dieser auch im ganzen wie im einzelnen selbst charakterisieren können, so dürfte niemand weiter sagen, was eigentlich daran sei, und wie man es nehmen solle. Hier bleibt noch eine kleine Ergänzung möglich, und einige Erklärung kann nicht unnütz oder überflüssig scheinen, da trotz jenes Gefühls der Anfang und der Schluß des Werkes fast allgemein seltsam und unbefriedigend, und eins und das andre in der Mitte überflüssig und unzusammenhängend gefunden wird, und da selbst der, welcher das Göttliche der gebildeten Willkür zu unterscheiden und zu ehren weiß, beim ersten und beim letzten Lesen etwas Isoliertes fühlt, als ob bei der schönsten und innigsten Übereinstimmung und Einheit nur eben die letzte Verknüpfung der Gedanken und der Gefühle fehlte. Mancher, dem man den Sinn nicht absprechen kann, wird sich in vieles lange nicht finden können: denn bei fortschreitenden Naturen erweitern, schärfen und bilden sich Begriff und Sinn gegenseitig.

Über die Organisation des Werks muß der verschiedne Charakter der einzelnen Massen viel Licht geben können. Doch darf sich die Beobachtung und Zergliederung, um von den Teilen zum Ganzen gesetzmäßig fortzuschreiten, eben nicht ins unendlich Kleine verlieren. Sie muß vielmehr als wären es schlechthin einfache Teile bei jenen größern Massen stehn bleiben, deren Selbständigkeit sich auch durch ihre freie Behandlung, Gestaltung und Verwandlung dessen, was sie von den vorhergehenden überkamen, bewährt, und deren innre absichtslose Gleichartigkeit und ursprüngliche

1. Zeitgenössische Äußerungen

Einheit der Dichter selbst durch das absichtliche Bestreben, sie durch sehr verschiedenartige doch immer poetische Mittel zu einem in sich vollendeten Ganzen zu runden, anerkannt hat. Durch jene Fortbildung ist der Zusammenhang, durch diese Einfassung ist die Verschiedenheit der einzelnen Massen gesichert und bestätigt; und so wird jeder notwendige Teil des einen und unteilbaren Romans ein System für sich. Die Mittel der Verknüpfung und der Fortschreitung sind ungefähr überall dieselben. Auch im zweiten Bande [Buch III und IV] locken Jarno und die Erscheinung der Amazone, wie der Fremde und Mignon im ersten Bande [Buch I und II], unsre Erwartung und unser Interesse in die dunkle Ferne, und deuten auf eine noch nicht sichtbare Höhe der Bildung; auch hier öffnet sich mit jedem Buch eine neue Szene und eine neue Welt; auch hier kommen die alten Gestalten verjüngt wieder; auch hier enthält jedes Buch die Keime des künftigen und verarbeitet den reinen Ertrag des vorigen mit lebendiger Kraft in sein eigentümliches Wesen; und das dritte Buch, welches sich durch das frischeste und fröhlichste Kolorit auszeichnet, erhält durch Mignons Dahin und durch Wilhelms und der Gräfin ersten Kuß, eine schöne Einfassung wie von den höchsten Blüten der noch keimenden und der schon reifen Jugendfülle. Wo so unendlich viel zu bemerken ist, wäre es unzweckmäßig, irgend etwas bemerken zu wollen, was schon dagewesen ist, oder mit wenigen Veränderungen immer ähnlich wiederkommt. Nur was ganz neu und eigen ist, bedarf der Erläuterungen, die aber keinesweges alles allen hell und klar machen sollen: sie dürften vielmehr eben dann vortrefflich genannt zu werden verdienen, wenn sie dem, der den »Meister« ganz versteht, durchaus bekannt, und dem, der ihn gar nicht versteht, so gemein und leer, wie das, was sie erläutern wollen, selbst vorkämen; dem hingegen, welcher das Werk halb versteht, auch nur halb verständlich wären, ihn über einiges aufklärten, über anders aber vielleicht noch tiefer verwirrten, damit aus der Unruhe und dem Zweifeln die Erkenntnis hervorgehe, oder damit das Subjekt wenigstens seiner Halbheit, so viel das möglich ist, inne werde. Der zweite Band [Buch III und IV] insonderheit bedarf der Erläuterungen am wenigsten: er ist der reichste, aber der reizendste; er ist voll Verstand, aber doch sehr verständlich.

In dem Stufengange der Lehrjahre der Lebenskunst ist dieser Band [Buch III und IV] für Wilhelmen der höhere Grad der Versuchungen, und die Zeit der Verirrungen und lehrreichen, aber kostbaren Erfahrungen. Freilich laufen seine Vorsätze und seine Handlungen vor wie nach in parallelen Linien nebeneinander her, ohne sich je zu stören oder zu berühren. Indessen hat er doch endlich das gewonnen, daß er sich aus der Gemeinheit, die auch den edelsten Naturen ursprünglich anhängt oder sie durch Zufall umgibt, mehr und mehr erhoben, oder sich doch aus ihr zu erheben ernstlich bemüht hat. Nachdem Wilhelms unendlicher Bildungstrieb zuerst bloß in seinem eignen Innern gewebt und gelebt hatte, bis zur Selbstvernichtung seiner ersten Liebe und seiner ersten Künstlerhoffnung, und sich dann weit genug in die Welt gewagt hatte, war es natürlich, daß er nun vor allen Dingen in die Höhe strebte, sollte es auch nur die Höhe einer gewöhnlichen Bühne sein, daß das Edle und Vornehme sein vorzüglichstes Augenmerk ward, sollte es auch nur die Repräsentation eines nicht sehr gebildeten Adels sein. Anders konnte der Erfolg dieses seinem Ursprunge nach achtungswürdigen Streben nicht wohl ausfallen, da Wilhelm noch so unschuldig und so neu war. Daher mußte das dritte Buch eine starke Annäherung zur Komödie erhalten; um so mehr, da es darauf angelegt war, Wilhelms Unbekanntschaft mit der Welt und den Gegensatz zwischen dem Zauber des Schauspiels und der Niedrigkeit des gewöhnlichen Schauspielerlebens in das hellste Licht zu setzen. In den vorigen Massen waren nur einzelne Züge entschieden komisch, etwa ein paar Gestalten zum Vorgrunde oder eine unbestimmte Ferne. Hier ist das Ganze, die Szene und Handlung selbst komisch. Ja man möchte es eine komische Welt nennen, da des Lustigen darin in der Tat

1. Zeitgenössische Äußerungen

unendlich viel ist, und da die Adlichen und die Komödianten zwei abgesonderte Corps bilden, deren keines dem andern den Preis der Lächerlichkeit abtreten darf, und die auf das drolligste gegeneinander manövrieren. Die Bestandteile dieses Komischen sind keinesweges vorzüglich fein und zart oder edel. Manches ist vielmehr von der Art, worüber jeder gemeiniglich von Herzen zu lachen pflegt, wie der Kontrast zwischen den schönsten Erwartungen und einer schlechten Bewirtung. Der Kontrast zwischen der Hoffnung und dem Erfolg, der Einbildung und der Wirklichkeit spielt hier überhaupt eine große Rolle: die Rechte der Realität werden mit unbarmherziger Strenge durchgesetzt und der Pedant bekommt sogar Prügel, weil er doch auch ein Idealist ist. Aus wahrer Affenliebe begrüßt ihn sein Kollege, der Graf, mit gnädigen Blicken über die ungeheure Kluft der Verschiedenheit des Standes; der Baron darf an geistiger Albernheit und die Baronesse an sittlicher Gemeinheit niemanden weichen; die Gräfin selbst ist höchstens eine reizende Veranlassung zu der schönsten Rechtfertigung des Putzes: und diese Adlichen sind den Stand abgerechnet den Schauspielern nur darin vorzuziehen, daß sie gründlicher gemein sind. Aber diese Menschen, die man lieber Figuren als Menschen nennen dürfte, sind mit leichter Hand und mit zartem Pinsel so hingedruckt, wie man sich die zierlichsten Karikaturen der edelsten Malerei denken möchte. Es ist bis zum Durchsichtigen gebildete Albernheit. Dieses Frische der Farben, dieses kindlich Bunte, diese Liebe zum Putz und Schmuck, dieser geistreiche Leichtsinn und flüchtige Mutwillen haben etwas was man Äther der Fröhlichkeit nennen möchte, und was zu zart und zu fein ist, als daß der Buchstabe seinen Eindruck nachbilden und wiedergeben könnte. Nur dem, der vorlesen kann, und sie vollkommen versteht, muß es überlassen bleiben, die Ironie, die über dem ganzen Werke schwebt, hier aber vorzüglich laut wird, denen die den Sinn dafür haben, ganz fühlbar zu machen. Dieser sich selbst belächelnde Schein von Würde und Bedeutsamkeit in dem periodischen Styl, diese scheinbaren

Nachlässigkeiten und Tautologien, welche die Bedingungen so vollenden, daß sie mit dem Bedingten wieder eins werden, und wie es die Gelegenheit gibt, alles oder nichts zu sagen oder sagen zu wollen scheinen, dieses höchst Prosaische mitten in der poetischen Stimmung des dargestellten oder komödierten Subjekts, der absichtliche Anhauch von poetischer Pedanterie bei sehr prosaischen Veranlassungen; sie beruhen oft auf einem einzigen Wort, ja auf einem Akzent.

Vielleicht ist keine Masse des Werks so frei und unabhängig vom Ganzen als eben das dritte Buch. Doch ist nicht alles darin Spiel und nur auf den augenblicklichen Genuß gerichtet. Jarno gibt Wilhelmen und dem Leser eine mächtige Glaubensbestätigung an eine würdige große Realität und ernstere Tätigkeit in der Welt und in dem Werke. Sein schlichter trockner Verstand ist das vollkommne Gegenteil von Aureliens spitzfindiger Empfindsamkeit, die ihr halb natürlich ist und halb erzwungen. Sie ist durch und durch Schauspielerin, auch von Charakter; sie kann nichts und mag nichts als darstellen und aufführen, am liebsten sich selbst, und sie trägt alles zur Schau, auch ihre Weiblichkeit und ihre Liebe. Beide haben nur Verstand: denn auch Aurelien gibt der Dichter ein großes Maß von Scharfsinn; aber es fehlt ihr so ganz an Urteil und Gefühl des Schicklichen wie Jarno'n an Einbildungskraft. Es sind sehr ausgezeichnete aber fast beschränkte durchaus nicht große Menschen; und daß das Buch selbst auf jene Beschränktheit so bestimmt hindeutet, beweist, wie wenig es so bloße Lobrede auf den Verstand sei, als es wohl anfänglich scheinen könnte. Beide sind sich so vollkommen entgegengesetzt wie die tiefe innige Mariane und die leichte allgemeine Philine; und beide treten gleich diesen stärker hervor als nötig wäre, um die dargestellte Kunstlehre mit Beispielen und die Verwicklung des Ganzen mit Personen zu versorgen. Es sind Hauptfiguren, die jede in ihrer Masse gleichsam den Ton angeben. Sie bezahlen ihre Stelle dadurch, daß sie Wilhelms Geist auch bilden wollen, und sich seine gesamte Erziehung vorzüglich angelegen sein lassen. Wenn gleich der Zögling trotz des redlichen Beistandes so vieler Erzieher in seiner persönlichen und sittlichen Ausbildung wenig mehr gewonnen zu haben scheint als die äußre Gewandtheit, die er sich durch den mannichfaltigeren Umgang und durch die Übungen im Tanzen und Fechten erworben zu haben glaubt: so macht er doch dem Anscheine nach in der Kunst große Fortschritte, und zwar mehr durch die natürliche Entfaltung seines Geistes als auf fremde Veranlassung. Er lernt nun auch eigentliche Virtuosen kennen, und die künstlerischen Gespräche unter ihnen sind außerdem, daß sie ohne den schwerfälligen Prunk der sogenannten gedrängten Kürze, unendlich viel Geist, Sinn und Gehalt haben, auch noch wahre Gespräche; vielstimmig und ineinander greifend, nicht bloß einseitige Scheingespräche. Serlo ist in gewissem Sinne ein allgemeingültiger Mensch, und selbst seine Jugendgeschichte ist wie sie sein kann und sein soll bei entschiedenem Talent und ebenso entschiedenem Mangel an Sinn für das Höchste. Darin ist er Jarno'n gleich: beide haben am Ende doch nur das Mechanische ihrer Kunst in der Gewalt. Von den ersten Wahrnehmungen und Elementen der Poesie, mit denen der erste Band [Buch I und II] Wilhelmen und den Leser beschäftigte, bis zu dem Punkt, wo der Mensch fähig wird, das Höchste und das Tiefste zu fassen, ist ein unermeßlich weiter Zwischenraum, und wenn der Übergang, der immer ein Sprung sein muß, wie billig durch ein großes Vorbild vermittelt werden sollte: durch welchen Dichter konnte dies wohl schicklicher geschehen, als durch den, welcher vorzugsweise der Unendliche genannt zu werden verdient? Grade diese Seite des Shakespeare wird von Wilhelmen zuerst aufgefaßt, und da es in dieser Kunstlehre weniger auf seine große Natur als auf seine tiefe Künstlichkeit und Absichtlichkeit ankam, so mußte die Wahl den »Hamlet« treffen, da wohl kein Stück zu so vielfachem und interessanten Streit, was die verborgne Absicht des Künstlers oder was zufälliger Mangel des Werks sein möchte, Veranlassung geben kann, als eben dieses, welches auch in die theatralische

Verwicklung und Umgebung des Romans am schönsten eingreift, und unter andern die Frage von der Möglichkeit, ein vollendetes Meisterwerk zu verändern oder unverändert auf der Bühne zu geben, gleichsam von selbst aufwirft. Durch seine retardierende Natur kann das Stück dem Roman, der sein Wesen eben darin setzt, bis zu Verwechselungen verwandt scheinen. Auch ist der Geist der Betrachtung und der Rückkehr in sich selbst, von dem es so voll ist, so sehr eine gemeinsame Eigentümlichkeit aller sehr geistigen Poesie, daß dadurch selbst dies fürchterliche Trauerspiel, welches zwischen Verbrechen und Wahnsinn schwankend, die sichtbare Erde als einen verwilderten Garten der lüsternen Sünde, und ihr gleichsam hohles Innres wie den Wohnsitz der Strafe und der Pein darstellt und auf den härtesten Begriffen von Ehre und Pflicht ruht, wenigstens in einer Eigenschaft sich den fröhlichen Lehrjahren eines jungen Künstlers anneigen kann.

Die in diesem und dem ersten Buche des nächsten Bandes [Buch V] zerstreute Ansicht des »Hamlet« ist nicht sowohl Kritik als hohe Poesie. Und was kann wohl anders entstehn als ein Gedicht, wenn ein Dichter als solcher ein Werk der Dichtkunst anschaut und darstellt? Dies liegt nicht darin, daß sie über die Grenzen des sichtbaren Werkes mit Vermutungen und Behauptungen hinausgeht. Das muß alle Kritik, weil jedes vortreffliche Werk, von welcher Art es auch sei, mehr weiß als es sagt, und mehr will als es weiß. Es liegt in der gänzlichen Verschiedenheit des Zweckes und des Verfahrens. Jene poetische Kritik will gar nicht wie eine bloße Inschrift nur sagen, was die Sache eigentlich sei, wo sie in der Welt stehe und stehn solle: dazu bedarf es nur eines vollständigen ungeteilten Menschen, der das Werk so lange als nötig ist, zum Mittelpunkt seiner Tätigkeit mache; wenn ein solcher mündliche oder schriftliche Mitteilung liebt, kann es ihm Vergnügen gewähren, eine Wahrnehmung, die im Grunde nur eine und unteilbar ist, weitläuftig zu entwikkeln, und so entsteht eine eigentliche Charakteristik. Der Dichter und Künstler hingegen wird die Darstellung von

1. Zeitgenössische Äußerungen

neuem darstellen, das schon Gebildete noch einmal bilden wollen; er wird das Werk ergänzen, verjüngern, neu gestalten. Er wird das Ganze nur in Glieder und Massen und Stücke teilen, nie in seine ursprünglichen Bestandteile zerlegen, die in Beziehung auf das Werk tot sind, weil sie nicht mehr Einheiten derselben Art wie das Ganze enthalten, in Beziehung auf das Weltall aber allerdings lebendig und Glieder oder Massen desselben sein könnten. Auf solche bezieht der gewöhnliche Kritiker den Gegenstand seiner Kunst, und muß daher seine lebendige Einheit unvermeidlich zerstören, ihn bald in seine Elemente zersetzen, bald selbst nur als ein Atom einer größern Masse betrachten.

Im fünften Buche kommt es von der Theorie zu einer durchdachten und nach Grundsätzen verfahrenden Ausübung; und auch Serlos und der andern Roheit und Eigennutz, Philinens Leichtsinn, Aureliens Überspannung, des Alten Schwermut und Mignons Sehnsucht gehen in Handlung über. Daher die nicht seltne Annäherung zum Wahnsinn, die eine Lieblingsbeziehung und Ton dieses Teils scheinen dürfte. Mignon als Mänade ist ein göttlich lichter Punkt, deren es hier mehrere gibt. Aber im ganzen scheint das Werk etwas von der Höhe des zweiten Bandes zu sinken. Es bereitet sich gleichsam schon vor, in die äußersten Tiefen des innern Menschen zu graben, und von da wieder eine noch größere und schlechthin große Höhe zu ersteigen, wo es bleiben kann. Überhaupt scheint es an einem Scheidepunkte zu stehn und in einer wichtigen Krise begriffen zu sein. Die Verwicklung und Verwirrung steigt am höchsten, und auch die gespannte Erwartung über den endlichen Aufschluß so vieler interessanter Rätsel und schöner Wunder. Auch Wilhelms falsche Tendenz bildet sich zu Maximen: aber die seltsame Warnung warnt auch den Leser, ihn nicht zu leichtsinnig schon am Ziel oder auf dem rechten Wege dahin zu glauben. Kein Teil des Ganzen scheint so abhängig von diesem zu sein, und nur als Mittel gebraucht zu werden, wie das fünfte Buch. Es erlaubt sich sogar bloß theoretische Nachträge und Ergänzungen, wie das Ideal eines Souffleurs, die Skizze der Liebhaber der Schauspielkunst, die Grundsätze über den Unterschied des Drama und des Romans.

Die Bekenntnisse der schönen Seele überraschen im Gegenteil durch ihre unbefangene Einzelheit, scheinbare Beziehungslosigkeit auf das Ganze und in den früheren Teilen des Romans beispiellose Willkürlichkeit der Verflechtung mit dem Ganzen, oder vielmehr der Aufnahme in dasselbe. Genauer erwogen aber dürfte Wilhelm auch wohl vor seiner Verheiratung nicht ohne alle Verwandtschaft mit der Tante sein, wie ihre Bekenntnisse mit dem ganzen Buch. Es sind doch auch Lehrjahre, in denen nichts gelernt wird, als zu existieren, nach seinen besondern Grundsätzen oder seiner unabänderlichen Natur zu leben; und wenn Wilhelm uns nur durch die Fähigkeit, sich für alles zu interessieren, interessant bleibt, so darf auch die Tante durch die Art, wie sie sich für sich selbst interessiert, Ansprüche darauf machen, ihr Gefühl mitzuteilen. Ja sie lebt im Grunde auch theatralisch; nur mit dem Unterschiede, daß sie die sämtlichen Rollen vereinigt, die in dem gräflichen Schlosse, wo alle agierten und Komödie mit sich spielten, unter viele Figuren verteilt waren, und daß ihr Inneres die Bühne bildet, auf der sie Schauspieler und Zuschauer zugleich ist und auch noch die Intrigen in der Coulisse besorgt. Sie steht beständig vor dem Spiegel des Gewissens, und ist beschäftigt, ihr Gemüt zu putzen und zu schmücken. Überhaupt ist in ihr das äußerste Maß der Innerlichkeit erreicht, wie es doch auch geschehen mußte, da das Werk von Anfang an einen so entschiednen Hang offenbarte, das Innre und das Äußre scharf zu trennen und entgegenzusetzen. Hier hat sich das Innre nur gleichsam selbst ausgehöhlt. Es ist der Gipfel der ausgebildeten Einseitigkeit, dem das Bild reifer Allgemeinheit eines großen Sinnes gegenübersteht. Der Onkel nämlich ruht im Hintergrunde dieses Gemäldes, wie ein gewaltiges Gebäude der Lebenskunst im großen alten Styl, von edlen einfachen Verhältnissen, aus dem reinsten gediegensten Marmor. Es ist eine ganz neue Erscheinung in dieser Suite

1. Zeitgenössische Äußerungen

von Bildungsstücken. Bekenntnisse zu schreiben wäre wohl nicht seine Liebhaberei gewesen; und da er sein eigner Lehrer war, kann er keine Lehrjahre gehabt haben, wie Wilhelm. Aber mit männlicher Kraft hat er sich die umgebende Natur zu einer klassischen Welt gebildet, die sich um seinen selbständigen Geist wie um den Mittelpunkt bewegt.

Daß auch die Religion hier als angeborne Liebhaberei dargestellt wird, die sich durch sich selbst freien Spielraum schafft und stufenweise zur Kunst vollendet, stimmt vollkommen zu dem künstlerischen Geist des Ganzen und es wird dadurch, wie an dem auffallendsten Beispiele gezeigt, daß er alles so behandeln und behandelt wissen möchte. Die Schonung des Oheims gegen die Tante ist die stärkste Versinnlichung der unglaublichen Toleranz jener großen Männer, in denen sich der Weltgeist des Werks am unmittelbarsten offenbart. Die Darstellung einer sich wie ins Unendliche immer wieder selbst anschauenden Natur war der schönste Beweis, den ein Künstler von der unergründlichen Tiefe seines Vermögens geben konnte. Selbst die fremden Gegenstände malte er in der Beleuchtung und Farbe und mit solchen Schlagschatten, wie sie sich in diesem alles in seinem eignen Widerscheine schauenden Geiste abspiegeln und darstellen mußten. Doch konnte es nicht seine Absicht sein, hier tiefer und voller darzustellen, als für den Zweck des Ganzen nötig und gut wäre; und noch weniger konnte es seine Pflicht sein, einer bestimmten Wirklichkeit zu gleichen. Überhaupt gleichen die Charaktere in diesem Roman zwar durch die Art der Darstellung dem Porträt, ihrem Wesen nach aber sind sie mehr oder minder allgemein und allegorisch. Eben daher sind sie ein unerschöpflicher Stoff und die vortrefflichste Beispielsammlung für sittliche und gesellschaftliche Untersuchungen. Für diesen Zweck müßten Gespräche über die Charaktere im »Meister« sehr interessant sein können, obgleich sie zum Verständnis des Werks selbst nur etwa episodisch mitwirken könnten: aber Gespräche müßten es sein, um schon durch die Form alle Einseitig-

keit zu verbannen. Denn wenn ein einzelner nur aus dem Standpunkte seiner Eigentümlichkeit über jede dieser Personen räsonnierte und ein moralisches Gutachten fällte, das wäre wohl die unfruchtbarste unter allen möglichen Arten, den »Wilhelm Meister« anzusehn; und man würde am Ende nicht mehr daraus lernen, als daß der Redner über diese Gegenstände so, wie es nun lautet, gesinnt sei.
Mit dem vierten Bande [Buch VII und VIII] scheint das Werk gleichsam mannbar und mündig geworden. Wir sehen nun klar, daß es nicht bloß, was wir Theater oder Poesie nennen, sondern das große Schauspiel der Menschheit selbst und die Kunst aller Künste, die Kunst zu leben, umfassen soll. Wir sehen auch, daß diese Lehrjahre eher jeden andern zum tüchtigen Künstler oder zum tüchtigen Mann bilden wollen und bilden können, als Wilhelmen selbst. Nicht dieser oder jener Mensch sollte erzogen, sondern die Natur, die Bildung selbst sollte in mannichfachen Beispielen dargestellt, und in einfache Grundsätze zusammengedrängt werden. Wie wir uns in den Bekenntnissen plötzlich aus der Poesie in das Gebiet der Moral versetzt wähnten, so stehn hier die gediegnen Resultate einer Philosophie vor uns, die sich auf den höhern Sinn und Geist gründet, und gleich sehr nach strenger Absonderung und nach erhabner Allgemeinheit aller menschlichen Kräfte und Künste strebt. Für Wilhelmen wird wohl endlich auf gesorgt: aber sie haben ihn fast mehr als billig oder höflich ist, zum besten; selbst der kleine Felix hilft ihn erziehen und beschämen, indem er ihm seine vielfache Unwissenheit fühlbar macht. Nach einigen leichten Krämpfen von Angst, Trotz und Reue verschwindet seine Selbständigkeit aus der Gesellschaft der Lebendigen. Er resigniert förmlich darauf, einen eignen Willen zu haben; und nun sind seine Lehrjahre wirklich vollendet, und Nathalie wird Supplement des Romans. Als die schönste Form der reinsten Weiblichkeit und Güte macht sie einen angenehmen Kontrast mit der etwas materiellen Therese. Nathalie verbreitet ihre wohltätigen Wirkungen durch ihr bloßes Dasein in der Gesellschaft: Therese bildet eine ähnli-

1. Zeitgenössische Äußerungen

che Welt um sich her, wie der Oheim. Es sind Beispiele und Veranlassungen zu der Theorie der Weiblichkeit, die in jener großen Lebenskunstlehre nicht fehlen durfte. Sittliche Geselligkeit und häusliche Tätigkeit, beide in romantisch schöner Gestalt, sind die beiden Urbilder, oder die beiden Hälften eines Urbildes, welche hier für diesen Teil der Menschheit aufgestellt werden.

Wie mögen sich die Leser dieses Romans beim Schluß desselben getäuscht fühlen, da aus allen diesen Erziehungsanstalten nichts herauskommt, als bescheidne Liebenswürdigkeit, da hinter allen diesen wunderbaren Zufällen, weissagenden Winken und geheimnisvollen Erscheinungen nichts steckt als die erhabenste Poesie, und da die letzten Fäden des Ganzen nur durch die Willkür eines bis zur Vollendung gebildeten Geistes gelenkt werden! In der Tat erlaubt sich diese hier, wie es scheint mit gutem Bedacht, fast alles, und liebt die seltsamsten Verknüpfungen. Die Reden einer Barbara wirken mit der gigantischen Kraft und der würdigen Großheit der alten Tragödie; von dem interessantesten Menschen im ganzen Buch wird fast nichts ausführlich erwähnt, als sein Verhältnis mit einer Pächterstochter; gleich nach dem Untergang Marianens, die uns nicht als Mariane, sondern als das verlassene, zerrissene Weib überhaupt interessiert, ergötzt uns der Anblick des Dukaten zählenden Laertes; und selbst die unbedeutendsten Nebengestalten wie der Wundarzt sind mit Absicht höchst wunderlich. Der eigentliche Mittelpunkt dieser Willkürlichkeit ist die geheime Gesellschaft des reinen Verstandes, die Wilhelmen und sich selbst zum besten hat, und zuletzt noch rechtlich und nützlich und ökonomisch wird. Dagegen ist aber der Zufall selbst hier ein gebildeter Mann, und da die Darstellung alles andere im Großen nimmt und gibt, warum sollte sie sich nicht auch der hergebrachten Lizenzen der Poesie im Großen bedienen? Es versteht sich von selbst, daß eine Behandlung dieser Art und dieses Geistes nicht alle Fäden lang und langsam ausspinnen wird. Indessen erinnert doch auch der erst eilende dann aber unerwartet zögernde

Schluß des vierten Bandes [Buch VIII], wie Wilhelms allegorischer Traum im Anfange desselben, an vieles von allem, was das Interessanteste und Bedeutendste im Ganzen ist. Unter andern sind der segnende Graf, die schwangre Philine vor dem Spiegel, als ein warnendes Beispiel der komischen Nemesis und der sterbend geglaubte Knabe, welcher ein Butterbrot verlangt, gleichsam die ganz bürlesken Spitzen des Lustigen und Lächerlichen.
Wenn bescheidner Reiz den ersten Band dieses Romans, glänzende Schönheit den zweiten und tiefe Künstlichkeit und Absichtlichkeit den dritten unterscheidet; so ist Größe der eigentliche Charakter des letzten, und mit ihm des ganzen Werks. Selbst der Gliederbau ist erhabner, und Licht und Farben heller und höher; alles ist gediegen und hinreißend, und die Überraschungen drängen sich. Aber nicht bloß die Dimensionen sind erweitert, auch die Menschen sind von größerem Schlage. Lothario, der Abbé und der Oheim sind gewissermaßen jeder auf seine Weise, der Genius des Buchs selbst; die andern sind nur seine Geschöpfe. Darum treten sie auch wie der alte Meister neben seinem Gemälde bescheiden in den Hintergrund zurück, obgleich sie aus diesem Gesichtspunkt eigentlich die Hauptpersonen sind. Der Oheim hat einen großen Sinn; der Abbé hat einen großen Verstand, und schwebt über dem Ganzen wie der Geist Gottes. Dafür daß er gern das Schicksal spielt, muß er auch im Buch die Rolle des Schicksals übernehmen. Lothario ist ein großer Mensch: der Oheim hat noch etwas Schwerfälliges, Breites, der Abbé etwas Magres, aber Lothario ist vollendet, seine Erscheinung ist einfach, sein Geist ist immer im Fortschreiten, und er hat keinen Fehler als den Erbfehler aller Größe, die Fähigkeit auch zerstören zu können. Er ist die himmelstrebende Kuppel, jene sind die gewaltigen Pilaster, auf denen sie ruht. Diese architektonischen Naturen umfassen, tragen und erhalten das Ganze. Die andern, welche nach dem Maß von Ausführlichkeit der Darstellung die wichtigsten scheinen können, sind nur die kleinen Bilder und Verzierungen im

1. Zeitgenössische Äußerungen

Tempel. Sie interessieren den Geist unendlich, und es läßt sich auch gut darüber sprechen, ob man sie achten oder lieben soll und kann, aber für das Gemüt selbst bleiben es Marionetten, allegorisches Spielwerk. Nicht so Mignon, Sperata und Augustino, die heilige Familie der Naturpoesie, welche dem Ganzen romantischen Zauber und Musik geben, und im Übermaß ihrer eignen Seelenglut zu Grunde gehn. Es ist als wollte dieser Schmerz unser Gemüt aus allen seinen Fugen reißen: aber dieser Schmerz hat die Gestalt, den Ton einer klagenden Gottheit und seine Stimme rauscht auf den Wogen der Melodie daher wie die Andacht würdiger Chöre.

Es ist als sei alles Vorhergehende nur ein geistreiches interessantes Spiel gewesen, und als würde es nun Ernst. Der vierte Band ist eigentlich das Werk selbst; die vorigen Teile sind nur Vorbereitung. Hier öffnet sich der Vorhang des Allerheiligsten, und wir befinden uns plötzlich auf einer Höhe, wo alles göttlich und gelassen und rein ist, und von der Mignons Exequien so wichtig und so bedeutend erscheinen, als ihr notwendiger Untergang.

Ebd. Bd. 2. S. 126–146.

Die »Wilhelm Meister«-Rezension von 1798 blieb Fragment. Eine Fortsetzung war geplant, aber kam dann nur in Form des »Versuches über den verschiedenen Stil in Goethes früheren und späteren Werken« in dem »Gespräch über die Poesie« im »Athenäum« von 1800 zustande. Die »Lehrjahre« wurden darin positiv hervorgehoben, und Goethe wurde »der Stifter und das Haupt einer neuen Poesie« genannt. Schlegel nahm noch einmal im Jahre 1800 zu den »Lehrjahren« Stellung in dem »Fragment über die Unverständlichkeit«. Dort erklärte er mit offensichtlicher Zweideutigkeit, daß er das Tendenz-Fragment von 1798 »fast ohne alle Ironie« geschrieben habe.

Novalis gehörte zu den großen Bewunderern und Gegnern des »Wilhelm Meister«. Diese radikale Entwicklung von der Verehrung zur Ablehnung läßt sich aus den Aphorismen und Fragmenten zwischen 1798 und 1800 ersehen. Im Jahre 1797 beschäftigte sich Novalis eingehend mit den »Lehrjahren«. Goethe galt ihm damals als »der wahre Statthalter des poetischen Geistes auf Erden« (»Blüthenstaub-Fragment«, Nr. 106). Nach dem Tode seiner Verlobten Sophie von Kühn im März 1797 boten sich ihm die »Lehrjahre« als Alternative zu seiner Tendenz zur Weltflucht an. Er bewunderte Goethes »Bildungskunst« als Dichter der Wirklichkeit. »Er macht wirklich etwas, während andre nur etwas möglich – oder notwendig machen«, heißt es in dem Entwurf zu einem Goethe-Essay von 1798. »Notwendige und mögliche Schöpfer sind wir alle – aber wie wenig Wirkliche.« In demselben Goethe-Essay finden sich aber bereits zwei ambivalente Aussagen, die den Keim zu Novalis' Gegnerschaft enthalten. Zunächst sind diese Urteile noch positiv zu bewerten, aber auf die lange Sicht nehmen sie Novalis' negative Reaktion vorweg. Er bezeichnete die »Lehrjahre« als »ein Kunstprodukt – ein Werk des Verstandes«, und erklärte: »Goethe wird und muß übertroffen werden«, allerdings noch mit dem Zusatz: »Aber nur wie die Alten übertroffen werden können« (Novalis, »Schriften. Die Werke Friedrich von Hardenbergs«, Bd. 2: Das philosophische Werk I, hrsg. von Richard Samuel [u. a.], Stuttgart: Kohlhammer, 1960, S. 640–642).

In den folgenden Jahren konzentrierten sich Novalis' Aufzeichnungen auf die formalen Aspekte der Erzählkunst im »Wilhelm Meister«, wobei der Dichter noch einmal im Hinblick auf den Ironiebegriff zu einer positiven Aussage kam:

»Die Philosophie und Moral des Romans sind *romantisch*. Das Gemeinste wird wie das Wichtigste, mit romantischer Ironie angesehn und dargestellt.«

Ebd. Bd. 3: Das philosophische Werk II. S. 326.

1. Zeitgenössische Äußerungen

Die erste negative Äußerung stammt aus dem Jahre 1800, in der sich Novalis gegen das Prosaische und gegen die Ökonomie in den »Lehrjahren« wandte:

»Wilhelm Meisters Lehrjahre sind gewissermaaßen durchaus *prosaïsch* – und modern. Das Romantische geht darin zu Grunde – auch die Naturpoësie, das Wunderbare – Er handelt blos von gewöhnlichen *menschlichen* Dingen – die Natur und der Mystizism sind ganz vergessen. Es ist eine poëtisirte bürgerliche und häusliche Geschichte. Das Wunderbare darinn wird ausdrücklich, als Poesie und Schwärmerey, behandelt. Künstlerischer Atheïsmus ist der Geist des Buchs.
Sehr viel Oeconomie – mit prosaïschen, wohlfeilen Stoff ein poëtischer Effect erreicht.«

Ebd. Bd. 3. S. 638 f.

Novalis' radikal polemische Wendung gegen die »Lehrjahre«, die eine Abrechnung mit der antiromantischen Tendenz des Romans darstellt, erfolgte ebenfalls im Jahre 1800:

»*Gegen* Wilhelm Meisters Lehrjahre. Es ist im Grunde ein fatales und albernes Buch – so pretentiös und pretiös – undichterisch im höchsten Grade, was den Geist betrifft – so poëtisch auch die Darstellung ist. Es ist eine Satyre auf die Poësie, Religion etc. Aus Stroh und Hobelspänen ein wolschmeckendes Gericht, ein Götterbild zusammengesetzt. Hinten wird alles Farçe. Die Oeconomische Natur ist die Wahre – *Übrig bleibende.*
Göthe hat auf alle Fälle einen widerstrebenden Stoff behandelt. *Poëtische Maschinerie.*
Fridrich verdrängt M[eister] v[on] d[er] Philine und drängt ihn zur Natalie hin.
Die Bekenntnisse sind eine Beruhigung des Lesers – nach dem Feuer, Wahnsinn und wilden Erscheinungen der ersten Hälfte des dritten Theils.
Das viele Intriguiren und Schwatzen und Repraesentiren am

Schluß des 4ten Buchs verräth das vornehme Schloß und das Weiberregiment – und erregt eine ärgerliche Peinlichkeit.
Der Abbé ist ein fataler Kerl, dessen geheime Oberaufsicht lästig und lächerlich wird. Der Thurm in Lotharios *Schlosse* ist ein großer Widerspruch mit *demselben*.
Die Freude, daß es nun aus ist, empfindet man am Schlusse im vollen Maaße.
Das Ganze ist ein nobilitirter Roman.
Wilhelm Meisters Lehrjahre, oder die Wallfahrt nach dem Adelsdiplom.
W[ilhelm] M[eister] ist eigentlich ein Candide, gegen die Poësie gerichtet.
Die Poësie ist der Arlequin in der ganzen Farce. Im Grunde kommt der Adel dadurch schlechtweg, daß er ihn zur Poësie rechnet, und die Poësie, daß er sie vom Adel repraesentiren läßt.
Er macht die Musen zu Comödiantinnen, anstatt die Comoediantinnen zu Musen zu machen. Es ist ordentlich tragisch, daß er den Shakespear in diese Gesellschaft bringt.
Avanturiers, Comoedianten, Maitressen, Krämer und Philister sind die Bestandtheile des Romans. Wer ihn recht zu Herzen nimmt, ließt keinen Roman mehr.
Der Held retardirt das Eindringen des Evangeliums der Oeconomie. Marionettentheater im Anfang. Der Schluß ist, wie die lezten Stunden im Park der schönen Lili.«

Ebd. Bd. 3. S. 646 f.

Die Begriffe des Prosaischen, der Ökonomie und des Verstandes sind die zentralen Kategorien in Novalis' Kritik der »Lehrjahre«. Sie tauchen in der Rezeptionsgeschichte des Romans im 19. und 20. Jahrhundert immer wieder auf.
Seinen eigenen Roman »Heinrich von Ofterdingen«, der 1802 nach seinem Tode erschien, hatte Novalis als einen »Anti-Wilhelm-Meister« konzipiert. In der Klingsohr-Figur des Romans hat man eine Verkörperung Goethes gesehen. Obwohl in der Personenbeschreibung eine Übereinstim-

1. Zeitgenössische Äußerungen

mung mit der äußeren Gestalt Goethes festzustellen ist und in Klingsohrs Worten sich Elemente von Goethes Weltanschauung und Poetik aufweisen lassen, stellt die Figur wohl eher Novalis' Wunschbild von Goethe bzw. eine Verbindung Goethes mit dem Geist der romantischen Poesie dar.

Goethe bekam die Novalis-Aussagen – teilweise durch Textauslassungen und -umstellungen negativ verstärkt – in der Schlegel-Tieckschen Ausgabe der nachgelassenen Schriften des Novalis von 1802 zu lesen. Sein negatives Urteil über die Romantiker ist wohl zum Teil auf Novalis und dessen Kritik an den »Lehrjahren« zurückzuführen.

Die negative Kritik des Novalis fand bei der jüngeren Romantik zum Teil Zustimmung und übte einen entscheidenden Einfluß auf das Goethe-Bild dieser Generation (Joseph Görres, Adam Müller u. a. m.) aus. In diesem Zusammenhang stellt Friedrich Schlegels zweite Rezension der »Lehrjahre« in den »Heidelbergischen Jahrbüchern der Literatur« von 1808 (H. 2, S. 145–184), anläßlich der Besprechung von Goethes Werken in vier Bänden (Tübingen: Cotta, 1806), eine Verteidigung des Romans gegen die romantische Kritik dar. S c h l e g e l ging in dieser Rezension auf die negativen Einwände gegen den Roman ein und suchte sie im einzelnen zu widerlegen. Noch einmal stellte er die Vorzüge des Romans heraus, die er bereits 1798 betont hatte:

»Der ›Meister‹ aber hat auf das Ganze der deutschen Literatur, sichtbar wie wenige andere gewirkt, und recht eigentlich Epoche gemacht, indem er dieselbe mit der Bildung und dem Geist der höheren Gesellschaft in Berührung setzte, und die Sprache nach einer ganz neuen Seite hin mehr bereicherte, als es vielleicht in irgend einer Gattung durch ein einzelnes Werk auf einmal geschehen ist. Das Verdienst des Styls in diesem Werke ist von der Art, daß vielleicht nur derjenige, der sich aus der immer fortschreitenden Erforschung und Ausbildung der Sprache ein eignes Geschäft gemacht hat, die ganze Größe desselben zu würdigen im

Stande ist. Aber auch an Reichtum der Erfindung, an Sorgfalt der Ausführung und besonders an Fülle der innern Durchbildung geht der ›Meister‹ vielleicht jedem andern Werke unsers Dichters vor, keines ist in dem Grade ein *Werk*.

Anfangs war auch gegen dieses Buch viel Einrede; zuerst, von Seiten der Sittlichkeit, und der darin dargestellten zum Teil schlechten Gesellschaft. Was den ersten Punkt anbetrifft, so erinnern wir nochmals an die zu einförmige Feierlichkeit der *Klopstockschen* Art und Ansicht der Dinge, und das Bedürfnis einer nicht so gar eng beschränkten Freiheit für die Entwicklung der Poesie. Besonders hat der ›Meister‹ darin ein großes Verdienst, daß er das deutsche Auge mehr geübt hat, die Poesie nicht bloß da zu erblicken, wo sie in aller Pracht und Würde erhaben einherschreitet, sondern auch in der nächsten und gewöhnlichsten Umgebung ihre verborgenen Spuren und flüchtigen Umrisse gewahr zu werden. Der ›Meister‹ gehört dem Anschein und der äußern Form nach, zu der gewöhnlichen Gattung der Romane, und doch ist die Ansicht, und noch mehr die Darstellungsart, selbst da, wo das Werk gegen die Poesie – eigentlich aber nur gegen eine Art derselben, gegen die Poesie des Gefühls und der Liebe – zu streiten scheint, eine durchaus poetische, und wenn der gewiß poetisch gemeinte ›Werther‹ in seinen nächsten Folgen und Nachbildungen gleich wieder in das ganze Prosaische herabgezogen ward, so war in dem Werke selbst schon dafür gesorgt, daß dies dem ›Meister‹ nicht widerfahren konnte.

Was die gute oder schlechte Gesellschaft betrifft, so hätte man sich erinnern mögen, daß von *Fielding*, *Scarron*, und *Lesage*, ja von dem spanischen ›Alfarache‹ und ›Lazarillo‹ an, des ›Don Quixote‹ nicht einmal zu erwähnen, Männer, die zum Teil mit der besten und edelsten Gesellschaft ihrer Zeit sehr wohl bekannt waren, und in ihr lebten, doch die wunderlich gemischte, oder gar die schlechte, als günstiger für komische Abenteuer und vielleicht überhaupt als reicher für die Phantasie mit Absicht gewählt haben.

1. Zeitgenössische Äußerungen

Am meisten Einrede aber war gegen die Form des Werks, dessen Gestalt sich so ganz an die des gewöhnlichen Romans anschloß und nachher doch die darauf gegründeten Erwartungen keinesweges befriedigte, sondern vielmehr absichtlich zu täuschen schien. Der Tadel traf den Anfang des Werks, am meisten aber den Schluß desselben. Uns schien vielmehr die Gelindigkeit dieses Anfangs eine Schönheit zu sein, und wer in einem Werke nach der Hand auch wohl die Weise, wie es gearbeitet und gebildet worden, zu erkennen weiß, der mochte leicht sehen, daß der Dichter den Schluß und die letzte Masse keinesweges sparsam und geizig abgefertigt, sondern vielmehr mit allem Reichtum ausgestattet, und alle Kunst daran verwendet und aufgeboten hatte. Bleibt hier also dennoch etwas Disharmonisches für das Gefühl vieler Leser – wie dies denn wirklich auch bei solchen der Fall ist, denen man den poetischen Sinn durchaus nicht absprechen kann – so muß der Grund davon viel tiefer liegen, als bloß in der äußern Form. Sollten wir in Rücksicht auf diese etwas tadeln oder als minder vollkommen auszeichnen, so würden wir eher in der Mitte des Werks, da wo der Übergang von dem Leben bei *Serlo* und *Aurelie* zu dem auf *Lotharios* Schloß gesucht wird, hie und da etwas Ungleiches, Lückenhaftes, oder nur gewaltsam und willkürlich Verknüpftes bemerken. Doch kann auch dies nur von einigen Übergängen gelten; die Darstellung *Aureliens* und *Serlos*, ist in ihrer Art gewiß nicht minder vortrefflich als die des komischen Schauspielertreibens im Schlosse des Grafen, die wohl selbst dem eigensinnigsten Sinne nichts zu wünschen übrig läßt.

Worin liegt denn aber der Grund des Zwiespaltes [,] der so vielen, die sich stark von dem Werk angezogen fühlten und sich ganz mit demselben durchdrungen hatten, doch zuletzt übrig blieb, und sie wieder davon zurückstieß? – Einige haben geglaubt, ihn in der Ungunst zu finden, mit der Gefühl und Liebe hier behandelt worden, in der anscheinenden Parteilichkeit des Dichters für den kalten Verstand, und haben das Ganze deshalb einer durchaus antipoetischen

Richtung beschuldigt. Diese Ansicht aber trifft den eigentlichen Punkt, unsers Erachtens, nicht, und ist auch nicht ohne Einschränkung wahr. Erstlich hat es seine vollkommne objektive Richtigkeit und Wahrheit, daß eine solche Liebe, ein solches Gefühl wie das der untergehenden Personen, in einer solchen Welt und Umgebung, ohne Rettung untergehen mußten; und es wird der Verstand hier auch keinesweges als das Höchste und Letzte dargestellt, sondern vielmehr als etwas allein ganz Unzulängliches Einseitiges und Dürftiges. Dasjenige was aber als das Höchste und Erste aufgestellt ist, die *Bildung* ist, wie sehr auch der Verstand darin überwiegen mag, doch gewiß auch nicht ohne das andre Element des empfänglichen Sinns, offenbar also als ein Mittleres zwischen Gefühl und Verstand gemeint, was sie beide umfaßt. Diese Bildung nun, so wenig sie ganz vollständig in dem Werke entwickelt ist, muß unstreitig als eine durchaus künstlerische, ja poetische, gedacht werden, und es streitet wohl nicht mit der Absicht des Verfassers, wenn wir uns den bloß angedeuteten Umriß dieses Begriffs durch jenen Geist künstlerischer Bildung ergänzen, der auch andre, besonders aber die *antiken* Gedichte des Verfassers beseelt. So kann man dann gewiß nicht behaupten, die Absicht des Verfassers sei gegen die Poesie gerichtet, ob man gleich allenfalls sagen könnte: es sei ein Roman gegen das Romantische, der uns auf dem Umweg des Modernen (wie durch die Sünde zur Heiligkeit) zum Antiken zurückführe. Aber es kommt weniger darauf an, die sonderbaren Eigentümlichkeiten des Werks unter einer auffallenden Formel zu fassen, als vielmehr den eigentlichen Punkt des Streits zu treffen, woran es liegt, daß so viele vorzügliche Menschen, welche die andern Werke unsers Dichters wohl zu empfinden und zu schätzen wissen, sich von diesem mit einer bleibenden Abneigung getrennt fühlen. Die Antwort auf diese Frage, soweit sie sich beantworten läßt, scheint uns folgende zu sein: *Bildung* ist der Hauptbegriff, wohin alles in dem Werke zielt und wie in einen Mittelpunkt zusammengeht; dieser Begriff aber ist gerade so wie er sich hier vor uns entfaltet, ein sehr vielsinni-

1. Zeitgenössische Äußerungen

ger, vieldeutiger und mißverständlicher. Jene innere Bildung, welcher die alten Weisen der Griechen ihr äußeres Leben ganz widmeten und aufopferten, ging streng und unerbittlich auf ein Ewiges, auf ein mehr oder minder richtig erkanntes Unsichtbares. Diese Bildung gedeiht nur in abgeschiedener Einsamkeit, wo sie diejenigen stets gesucht haben, die sich zu ihr berufen fühlten; und hier ist es nicht sowohl der Mensch selbst, der künstliche Versuche mit sich anstellt und sich selbst bilden will, sondern die Idee, die Gottheit, der er sich ergab, ist es die ihn bildet oder von der er sich bilden und bestimmen läßt. Es gibt aber noch eine andre, mehr äußerliche und gesellige Bildung, die nicht eine so hohe Richtung und Würde hat, oft sogar in etwas ganz Leeres sich auflöst. Was sehen wir überhaupt in dem Menschenleben vor uns? Die meisten werden durch allerlei Neigungen und Meinungen durcheinander getrieben, ohne daß sich da eine bedeutende Kraft oder ein tieferer Zweck zeigte; etwa irgend ein Genuß oder Spiel wird etwas heftiger ergriffen, und nur einige feststehende Grundsätze und Gesetze halten die verworrene Masse glücklicherweise noch in einer leidlichen Ordnung. Andre sehen wir sodann durch leidenschaftliche Liebe, wenigstens vorübergehend in ein ganz anderes höheres und kraftvolleres Dasein emporgerissen, noch andre aber durch Ruhmbegierde und Herrschsucht zu ungeheuren Anstrengungen dauerhaft angetrieben, oder durch den nie versiegenden Trieb der Erkenntnis im Stillen noch inniger beseelt und bereichert; welcher Trieb der Erkenntnis wieder auf der einen Seite nah verwandt ist mit der Neigung zur Abgeschiedenheit und zum Unsichtbaren, woraus jene innere Bildung hervorgeht, deren wir oben erwähnten, auf der andern Seite aber verwandt mit dem hervorbringenden Bildungstrieb des Künstlers. In allen diesen Gestalten sehen wir *Leben* und eben darum sprechen sie unser Mitgefühl leicht an, wo wir sie nur irgend kraftvoll dargestellt finden, sei es in der Wirklichkeit oder im Bilde. So wie es nun aber etwas Widersinniges, und deshalb Lächerliches hat, wenn ein leidenschaftliches Streben des eignen Zwecks vergessend, sich wie der *Geiz* nur auf die Mittel wirft, so ist das Streben der jungen Menschen nach sogenannter Bildung, da sie auf ihren Fähigkeiten und Empfindungen herumprobieren, welches wohl die rechte sein möchte, meistenteils mehr eine vorläufige Anstalt zum Leben, als selbst Leben, so wie das Stimmen der Instrumente vor der Musik. Ein Mann hingegen der mit stärkerer Kraft gefährlichere Versuche mit seinem Innern anstellt, gerät unfehlbar in den Fall desjenigen, der statt sich eine zweckmäßige Bewegung zu verschaffen, an seiner eigenen Gesundheit experimentiert, allerlei Arzneien durcheinander nimmt und sich dadurch am Ende eine wirkliche Krankheit, oder doch ein entschiedenes Übelbefinden zuzieht. Das behagliche zurückschauende Gefühl aber solcher Alten, die sich selbst als durchgehends gebildet und vollendet vorkommen, weil sie die mannigfaltigsten Anregungen von allen Seiten her auf dem Wege ihres Lebens erfuhren, ist mit dem Gefühl des Reisenden zu vergleichen, der nach überstandener Durchschüttelung endlich, wenn auch nicht an das Ziel seiner Reise, doch in einem sichern Wirtshause anlangt. – In dem weniger würdigen Sinn ist der Begriff der Bildung offenbar an einigen komischen Stellen des ›Meisters‹ genommen, besonders da wo das Mißlingen geschildert ist, welches dem Streben des liebenswürdigen Jünglings in der Schauspielerwelt zuteil werden mußte; und wenn der Genius des Werks die einzelnen Gestalten nicht immer bloß mit einer sanften Ironie zu umschweben, sondern schonungslos oft seine eignen Hervorbringungen zu zerstören scheint, so ist dadurch nur der natürliche Erfolg jener Bildungsexperimente mit sich und mit andern der Wahrheit gemäß dargestellt. Wie leicht aber würde derjenige, der den höhern, ja den höchsten Begriff der Bildung dem Werke absprechen wollte, durch das Ganze sowohl, als durch Stellen desselben zu widerlegen sein! Daß wahre und falsche Bildung in dem Buche oft so nah aneinander grenzen, so ganz ineinander verfließen, dürfte auch kein Tadel sein, denn es ist dies die eigentliche Beschaffenheit der feinern Gesellschaft, die hier

1. Zeitgenössische Äußerungen

dargestellt werden soll. Die falsche Vielseitigkeit nach dem äußern Vielerlei ist vielleicht, wenigstens für Deutschland, das einzige Allgemeine dieser gesellschaftlichen Bildung, die übrigens viel Willkürliches hat, und größtenteils auf der Meinung beruht; und wer hat nicht irgend einen großen oder kleinen Zirkel gesehen, der sich durch eine gegenseitige, stillschweigende Verabredung, und gleichsam harmonische Einbildung vollkommen überzeugt hatte, er sei einer der Hauptmittelpunkte der großen Welt, während andre vielleicht noch sogar den Adel der Sitte vermißten, der eine Gesellschaft erst zur guten macht!«

Friedrich Schlegel wandte sich gegen die Bezeichnung der »Lehrjahre« als eines Künstlerromans:

»Der ›Meister‹ darf um so weniger als ein Künstlerroman betrachtet werden, da die Kunstansicht des Verfassers an der gewählten deutschen Schauspielerwelt ungefähr nach den Sitten und dem Zustande in den sechziger, siebziger und achtziger Jahren, unmöglich einen Träger fand, der sie ganz zu fassen und ganz auszusprechen vermochte; und wie bald wird der *Künstler* im ›Meister‹ über dem *Menschen* vergessen! und wenn dieser Roman in der mittleren Region einigemal sich denjenigen anzunähern scheint, die vorzüglich auf Unterhaltung durch lustige und seltsame Abenteuer ausgehen – wohin so viele, besonders der ältern Romane zu zielen pflegen – so trifft er in der letzten Hälfte und gegen das Ende wieder mehr zusammen mit denen, die dem Ernst und Tiefsinn des deutschen Charakters gemäß, sogar die Metaphysik und Religion zum Gegenstande des Romans gemacht haben, nur daß hier freilich auch die geistigsten Beziehungen in der klarsten Anschaulichkeit uns vor Augen treten.«

Einen Vergleich mit dem »Werther« zuungunsten der »Lehrjahre« lehnte Schlegel mit einem Hinweis auf den Stoffreichtum und Realismus der Zeitdarstellung ab:

»›Werther‹ erhebt sich nur in einigen einzelnen Stellen sehr bestimmt und sehr weit über das Zeitalter, aus welchem er hervorging, mit dessen Denkart und Schwäche er im Ganzen doch wieder zusammenstimmt, und selbst zum Teil mit darin befangen ist. Dagegen wir im ›Meister‹ die ganze Verworrenheit desselben mit allem, was ihm von alter Vernachlässigung geblieben, und zufällig geworden war, und was es schon an kaum noch sichtbaren gärenden Bewegungen für Keime eines Neuen enthält, so objektiv ergriffen sehen, daß man schwerlich eine reichere und wahrhaftere Darstellung *dieser* Zeit erwarten, oder auch nur begehren kann; denn das darf man bei der Betrachtung des ›Meisters‹ durchaus nicht vergessen, daß, obwohl keine bestimmte Orte genannt, und auch keine Jahreszahl erwähnt wird, doch eine ganz bestimmte Zeit gemeint und geschildert sei. Dieses sind, den Andeutungen des Werks zufolge, wenn wir die früheren Begebenheiten, und die Bildungsgeschichte der ältern Personen mit hinzunehmen, etwa die sechziger, siebziger und achtziger Jahre, bis nach dem Amerikanischen Kriege. Was diese Zeit für seinen Zweck geben konnte, hat der Dichter auf das reichste genutzt und gespendet. Wenn wir nun z. B. in ›Hermann und Dorothea‹ eine sanftere Ironie, eine gleichmäßiger verbreitete Wärme des Gefühls antreffen, als im ›Meister‹, so mag dies zum Teil von der harmonischen Mitwirkung der äußern Poesie des Verses herrühren; die größere und freiere Ansicht des Lebens aber, die uns aus demselben anspricht, kommt zum Teil wenigstens auf Rechnung der regeren, und lebensreichern Zeit, auf die jenes schöne Gedicht sich bezieht.«

Zum Abschluß hob S c h l e g e l die Bedeutung des Romans für die Bereicherung der Sprache hervor:

»Haben doch ›Meisters Lehrjahre‹ von dieser Seite grade ein so großes Verdienst, indem sie die Sprache unermeßlich bereicherten durch eine Menge der feinsten und glücklichsten Ausdrücke und Wendungen für gesellschaftliche Beziehungen und Ansichten, für die vorher entweder gar keine

Bezeichnung vorhanden, oder doch in keinem gedruckten Buche anzutreffen war [...].«

<blockquote>Kritische Friedrich-Schlegel-Ausgabe. Hrsg. von Ernst Behler [u. a.]. Bd. 3: Charakteristiken und Kritiken II (1802–1829). München/Paderborn/Wien: Schöningh, 1975. S. 128–133, 135–137, 143.</blockquote>

Auch Jean Paul (Johann Paul Friedrich Richter, 1763–1825) trat als Verteidiger der »Lehrjahre« gegen Novalis auf, indem er in die zweite Auflage seiner »Vorschule der Ästhetik« von 1812 ein Plädoyer für die Poesie des Romans einrückte:

»Die deutsche Schule, welcher gemäß Göthens Meister das bürgerliche oder Prose-Leben am reichsten spielen ließ, trug vielleicht dazu bei, daß Novalis, dessen breites poetisches Blätter- und Buschwerk gegen den nackten Palmenwuchs Göthens abstach, den Meisters Lehrjahren Parteilichkeit *für* prosaisches Leben und *wider* poetisches zur Last gelegt. Göthen ist das bürgerliche Dicht-Leben auch Prosen-Leben, und beide sind ihm nur kurze und lange Füße – falsche und wahre Quantitäten – [...] über welchen allen seine höhere Dichtkunst schwebt, sie als bloße Dicht-*Mittel* gebrauchend. Hier gilt im richtigen Sinne der gemisdeutete Ausdruck Poesie der Poesie. Sogar wenn Göthe sich selber für überzeugt vom Vorzuge der Lebens-Prose angäbe: so würde er doch nur nicht berechnen, daß er blos durch sein höheres Darüberschweben dieser Lebens-Prose mehr Vergoldung leihe als der ihm näheren Gemeinpoesie. –«

<blockquote>Jean Paul: Vorschule der Ästhetik. Weimar: Böhlau, 1935. (J. P.: Sämtliche Werke. Hist.-krit. Ausg. Abt. 1. Bd. 11.) S. 238 f.</blockquote>

Karl Morgenstern (1770–1852), ein Schüler des Altphilologen Friedrich August Wolf und Professor an der Universität Dorpat, hat zuerst den Begriff ›Bildungsroman‹ verwendet und auch eine Definition und Geschichte der Gattung geliefert. Morgensterns Bemühungen um den Bildungsroman waren in Vergessenheit geraten, bis Fritz Martini 1961 auf diesen wichtigen Beitrag zur Geschichte des Wortes und der Theorie des Bildungsromans vor Wilhelm Dilthey wieder aufmerksam machte (s. Literaturhinweise). Martini verwies u. a. auf den Vortrag »Über das Wesen des Bildungsromans«, den Karl Morgenstern im Dezember 1819 hielt. Morgenstern stellte dort den »Wilhelm Meister« als Vorbild der Gattung heraus:

»Als Werk von der allgemeinsten, umfassendsten Tendenz schönmenschlicher Bildung aber erscheinen im mildesten Glanze ›Wilhelm Meister's Lehrjahre‹ von Göthe, doppelt uns Deutsche ansprechend, weil hier, wie lange vorher schon in ›Werther's Leiden‹, der Dichter in dem Helden und der Scene und Umgebung uns deutsches Leben, deutsche Denkart und Sitten unsrer Zeit gab: was Wieland, freylich in einer frühern Periode, wo deutsche feinere Bildung sich durch den störenden Einfluß des Ausländischen, besonders des Französischen, noch nicht so durchgekämpft hatte, in seinen Romanen verschmähte, Klinger aber wenigstens in seiner ›Geschichte eines Deutschen‹ schon würdig durchführte. Ohne uns in Übertreibungen zu verlieren, wie einst jene des geistreichen Friedrich Schlegel im ›Athenäum‹ war, der die französische Revoluzion, Fichte's Wissenschaftslehre und ›Wilh. Meisters Lehrjahre‹ für die höchsten Tendenzen des Jahrhunderts erklärte, dürfen wir doch mit besonnener voller Überzeugung sagen, daß noch kein Roman, nicht bloß der Deutschen, in so hohem Grade und so weitem Umfang' allgemeine harmonische Ausbildung des Reinmenschlichen darzustellen und zu befördern mit dem glücklichsten Erfolge strebte, sich anschmiegend an das Schönste der Bildung der neueuropäischen Menschheit, und des Zeitalters, wie es gegen Erscheinung des Buches in Deutschland sich gestaltet hatte. Gern ging' ich hier ein in eine genauere Darlegung des Plans des herrlichen Werks, in Bezeichnung der so mannigfaltigen darin aufgestellten Charaktere, in Erörterung des Reichthums der hinein verwebten

1. Zeitgenössische Äußerungen

Bemerkungen und Aussprüche über Leben, Kunst und Wissenschaft, und in Entwickelung der Schönheiten dieser mit so lauterer Klarheit dahin fließenden, durchaus classischen Sprache. Doch kann ich hier, nach Anderer Vorgang[1] nur die Hauptmomente Ihnen ins Gedächtniss zurükrufen.
Die Aufgabe der Lehrjahre Wilhelm Meisters scheint keine andere, als die Darstellung eines Menschen, der sich durch die Zusammenwirkung seiner innern Anlagen und äußern Verhältnisse allmählich naturgemäß ausbildet. Das Ziel dieser Ausbildung ist ein vollendetes Gleichgewicht, Harmonie mit Freyheit. Je mehr Bildsamkeit in der Person, und je mehr bildende Kraft in der sie umgebenden Welt, desto reichhaltiger die Nahrung des Geistes aus einer solchen Darstellung. Für ein solches Wesen, wie Wilh. Meister durch Naturgunst war, mußte eine Welt gefunden werden, von der man die Bildung nicht eines Künstlers, eines Staatsmannes, eines Gelehrten, sondern eines *Menschen* erwarten konnte. Durch ein modernes Costum mußte die Darstellung dieser Welt lebendiger werden, als sie durch ein antikes, dergleichen z. B. Wieland in seinen Romanen vorzuziehen pflegte, werden konnte; am lebendigsten für uns, und auch am reichhaltigsten für den Zweck darzustellender allseitiger Bildung, durch deutsche Umgebungen. Es war eine sehr empfängliche Phantasie in Wilhelm Meister vorhanden, die vielfach beschäftigt und ausgebildet werden sollte. Hiezu gehörte Freyheit vom Druck beschränkender äußerer Bedürfnisse, aber keine zu günstigen Verhältnisse in der wirklichen Welt, damit er über seine Lage selbstthätig sich zu erheben strebte. Mariane, ein ihn, in nicht ganz reinen Verhältnissen, liebendes junges Mädchen, war seine erste Liebe: zu wenig für seine Gattin, zu viel um ohne Reue von ihm verlassen zu werden. So war ihr Tod nothwendig, wobey sie in einem hellern Lichte erscheint, als in ihrem Leben. Das Theater, als eine der Brücken aus der Wirklichkeit in die Phantasiewelt, hatte für einen jungen Mann wie

1 s. Christian Gottfried Körners Horen-Brief von 1796.

Wilhelm unwiderstehliche Reize. Zeitig genug fand er indeß, daß er zum Schauspieler nicht berufen sey, wenn gleich das Theater manche seiner edlern Gefühle aufzuregen gedient hatte. Die durchaus ungenügenden äußern Verhältnisse des Schauspielerlebens bringen ihn aus seiner idealischen Welt der wirklichen Welt immer näher.«

> Karl Morgenstern: Über das Wesen des Bildungsromans. In: Inländisches Museum 1 (1820) Nr. 3. S. 13–27. Hier: S. 15–19.

Morgenstern übernahm von Körner die Formel »vollendetes Gleichgewicht, Harmonie mit Freiheit« als Ziel der Bildung. In einer Fußnote erklärte er seine Übereinstimmung mit Körner und folgte zum größten Teil wortwörtlich dessen Inhaltsanalyse.

Georg Wilhelm Friedrich H e g e l (1770–1831) erörterte in seinen »Vorlesungen über die Ästhetik« von 1823 und den folgenden Jahren im dritten Abschnitt über »Die romantische Kunstform« u. a. das »Romanhafte« und verwendete dabei den Begriff der »Lehrjahre« im geschichtsphilosophischen Sinne:

»An diese Auflösung des Romantischen, seiner bisherigen Gestalt nach, schließt sich *drittens* endlich das *Romanhafte*, im modernen Sinne des Wortes, dem der Zeit nach die Ritter- und Schäferromane vorangehen. – Dieß Romanhafte ist das wieder zum Ernste, zu einem wirklichen Gehalte gewordene Ritterthum. Die Zufälligkeit des äußerlichen Daseyns hat sich verwandelt in eine feste, sichere Ordnung der bürgerlichen Gesellschaft und des Staats, so daß jetzt Polizei, Gerichte, das Heer, die Staatsregierung an die Stelle der chimärischen Zwecke treten, die der Ritter sich machte. Dadurch verändert sich auch die Ritterlichkeit der in neueren Romanen agirenden Helden. Sie stehn als Individuen mit ihren subjektiven Zwecken der Liebe, Ehre, Ehrsucht oder mit ihren Idealen der Weltverbesserung dieser bestehenden Ordnung und Prosa der Wirklichkeit gegenüber, die ihnen von allen Seiten Schwierigkeiten in den Weg legt. Da schrauben sich nun die subjektiven Wünsche und Forderungen in diesem Gegensatze in's Unermeßliche in die Höhe; denn jeder findet vor sich eine bezauberte, für ihn ganz ungehörige Welt, die er bekämpfen muß, weil sie sich gegen ihn sperrt, und in ihrer spröden Festigkeit seinen Leidenschaften nicht nachgiebt, sondern den Willen eines Vaters, einer Tante, bürgerliche Verhältnisse usf. als ein Hinderniß vorschiebt. Besonders sind Jünglinge diese neuen Ritter, die sich durch den Weltlauf, der sich statt ihrer Ideale realisirt, durchschlagen müssen, und es nun für ein Unglück halten, daß es überhaupt Familie, bürgerliche Gesellschaft, Staat, Gesetze, Berufsgeschäfte usf. giebt, weil diese substantiellen Lebensbeziehungen sich mit ihren Schranken grausam den Idealen und dem unendlichen Rechte des Herzens entgegensetzen. Nun gilt es, ein Loch in diese Ordnung der Dinge hineinzustoßen, die Welt zu verändern, zu verbessern, oder ihr zum Trotz sich wenigstens einen Himmel auf Erden herauszuschneiden, das Mädchen, wie es seyn soll, sich zu suchen, es zu finden, und es nun den schlimmen Verwandten oder sonstigen Mißverhältnissen abzugewinnen, abzuerobern und abzutrotzen. Diese Kämpfe nun aber sind in der modernen Welt nichts Weiteres, als die Lehrjahre, die Erziehung des Individuums an der vorhandenen Wirklichkeit, und erhalten dadurch ihren wahren Sinn. Denn das Ende solcher Lehrjahre besteht darin, daß sich das Subjekt die Hörner abläuft, mit seinem Wünschen und Meinen sich in die bestehenden Verhältnisse und die Vernünftigkeit derselben hineinbildet, in die Verkettung der Welt eintritt, und in ihr sich einen angemessenen Standpunkt erwirbt. Mag einer auch noch so viel sich mit der Welt herumgezankt haben, umhergeschoben worden seyn, zuletzt bekömmt er meistens doch sein Mädchen und irgend eine Stellung, heirathet, und wird ein Philister so gut wie die Anderen auch; die Frau steht der Haushaltung vor, Kinder bleiben nicht aus, das angebetete Weib, das erst die Einzige, ein Engel war, nimmt sich ohngefähr ebenso aus wie alle Anderen, das Amt giebt Arbeit und Verdrüßlichkeiten, die Ehe Hauskreuz, und so ist der ganze Katzenjammer der Übrigen da. – Wir sehen hier den gleichen Charakter der Abentheuerlichkeit, nur daß dieselbe ihre rechte Bedeutung findet, und das Phantastische daran die nöthige Korrektion erfahren muß.«

G. W. F. Hegel: Sämtliche Werke. Jubiläumsausg.
Bd. 13. Stuttgart: Frommann, 1928. S. 215–217.

2. Stimmen des 19. und 20. Jahrhunderts

Joseph von Eichendorffs (1788–1857) Stellungnahme zu den »Lehrjahren« in seiner Darstellung des »Deutschen Romans des 18. Jahrhunderts in seinem Verhältnis zum Christentum« von 1851 nimmt noch einmal die Rezeptionsgeschichte von Christian Gottfried Körner bis zu Novalis auf, indem er einerseits die »Allerweltsschule«, den »nüchternen Hintergrund« der »Lehrjahre« hervorhob, andererseits jedoch von »harmonischer Entfaltung aller menschlichen Anlagen« sprach:

»Es handelt sich hier keineswegs um Entwickelung und Verherrlichung einzelner Kräfte oder Talente, z. B. etwa für die Bühne, wie die ersten Bücher dieses Romans allerdings vermuthen lassen, sondern um eine *allgemeine* Menschenbildung, um harmonische Entfaltung aller menschlichen Anlagen, und zwar nicht, wie bei Jean Paul, durch Wissenschaft und Kunst, sondern durch das Leben der Gegenwart selbst; es soll gleichsam praktisch gezeigt werden, wie weit es der Mensch, abgesehen von allen positiv religiösen Motiven, bloß durch jene ihm von der Natur eingepflanzte Urreligion zu bringen vermag. Daher wird zunächst, ohne die mindeste ideale Anspannung und Verklärung, vielmehr die verhüllte Poesie *des gewöhnlichen Lebens* – und das noch obendrein in der widerstrebenden Zopfzeit der siebziger bis achtziger Jahre des vorigen Jahrhunderts – spielend zur Erscheinung gebracht: die reizende Sinnlichkeit und Anmuth Philinen's, die abenteuerliche Seiltänzerbande, die wandernden Schauspieler usw., während die tiefern und geheimnißvollen Klänge in Mignon und dem Harfner austönen. Ja, selbst der kaufmännische Handelsverkehr wird durch Werner's geistreiches Lob desselben als ein belebender Strom in das Reich der Poesie mit aufgenommen. Über Allem aber ruht, wie ein zauberischer Morgenduft, die Ahnung der Schönheit der Welt, gleich der vorausdichtenden Neugier, womit ein Kind zum ersten mal im Theater vor dem noch unaufgerollten Vorhang sitzt, oder nach den fernen blauen Bergen seiner Heimat in die werdende Zukunft blickt; und mit Recht hat daher Fr. Schlegel diesen Roman eine Naturgeschichte des Schönen genannt.

Mitten in dieses buntbewegte Leben nun ist der junge bildungssüchtige Wilhelm Meister gestellt, *ein passives* Genie, das alle Eindrücke geistreich aufnimmt, ohne jemals selbst einen geistreichen Eindruck zu machen, an dem Alle meistern, ohne ihn doch über die Lehrjahre hinwegbringen zu können; der immer sucht, was er schon hat, und stets auf den allerweitesten Umwegen. Jener poetische Zauberblick des Lebens hat auch ihn getroffen; im ersten Jugendrausch trinkt er gutmüthig den gewöhnlichsten Gesellen Brüderschaft zu, das Theater wird seine Kirche, Mariane seine Muse. Aber schon hier lüftet sich der Schleier der eigentlichen Absicht. Eine erst leise mit den Dingen spielende, dann immer schärfer und tiefer einschneidende Ironie, die gegen die souveränen Prätensionen der Gefühlspoesie, wie sie z. B. bei Jean Paul vorwalten, gerichtet ist, geht unerbittlich durch das Ganze. Wilhelm Meister's erste Jugendliebe zu Marianen wird durch Norberg's rohe Mitbewerbung gleichsam parodirt, seine dichterischen Versuche werden als kindisch beseitigt, und seine mit so großem Aufwand von Einsicht, Begeisterung und weitläufigen Anstalten begonnene Schauspielerlaufbahn scheitert fast lächerlich; denn es gilt hier nicht die Täuschungen der Kunst, sondern die Kunst des wirklichen Lebens, zu dem sich nun die Bühne allmälig erweitert. Die Komödianten treten von den Brettern in die vornehme Welt, während die vornehme Welt

Komödie spielt; beide nicht zu ihrem sonderlichen Vortheil. Zu dieser verwandelten Scenerie aber paßt das alte poetische Rüstzeug nicht mehr; Wehmuth, Reue und der leise Hauch der Sehnsucht sind, etwa wie Volkslieder bei Hofconcerten, durchaus nicht salonfähig und anständig genug, und der Harfenspieler wird wahnsinnig in dieser fremden Atmosphäre, und Mignon muß sterben, ihre Exequien sind gleichsam der Abschiedsgruß der Poesie.«

Eichendorff wandte Friedrich Schlegels Ironiebegriff negativ auf den Roman an und wies im Sinne von Novalis auf die »praktische Nützlichkeitstheorie« der »Lehrjahre« und Goethes Betonung des Verstandes als eines Kunstprinzips:

»Es hieße denn doch wol den natürlichen Begriffen Gewalt anthun, wollte man diese ökonomische Propaganda auch noch etwa für eine tiefere Poesie des Lebens nehmen. Viel eher könnte man sich versucht fühlen zu glauben, der Dichter habe es auch in dieser zweiten Hälfte des Romans mit den Thurmgeheimnissen jener Erziehungsanstalt nur ironisch gemeint. Allein Ton und Anlage widersprechen durchaus einer solchen Voraussetzung. Der wohlgefügte Bau strebt überall fast pyramidalisch der Spitze zu, und diese Spitze ist der Lebenskünstler Lothario, der eigentliche Held des Ganzen. Auch erinnere man sich nur, wie durchsichtig in den ersten Büchern die Ironie mit dem Ernst der Gefühlspoesie und einer bloß conventionellen Bildung spielt, und wie ernst dagegen hier das Spiel des Verstandes behandelt wird. Wir glauben vielmehr, daß Goethe nach seiner gewohnten Art, innerlich abgemachte Bildungsphasen durch ihre poetische Objectivirung sich vom Halse zu schaffen, gleichwie er das Geniefieber der Empfindsamkeit im ›Werther‹, den Sturm und Drang im ›Götz‹ hinter sich warf, so auch hier seinen eigenen rationalistischen Übergang von der Jugend zum Alther abzuthun und poetisch zu rechtfertigen versucht hat; denn Goethe war im Grunde gewissermaßen selbst so eine Art von Wilhelm Meister, und wir erfahren nachträglich aus ›Dichtung und Wahrheit‹, wie überraschend viele Jugenderinnerungen, Personen und Zustände aus seinem eigenen Leben in diesen merkwürdigen Roman übergegangen sind. Er selbst war, wie Wilhelm Meister, aus der Beschränktheit einer wohlhäbigen bürgerlichen Häuslichkeit plötzlich und wie durch einen Zauberspruch in die höhern Lebenskreise versetzt worden. Auch ihn sehen wir dann in Weimar in einer profusen Gegenwart aufgehen, Hofbälle, Wasserfahrten und Liebhabertheater dichterisch arrangiren, stets bemüht, sich für die vornehme Welt aristokratisch auszubilden; eine zerstreute nach allen Seiten hin zerfahrene Universalität, die eine Achilleis projectirt und zur Abwechselung mit den Büchern Moses spielt, die ›den Hof probirt hat und nun auch das Regiment probiren will‹, und hinter der späterhin der ernste Schiller wie sein poetisches Gewissen mahnend steht; bis endlich das Leben, mit dem er zu spielen meinte, mit ihm selbst zu spielen begann, und ihn allgemach in seine eigenen Grundsätze wie eine Mumie einwickelte, sodaß der Herzog, der im Jahre 1780 die Besorgniß äußerte: Goethe werde in seinem Wesen noch so ätherisch werden, daß ihm endlich das Athemholen entgehen werde, jetzt seine ministerielle Vornehmthuerei lächerlich fand.«

> Joseph von Eichendorff: Der deutsche Roman des 18. Jahrhunderts in seinem Verhältnis zum Christentum. In: J. v. E.: Sämtliche Werke. Hist.-krit. Ausg. Bd. 8,2. Regensburg: Habbel, 1965. S. 173–177.

Obwohl der Begriff des Bildungsromans bereits vorher von Karl Morgenstern verwendet worden war, setzte er sich erst mit den Veröffentlichungen von Wilhelm D i l t h e y (1833–1911) durch:

»Die Phantasie mancher Epochen ist völlig beherrscht durch dichterisch schon ausgeprägte Bilder, durch bestimmte sich fortpflanzende Formen der künstlerischen Auffassung von

Natur und Leben und Menschen. Solchen Einfluß auf die damalige junge Dichtergeneration gewann von allen Schöpfungen Lessings, Göthe's, Schillers allein ›Wilhelm Meister‹, ja bis auf diesen Tag hat auf die dichterische Phantasie unsrer Nation keine andere Schöpfung unsrer großen Epoche so tiefgreifend eingewirkt als dieser Roman. Ich möchte die Romane, welche die Schule des ›Wilhelm Meister‹ ausmachen (denn Rousseau's verwandte Kunstform wirkte auf sie nicht fort), Bildungsromane nennen. Göthes Werk zeigt menschliche Ausbildung in verschiedenen Stufen, Gestalten, Lebensepochen. Es erfüllt mit Behagen, weil es nicht die ganze Welt sammt ihren Mißbildungen und dem Kampf böser Leidenschaften um die Existenz schildert; der spröde Stoff des Lebens ist ausgeschieden. Und über die dargestellten Gestalten erhebt das Auge sich zu dem Darstellenden, denn viel tiefer noch, als irgend ein einzelner Gegenstand, wirkt diese künstlerische Form des Lebens und der Welt. Aber nicht nur das Verfahren der Phantasie die wirkliche Welt zu poetisiren wirkte, sondern dieser Roman bestimmte bis in den Grundriß und die einzelnen Gestalten hinein die folgenden Werke. Schon was sich an Wackenroders Erfindung im ›Sternbald‹ anschließt, erscheint nur als Umbildung Göthe'scher Gestalten. Auch hier ist der Faden die Bildungsgeschichte eines vermöge der Kunst aufstrebenden Kaufmannssohnes, der im Verlauf verschiedener Abenteuer in die vornehme Gesellschaft gelangt. Auch hier erhält dies Schema seine Einheit durch Göthe's schöne Erfindung: das flüchtige Bild eines Mädchens verwebt sich in seine Jugendträume am Beginn, und durch mannichfache Schicksale hindurch werden wir dann zu Wiederfinden und Wiedervereinigung geführt, und um die Ähnlichkeit zu vollenden wird auch hier das Bündniß durch eine Schwester der Geliebten, eine Gräfin vermittelt, in deren Schönheit vorausahnend schon die Geliebte verehrt wird. Dieses glückliche und für eine solche Bildungsgeschichte classische Motiv, durch das vorübergehende Erscheinen der Geliebten am Beginn Einheit, durch ihr Verschwinden Freiheit für die mannichfachsten Verhältnisse und Spannung, endlich im Wiederfinden einen gewissermaßen providentiellen Abschluß zu gewinnen, hat, wie wenig es neu gewesen ist, seit ›Wilhelm Meister‹ sich so tief in die Phantasie der Romandichter geprägt, als ob die Natur selber darauf führe. Auch die Erfindung des ›Titan‹, des einzigen mit künstlerischer Absicht gearbeiteten Romans von Jean Paul, schließt sich hierin an.«

Wilhelm Dilthey: Das Leben Schleiermachers.
Bd. 1. Berlin: Reimer, 1870. S. 282 f.

Theodor Fontane (1819–98) schätzte an den »Lehrjahren« vor allem Goethes Erzähltalent:

»Was ich am meisten bewundere, ist ein – wenigstens für mein Gefühl vorhandenes – Sichgehen- und treibenlassen. Ich habe durchaus nicht den Eindruck, daß Goethe bei Beginn des Romans wußte, wie und wo er landen, ob er es auf vier, sechs oder acht Bücher bringen würde. Er fing eben an und wußte, ohne das Ende bestimmt zu kennen, daß er es zu einem *guten* Ende bringen werde. Er ist ganz wie ein Märchenerzähler. Wie eine alte Großmutter ihren Enkel auf den Schoß nimmt und vom kranken Königssohn oder vom ›lahmen Willi‹ zu erzählen anfängt, den eine Hexe gelähmt hatte, und den eine Fee wieder gehen, zugleich auch die Königstochter im Wettlauf gewinnen lehrte, – wie solche Alte ihre Erzählung anfängt, ohne die geringste Sorge darüber, worauf es hinauslaufen, ob es klappen und passen oder mit allerhand Widersprüchen schließen wird, so hat auch Goethe angefangen, nur mit dem Unterschied, daß er eben Goethe und nicht eine beliebige alte Großmutter war. Er macht, was er will, folgt voll berechtigten Vertrauens zu seiner Natur deren Eingebungen, quält sich nicht von Seite zu Seite mit Fragen logischer Entwicklung, sagt heute dies und morgen jenes, nimmt die Puppen, wie sie ihm zwischen die Finger kommen, und weiß dennoch jeden Augenblick, wie die Partie steht, und wie er es anzufangen hat, das

Verwirrte zu entwirren und das entfernt oder völlig beziehungslos voneinander Stehende zu einem gemeinschaftlichen Zwecke zu verbinden.«

Bei der Personengestaltung der männlichen Figuren vermißte Fontane den Realismus, den er bei sämtlichen Frauengestalten des Romans fand:

»Im ganzen genommen, wirken mir alle die männlichen Gestalten nicht plastisch genug; ich kann sie mir nicht deutlich vorstellen; sie haben etwas schemenhaftes, sind Begriffe, die Rock und Hose tragen. Das Interesse leidet darunter. Gewiß hätte Goethe die realistischen Details, die eine Gestalt beleben und ihr Rundung geben, auch herbeischaffen können; er hat es nicht gewollt und wird seine guten Gründe dafür gehabt haben. Ich bekenne aber doch, daß mir Gestalten, von denen ich glaube, die Knöpfe des Rockes und die Venen der Hand zählen zu können, lieber sind als diese, Richtungen und Prinzipien vertretenden Schatten. Wie vorteilhaft stechen die Frauengestalten davon ab, und man fragt sich füglich, warum der Dichter den Männern nicht mit gleicher künstlerischer Liebe begegnet ist. Was dem einen recht, ist dem anderen billig. Lydia tritt nur flüchtig auf, aber wie lebensvoll ist sie gezeichnet; sinnlich wie Philine und doch wiederum so grundverschieden von ihr! Auch Aurelie ist wundervoll und unter den realistisch gehaltenen Figuren, neben Philine, die glänzendste. Mignon und der Harfner bilden eine Gruppe für sich, die romantische. Aber auch hier welcher Unterschied! An Mignon alles Zauber, Liebe, Wahrheit von Anfang bis zu Ende, an diesem ein gut Teil Marotte, Wirrsal und beinahe Komik.«

Fontane gehörte zu den ersten Kritikern, die die »Lehrjahre« historisch verstanden. Die Darstellung des Theaterlebens und des Freimaurertums langweilten ihn:

»Das ganze erste Buch, soweit es die Schilderungen von

Wilhelms Puppentheater usw. enthält, zählt zu dem Langweiligsten, was man lesen kann; wenn nicht Goethes Namen darüber stände, würde kein Mensch drei Seiten davon aushalten. Dann wird es im zweiten Buch sehr reizend, bis es weiterhin bei dem Hamlet-Essai wieder Schiffbruch leidet. So fein dies alles ist, so will es doch heutzutage kein Mensch mehr in einem Romane lesen. Für das Freimaurerwesen in der zweiten Hälfte des Romans hab ich nun ganz und gar kein Organ; es berührt mich halb ridikül, halb langweilig. Der ›Turm‹, der ›Saal der Vergangenheit‹ – ich kann da nicht mit. Unter Goethes Händen wird zuletzt freilich alles zu Gold; er darf schließlich machen, was er will, aber es gibt Goldsorten, die einem, trotzdem sie Gold sind, doch nicht recht gefallen wollen. Daß wir, auch dem Stoff und der Tendenz nach, ein solches zeitbildliches, die zweite Hälfte des vorigen Jahrhunderts vorzüglich charakterisierendes Werk haben, ist gewiß ein Glück; aber es ist gewiß noch mehr ein Glück, daß wir solche Zeit los sind, und daß wir, wenn auch mit schwächeren Kräften, jetzt andere Stoffe bearbeiten.«

Theodor Fontane: Goethe-Eindrücke. In: Th. F.: Aus dem Nachlaß. Hrsg. von Josef Ettlinger. Berlin: Fontane, 1908. S. 223f., 226f.

Hermann Hesse (1877–1962) bezeichnete um 1911 den »Robinson Crusoe« von Daniel Defoe und die »Lehrjahre« als die beiden großen, vorbildlichen Romane des 18. Jahrhunderts:

»Der Robinson, im ersten Viertel des achtzehnten Jahrhunderts entstanden und erschienen, stellt den Menschen dar, welcher nackt und arm der feindlichen Natur gegenübersteht und aus seinen Fähigkeiten sich Unterhalt und Sicherheit, sich die Grundlagen einer Zivilisation zu schaffen hat. Der Wilhelm Meister, in den letzten Jahren desselben Jahrhunderts erschienen, erzählt von dem Manne, den gute bürgerliche Abkunft und Erziehung, Vermögen und Charakter durchaus zu einem in seiner mäßigen Zivilisation

wohlzufriedenen Bürger eignen würden, welcher aber, von einer göttlichen Sehnsucht getrieben, hinter Sternen und Irrsternen her einem Verlangen nach höherem Leben, reinerer Geistigkeit, tieferem und reiferem Menschentum folgen muß. Zwischen diesen beiden Büchern liegt das achtzehnte Jahrhundert, und aus beiden weht uns dieselbe reine Luft einer lebendigen Idealität entgegen, bei dem Engländer englischer, aparter, naiver und beschränkter, bei Goethe freier, mächtiger, poetischer.
Wie Goethes Roman der Erbe und glückliche Nachfolger einer reichen, guten Tradition und Kultur gewesen ist, so wurde er, mehr als irgendein anderer deutscher Roman, zum Vorbild, Erwecker und Anreger für eine ganze nachfolgende Literatur, ohne bis zur Stunde übertroffen, ja erreicht worden zu sein. Kaum waren Wilhelm Meisters Lehrjahre zum erstenmal erschienen, so wurde das erstaunliche Buch, das zum erstenmal Poesie und Prosa, Schilderung und Empfindung so innig und köstlich verband, zum Evangelium einer jungen Generation. [...]
Begeistert und bis zur Hingerissenheit entzückt haben die damaligen Jungen dieses mächtige Werk studiert und wieder studiert, für den jungen Novalis wurde es geradezu zum Schicksal von Jahren. Auf den Schultern des Wilhelm Meister steht der Ofterdingen, steht Jean Pauls Titan, steht Tiecks Sternbald und Brentanos Godwi, bis zum Maler Nolten und dem Grünen Heinrich hin ist es Vorbild und Ideal geblieben, hundertmal nachgeahmt, studiert, umgefühlt, nie wieder erreicht, und bis in die Zeit der Epigonen hat es diese Macht und Würde behalten [...].
Erst der Naturalismus im letzten Drittel des neunzehnten Jahrhunderts hat den Wilhelm Meister als Vorbild verlassen und entthront. Neue geistige Zusammenhänge, neue geschichtliche Bildungen waren erschienen, aus jungen fremdländischen Literaturen, vor allem aus der russischen, war neuer Rohstoff herangewachsen. An die Stelle des sogenannten Bildungsromans, deren größter der Meister blieb, trat der psychologische und der soziale Roman.«

2. Stimmen des 19. und 20. Jahrhunderts

Der Bildungsgedanke wurde von Hesse als Goethes Glauben an die Kulturfähigkeit des Menschen gedeutet:

»[...] es ist ein unendlich fruchtbarer und schöner Gedanke Goethes gewesen, daß er diesen Helden eines Bildungsromanes nicht als ein Erziehertalent, sondern als eine Art von Genie im Erzogenwerden einführt. Wilhelm ist letzten Grundes an Gaben ein Durchschnittsmensch, nicht aber an seelischem Bedürfnis und an sittlichem Wollen. Er ist schwach und erliegt leicht äußeren Anreizen und Einflüssen, er meint zu führen und wird geführt, er überschätzt die Menschen und ist an Lebensklugheit und an Stärke der Persönlichkeit im Aktiven kein Held. So ist er ein gutes Beispiel für jeden und könnte recht wohl für einen gültigen Vertreter menschlichen Durchschnitts gelten, der als Spielball feindlicher und günstiger Mächte ein mehr passives als handelndes Leben erleidet.
Dennoch ist er das nicht. Er teilt wohl mit dem Durchschnitt der Menschen die intellektuellen Gaben, ist aber durch eine entschiedene Fähigkeit zur Menschenliebe und zu sittlichem Handeln höhergerückt. So stellt er denn am Ende nicht ein beliebiges Menschenexemplar vor, sondern ein persönlich wenig ausgezeichnetes, wenig differenziertes Exemplar des guten, des wohlgesinnten, des kulturell brauchbaren Menschen. Und damit erst wird er dem Dichter wertvoll und auf das tiefste interessant, denn es ist nicht der animalische Mensch, um den die Dichtung sich bemüht, sondern der Mensch in seiner Kulturfähigkeit, der zum Leben mit seinesgleichen, zur Wirkung und Unterordnung, zu Tätigkeit und wertvollem Mitleben Gewillte.«

Hermann Hesse: Wilhelm Meisters Lehrjahre. In: H. H.: Gesammelte Schriften. Bd. 7: Betrachtungen und Briefe. Frankfurt a. M.: Suhrkamp, 1957. S. 19f., 26f.

Hugo von Hofmannsthal (1874–1929), der 1911 einen Aufsatz über »›Wilhelm Meister‹ in der Urform« veröffentlichte, glaubte, in der ersten Fassung des Romans die literarischen Einflüsse klarer erkennen zu können:

»›Wilhelm Meisters theatralische Sendung‹, sei es immer ein fragmentarisches Buch – besäßen wir diesen Torso eines Buches allein, nur ihn, der die Gestalten Wilhelm, Mignon, Philine, Aurelie uns überlieferte, es wäre ein bedeutendes, gehaltreiches, unvergleichliches Buch. In ihm hätten wir von der Hand unseres größten Dichters einen unvollendeten Roman, nicht ohne Verwandtschaft mit den großen ausländischen Romanen des achtzehnten Jahrhunderts und doch mit Elementen darin, die ihn über alle diese Vorbilder hinausheben. Gewiß, der Einschlag von Abenteuer- und Komödiantenroman in dem Buch ist nicht ganz so, wie er ist, zu denken, ohne daß ein ›Roman comique‹ des Scarron, ein ›Gil Blas‹ des Lesage existierte. Eine gewisse unnachahmliche, dunkelhelle Atmosphäre des bürgerlichen Stadthauses, worin das ganze Leben mit herzlichem Behagen wechselweise aus dämmerigem Tageslicht und dem Licht einer bescheidenen Kerze herausmodelliert ist – wir kennen sie, diese Atmosphäre, aus den ›Geschwistern‹ vor allem –, setzt, nebst dem Genie dessen, der sie schuf, auch die Existenz der großen englischen Schriftsteller voraus, die mit solchem Blick des Herzens zum erstenmal die eingeschränkte Welt des Bürgerhauses, des Gasthofes erfaßten: Sternes, Richardsons, Goldsmiths. Und Rousseau ist hier ebensowenig wegzudenken als für den ›Werther‹: weder der Rousseau der ›Neuen Heloise‹ noch der der ›Konfessionen‹, weder der breite Strom des neuen Pathos, der mit der Einheit des Fühlens die Einheit der Welt wiederherstellt, noch die unendliche Subtilität des sich selbst durchschauenden, sich selbst enthüllenden Herzens. So ist die Basis dieses wie jedes bedeutenden Werkes Aneignung, selbstverständliche Aneignung in einem großen Geist und originalem Sinne. Dazu die Hand des Mannes, der vor zehn Jahren den ›Werther‹ geschaffen, der seitdem viel von der Welt gesehen hat, dem sich die Menschen zueinander, die Stände gegeneinander in ein klares Licht setzen, der mit vielerlei Menschen verknüpft ist, viel erfahren, genossen, gelitten hat und gewillt ist, aus dem allen einen Roman zu machen, ein großes buntes Stück Welt hinzustellen, in sich verbunden, ›vielleicht mehr durch Stetigkeit als durch Einheit‹.«

>   Hugo von Hofmannsthal: ›Wilhelm Meister‹ in der Urform. In: H. v. H.: Gesammelte Werke in Einzelausgaben. [Bd. 5:] Prosa III. Frankfurt a. M.: S. Fischer, 1952. S. 73 f.

Thomas Mann (1875–1955) erwähnte in seiner Ansprache »Geist und Wesen der Deutschen Republik«, die er 1923 zum Gedächtnis Walther Rathenaus hielt, den »Wilhelm Meister« als Werk mit einer politischen Utopie:

»Der Urtyp des deutschen Bildungs- und Entwicklungsromanes gerade, Goethe's ›Wilhelm Meister‹, ist eine wunderbare Vorwegnahme deutschen Fortschreitens von der Innerlichkeit zum Objektiven, zum Politischen, zum Republikanertum, ein Werk von weit vollständigerer Menschlichkeit, als der deutsche Bürger meint, wenn er es nur als Monument persönlicher Kultur und pietistischer Autobiographie versteht. Es beginnt mit individualistisch-abenteuerndem Selbstbildnertum und endet mit politischer Utopie. Dazwischen aber steht die Idee der *Erziehung*. Die wesentliche Einsicht, welche aus diesem Werk deutscher Vollständigkeit zu gewinnen ist, ist diejenige der organischen und unfehlbaren Zusammengehörigkeit von Bekenntnis und Erziehung, von Selbst- und Menschenbildung. Es lehrt, das Element der Erziehung als den organischen Übergang aus der Welt der Innerlichkeit zur Welt des Objektiven zu erleben; es zeigt, wie eines aus dem andern menschlich erwächst; wie mit der Erziehungsidee, die derjenigen autobiographischen Selbstbildnertums entsproß, die Sphäre des Sozialen erreicht ist und der Mensch, vom Sozialen angerührt, der unzweifelhaft höchsten Stufe des Menschlichen, des *Staates* nämlich, ansichtig wird. Ja, wenn es mit Recht ein klassisches Werk der Humanität genannt wird, so darum, weil eben dies alles, diese organische und menschliche Einheit von innen und außen, Selbst- und Weltformung, die Welt der Humanität ausmacht und erfüllt.«

Thomas Mann: Gesammelte Werke in 13 Bdn.
Bd. 11. Frankfurt a. M.: S. Fischer, 1974. S. 855 f.

In seiner Heidelberger »Rede über das Theater« von 1929 erklärte Thomas Mann zum Verhältnis des deutschen Romanschriftstellers zum Theater:

»Das Verhältnis des deutschen Romanciers zum Theater ist besonders; es ist nichts weniger als ein Unverhältnis. Es ist immer bestimmt und klassisch geheiligt durch die Herzensangelegentlichkeit, mit der der repräsentative Roman der Deutschen, Goethe's prosaisches Lebenswerk, davon handelt. Daß ›Wilhelm Meister‹, im Kern, ein Theaterroman ist, will hier alles besagen. Dem Theater ist – erlauben Sie mir, mich so auszudrücken – die ungeheure Ehre widerfahren, einbezogen zu werden in das psychologische System von Goethe's autobiographisch-selbstbildnerisch-pädagogischem und ins Soziale mündendem Humanitätserlebnis; es steht an der Spitze dieses Erlebnisses, aus der Theaterpassion entwickelt sich dieser ganze Kosmos von Liebe, Bildung, Erziehung, und sie schlägt, als grundlegende Erinnerung wenigstens, immer wieder und an unerwartetster Stelle wieder durch: so, als Wilhelm, spät, in den Wanderjahren, sich zum Wundarzt, zum Anatomen ausbildet und sich in der Kenntnis der menschlichen Gestalt eigentlich schon weit vorgeschritten findet, nämlich, überraschenderweise, dank seiner theatralischen Laufbahn. ›Alles genau besehen‹, sagt er, ›spielt denn doch der körperliche Mensch da die Hauptrolle, ein schöner Mann, eine schöne Frau! Ist der Direktor glücklich genug, ihrer habhaft zu werden, so sind Komödien- und Tragödiendichter geborgen.‹«

Ebda. Bd. 10. S. 283 f.

In seinem Vortrag »Die Kunst des Romans« von 1939 führte Thomas Mann aus:

2. Stimmen des 19. und 20. Jahrhunderts

»Als der Prosa-Roman sich vom Epos ablöste, trat die Erzählung einen Weg zur Verinnerlichung und Verfeinerung an, der lang war und an dessen Beginn diese Tendenz noch gar nicht zu ahnen war. Um ein mir national nahe liegendes Beispiel zu wählen: Was ist der deutsche Bildungs-, Erziehungs- und Entwicklungsroman, was ist Goethe's ›Wilhelm Meister‹ anderes als die Verinnerlichung und Sublimierung des Abenteurer-Romans? Wie sehr es sich bei dieser Verinnerlichung um eine Magisierung des Kleinen und Schlichten, um eine *Verbürgerlichung* der Poesie handelt, das geht mit besonderer und lehrreichster Deutlichkeit aus einer Kritik hervor, die der Romantiker Novalis, ein Seraphiker der Poesie, dem ›Wilhelm Meister‹ widmete und die so boshaft wie zutreffend ist. Novalis mochte diesen größten Roman der Deutschen nicht, er nannte ihn einen ›Candide, gerichtet gegen die Poesie‹. ›Im höchsten Grade unpoetisch‹ sei dieses Buch, so poetisch auch die Darstellung sei; eine Satire auf Poesie, Religion und so weiter; aus Stroh und Hobelspänen sei ein wohlschmeckendes Gericht, ein Götterbild zusammengesetzt. Hinten sei alles Farce. ›Die ökonomische Natur ist die wahre übrigbleibende. Das Romantische geht darin zugrunde, auch die Naturpoesie, das Wunderbare. Es handelt bloß von gewöhnlichen menschlichen Dingen, die Natur und der Mystizismus sind ganz vergessen. Es ist eine poetisierte bürgerliche und häusliche Geschichte... Das erste Buch im „Meister" zeigt, wie angenehm sich auch gemeine, alltägliche Begebenheiten hören lassen, wenn sie gefällig moduliert vorgetragen werden, wenn sie, in eine gebildete, geläufige Sprache einfach gekleidet, mäßigen Schrittes vorübergehen...‹ ›Goethe ist ganz *praktischer* Dichter‹, sagt Novalis an anderer Stelle. ›Er ist in seinen Werken, was der Engländer in seinen Waren ist: höchst einfach, nett, bequem und dauerhaft. Er hat in der deutschen Literatur das getan, was Wedgwood in der englischen Kunstwelt getan hat, er hat, wie die Engländer, einen natürlichen ökonomischen und einen durch Verstand erworbenen edlen Geschmack... Seine Neigung ist, eher etwas Unbedeutendes ganz fertigzumachen, ihm die höchste Politur und Bequemlichkeit zu geben, als eine Welt anzufangen und etwas zu tun, wovon man voraus wissen kann, daß man es nicht vollkommen ausführen wird.‹ –

Man muß das Negative positiv zu lesen verstehen und an die Fruchtbarkeit der Bosheit für die Erkenntnis glauben, um diese Kritik zu schätzen, wie ich es tue. Der ästhetische Anglizismus, der Goethe darin zugeschrieben wird, läßt an den Einfluß denken, den der englische bürgerliche Roman der Richardson, Fielding, Goldsmith tatsächlich auf ihn ausgeübt hat. Aber es ist die Bürgerlichkeit des Romans überhaupt, deren man durch die ›Wilhelm Meister‹-Kritik des Novalis gewahr wird, sein eingeborener Demokratismus, der ihn form- und geistesgeschichtlich von dem Feudalismus des Epos unterscheidet und ihn zur dominierenden Kunstform unserer Epoche, zum Gefäß der modernen Seele gemacht hat. Die erstaunliche Blüte des Romans in Europa während des neunzehnten Jahrhunderts, in England, in Frankreich, in Rußland, in Skandinavien – diese Blüte ist kein Zufall; sie hängt zusammen mit dem zeitgerechten Demokratismus des Romans, mit seiner natürlichen Eignung, modernem Leben zum Ausdruck zu dienen, mit seiner sozialen und psychologischen Passion, welche ihn zur repräsentativen Kunstform der Epoche und den Romandichter selbst mittleren Formats zum modernen literarischen Künstlertyp par excellence gemacht hat. Diese Auffassung des *Romanciers* als der eigentlichst modernen Erscheinungsform des Künstlers überhaupt findet man an vielen Stellen von Nietzsche's Kultur-Kritik: der moderne Romancier mit seiner sozialen und psychologischen Neugier und Nervosität, seiner konstitutionellen Mischung aus Gefühl und Empfindlichkeit, gestaltenden und kritizistischen Anlagen, dies differenzierte Empfangs- und Mitteilungsinstrument feinster Sensationen und letzter Ergebnisse spielt eine ausgezeichnete Rolle in dem seelischen Zeitbild Nietzsche's, der ja selbst eine hoch-hybride Mischung des Künstlers und des Erkennenden, selbst eine Art von ›Romancier‹ war und

2. Stimmen des 19. und 20. Jahrhunderts

Kunst und Wissenschaft näher zusammengebracht, mehr ineinander hat übergehen lassen als irgendein Geist vor ihm.
Und hier, ausdrücklich in Hinsicht auf den Roman und auf seine beherrschende Stellung als Kunstform in unserer Zeit, ist der Bedeutung zu gedenken, welche dem kritischen Element überhaupt für das moderne Dichten, für das literarische Kunstwerk der Gegenwart zukommt. Und wieder einmal gedenke ich dessen, was der russische Philosoph Dmitri Mereschkowski gelegentlich Puschkins und Gogols von der Ablösung der reinen ›Poesie‹ durch die ›Kritik‹ sagte, dem ›Übergang vom unbewußten Schaffen zum *schöpferischen Bewußtsein*‹. Es handelt sich da um denselben Gegensatz, den Schiller in seinem berühmten Essay auf die Formel des ›Naiven‹ und des ›Sentimentalischen‹ bringt. Was Mereschkowski bei Gogol ›die Kritik‹ oder ›das schöpferische Bewußtsein‹ nennt, und was ihm im Vergleich mit dem ›unbewußten Schaffen‹ Puschkins als das Modernere, Zukünftige erscheint, ist genau das, was Schiller unter dem ›Sentimentalischen‹ im Gegensatz zum ›Naiven‹ versteht, indem er ebenfalls das Sentimentalische, das Schöpfertum des Bewußtseins und der Kritik für die neuere, modernere Entwicklungsstufe erklärt.
Diese Distinktion gehört durchaus zu unserem Thema, zur Charakteristik des Romans. Der Roman repräsentiert als modernes Kunstwerk die Stufe der ›Kritik‹ nach derjenigen der ›Poesie‹. Sein Verhältnis zum Epos ist das Verhältnis des ›schöpferischen Bewußtseins‹ zum ›unbewußten Schaffen‹. Und es ist hinzuzufügen, daß der Roman als demokratisches Produkt schöpferischen Bewußtseins ihm an *Monumentalität* keineswegs nachzustehen braucht.
Die große soziale Roman-Dichtung der Dickens, Thackeray, Tolstoi, Dostojewski, Balzac, Zola, Proust ist geradezu die Monumentalkunst des neunzehnten Jahrhunderts. Das sind englische, russische, französische Namen – warum fehlt der deutsche? Der Beitrag Deutschlands zur europäischen Erzählungskunst ist teilweise sublim: er besteht hauptsäch-

lich in dem Erziehungs- und Bildungsroman, wie Goethe's ›Wilhelm Meister‹ und später Gottfried Kellers ›Der grüne Heinrich‹ ihn darstellen.

Ebda. Bd. 10. S. 357–360.

In seiner »Einführung in den ›Zauberberg‹« für Studenten der Universität Princeton aus dem Jahre 1939 stellte Thomas Mann, der zuvor Hans Castorp einen »Quester-Helden« und »Guileless Fool« genannt hatte, die Frage:

»Ist nicht auch Goethe's Wilhelm Meister ein guileless fool, zwar in hohem Maße identisch mit dem Autor, dabei aber stets das Objekt seiner Ironie? Man sieht hier Goethe's großen Roman, der zu der hohen Aszendenz des ›Zauberbergs‹ gehört, ebenfalls in der Traditionsreihe der Quester Legends. Und was ist denn wirklich der deutsche Bildungsroman, zu dessen Typ der ›Wilhelm Meister‹ sowohl wie der ›Zauberberg‹ gehören, anderes als die Sublimierung und Vergeistigung des Abenteurerromans?«

Ebda. Bd. 11. S. 615 f.

Georg Lukács (1885–1971) sah 1936 die Lehrjahre im engsten Zusammenhang mit der Verwirklichung der humanistischen Ideale:

»So stellte er [Goethe] in diesem Roman mit einer Deutlichkeit und Prägnanz wie kaum ein Schriftsteller in irgendeinem andern Werk der Weltliteratur den Menschen, die Verwirklichung und Entfaltung seiner Persönlichkeit in den Mittelpunkt. Selbstverständlich ist diese Weltanschauung nicht das persönliche Eigentum Goethes. Sie beherrscht vielmehr die ganze europäische Literatur seit der Renaissance, sie bildet den Mittelpunkt der ganzen Literatur der Aufklärung. Der besondere Zug des Goetheschen Romans zeigt sich aber darin, daß diese Weltanschauung einerseits mit einer kühnen, immer wieder philosophisch, stimmungshaft und handlungsmäßig unterstrichenen Bewußtheit in den Mittelpunkt gestellt, daß sie zur bewußten Triebkraft der

ganzen gestalteten Welt gemacht wird; und anderseits besteht diese Eigenart darin, daß Goethe die von Renaissance und Aufklärung erträumte, in der bürgerlichen Gesellschaft stets utopisch bleibende Erfüllung der vollentfalteten Persönlichkeit als ein *reales Werden* konkreter Menschen unter konkreten Umständen vor uns stellt. Die Dichtwerke der Renaissance und der Aufklärung gestalten entweder bestimmte Menschen, die unter besonders günstigen Umständen eine vielseitige Entfaltung ihrer Persönlichkeit, eine Harmonie ihrer menschlichen Entwicklung erreichen, oder sie stellen mit klarer Bewußtheit diese Utopie als Utopie dar. [...]
Die Gestaltung dieses positiven Ausgangs der menschlichen Zielsetzungen der bürgerlichen Revolution in der Form eines konkreten Werks ist also das Neue, das Spezifische an Goethes Roman. Damit rückt sowohl die tätige Seite der Verwirklichung dieses Ideals als auch sein gesellschaftlicher Charakter in den Vordergrund. Die menschliche Persönlichkeit kann sich nach Goethes Anschauung nur handelnd entfalten. Handeln bedeutet aber stets eine tätige Wechselwirkung der Menschen innerhalb der Gesellschaft. Der klarblickende Realist Goethe kann selbstverständlich keinen Augenblick bezweifeln, daß die bürgerliche Gesellschaft, die er vor Augen hat, insbesondere das miserable und unentwickelte Deutschland seiner Tage, sich nie und nirgends in der Richtung der gesellschaftlichen Verwirklichung dieser Ideale bewegt. Es ist unmöglich, daß die Gesellschaftlichkeit der humanistischen Tätigkeit aus der realistischen Auffassung der bürgerlichen Gesellschaft organisch herauswächst; sie kann also auch in der realistischen Gestaltung dieser Gesellschaft kein organisch-spontanes Produkt ihrer Selbstbewegung sein. Anderseits fühlt Goethe mit einer Klarheit und Tiefe wie wenige Menschen vor und nach ihm, daß diese Ideale dennoch notwendige Produkte dieser gesellschaftlichen Bewegung sind. So fremd und feindlich die reale bürgerliche Gesellschaft sich zu diesen Idealen im Alltagsleben auch verhalten mag, sie sind doch auf dem Boden dieser

gesellschaftlichen Bewegung gewachsen; sie sind das kulturell Wertvollste alles dessen, was diese Entwicklung hervorgebracht hat.

Goethe gestaltet nun gemäß dieser widerspruchsvollen Grundlage seiner Gesellschaftskonzeption eine Art ›Insel‹ innerhalb der bürgerlichen Gesellschaft. Es wäre aber oberflächlich, darin bloß eine Flucht zu sehen. Der Gestaltung eines in der bürgerlichen Gesellschaft notwendig utopisch bleibenden Ideals wie des Humanismus muß notwendig ein gewisser Fluchtcharakter anhaften. Denn kein Realist kann diese Verwirklichung mit der realistischen Gestaltung des *normalen Ablaufs* der Geschehnisse in der bürgerlichen Gesellschaft vereinen. Die Goethesche ›Insel‹ ist aber eine Gruppe tätiger, in der Gesellschaft wirkender Menschen. Der Lebenslauf eines jeden dieser Menschen wächst mit echtem und wahrem Realismus aus wirklichen gesellschaftlichen Grundlagen und Voraussetzungen heraus. Nicht einmal die Tatsache, daß solche Menschen sich zusammenfinden und vereinigen, kann als unrealistisch bezeichnet werden. Die Stilisierung durch Goethe besteht nur darin, daß er dieser Vereinigung bestimmte – freilich wieder ironisch aufgehobene – feste Formen gibt, daß er versucht, diese ›Insel‹ als eine Gesellschaft innerhalb der Gesellschaft darzustellen, als eine Keimzelle der allmählichen Umwandlung der ganzen bürgerlichen Sozialschaft. Ungefähr so, wie später der große utopische Sozialist Fourier davon träumte, daß, wenn sein sagenhafter Millionär ihm die Gründung eines Phalanstères ermöglichte, dies zur Ausbreitung seines Sozialismus auf der ganzen Erde führen müßte.

Die überzeugende Wirkung der von Goethe gestalteten ›Insel‹ kann nur durch den Entwicklungsgang der Menschen erzielt werden. Die Meisterschaft Goethes zeigt sich darin, daß er alle Probleme des Humanismus – positiv wie negativ – aus den konkreten Lebensumständen, aus den konkreten Erlebnissen bestimmter Menschen herauswachsen läßt, daß diese Ideale bei ihm nie in einer fertigen utopischen, seinshaften Form erscheinen, sondern stets sehr bestimmte hand-

lungsmäßige und psychologische Funktionen haben, als Elemente der Weiterentwicklung bestimmter Menschen auf bestimmten krisenhaften Wendepunkten ihres Werdens.
Diese Art der Gestaltung der humanistischen Ideale bedeutet aber bei Goethe keineswegs eine Ausschaltung des bewußten Elements. Im Gegenteil, Goethe ist in dieser Hinsicht ein konsequenter Fortführer der Aufklärung; er schreibt der bewußten Leitung der menschlichen Entwicklung, der *Erziehung*, eine außerordentliche Bedeutung zu. Der komplizierte Mechanismus des Turms, der Lehrbriefe usw. dient gerade dazu, dieses bewußte erzieherische Prinzip zu unterstreichen. Mit sehr feinen, diskreten Zügen, mit einigen kurzen Szenen deutet Goethe an, daß die Entwicklung Wilhelm Meisters von Anfang an überwacht und in einer bestimmten Weise geleitet wurde.
Freilich ist diese Erziehung eigenartig: sie will Menschen heranbilden, die in freier Spontaneität alle ihre Qualitäten entfalten. Goethe sucht eine Einheit von Planmäßigkeit und Zufall im menschlichen Leben, von bewußter Leitung und freier Spontaneität in allen Betätigungen des Menschen. Darum wird im Roman ununterbrochen der Haß gegen das ›Schicksal‹, gegen jede fatalistische Ergebung gepredigt. Darum betonen die Erzieher in dem Roman ununterbrochen eine Verachtung der moralischen ›Gebote‹. Nicht einer aufgezwungenen Moral sollen die Menschen knechtisch gehorchen, sondern kraft freier organischer Selbsttätigkeit gesellschaftlich werden, die vielseitige Entfaltung ihrer Individualität mit dem Glück und den Interessen ihrer Mitmenschen in Einklang bringen. Die Moral des ›Wilhelm Meister‹ ist eine große – freilich unausgesprochene – Polemik gegen die Moraltheorie Kants. Demgemäß steht das Ideal der ›schönen Seele‹ im Mittelpunkt dieser Teile des Romans. Dieses Ideal taucht zum erstenmal ausdrücklich im Titel des sechsten Buchs als ›Bekenntnisse einer schönen Seele‹ auf. Man würde aber die Absichten Goethes verkennen, seine feinironischen Betonungen überhören, wenn man in der Stiftsdame dieser Bekenntnisse das Goethesche Ideal der ›schönen

Seele‹ erblicken wollte. Die ›schöne Seele‹ ist bei Goethe eine harmonische Vereinigung von Bewußtsein und Spontaneität, von weltlicher Aktivität und harmonisch ausgebildetem Innenleben. Die Stiftsdame ist ebenso ein subjektivistisches, rein innerliches Extrem wie die meisten suchenden Gestalten des ersten Teils, wie Wilhelm Meister selbst, wie Aurelia. Dieses subjektivistische, ins rein Innerliche flüchtende Suchen bildet dort den – relativ berechtigten – Gegenpol zu dem leeren und zersplitterten Praktizismus eines Werner, eines Laertes und sogar eines Serlo. Die Wendung in der Erziehung Wilhelm Meisters besteht gerade in der Abkehr von dieser reinen Innerlichkeit, die Goethe, ebenso wie später Hegel in der ›Phänomenologie des Geistes‹, als leer und abstrakt verurteilt. Freilich wird diese Kritik der Stiftsdame von Goethe mit sehr leisen und feinen Akzenten durchgeführt. Aber schon die kompositionelle Stelle dieser Einlage, die Tatsache, daß die Bekenntnisse dem Wilhelm zur Zeit der Krise seiner bloß innerlichen Entwicklung, zur Zeit des tragischen Untergangs, von Aurelia gewissermaßen als Spiegel vorgehalten werden, zeigt die Richtung der Goetheschen Kritik. Und am Ende der Bekenntnisse wird Goethe etwas deutlicher: der Abbé, die Verkörperung des Erziehungsprinzips in diesem Roman, hält die Verwandten der Stiftsdame, Lothario, Natalie und andere, in ihrer Kindheit von ihr fern, achtet darauf, daß sie nicht unter ihren Einfluß geraten können. Erst in Gestalten wie Lothario und Natalie, erst in dem, was Wilhelm Meister für sich erstrebt, wird dieser die Gegensätze von Innerlichkeit und Aktivität überwindende Charakter der wirklichen ›schönen Seele‹ gestaltet.

Aber die gestaltete Polemik des ›Wilhelm Meister‹ richtet sich nicht nur gegen die beiden oben bezeichneten falschen Extreme; sie kündigt auch einen Kampf für die Überwindung der romantischen Tendenzen an. Die von Goethe stürmisch herbeigesehnte neue Poesie des Lebens, die Poesie des harmonischen, das Leben tätig meisternden Menschen, ist bereits, wie wir gesehen haben, von der Prosa des Kapitalismus bedroht. Wir haben das Goethesche Humanitätsideal in seinem Kampf gegen diese Prosa beobachten können. Goethe verurteilt aber nicht nur diese Prosa, sondern zugleich die blinde Revolte gegen sie. Die blinde Revolte, die falsche Poesie der Romantik besteht nach Goethe gerade in ihrer Heimatlosigkeit im bürgerlichen Leben. Diese Heimatlosigkeit hat notwendigerweise eine verführerische poetische Kraft, entspricht sie ja gerade der unmittelbaren, der spontanen Auflehnung gegen die Prosa des kapitalistischen Lebens. Aber in eben dieser Unmittelbarkeit ist sie nur verführerisch, jedoch nicht fruchtbar; sie ist keine Überwindung der Prosa, sondern ein Vorbeigehen an ihr, ein achtloses Beiseitelassen ihrer eigentlichen Probleme – wodurch diese Prosa ungestört weiterflorieren kann. Den ganzen Roman erfüllt die Überwindung der unfruchtbaren Romantik. Wilhelms Theatersehnsucht ist die erste Etappe dieses Kampfes, die Romantik der Religion in den ›Bekenntnissen einer schönen Seele‹ die zweite. Und den ganzen Roman durchwandern die heimatlosen, romantisch-poetischen Gestalten Mignons und des Harfenspielers als höchst poetische Verkörperungen der Romantik. Schiller bemerkt in einem Brief an Goethe außerordentlich fein die polemischen Grundlagen dieser Gestalten: ›Wie schön gedacht ist es, daß Sie das praktisch Ungeheure, das furchtbar Pathetische im Schicksal Mignons und des Harfenspielers von dem theoretisch Ungeheuren, von den Mißgeburten des Verstandes ableiten... Nur im Schoß des dummen Aberglaubens werden diese monströsen Schicksale ausgeheckt, die Mignon und den Harfenspieler verfolgen.‹«

                Georg Lukács: Wilhelm Meisters Lehrjahre. In: G. L.: Werke. Bd. 7: Deutsche Literatur in zwei Jahrhunderten. Neuwied: Luchterhand, 1964. S. 75–78.

Max Kommerell (1902–44), der in Verbindung zum George-Kreis stand, interpretierte »Wilhelm Meisters Lehrjahre« als Darstellung eines Initiationsprozesses:

»Ja, dieser Weg, den Wilhelm Meister geht, ist bei aller Weltlichkeit ein Weg der Einweihung; eingeweiht wird er in das Leben selber, und von wem? Von den Gestalten, die ihm, meist unerwartet und ungesucht aber ihn im Tiefsten angehend, begegnen, zum deutlich guten und oft zum scheinbar bösen Glück. Das Leben ist nicht die Gesellschaft, es ist auch nicht das Dasein, es ist kein strenger, dafür ein um so dichterischerer Begriff. Und so wie ihn Goethe gefaßt hat, ist das Leben betontermaßen nicht das Erwartete, nicht das Entworfene, sondern das Gefundene, das Andere, das Fremde. Aber dann doch zuletzt das Eigene, das unerklärlich und dunkel dem Ich Entsprechende, ob es dies Ich nun fördert oder vernichtet. Es ist für alle das Gleiche und für jeden das Besondere, aber erst indem das Schicksal durch seinen Diener, den Zufall, dieses weite All und dieses lockende Chaos zum labyrinthischen Raum und Gang eines Menschen macht, und dadurch ein Leben im Leben aussondert und abzeichnet, entsteht der Lebenslauf, den man hier einen Einweihungsweg zu nennen wagt.

Ein Einweihungsweg unterscheidet sich von einem Unterricht oder einem Lehrgang. Er ist weniger und mehr. Daß Wilhelm in die Schule der Gesellschaft genommen wird und das ihn jeweils Fördernde aus Bürgertum, aus Schauspieler- und Artistentum und aus dem Adel an sich zieht, ist nur zum Teil wahr. So ungleich die drei Schichten geschildert sind, so ist [doch] keine frei von Verworrenheit oder Gebrechen; und wenn der Adel grundsätzlich verherrlicht und ihm Großes nachgesagt wird, so geschieht dies mit Bedacht immer nur im Sinn des gerade Sprechenden, gerade Denkenden. Nein, das Leben wie es hier geschildert wird, kann nicht mehr schulen, dazu sind die gesellschaftlichen Ordnungen schon zu abgeartet und durch Willkür zerstört; aber einweihen kann es, denn es reicht durch sie alle hindurch, mischt sie alle und zieht sich aus ihnen zurück in seine eigene Frage.«

Auf die Frage nach dem Ziel von Wilhelms Streben antwortete Kommerell:

»Hat er denn am Ende ein Ziel? Es ist nicht davon die Rede, zum Leidwesen Schillers; dafür aber hat er einen Fund getan, den er kaum suchen durfte. ›Mich selbst, ganz wie ich da bin, auszubilden‹, so bezeichnet Wilhelm selbst sein Streben in jener bedeutenden Rechenschaft, die er brieflich seinem Freund Werner abstattet; der Leser bestätigt diesen Satz mit [dem] Vorbehalt, daß Wilhelm auch noch auf diesem vorgerückten Punkt der Selbstbesinnung dieses Streben in einer falschen Tendenz verwirklicht, und daß es, als Streben an sich gefaßt, doch nicht ganz den Gehalt des Romans, der das Leben Wilhelms ist, umspannt. Wohl aber ist es bewegende, tätige Kraft, die ihn, unmerklicher aber so gut wie Faust, vor der schwersten Gefahr der Seele beschirmt; vor der Trägheit, die, in welcher Gestalt sie immer erscheine, das eigentliche Nichts ist. Die Berufung soll nicht mehr das Thema sein, sie wäre, als ein höchster Fall der Spezialisierung, eher zu wenig als zu viel. Der Beruf aber wird durch dies Streben abgewiesen, wenigstens für die in unserem Roman behandelte Lebenszeit, wird abgewiesen im Namen jenes Strebens: das trennt Wilhelm vom Bürgertum.

Doch die Bestimmung dieses Strebens geht nur von der Anlage aus; in der Verwirklichung der Anlage könnte noch kein Einweihungsweg erblickt werden. Der Umweg, als Folge eines Irrtums über die eigene Anlage, wäre etwas Zufälliges, besser Vermiedenes. Daß aber gerade das Irren das Nötigste ist, daß Wilhelm, wo er schuldig wird, erst die Tiefe des menschlichen Daseins erschöpft, daß in den Momenten wo er sich gefährdet, das Schicksal mit unverstellter Stimme zu ihm spricht, das hätte in jenem Weg der Selbstverwirklichung kaum eine Stelle. Um so strenger und notwendiger gehört es zum Einweihungsweg. Die Arten und Weisen des Lebens, den Menschen über Welt und

Schicksal zu verständigen, bequemen sich keiner Vorschrift der Bekömmlichkeit, der Sittlichkeit und der Mittel, ein Ziel zu erreichen [...].
Nein, Wilhelm hat am Ende des Buches nicht *nur* seine Anlage verwirklicht; im Gegenteil, dies ist ziemlich offen gelassen, obwohl wir ihn um vieles gereifter, umfassender, zulänglicher antreffen als am Anfang. Er ist Weltmann geworden, doch hat sein Wesen noch etwas Unentschiedenes [...]. Der Prozeß, der aber zu Ende geführt ist, ist seine Einführung in das Leben. Er hat Schicksale gehabt, und gerade solche, die ihn verstrickten und anderen Gefahr und Untergang brachten, haben ihm die Erfahrungen der Erde, des Leids und des Abgrunds, aber auch die Erfahrung der höchsten, fast übermenschlichen Augenblicke gegeben, ohne welche die Aussage eines Menschen dünn und tonlos bleibt. Gedämpft schwingt die alte Weisheit von den Lieblingen, denen die Götter alles ganz geben, noch nach. Nicht also, daß Wilhelm sich selbst fand, sondern daß er mit etwas bekannt wurde, was außer ihm ist, das bestimmt seine neue Reife.«

> Max Kommerell: Wilhelm Meister. In: M. K.: Essays, Notizen, Poetische Fragmente. Aus dem Nachlaß hrsg. von Inge Jens. Olten / Freiburg i. Br.: Walter, 1969. S. 82–84, 87–90.

Jürgen Habermas (geb. 1929) zog in seinen Untersuchungen zum Strukturwandel der Öffentlichkeit (1962) die »Lehrjahre« als Beispiel für das Ende der repräsentativen Öffentlichkeit des Adels im 18. Jahrhundert heran:

»Starke Wirksamkeit üben Formen repräsentativer Öffentlichkeit freilich bis an die Schwelle des 19. Jahrhunderts aus; das gilt erst recht für das ökonomisch wie politisch zurückgebliebene Deutschland, in dem damals Goethe die zweite Fassung seines ›Wilhelm Meister‹ schrieb. Darin findet sich jener Brief, mit dem sich Wilhelm von der durch seinen Schwager Werner verkörperten Welt der bürgerlichen Geschäftigkeit lossagt. Er erklärt an dieser Stelle, warum für

2. Stimmen des 19. und 20. Jahrhunderts

ihn die Bretter die ›Welt‹, nämlich die Welt des Adels, der guten Gesellschaft – Öffentlichkeit in ihrer repräsentativen Gestalt – bedeuten. [...] Goethe faßt noch einmal den Abglanz repräsentativer Öffentlichkeit; deren Licht ist freilich im Rokoko des französischen Hofes gebrochen und noch einmal gebrochen in der deutschen Nachahmung der Duodezfürsten. Um so preziöser treten die einzelnen Farben hervor: das zur Grazie stilisierte Auftreten des ›Herrn‹, der kraft Repräsentation ›öffentlich‹ ist und der in dieser Öffentlichkeit sich feierlich eine Aura schafft. Goethe legt der ›öffentlichen Person‹, die im Sprachgebrauch seiner Zeit bereits die jüngere Bedeutung eines Dieners der öffentlichen Gewalt, des Staatsdieners, angenommen hatte, wiederum den traditionellen Sinn öffentlicher Repräsentanz unter. Allerdings verschiebt sich ›Person‹ unversehens zur ›gebildeten Persönlichkeit‹; genaugenommen hat der Edelmann im Zusammenhang dieses Briefes etwas von einem Vorwand für die durchaus bürgerliche, bereits vom Neuhumanismus der deutschen Klassik geprägte Idee der sich frei entfaltenden Persönlichkeit. In unserem Zusammenhang ist Goethes Beobachtung wichtig, daß das Bürgertum nicht mehr repräsentieren, sich von Haus aus eine repräsentative Öffentlichkeit nicht mehr erwirken kann. Der Edelmann ist, was er repräsentiert, der Bürger, was er produziert. [...]
Wilhelm gesteht dem Schwager das Bedürfnis, ›*eine öffentliche Person* zu sein und in einem weiten Kreis zu gefallen und zu wirken‹. Da er jedoch kein Edelmann ist und auch als Bürger nicht vergeblich sich bemühen will, es bloß zu scheinen, sucht er, sozusagen, als Öffentlichkeitsersatz – die Bühne. Das ist das Geheimnis seiner theatralischen Sendung: ›Auf den Brettern erscheint der gebildete Mensch so gut *persönlich in seinem Glanz*, als in den oberen Klassen.‹ Wohl mag die geheime Äquivokation der ›gebildeten Persönlichkeit‹ (›das Bedürfnis, meinen Geist und Geschmack auszubilden‹), die bürgerliche Intention in der als Edelmann entworfenen Figur es überhaupt ermöglichen, theatralische

Darstellung mit öffentlicher Repräsentation in eins zu setzen; aber die Wahrnehmung des Zerfalls repräsentativer Öffentlichkeit in der bürgerlichen Gesellschaft ist andererseits so zutreffend und die Neigung, ihr dennoch zuzugehören, so stark, daß es bei dieser Verwechslung nicht sein Bewenden haben kann. Wilhelm tritt als Hamlet vor sein Publikum, zunächst auch mit Erfolg. Das Publikum jedoch ist bereits Träger einer anderen Öffentlichkeit, die mit der repräsentativen nichts mehr gemein hat. In diesem Sinne muß Wilhelm Meisters theatralische Sendung scheitern. Sie verfehlt gleichsam die bürgerliche Öffentlichkeit, zu deren Podium das Theater inzwischen geworden ist: Beaumarchais' Figaro ist schon auf die Bühne getreten, und mit ihm, nach Napoleons berühmtem Wort, die Revolution.«

> Jürgen Habermas: Strukturwandel der Öffentlichkeit. Untersuchungen zu einer Kategorie der bürgerlichen Gesellschaft. Darmstadt/Neuwied: Luchterhand, ⁹1978. S. 25–28.

Wolfgang Harich (geb. 1923) spielte in einer neuen Deutung von 1974 Jean Pauls Romane als Revolutionsdichtungen gegen Goethes »Lehrjahre« aus:

»Goethes ›Wilhelm Meister‹ ist ein humorloses Buch – und kann es sich, unbeschadet seines literarischen Ranges, leisten, humorlos zu sein, weil darin aus dem Gesellschaftsbild der damaligen deutschen Gegenwart alles Politische wegretuschiert ist: Staat, Residenz, Hof, dynastische Interessen, die ganze Problematik des öffentlichen Lebens, mit Einschluß der auf sie sich beziehenden Ideenkämpfe, kommen einfach nicht vor. Schiller gar ist, nach einem Wort von Marx, in seiner klassischen Periode aus der platten in die überschwengliche Misere geflüchtet. Eins wie das andere kam für Jean Paul nicht in Frage. Primär politisch orientiert, nahm er es unverdrossen mit der platten Misere auf, als er die deutsche Gesellschaft im Zeitalter der Französischen Revolution zum Gegenstand großer Romane wählte, und gerade er war der rechte Mann, mit dem humoristischen

2. Stimmen des 19. und 20. Jahrhunderts

Roman die der Widerspiegelung dieser Wirklichkeit am meisten angemessene Literaturgattung auszugestalten und zu klassischer Blüte zu führen.«

Harich nahm an, daß Goethe vielleicht durch Jean Paul angeregt wurde, das Freimaurertum literarisch zu verwerten, wobei dessen Tendenz aber von beiden Dichtern in jeweils entgegengesetzter Richtung verschoben worden sei:

»Die dem Freimaurer- und Illuminatentum nachgebildete Turmgesellschaft, die aus dem Verborgenen die Entwicklung Wilhelm Meisters lenkt, setzt sich anscheinend nur aus Adligen zusammen und arbeitet, gleichgültig gegenüber allen staatlichen Fragen, auf die Kultivierung und Humanisierung der individuellen Persönlichkeit hin. In diesem Sinne wird der Wilhelm der ›Lehrjahre‹ auf seinem von verwirrenden Einflüssen durchkreuzten Lebensweg durch ihm wohlgesinnte Aristokraten so geleitet, daß er die ausschweifende Genialitätssucht seiner Anfänge überwindet, doch auch davor bewahrt bleibt, philiströs zu verkümmern, und sich schließlich als innerlich freier, von idealem Streben erfüllter Mensch dem werktätigen Leben einfügt. Dies entspricht nicht einmal adäquat der Klassenfunktion und dem Geist der Freimaurerlogen, und vollends die überwiegend bürgerlichen Illuminaten gingen über derartige Bildungsbestrebungen hinaus, indem sie sich, wenn auch auf der Linie des aufgeklärten Absolutismus, in den Dienst politischer Reformabsichten stellten. Mit Methoden, die man heute als ›Unterwandern der Institutionen‹ bezeichnen würde, hofften sie ihre Ziele durchzusetzen. Davon ist im ›Wilhelm Meister‹ keine Spur zu entdecken. Demgegenüber war bei Jean Paul das Umgekehrte geschehen: Er hatte seine unsichtbare Loge[2] zu einer antidespotischen Verschwörergruppe gemacht, die in den fertig gewordenen Teilen des Werks bereits beunruhigende, Teile der Bevölkerung nachdenklich

---

2 Jean Pauls Roman »Die unsichtbare Loge« (1793).

stimmende Vorfälle in Szene setzt, was den wirklichen Freimaurern und Illuminaten auch wieder fernlag. Die politisch oppositionelle Bedeutung des Logenwesens also, die Goethe abschwächte, von Jean Paul war sie zuvor übersteigert worden.«

> Wolfgang Harich: Jean Pauls Revolutionsdichtung. Versuch einer neuen Deutung seiner heroischen Romane. Berlin: Akademie-Verlag, 1974. S. 173, 176.

Martin Walser (geb. 1927) hat im selben Jahr unter dem Titel »Goethe hat ein Programm, Jean Paul eine Existenz« Jean Pauls Roman »Hesperus« von 1795 gegen die »Lehrjahre« ausgespielt:

»Beide Romane sind zum größeren Teil im Jahre 1795 erschienen. Der jüngere Jean Paul baut auf ein viel altmodischeres Arrangement als Goethe. Der Kleinbürger Jean Paul hat entweder keinen Mut oder kein Bedürfnis, sein Buch von vorneherein auf einen bürgerlichen Helden zu gründen. [...] Jean Paul, der zu keiner neuen Roman-Handlungsart findet, benutzt die alte Form zur Satire. Goethe, der den bürgerlichen Egoisten als Helden hat, den Mann, dessen Selbstbewußtsein ihm erlaubt, auf seiner bestmöglichen Selbstverwirklichung zu beharren, schafft dazu auch eine auf die anspruchsvolle Bildung dieses einzelnen zugeschnittene Romanform. Wilhelm, das Großelternkind, ›gleichsam das erste, groß geborne Kind der Schöpfung‹, das einen Anspruch fix und fertig geerbt hat, wird als Held dieses Romans das Beispiel eines Erziehungsaufwands, der keiner Fürstenausbildung nachsteht. Und das ganze ausgetüftelte Arrangement ruht einerseits auf solchen guten Sprüchen: ›alles, was uns begegnet, läßt Spuren zurück, alles trägt unmerklich zu unserer Bildung bei‹, andererseits ist das klassische Prinzip der Entsprechung zwischen Schüler und Aufgabe hier so ideal arrangiert, daß nichts schiefgehen kann. Verglichen mit wirklichen Schwierigkeiten oder Schwierigkeiten in anderen Romanen, sind die Schwierigkeiten, die in

2. Stimmen des 19. und 20. Jahrhunderts 371

diesem Roman passieren, allenfalls Kräuselungen eines vollkommen idyllischen Gewässers in einer bewegungslos fruchttragenden Landschaft. Trotzdem wird im Buch immer wieder verlangt, wir sollten überall das Risiko sehen. Aber ein wie gefangenes Risiko ist das doch: ›Jeder hat sein eigen Glück unter den Händen, wie der Künstler eine rohe Materie, die er zu einer Gestalt umbilden will. Aber es ist mit dieser Kunst wie mit allen; nur die Fähigkeit dazu wird uns angeboren, sie will gelernt und sorgfältig ausgeübt sein.‹ Das ist ein Satz aus der Zentrale. Und wer solche hervorragenden Sprüche in ein Buch schreibt, muß damit einverstanden sein, daß man sie noch vollends ablöst und als Wandspruch verkauft. Die zur Relativierung und Verspottung simplerer Pädagogik-Konzepte dienstuende Ironie darf solchen Sätzen nicht nahen. [...] Dieser innersten und äußersten Ideologie darf in diesem Roman nichts zustoßen. Warum wundern wir uns nicht über die Unempfindlichkeit – um das wenigste zu sagen –, die da konstatiert, daß der Mensch jede angeborne Fähigkeit und Neigung brauche und nutze? Diese Ideologie der Entsprechung, daß etwas zu etwas passe, ist doch das äußerste Gegenteil dessen, was Entfremdung heißt. Gab es das damals noch nicht? Man lese den Jahrzehnte vorher erschienenen Auch-Bildungsroman ›Anton Reiser‹, um zu erfahren, was zum Beispiel ein Hutmacherlehrling im 18. Jahrhundert in Braunschweig zu erleiden hatte. Soweit ist nämlich das Fabrikationswesen schon organisiert, daß einer eine Woche um die andere nichts als Hasenfelle schaben mußte, und das, um ihn zur Emsigkeit zu zwingen, in ungeheizten Räumen. Und dieser Anton hatte auch den ›Drang‹, sich selber auszubilden. Aber verlangen wir von Goethe nicht Erfahrungen, die man als Angehöriger der herrschenden Klasse einfach nicht macht! Als solcher macht man die Erfahrung eines ungeheuren Aufwands um ein Kind herum: eines Bildungsaufwands. Und Humanität bezieht sich nur auf Menschen, die so angezogen und ausgebildet sind wie man selbst. Das ist eine alte Sache. Und

auch Klassiker empfinden nur in den Grenzen, in denen man sie empfinden lehrte. [...]
Aber typisch ist, daß der durch kleinbürgerliche Erfahrung für politische Einteilungen empfindlichere Jean Paul zu einem aus dem vorrevolutionären Feudalismus stammenden Romanmuster greift und der Großbürger Goethe sozusagen im Anhieb den Romantyp zur Höhe führt, den man den bürgerlichen Roman überhaupt nennen kann. Und Goethe ist viel weniger Erzähler als Jean Paul. Sein Buch ist fast eher dramatisch als episch gebaut. Und trotzdem muß es im Jahre 1795 *der* moderne Roman gewesen sein. Während Jean Pauls Roman etwas sehr Traditionelles zu sein schien. Daß er am Schluß seine ganze Konstruktion zum Witz machte, dürfte seine Leser weniger interessiert haben als das ganze Buch, das eine konservative Konstruktion und einen revolutionären Geist in groteskem Einvernehmen zeigte. Jean Pauls Buch soll sehr viel erfolgreicher gewesen sein als Goethes. Aber hauptsächlich bei Lesern. Die feineren Geister, Friedrich Schlegel zum Beispiel, wandten sich angewidert ab von dieser unästhetischen, formlosen Mischung; sie waren vollkommen begeistert vom ›Wilhelm Meister‹.«

Walser erkannte die Aktualität der »Lehrjahre« an, aber sprach ihnen die Fortschrittlichkeit ab:

»Goethes Turmgesellschaft, als adelige Investitionsgesellschaft in Rußland und Amerika, wird das 19. Jahrhundert beherrschen. Wie auch immer sich von heute aus gesehen, Goethes Meister-Programm ausnimmt, es war das Programm der Stunde, denn das deutsche Bürgertum war schon im Besitz der Produktionsmittel. Die reale Macht, die technologische und die ökonomische, besaß es schon. Nur die Würde fehlte noch. Der Überbau. Den holten sich Goethe und sein Wilhelm ungeduldig beim Adel. Eigentlich ein unwichtiges Buch, dieser ›Wilhelm Meister‹? Wenn der Überbau unwichtig ist! Er ist es nicht. Er ist die Stelle über den Köpfen, die vorher von der Religion besorgt worden war.«

Walser ging zum Teil auf Novalis' Argumente zurück, um die »Lehrjahre« zu kritisieren:

»Eine Wallfahrt nach dem Adelsdiplom hat Novalis den Roman Goethes genannt. Er war mehr. Er war die das bürgerliche Selbstbewußtsein weihende Programmschrift. Erstens wurde hier von höchster klassischer Stelle verfügt, daß der Bürger seine Arbeit nie zum Selbstzweck werden lassen dürfe (das abschreckende Bild des ›arbeitsamen Hypochondristen‹ Werner), er müsse vielmehr Arbeit zum Vehikel der Selbstverwirklichung machen, also immer an den kulturellen Mehrwert denken; den könne er im Adelsdiplom realisieren; dazu tauge er schließlich, wenn er seine angebornen Fähigkeiten nur recht ausbilde. Das war die Übersetzung der wirklichen Machtverhältnisse in Romanverhältnisse. Und es war eine sorgfältige, ganz und gar auf das Momentane spekulierende Übersetzung. Zukunft nur als Entwicklung eines besseren Rituals für die eigene Klasse. Also ungeheuer kleinmütig. Unheimlich beschränkt auf eine Minorität. Und hat doch über 100 Jahre lang seinen Dienst genau getan. Genau so lang wie die Machtverhältnisse in dem damals abgeschätzten Bereich blieben: so lange als es gelang, als Menschen nur die gelten zu lassen, die Bürger oder Adelige waren. Eine besinnungslose Literaturwissenschaft hat diesem Buch, das schön ist, wenn man nicht bedenkt, wie viele Menschen es ausschließt, in sektenhaftem Kult eine lächerlich überzeitliche Position gebastelt. Ganz nach den Anweisungen aus dem klassischen ›Saal der Vergangenheit‹, in dem die Zeit als schönste Leiche für immer festgehalten werden soll. Weil man schon alles in der Hand hat. Weil man schon herrscht. So soll es bleiben.«

> Martin Walser: Goethe hat ein Programm, Jean Paul eine Existenz. [Über ›Wilhelm Meister‹ und ›Hesperus‹.] In: Literaturmagazin 2: Von Goethe lernen? Fragen der Klassikrezeption. Hrsg. von Hans Christoph Buch. Reinbek: Rowohlt, 1974. S. 101–103, 108 f.

Der Oxforder Literaturwissenschaftler Terence James Reed diskutiert die Zwänge, die auf die Protagonisten im Roman ausgeübt werden, als Reaktion Goethes auf die Wirrnisse der Französischen Revolution:

»Diese ›gebildete‹ Fügsamkeit Wilhelms wird in den beiden letzten Büchern des Romans im vollen Sinn des Wortes zum Leit-Motiv. Ihr liegt der grundsätzliche Respekt vor Altersweisheit und Autorität, wohl auch vor gesellschaftlichem Rang, zugrunde. Er, der *Unwürdige*, bringt der Gesellschaft, in der er sich jetzt befindet, eine grenzenlose Bewunderung entgegen. Nur was von ihr bestätigt wird, gilt; sie schafft dem Unmündigen ein Selbstgefühl aus zweiter Hand – oder vielmehr aus zweitem Mund: *In dieser Gesellschaft [...] zum erstenmal kam mir der eigenste Sinn meiner Worte aus dem Munde eines anderen reichhaltiger, voller und in einem größern Umfang wieder entgegen*. Therese sekundiert ihm enthusiastisch: ›*O, wie süß ist es*‹, *rief sie aus*, ›*seine eigne Überzeugung aus einem fremden Munde zu hören! Wie werden wir erst recht wir selbst, wenn uns ein anderer vollkommen recht gibt.*‹ In welchem Grade der *fremde Mund* recht haben darf, ja vor dem eigenen Vorrang haben kann, zeigt sich an Wilhelms Werbung um Therese. Sogar bei dieser Auflehnung gegen seine *Wächter und Aufseher* sieht er sich auf deren Hilfe angewiesen; denn als er sich vornimmt, Therese *von sich zu sagen, soviel er wußte*, scheint ihm *seine eigene Geschichte [...] an Begebenheiten so leer* zu sein, daß er zu der *Rolle seiner Lehrjahre*, d. h. seiner vom Turm verfaßten Biographie, greift und damit im buchstäblichen Sinn die Autorität – die maßgebliche Autorschaft – der anderen selbst in diesem intimst-eigenen Bereich anerkennt.

Daß in dem allem Selbstdenken und Eigeninitiative eines jungen Menschen als axiomatisch irrtümlich der Führung und Leitung durch Reifere, Einsichtigere untergeordnet werden, hat 1795 ganz deutliche Implikationen. Es handelt sich um die Schwächung von Aufklärung in deren radikaleinfachster Form, um die Rücknahme von Mündigkeit, dem Anspruch, ›sich seines Verstandes ohne Leitung eines anderen [...] bedienen‹ zu dürfen. Im Sinne Kants hat Wilhelm eine geradezu rückläufige Bildung genossen, weil er jetzt ›nicht am Mangel des Verstandes, sondern der Entschließung und des Mutes‹ leidet, sich seines eigenen Verstandes ohne fremde Leitung zu bedienen. Es ist nur folgerichtig, wenn Lothario fast am Schluß des Romans die ganze Tendenz dieser Bildungsdoktrin auf einen Begriff bringt, der in Kants Analyse aller verjährten Autorität eine Schlüsselstelle hat. Lothario zu Wilhelm: *Lassen Sie uns zusammen auf eine würdige Weise tätig sein! Unglaublich ist es, was ein gebildeter Mensch für sich und andere tun kann, wenn er, ohne herrschen zu wollen, das Gemüt hat, Vormund von vielen zu sein, sie leitet, dasjenige zur rechten Zeit zu tun, was sie doch alle gerne tun möchten, und sie zu ihren Zwecken führt, die sie meist recht gut im Auge haben und nur die Wege dazu verfehlen.* Das soll zwar recht liberal und gar nicht nach Zwang klingen; man kann aber die Überzeugung aller Vormünder der Gesellschaft daraus heraushören, es besser zu wissen als die von ihnen Bevormundeten. Man gibt ja auch nie zu, einfach *herrschen zu wollen*, sondern man appelliert an das allgemeine Wohl, an das gerade, *was [...] doch alle tun möchten*, an den Begriff der *rechten Zeit* und *Wege*, welche nur die Vormünder zu bestimmen hätten. Man hat es also bei Lotharios Programm bestenfalls – das heißt, wenn man ihn und seine Freunde für aufgeklärte Vormünder halten will – mit einer heiklen Dialektik der Aufklärung zu tun, bei der das vernünftige Selbstdenken des oder der einen zum Dogma für die anderen, zum Selbstdenken nicht mehr Zugelassenen wird; die Aufgeklärten organisieren sich trotz ursprünglichen Gleichheitsstrebens zwecks praktischer Wirkung zur Hierarchie. Der erzählerische Rückgriff auf eine solche Organisation mit ihrer Wiedereinsetzung der Autoritätsgläubigkeit wird von der geschichtlichen Situation der neunziger Jahre her verständlicher: in einer durch Revolution verunsicherten Welt dürfen die Grundsätze der Aufklärung nicht mehr ohne weiteres für die Praxis gutgeheißen werden. Bezeichnenderweise hat auch Schiller angesichts der Schreckensherrschaft zunächst gerade auf die ›vormundschaftliche Gewalt‹ verwiesen, der ›das Menschengeschlecht noch nicht entwachsen‹ sei. [...] Demnach wäre als Antwort auf die Frage nach den ›Lehrjahren‹ im Kontext der Französischen Revolution zusammenfassend zu sagen: Die Revolution hat den Roman nicht bloß punktuell beeinflußt, sie hat die Richtung des ›Meister‹-Projekts entscheidend geändert – was nebenbei ein neues Licht auf die alte Frage wirft, warum die ›Theatralische Sendung‹ nicht abgeschlossen werden konnte; und, damit nicht genug, sie scheint den Bildungsroman selbst und seine typischen Mechanismen der Sozialisation erst geschaffen zu haben.«

> Terence James Reed: Revolution und Rücknahme: »Wilhelm Meisters Lehrjahre« im Kontext der Französischen Revolution. In: GJb. 107 (1990) S. 39–41.

Bernhard Greiner, Germanist aus Tübingen, deutet die »Bekenntnisse einer schönen Seele« als »Realisationsfeld weiblicher Identität«:

»Am Wendepunkt der Geschichte Wilhelms, da dieser sich durch die *Hamlet*-Aufführung vom Theater als Ort der Identitätserfahrung und Selbstbegründung zu lösen vermag und mit der Hinwendung zur Turmgesellschaft ein soziales Ich zu werden verspricht, schaltet der Erzähler mit den *Bekenntnissen* eine alternative Bildungsgeschichte ein, die Geschichte der Bildung eines weiblichen Ich. [...] Sie zitieren Schreibmuster: Schäferroman, Liebesroman, Bekehrungsgeschichte, religiöses Erbauungsbuch, mythische Erzählung, aber stets so, daß das Muster unzureichend, als ›seltsame Verkleidung‹ erscheint. Derart wird nicht ein eigenes weibliches Schreiben gegen ein männliches gesetzt (womit es diesem unweigerlich verhaftet bliebe), bewegt sich das Erzählen vielmehr in überkommenen Schreibmustern, aber so,

2. Stimmen des 19. und 20. Jahrhunderts

daß es diese brüchig werden läßt, ihre Geschlossenheit aufbricht, um in den Brüchen anderen Stimmen Raum zu geben, zugleich immer neue Verknüpfungen der im Text erklingenden Kontexte zuzulassen, die sich nicht mehr in einem Sinn stillstellen und in einem letzten Sprecher-Subjekt verantworten lassen. Vermächtnis der *Bekenntnisse* im Gesamtroman ist der Entwurf solch ›dialogischer‹ Autorschaft als Medium einer Autonomie akzentuierenden weiblichen Identität.

Die subtile Einbindung des sechsten Buches in den Gesamtroman erweist die Rede von der Bildungsgeschichte der Schönen Seele als bloßem Gegenentwurf zu der Wilhelms als ungenau. Wenn Goethe als sein Gestaltungsprinzip formuliert: ›Da sich gar manches unserer Erfahrungen nicht rund aussprechen und direkt mitteilen läßt, so habe ich seit langem das Mittel gewählt, durch einander gegenübergestellte und sich gleichsam ineinander abspiegelnde Gebilde den geheimeren Sinn dem Aufmerkenden zu offenbaren‹,[*] so hat er jede der beiden Bildungsgeschichten, die sich so gegenüberstehen und ineinander abspiegeln, selbst schon als solch ein Spiegelverhältnis (von dargestelltem Geschehen und Diskurs) entworfen. Wilhelms Bildungsgeschichte führt vom emphatischen Ich-sagen weg zu sozialer Erfüllung; dargeboten wird dies durch ein ›diaphanes‹ Erzählen, das das Vordergrund-Geschehen in vielerlei Weise auf andere (mythologische, theatergeschichtliche usw.) Sprach- und Bildebenen durchscheinen läßt, dabei aber verlangt und erlaubt, die verschiedenen Sinnhorizonte in einer Deutung zusammenzuführen (insofern war von einer Autorschaft zu sprechen, die am ›monologischen Wort‹ orientiert ist): Wilhelms Geschichte verabschiedet die Möglichkeit ästhetischer Selbstentfaltung, erweist die Kunst als sozial dysfunktional – unterläuft diesen Befund aber zugleich mit dem durchscheinenden mythologischen Beziehungsgeflecht. Auf

---

[*] Brief an Iken vom 27. September 1827; »Goethes Briefe«, Hamburger Ausgabe, Bd. 4, Hamburg 1967, S. 250.

der anderen Seite steht die Geschichte der Schönen Seele. Sie hält emphatisch am Ich fest, was in einem Erzählen dargeboten wird, das nicht ›durchscheinend‹ ist, sondern ›alterierend‹: andere Sinnhorizonte, Texte, Konstellationen, Redemuster werden nicht implizit zum Miterklingen gebracht, sondern explizit vorgestellt im Akzentuieren des Anderen, Unterscheidenden. Der einen Stimme fallen andere Stimmen ins Wort, Redemuster werden aufgegriffen und zugleich unterlaufen (insofern war von einer Autorschaft zu sprechen, die am ›dialogischen Wort‹ orientiert ist). Die Bildungsgeschichte des (männlichen) Ich, die zum erreichten Ziel recht ironisch ist, bewahrt die Instanz des kohärenten Ich doch im Medium monologischer Autorschaft; die Bildungsgeschichte des (weiblichen) Ich, die das erreichte Ziel emphatisch festhält, bricht dieses doch im Medium dialogischer Autorschaft. In solch kompliziertem, subtil ausgewogenen Chiasmus entwirft Goethe dialogische Autorschaft als Realisationsfeld weiblicher Identität und führt diese damit aus der starren Entgegensetzung zur männlichen heraus, in der männliche Zuschreibungen von Weiblichkeit den Entwurf weiblicher Identität schon immer eingeholt haben. So holt der Roman die Vorstellung von Weiblichkeit, die das *Iphigenie*-Drama noch als Idee (ohne Wirklichkeit) an den Himmel geheftet hat, auf die Erde zurück.«

Bernhard Greiner: Weibliche Identität und ihre Medien: Zwei Entwürfe Goethes. In: JbDSG 35 (1991) S. 42 f., 54–56.

Der Freiburger Literaturwissenschaftler Günter Saße stellt die Fremdheitserfahrungen gegen »harmonistische Bildungsvorstellungen« in den »Lehrjahren«, besonders mit Bezug auf Mignon als Repräsentantin des ANDEREN:

»Goethes ›Wilhelm Meisters Lehrjahre‹ galt und gilt vielen als der Prototyp eines Bildungsromans, der in der Darstellung einer gelingenden Vermittlung von ICH und WELT das basale Problem der Gesellschaftlichkeit individueller

2. Stimmen des 19. und 20. Jahrhunderts

Existenz zu einem glücklichen Ende führt. Von Karl Morgenstern bis zu Wilhelm Dilthey und darüber hinaus wird dabei Goethes Roman häufig zum Beweismittel einer harmoniebedürftigen Bildungsvorstellung, die sich am neuhumanistischen Konzept einer progressiven Entwicklung zur individuellen Totalität orientiert.

Doch zunehmend fällt ein kritischer Blick auf Wilhelms Bildungsgang; immer deutlicher wird, daß der dem Roman entnommene Bildungsoptimismus mehr ein Akt der Zuschreibung ist, der den Sinnzusammenhang einer gelungenen Vermittlung zwischen ICH und WELT nur wunschgemäß produziert und nicht textgemäß deutet. Denn wenn man genau auf den Roman schaut, wird unabweisbar, wie sehr Wilhelms Suche nach Selbstentfaltung und Selbstbestimmung in der Sphäre der Turmgesellschaft in Selbstbeschränkung und Fremdbestimmung endet. Dem mögen auf den ersten Blick die Schlußsätze des Romans, auf die Goethe sich gerne bezog, um dessen Quintessenz zu benennen, widersprechen. Nachdem ohne Wilhelms Zutun und hinter seinem Rücken dann doch noch die Verbindung mit Natalie zustande gekommen ist, äußert Friedrich in *objektiver Ironie*, von der er bei seinem fragmentarisierten Wissen wohl nichts weiß: ›du kommst mir vor wie Saul, der Sohn Kis, der ausging, seines Vaters Eselinnen zu suchen, und ein Königreich fand.‹ Damit endet zwar die Geschichte des Romans, aber nicht die Geschichte Sauls. Dieser bekommt unerwartet und unverdient ein Königreich, doch wird er im Kampf verwundet; und um nicht in die Hände der Philister zu fallen, begeht er schließlich Selbstmord.

So wie selbst der Schlußpunkt des Romans in seinem vordergründigen ›Ende gut – alles gut‹ hintergründig gebrochen ist, so fächert sich das gesamte Romangeschehen vielfach kontrapunktisch auf. Eine dieser Auffächerungen, die als dezidierte Negation harmonistischer Bildungsvorstellungen zu verstehen ist, wird vom Lebensweg des Harfners und vor allem von dem Mignons markiert. Auf letzteren will ich mich beschränken. Meine These ist: *Mignons*

Schicksal entfaltet die mißlingende Vermittlung zwischen dem Eigentümlichen ihrer undifferenzierten Kreatürlichkeit und dem Allgemeinen der herrschenden gesellschaftlichen Ordnungen. An ihrem Schicksal wird das ANDERE der Gesellschaft erfahrbar, das sich als das ihr FREMDE aller Sozialisation entzieht; erfahrbar wird damit zugleich der Preis sowohl gelingender als auch mißlingender gesellschaftlicher Integration.

Auch wenn Mignons Lebensweg recht kurz ist, sowohl was die Lebensspanne als auch was die Erzählspanne angeht, als Nebenweg hat Goethe ihn nicht gesehen – im Gegenteil: nachdrücklich betont er im Gespräch mit Kanzler von Müller, daß ›doch das ganze Werk dieses Charakters wegen geschrieben sei‹. Die von Goethe herausgestellte zentrale Bedeutsamkeit Mignons ist um so erstaunlicher, wenn man bedenkt, wie sehr sich diese Figur schon allen romanimmanenten Versuchen einer Bedeutungszuschreibung entzieht. Selbst die elementarsten aller Identifizierungsakte, die dem einzelnen seinen gesellschaftlichen Platz zuweisen: Name, Alter, Geschlecht, Herkommen und Zugehörigkeit, prallen an ihr ab.«

> Günter Saße: Die Sozialisation des Fremden. Mignon oder: Das Kommensurable des Inkommensurablen in »Wilhelm Meisters Lehrjahren«. In: Begegnung mit dem »Fremden«: Grenzen – Traditionen – Vergleiche. Akten des VIII. Internationalen Germanistenkongresses. München 1991. Bd. 11. S. 103 f.

Irmgard Egger aus Wien untersucht die Frage, ob im »Wilhelm Meister« tatsächlich ein organischer Bildungsgang oder eher ein naturwissenschaftliches Experiment beschrieben wird:

»Während in Goethes Roman ›Die Wahlverwandtschaften‹ das Experiment als Thema wie als Strukturprinzip unmittelbar aus dem Titel ersichtlich wird, erscheint es in den ›Wilhelm Meister‹-Romanen zunächst geradezu als Widerspruch zur Idee des organischen Bildungsganges. Wie jedoch bereits Schiller als erster Leser der ›Lehrjahre‹ erkannt hat, ist dieser Gang so organisch nicht: ›Meisters Lehrjahre sind keine bloß blinde Wirkung der Natur, sie sind eine Art von Experiment‹. – Eine Art von Experiment des Autors mit seinen Figuren, aber auch der Figuren miteinander und einiger Figuren mit sich selbst. Zu den entschiedensten Experimentatoren zählen die Männer der Turmgesellschaft; sie verkörpern damit den sich ankündigenden Mentalitätswandel zum 19. Jahrhundert als einem szientifischen, naturwissenschaftlich-technischen, administrativen Zeitalter. Goethes tiefes Unbehagen an der universellen Durchsetzung des objektivierenden Experimenttyps steht somit nicht nur hinter der jahrzehntelangen Arbeit an der ›Farbenlehre‹, sondern bildet auch die Folie, vor der Wilhelm Meister seinen Weg verfolgt. [...] Auch die Schöne Seele, wenngleich aus dem unmittelbaren Umfeld der Turmgesellschaft und von dieser in therapeutischer Absicht zitiert, zählt zu jenen Figuren des Romans, welche ins Abseits der modernen Sozietät geraten. In ihrem Fall geht die Inkompatibilität mit deren Experimenten jedoch nicht auf ihre Natürlichkeit zurück, sondern auf ein anderes Experiment, nämlich ihr eigenes. ›Alle und jede Handlungen abzuwiegen‹, beginnt die Schöne Seele ›im zweiundzwanzigsten Jahre‹. Nach ihrer Vorgeschichte mit früher Krankheit, ungewöhnlich hoher Bildung, konventionellem Gesellschaftsleben und Verlöbnis liegt der Auslöser des radikalen Selbstversuchs im Aufschub der geplanten Heirat auf ungewisse Zeit. Auf ein knappes ›ich erschrak heftig‹, allerdings ein pietistisches Schlüsselmotiv, folgt nach wenigen Zeilen die Abwehr und Verdrängung in der Umwertung, daß ›auch dieses anscheinende Übel zu meinem wahren Besten gereichen würde‹, womit das Ziel des Versuchs abgesteckt ist. Das ›anscheinende‹ Übel des verwehrten Ehestandes zum ›wahren Besten‹ werden zu lassen erfordert rigide Zensur und Kontrolle und die Konstruktion eines neuen Selbst, dem solches tatsächlich als

›Bestes‹ erscheinen könne. Selbstverleugnung und gleichzeitige Fixierung auf das experimentelle Selbst greifen damit ineinander.«

> Irmgard Eggers: »... eine Art von Experiment«. Goethes Kritik szientistischer Methoden und die »Wilhelm Meister«-Romane. In: FDH 1997. S. 69 f., 79 f.

Christoph Perels bringt Goethes Italienerfahrungen für eine Deutung ins Spiel:

»Was bedeutet nun diese Italien-Erfahrung für den Roman? Dabei soll nicht auf das Thematisch-Offensichtliche der Akzent gelegt werden, etwa die Vertiefung der Gestalten Mignons und des Harfners oder das neu eingeführte Motiv der italienischen Kunstsammlung, die Wilhelms Großvater zusammengebracht hat und die der Enkel dann in seiner Ziel-Familie, dem Kreis um die Turm-Gesellschaft, wiederfindet. Vielmehr entstehen mit der Übertragung der Modell- und Typus-Vorstellung aus der Botanik in andere Bereiche des Lebendigen spezifische Probleme, die der Epiker Goethe bis zur ›Theatralischen Sendung‹ noch nicht gekannt hatte. Sie werden unmittelbar zu künstlerischen, zu Darstellungsproblemen, wenn es um die Menschengestaltung geht. Figuren und Episoden werden nämlich plötzlich zwiegesichtig. Wie Goethes anschauendes Denken in den Pflanzen die Urpflanze, das Modell aller Pflanzengenerierung, erkennt, so schimmert nun in jeder individuellen Menschengestalt ein Allgemeines durch, eine Darstellungsweise, die Goethe etwa von der Mitte der neunziger Jahre an die symbolische nennt. Sie ist zugleich die natürliche und die klassische. Dabei kann die Gefahr aufkommen, daß die Gestaltung an Charakteristischem, Individuellem verliert und das Typisierende dominiert. Es gibt Kritiker der ›Lehrjahre‹, welche die Bücher 6, 7 und 8 schwächer finden als die Bücher 1 bis 5, also als jene Bücher, in denen Goethe auf die voritalienischen Gestaltungsansätze, auf die ›Theatralische Sendung‹ zurückgreifen konnte.
Ein zweites Problem betrifft den Entwicklungsgedanken.

Macht denn Wilhelm eine ›Entwicklung‹ durch, ja läßt sich überhaupt eine menschliche Entwicklung denken, analog zur Entwicklung einer Pflanze aus den Keimblättern bis zu Blüte und Frucht? Übertragen auf die epische Darstellung beschwört die Vorstellung des Modells, das als innere Form der einzelnen Pflanzenentwicklung Stetigkeit, Konsequenz, Zielgerichtetheit verleiht, die Gefahr des Harmonismus herauf. Denn: im Unterschied zum Menschenbereich kennt der Naturbereich im engeren Sinn nicht den Irrtum – der Irrtum tritt in der außermenschlichen Natur nicht auf. Für dieses Problem hat Goethe eine Lösung gefunden – eine Lösung, die den möglichen Widerspruch zwischen folgerichtiger Entwicklung und Irrtumsfähigkeit neutralisiert. Den richtigen Weg gehen oder den falschen Weg gehen, das sind für Goethe abgeleitete Größen. Sich überhaupt auf den Weg zu machen und nicht innezuhalten, darauf kommt es an: die Tätigkeit, das Tätigsein, das erst ist für Goethe eine letzte, eine unabgeleitete Größe. Insofern er nur tätig ist, geht des Menschen Irrtum als Positivum mit ein in seinen Gesamtweg als eines Wesens, das seine Bestimmung und sein Ziel in sich selbst trägt. Denn als ein Tätiger, und nur so, verhält sich der Mensch im Einklang mit der Natur im Ganzen, die als tätige aus sich selbst heraus immer wieder Natur gebiert und in einem ewigen Schöpfungstun begriffen ist.«

> Christoph Perels: Goethes Weg zu »Wilhelm Meisters Lehrjahren«. Italienische Erfahrungen und klassischer Erzählstil. In: Ch. P.: Goethe in seiner Epoche. Zwölf Versuche. Tübingen: Niemeyer, 1998. S. 167 f.

V. Literaturhinweise

1. Abkürzungen

Adelung	Johann Christoph Adelung: Versuch eines vollständigen grammatisch-kritischen Wörterbuches der Hochdeutschen Mundart mit beständiger Vergleichung der übrigen Mundarten, besonders aber der oberdeutschen. 5 Th. Leipzig: Breitkopf, 1774–86.
Archiv	Archiv für das Studium der neueren Sprachen und Literaturen
BA	Goethe. Berliner Ausgabe. Poetische Werke. Romane und Erzählungen II. Bd. 10: Wilhelm Meisters Lehrjahre. Berlin: Aufbau-Verlag, ³1976
BerFDH	Berichte des Freien Deutschen Hochstifts
Campe	Joachim Heinrich Campe: Wörterbuch zur Erklärung und Verdeutschung der unserer Sprache aufgedrungenen fremden Ausdrücke. Ein Ergänzungsband zu Adelungs Wörterbuche. 2 Bde. Braunschweig: Schulbuchhandlung, 1801.
Campe II	Joachim Heinrich Campe: Wörterbuch der Deutschen Sprache. 5 Bde. Braunschweig: Schulbuchhandlung, 1807–11.
ChrWGV	Chronik des Wiener Goethe-Vereins
DLE	Deutsche Literatur in Entwicklungsreihen. Leipzig: Reclam, 1928 ff.
DNL	Goethes Werke. T. 15,1.2: Wilhelm Meisters Lehrjahre. Hrsg. von Heinrich Düntzer. Stuttgart: Union Deutsche Verlagsanstalt, [1882–97]. (Deutsche National-Litteratur. Hist.-krit. Ausg. Hrsg. von Joseph Kürschner. Bd. 96,1.2.)
DRev.	Deutsche Revue
DU	Der Deutschunterricht. Beiträge zu seiner Praxis und wissenschaftlichen Grundlegung
DuW	Dichtung und Wahrheit
DVjs.	Deutsche Vierteljahrsschrift für Literaturwissenschaft und Geistesgeschichte
DWb.	Deutsches Wörterbuch. Begr. von Jacob und Wilhelm Grimm. Leipzig: Hirzel, 1854 ff.
Et. Germ.	Etudes Germaniques
FA	Goethes Werke. Festausgabe. Hrsg. von Robert Petsch [u. a.]. Leipzig: Bibliographisches Institut, 1926
FDH	Jahrbuch des Freien Deutschen Hochstifts
FILLM	Fédération Internationale de Langues et Litteratures Modernes
GJb.	Goethe-Jahrbuch
GLL	German Life and Letters
Goethe	Goethe. Neue Folge des Jahrbuchs der Goethe-Gesellschaft
GQ	The German Quarterly
GR	The Germanic Review
GRM	Germanisch-Romanische Monatsschrift

HA	Goethes Werke. Hamburger Ausgabe in 14 Bänden. Hrsg. von Erich Trunz. Hamburg: Wegner, 1948 ff.
Hass	Hans-Egon Hass: Goethe. Wilhelm Meisters Lehrjahre. In: Der deutsche Roman. Vom Barock bis zur Gegenwart. Struktur und Geschichte. Hrsg. von Benno von Wiese. Bd. 1. Düsseldorf: Bagel, 1965
JA	Goethes Sämtliche Werke. Jubiläums-Ausgabe in 40 Bänden. Hrsg. von Eduard von der Hellen. Stuttgart/Berlin: Cotta, 1902–1912
JbDSG	Jahrbuch der Deutschen Schillergesellschaft
JbGG	Jahrbuch der Goethe-Gesellschaft
JEGP	The Journal of English and Germanic Philology
JWGV	Jahrbuch des Wiener Goethe-Vereins
MLN	Moderne Language Notes
Monatshefte	Monatshefte für deutschen Unterricht, deutsche Sprache und Literatur
MPh.	Modern Philology
Neoph.	Neophilologus
Neuph. Mitt.	Neuphilologische Mitteilungen
NHJbb.	Neue Heidelberger Jahrbücher
NJbb.	Neue Jahrbücher für das klassische Altertum, Geschichte und deutsche Literatur
PB	Hermann Paul: Deutsches Wörterbuch. Bearb. von Werner Betz. Tübingen: Niemeyer, ^{6}1968
PEGS	Publications of the English Goethe Society
PMLA	Publications of the Modern Language Association of America
PrJbb.	Preußische Jahrbücher
Reiss	Hans Reiss: Goethes Romane. Bern/München: Francke, 1963
Rev. Germ.	La Revue Germanique
Rev.Hist.Phil.	Revue d'Histoire de la Philosophie
Riemann	Robert Riemann: Goethes Romantechnik. Leipzig: Seemann, 1902
Staiger	Emil Staiger: Goethe. 3 Bde. Zürich/Freiburg i. Br.: Atlantis-Verlag, 1952–59
Storz	Gerhard Storz: Goethe-Vigilien oder Versuche in der Kunst, Dichtung zu verstehen. Stuttgart: Klett, 1953
VjsLg.	Vierteljahrsschrift für Litteraturgeschichte
WA	Goethes Werke. Weimarer Ausgabe. Weimar: Böhlau, 1887–1919
WB	Weimarer Beiträge
WW	Wirkendes Wort
ZfÄsth.	Zeitschrift für Ästhetik und allgemeine Kunstwissenschaft
ZfDke.	Zeitschrift für Deutschkunde
ZfdPh.	Zeitschrift für deutsche Philologie
ZfdU	Zeitschrift für deutschen Unterricht

2. Ausgaben

Wilhelm Meisters Lehrjahre. Ein Roman. Herausgegeben von Goethe. Erster [bis] Vierter Band. Berlin. Bey Johann Friedrich Unger. 1795/96. 2 Bl., 364 S.; 374 S.; 371 S.; 507 S. kl. 8°. – Auch u. d. T.: Goethe's neue Schriften. Dritter [bis] Sechster Band. Mit Kurfürstl. Sächs. Privilegium. Berlin. Bey Johann Friedrich Unger. 1795/96.

Goethe's Werke. Zweyter [und] Dritter Band. Tübingen in der J. G. Cotta'schen Buchhandlung, 1806. 1 Bl., 460 S.; 1 Bl., 534 S. 8°. [Ausg. A.]

Goethe's Werke. Dritter [und] Vierter Band. Stuttgart und Tübingen, in der J. G. Cotta'schen Buchhandlung. 1816. 1 Bl., 460 S.; 1 Bl., 534 S. 8°. [Ausg. B.]

Goethe's Werke. Vollständige Ausgabe letzter Hand. Achtzehnter [bis] Zwanzigster Band. Unter des durchlauchtigsten deutschen Bundes schützenden Privilegien. Stuttgart und Tübingen, in der J. G. Cotta'schen Buchhandlung. 1828. 1 Bl., 326 S.; 1 Bl., 362 S.; 1 Bl., 308 S. 16°, der Bogennorm nach kl. 8°. [Taschenausg., Ausg. C[1].]

Goethe's Werke. Vollständige Ausgabe letzter Hand. Achtzehnter [bis] Zwanzigster Band. Unter des durchlauchtigsten deutschen Bundes schützenden Privilegien. Stuttgart und Tübingen, in der J. G. Cotta'schen Buchhandlung. 1830. 1 Bl., 326 S.; 1 Bl., 358 S.; 1 Bl., 308 S. 8°. [Ausg. C.]

Goethe's Werke. Nach den vorzüglichsten Quellen revidirte Ausgabe. Hrsg. und mit Anm. vers. von W. Frh. v. Biedermann [u. a.]. T. 17: Wilhelm Meister's Lehrjahre. Hrsg. und mit Anm. begleitet von Heinrich Düntzer. Berlin: Hempel, [1868–79]. [Hempelsche Ausg.]

Goethes Werke. T. 15,1.2: Wilhelm Meisters Lehrjahre. Hrsg. von Heinrich Düntzer. Stuttgart: Union Deutsche Verlagsanstalt, [1882–97]. (Deutsche National-Litteratur. Hist.-krit. Ausg. Hrsg. von Joseph Kürschner. Bd. 96,1.2.)

Goethes Werke. Hrsg. im Auftr. der Großherzogin Sophie von Sachsen. Abth. 1. Bd. 21–23: Wilhelm Meisters Lehrjahre. Hrsg. von Carl Schüddekopf. Weimar: Böhlau, 1898–1901. [Weimarer oder Sophien-Ausg.]

Goethes Sämtliche Werke. Jubiläums-Ausg. in 40 Bdn. In Verb. mit Konrad Burdach [u. a.] hrsg. von Eduard von der Hellen. Bd. 17/18: Wilhelm Meisters Lehrjahre. Einl. und Anm. von Wilhelm Creizenach. Stuttgart/ Berlin: Cotta, 1904.

Goethes Werke. Vollst. Ausg. in 40 Tn. Auf Grund der Hempelschen Ausg. neu hrsg. mit Einl. und Anm. sowie einem Sachregr. von Karl Alt in Verb. mit Emil Ermatinger [u. a.]. Bd. 18: Wilhelm Meisters Lehrjahre. Hrsg. von Karl Alt. Berlin [u. a.]: Bong, 1912.

Goethes Sämtliche Werke. Propyläen-Ausg. Bd. 8: Wilhelm Meisters Lehrjahre. München: Müller, 1911.

Goethes Werke. Festausg. Im Verein mit F. Bergemann [u. a.] hrsg. von Robert Petsch. Bd. 11: Wilhelm Meisters Lehrjahre. Krit. durchges. von Julius Wahle, eingel. und erl. von Oskar Walzel. Leipzig: Bibliographisches Institut, 1926.

Johann Wolfgang Goethe: Gedenkausgabe der Werke, Briefe und Gespräche. Hrsg. von Ernst Beutler. Bd. 7: Wilhelm Meisters Lehrjahre. Nachw. und Textüberw. von Wolfgang Baumgart. Zürich: Artemis Verlag, 1948. [Gedenk- oder Artemis-Ausg.]
Goethes Werke. Hamburger Ausg. in 14 Bdn. Bd. 7: Wilhelm Meisters Lehrjahre. Textkrit. durchges. und mit Anm. von Erich Trunz. Hamburg: Wegner, 1950. ⁶1965. 10., neubearb. Aufl. München: Beck, 1981.
Goethes Poetische Werke. Vollst. Ausg. Bd. 7: Erzählende Dichtungen II. Stuttgart: Cotta, 1958. [Wilhelm Meisters Lehrjahre: S. 7–708.]
Goethe: Berliner Ausgabe. Poetische Werke. Romane und Erzählungen II. Bd. 10: Wilhelm Meisters Lehrjahre. Berlin: Aufbau-Verlag, 1962. ⁵1976.
Goethe: Sämtliche Werke nach Epochen seines Schaffens. Münchner Ausgabe. Bd. 5: Wilhelm Meisters Lehrjahre. Ein Roman. Hrsg. von Hans-Jürgen Schings. München: Hanser, 1988.
Goethe: Sämtliche Werke, Briefe, Tagebücher und Gespräche. Abt. 1. Bd. 9: Wilhelm Meisters Lehrjahre. Hrsg. von Wilhelm Voßkamp und Herbert Jaumann, unter Mitw. von Almuth Voßkamp. Frankfurt a. M.: Deutscher Klassiker Verlag, 1992. S. 357–992, 1226–1502, 1587–1601. [Frankfurter Ausgabe.]
Schwanke, Martina (Hrsg.): Index zu Goethes Roman »Wilhelm Meisters Lehrjahre«. Stuttgart: Heinz, 1994.

3. Bibliographische Hilfsmittel

Goedeke, Karl: Grundriß zur Geschichte der deutschen Literatur aus den Quellen. 3., neu bearb. Aufl. Nach dem Tode des Verf. [...] fortgef. von Edmund Goetze. Bd. 4,3. Dresden 1912. § 241A–C, S. 413–432. [Goethe-Schrifttum bis 1910.] – Bd. 4,4. Dresden 1913. § 241, S. 103–105. [Nachträge und Goethe-Schrifttum bis 1912.] – Bd. 4,5. Erg. zur 3. Aufl. Carl Diesch und Paul Schlager. Hrsg. von Herbert Jacob. Berlin 1960. S. 702–715. [Goethe-Schrifttum 1912–50.]
Goethe-Bibliographie. Begr. von Hans Pyritz. Unter red. Mitarb. von Paul Raabe. Fortgef. von Heinz Nicolai und Gerhard Burkhardt. Unter red. Mitarb. von Klaus Schröter. Bd. 1. Heidelberg 1965. S. 736 f.; 748–758. [Goethe-Schrifttum von den Anfängen bis 1954.] – Bd. 2: Goethe-Bibliographie 1955–1964. Autorenreg. zu Bd. 1 und 2. Heidelberg 1968. S. 224 f.; 230–234.
Nicolai, Heinz: Goethe-Bibliographie. In: Goethe 14/15–33 (1952/53–71).
Henning, Hans: Goethe-Bibliographie. In: GJb. 89–98 (1972–81).
Bahr, Ehrhard / Stewart, Walter K.: Internationales Verzeichnis der Goethe-Dissertationen 1952–1976. Ann Arbor (Michigan) 1978.
Hermann, Helmut G. (Hrsg.): Goethe-Bibliographie: Literatur zum dichterischen Werk. Stuttgart 1991.
Jeßing, Benedikt: Johann Wolfgang Goethe. Stuttgart/Weimar 1995. (Sammlung Metzler. 288.)
Seifert, Siegfried, unter Mitarb. von Rosel Gutsell und Hans-Jürgen Malles:

Goethe-Bibliographie 1950 bis 1990. Hrsg. von der Stiftung Weimarer Klassik: 3 Bde. München 2000.

Siehe ferner jährliche Bibliographien zu Goethe und zur deutschen Klassik in PMLA und WB von 1955 bis 1964. Nach diesem Zeitpunkt wird die jährliche Berichterstattung in WB übernommen und weitergeführt durch die »Internationale Bibliographie zur Deutschen Klassik, 1750–1850«, bearb. von Hans Henning und Siegfried Seifert, Folge 11 ff., 1964 ff., Weimar: Nationale Forschungs- und Gedenkstätten der klassischen deutschen Literatur in Weimar, 1970 ff. Siehe außerdem »Bibliographie der deutschen Sprach- und Literaturwissenschaft« (Berichtsbeginn ab 1945), bearb. von Hanns W. Eppelsheimer, Clemens Köttelwesch und (ab 1976) Hans-Albrecht Koch und Uta Koch, Frankfurt a. M. 1957 ff., ab Bd. 37 (1990) hrsg. von der Stiftung Weimarer Klassik. Siehe außerdem »Internationale Bibliographie zur deutschen Literatur von den Anfängen bis zur Gegenwart«, hrsg. von Günter Albrecht und Günther Dahlke, T. 2,1, München/Berlin 1971, S. 149–270, bes. S. 233–235; »Bibliographisches Handbuch der deutschen Literaturwissenschaft 1945–1969«, hrsg. von Clemens Köttelwesch, Bd. 1, Frankfurt a. M. 1973, Sp. 1659–2030, bes. Sp. 1927–34; »The Eighteenth Century: A Current Bibliography«, hrsg. von Robert R. Allen, N. F. 1 ff. (1978 ff.).

4. Lexikalische Hilfsmittel

Gräf, Hans Gerhard: Goethe über seine Dichtungen. Versuch einer Sammlung aller Äußerungen des Dichters über seine poetischen Werke. T. 1: Die epischen Dichtungen. Bd. 2. Frankfurt a. M. 1902. S. 696–1071.
Zeitler, Julius (Hrsg.): Goethe-Handbuch. Bd. 1–3. Stuttgart 1916–18.
Fischer, Paul: Goethe-Wortschatz. Ein sprachgeschichtliches Wörterbuch zu Goethes sämtlichen Werken Leipzig 1929. Nachdr. Leipzig 1968.
Schadewaldt, Wolfgang / Simon, Werner / Wissmann, Wilhelm: Goethe-Wörterbuch. Bd. 1 ff. Stuttgart 1966 ff.
Witte, Bernd [u. a.] (Hrsg.): Goethe-Handbuch in vier Bänden. Stuttgart 1996–99.
Wilpert, Gero von: Goethe-Lexikon. Stuttgart 1998.

5. Forschungsliteratur

a. Roman der Goethezeit

Gerhard, Melitta: Der Entwicklungsroman bis zu Goethes Wilhelm Meister. Halle a. d. S. 1926.
Stahl, Ernst Leopold: Die religiöse und humanitätsphilosophische Bildungsidee und die Entstehung des deutschen Bildungsromans im 18. Jahrhundert. Bern 1934.

Borcherdt, Hans Heinrich: Der Roman der Goethezeit. Urach/Stuttgart 1949.
Spiero, Heinrich: Geschichte des deutschen Romans. Berlin 1950.
Kayser, Wolfgang: Entstehung und Krise des Romans. Stuttgart ⁴1963. [Sonderdruck aus DVjs 28 (1954) S. 417–446.]
Pascal, Roy: The German Novel. Manchester 1956.
Borcherdt, Hans Heinrich: Bildungsroman. In: Reallexikon der deutschen Literaturgeschichte. Begr. von Paul Merker und Wolfgang Stammler. 2. Aufl. neu bearb. und unter redakt. Mitarb. von Klaus Kanzog [u. a.] hrsg. von Werner Kohlschmidt und Wolfgang Mohr. Bd. 1. Berlin 1958. S. 175–178.
Weydt, Günther: Der deutsche Roman von der Renaissance und Reformation bis zu Goethes Tod. In: Deutsche Philologie im Aufriß. Hrsg. von Wolfgang Stammler. Bd. 2. Berlin ²1960. Sp. 1217–1356.
Martini, Fritz: Der Bildungsroman. Zur Geschichte des Wortes und der Theorie. In: DVjs. 35 (1961) S. 44–63.
Becker, Eva D.: Der deutsche Roman um 1780. Stuttgart 1964.
Kimpel, Dieter: Der Roman der Aufklärung. Stuttgart 1967. (Sammlung Metzler. 68.)
Flessau, Kurt-Ingo: Der moralische Roman. Studien zur gesellschaftskritischen Trivialliteratur der Goethezeit. Köln 1968.
Germer, Helmut: The German Novel of Education 1792–1805. A Complete Bibliography and Analysis. Bern 1968.
Köhn, Lothar: Entwicklungs- und Bildungsroman. Ein Forschungsbericht. In: DVjs. 42 (1968) S. 427–473, 590–632.
Miller, Norbert: Der empfindsame Erzähler. Untersuchungen an Romananfängen des 18. Jahrhunderts. München 1968.
Poser, Michael von: Der abschweifende Erzähler. Rhetorische Tradition und deutscher Roman im 18. Jahrhundert. Homburg v. d. H. 1968.
Jäger, Georg: Empfindsamkeit und Roman. Wortgeschichte, Theorie und Kritik im 18. und frühen 19. Jahrhundert. Stuttgart 1969.
Kurth, Lieselotte: Die zweite Wirklichkeit: Studien zum Roman des 18. Jahrhunderts. Chapel Hill 1969.
Schönert, Jörg: Roman und Satire im 18. Jahrhundert. Ein Beitrag zur Poetik. Stuttgart 1969.
Emmel, Hildegard: Geschichte des deutschen Romans. Bd. 1. Bern/München 1972.
Jacobs, Jürgen: Wilhelm Meister und seine Brüder: Untersuchungen zum deutschen Bildungsroman. München 1972.
Cocalis, Susan L.: Prophete rechts, Prophete links, Ästhetik in der Mitten. Die amerikanische und die französische Revolution in ihrem Einfluß auf die Romanform der deutschen Klassik und Romantik. In: Der deutsche Roman und seine historischen und politischen Bedingungen. Hrsg. von Wolfgang Paulsen. Bern/München 1977. S. 73–89.
Schulz, Gerhard: Bürgerliche Epopöen? Fragen zu einigen deutschen Romanen zwischen 1790 und 1800. In: Deutsche Literatur zur Zeit der Klassik. Hrsg. von Karl Otto Conrady. Stuttgart 1977. S. 189–210.
Mahoney, Dennis: Der Roman der Goethezeit (1774–1829). Stuttgart 1988. (Sammlung Metzler. 241.)

Selbmann, Rolf (Hrsg.): Zur Geschichte des deutschen Bildungsromans. Darmstadt 1988. (Wege der Forschung. 640.)
Hardin, James N. (Hrsg.): Reflection and Action: Essays on the Bildungsroman. Columbia, SC 1991.
Mayer, Gerhart: Der deutsche Bildungsroman: Von der Aufklärung bis zur Gegenwart. Stuttgart 1992.
Engel, Manfred: Der Roman der Goethezeit. Bd. 1. Stuttgart 1993.
Kontje, Todd: The German Bildungsroman: History of a National Genre. Columbia, SC 1993.
Selbmann, Rolf: Der deutsche Bildungsroman. 2., überarb. und erw. Aufl. Stuttgart 1994. (Sammlung Metzler. 214.)
Redfield, Marc: Phantom Formations: Aesthetic Ideology and the Bildungsroman. Ithaca, N. Y. 1996.
Kahlcke, Thomas: Lebensgeschichte als Körpergeschichte: Studien zum Bildungsroman im 18. Jahrhundert. Würzburg 1997.
Minden, Michael: The German Bildungsroman: Incest and Inheritance. Cambridge 1997.

b. Goethe und der Roman

Auerbach, Berthold: Goethe und die Erzählungskunst. Vortrag. Stuttgart 1861.
Spielhagen, Friedrich: Die epische Poesie und Goethe. Festvortrag. In: GJb. 16 (1895) S. 1*–29*.
Riemann, Robert: Goethes Romantechnik. Leipzig 1902.
Spranger, Eduard: Der psychologische Perspektivismus im Roman. Eine Skizze zur Theorie des Romans erläutert an Goethes Hauptwerken. In: FDH 1930. S. 70–90. – Wiederabdr. in: E. Sp.: Goethe. Seine geistige Welt. Tübingen 1967. S. 207–232.
Simon, Lili: Verantwortung und Schuld in Goethes Roman. Erlangen 1934.
Stahl, Ernst Leopold: Goethe as Novelist. In: Essays on Goethe. Hrsg. von William Rose. London 1949. S. 45–73.
Lange, Victor: Goethe's Craft of Fiction. In: PEGS 22 (1952/53) S. 31–63. – Wiederabdr. in: Goethe. A Collection of Critical Essays. Hrsg. von Victor Lange. Englewood Cliffs, N. J. 1968. S. 65–85.
Dieckmann, Liselotte: Repeated Mirror Reflections. The Technique of Goethe's Novels. In: Studies in Romanticism 1 (1961/62) S. 154–174.
Rasch, Wolfdietrich: Die klassische Erzählkunst Goethes. In: Formkräfte der deutschen Dichtung vom Barock bis zur Gegenwart. Hrsg. von Hans Steffen. 2., durchges. Aufl. Göttingen 1967. S. 81–99. [¹1963.]
Reiss, Hans: Goethes Romane. Bern/München 1963.
Böckmann, Paul: Formensprache und Formenwandel in Goethes Romanen. In: Literary History and Literary Criticism. Hrsg. von Leon Edel. New York 1964. S. 111–123.
Löwenthal, Leo: Vom Werther zum Wilhelm Meister. In: L. L.: Das Bild des Menschen in der Literatur. Neuwied/Berlin 1966. S. 189–225.

Müller, Joachim: Goethes Romantheorie. In: Deutsche Romantheorien. Hrsg. von Reinhold Grimm. Bd. 2. Frankfurt a. M. 1968. S. 61–104. [²1974.]
Reiss, Hans: Goethe's Novels. London 1969. [Engl. Neufassung.]
Emmel, Hildegard: Was Goethe vom Roman der Zeitgenossen nahm. Bern/München 1972.
Blackall, Eric A.: Goethe and the Novel. Ithaca/London 1976.
Schlaffer, Heinz: Exoterik und Esoterik in Goethes Romanen. In: GJb. 95 (1978) S. 212–226.
Muenzer, Clark S.: Figures of Identity: Goethe's Novels and the Enigmatic Self. University Park, Pa. 1984.
Blessin, Stefan: Goethes Romane: Aufbruch in die Moderne. Paderborn 1996.

c. »Wilhelm Meisters Lehrjahre«

Wilhelm Meisters Lehrjahre von Goethe. Erl. von Heinrich Düntzer. 2., neu durchges. Aufl. Leipzig 1875.
Berendt, Hans: Goethes Wilhelm Meister. Ein Beitrag zur Entwicklungsgeschichte. Dortmund 1911.
Wundt, Max: Goethes Wilhelm Meister und die Entwicklung des modernen Lebensideals. Berlin/Leipzig 1913.
Lukács, Georg: ›Wilhelm Meisters Lehrjahre‹ als Versuch einer Synthese. In: G. L.: Die Theorie des Romans. Ein geschichtsphilosophischer Versuch über die Formen der großen Epik. In: ZfÄsth. 11 (1916) S. 415–424. – Wiederabdr. in: Die Theorie des Romans. Ein geschichtsphilosophischer Versuch über die Formen der großen Epik. Berlin 1920. – 2., um ein Vorwort vermehrte Aufl. Neuwied 1963. S. 135–147. [³1965.]
Ostermann, Walter: Das Bild des Menschen in Goethes ›Wilhelm Meister‹, Kellers ›Grünem Heinrich‹ und R. Rollands ›Jean-Christophe‹. In: NHJbb. 1928. S. 1–116.
Korff, Hermann August: Geist der Goethezeit. Versuch einer ideellen Entwicklung der klassisch-romantischen Literaturgeschichte. Bd. 2. Leipzig 1930. Leipzig ⁷1964. S. 322–341.
Jaloux, Edmond: Lecture de Wilhelm Meister. In: Revue d'Allemagne 6 (1932) S. 97–114.
Schultz, Franz: Klassik und Romantik der Deutschen. T. 2; Wesen und Formen der klassisch-romantischen Literatur. Stuttgart 1940. ³1959. S. 273–293.
Rausch, Jürgen: Lebensstufen in Goethes Wilhelm Meister. In: DVjs. 20 (1942) S. 65–114.
Lukács, Georg: Goethe und seine Zeit. Bern 1947. S. 31–47. – Wiederabdr. in: G. L.: Schriften zur Literatursoziologie. Ausgew. und eingel. von Peter Ludz. Neuwied 1961. S. 383–402. [²1963]. Ferner in: G. L.: Werke. Bd. 7: Deutsche Literatur in zwei Jahrhunderten. Neuwied/Berlin 1964. S. 69–88.
Meyer, Eva A.: Goethes Wilhelm Meister. München 1947.
Müller, Günther: Gestaltung – Umgestaltung in Wilhelm Meisters Lehrjahren. Halle a. d. S. 1948. – Wiederabdr. in: G. M.: Morphologische Poetik. Gesammelte Aufsätze. Tübingen 1968. S. 419–510.

Viëtor, Karl: Goethe. Dichtung, Wissenschaft, Weltbild. Bern 1949. S. 129–150.
– Wiederabdr. in: Deutsche Romane von Grimmelshausen bis Musil. Hrsg. von Jost Schillemeit. Frankfurt a. M. 1966. S. 30–48.
Enright, Dennis J.: Wilhelm Meister and the Ambiguity of Goethe. In: Cambridge Journal 1952/53. S. 664–678.
Schlechta, Karl: Goethes Wilhelm Meister. Frankfurt a. M. 1953.
Storz, Gerhard: Wilhelm Meisters Lehrjahre. In: G. St.: Goethe-Vigilien oder Versuche in der Kunst, Dichtung zu verstehen. Stuttgart 1953. S. 61–103.
Staiger, Emil: Goethe. Bd. 2. Zürich / Freiburg i. Br. 1956. S. 128–174.
May, Kurt: Weltbild und innere Form der Klassik und Romantik im Wilhelm Meister und Heinrich von Ofterdingen. In: K. M.: Form und Bedeutung. Interpretationen deutscher Dichtung des 18. Jahrhunderts. Stuttgart 1957. S. 161–177. [²1963.]
– ›Wilhelm Meisters Lehrjahre‹, ein Bildungsroman? In: DVjs. 31 (1957) S. 1–37.
Stock, Irvin: A View of Wilhelm Meister's Apprenticeship. In: PMLA 72 (1957) S. 84–103.
Schmitt, Paul: Zu ›Wilhelm Meisters Lehrjahren‹. In: P. Sch.: Religion, Idee und Staat. Aus dem Nachlaß hrsg. von Hedwig von Roques-von Beit. Bern 1959. S. 571–598.
Steiner, Jacob: Sprache und Stilwandel in Goethes Wilhelm Meister. Zürich 1959. – Fotomech. Nachdr.: J. St.: Goethes Wilhelm Meister. Sprache und Stilwandel. Stuttgart 1966.
Arntzen, Helmut: Wilhelm Meister. In: H. A.: Der moderne deutsche Roman. Voraussetzungen, Strukturen, Gehalte. Heidelberg 1962. S. 11–24.
Henkel, Arthur: Versuch über den Wilhelm Meister. In: Ruperto-Carola 31 (1962) S. 59–67.
Hass, Hans-Egon: Goethe – Wilhelm Meisters Lehrjahre. In: Der deutsche Roman. Vom Barock bis zur Gegenwart. Struktur und Geschichte. Hrsg. von Benno v. Wiese. Bd. 1. Düsseldorf 1963. S. 132–210, 425 f.
Bruford, Walter H.: Wilhelm Meisters Lehrjahre. In: W. H. B.: Kultur und Gesellschaft im klassischen Weimar 1775–1806. Göttingen 1966. S. 242–250.
Eichner, Hans: Zur Deutung von Wilhelm Meisters Lehrjahren. In: FDH 1966. S. 165–196.
Röder, Gerda: Glück und glückliches Ende im deutschen Bildungsroman. Eine Studie zu Goethes Wilhelm Meister. München 1968.
Kommerell, Max: Wilhelm Meister. In: M. K.: Essays, Notizen, Poetische Fragmente. Aus dem Nachlaß hrsg. von Inge Jens. Freiburg i. Br. 1969. S. 81–186.
Kurth, Lieselotte E.: J. W. Goethe, Wilhelm Meisters Lehrjahre. In: L. E. K.: Die zweite Wirklichkeit. Studien zum Roman des 18. Jahrhunderts. Chapel Hill 1969. S. 204–232.
Miller, Ronald Duncan: Wilhelm Meisters Lehrjahre: An Interpretation. Harrogate 1969.
Turner, David: Wilhelm Meister's Apprenticeship and German Classicism. In:

J. M. Ritchie (Hrsg.): Periods in German Literature. Bd. 2. London 1969. S. 85–114.
Schneider, Margret: Etüden zum Lesen sprachlicher Formen in Goethes Wilhelm Meister. Zürich 1970.
Mayer, Gerhart: Wilhelm Meisters Lehrjahre. Gestaltbegriff und Werkstruktur. In: GJb. 92 (1975) S. 140–164.
Berger, Albert: Ästhetik und Bildungsroman: Goethes Wilhelm Meister. Wien 1977.
Borchmeyer, Dieter: Höfische Gesellschaft und französische Revolution bei Goethe: Adliges und bürgerliches Wertsystem im Urteil der Weimarer Klassik. Kronberg i. Ts. 1977. [Über die »Lehrjahre« s. S. 9–53, 131–221.]
Mannack, Eberhard: Der Roman zur Zeit der Klassik: Wilhelm Meisters Lehrjahre. In: Deutsche Literatur zur Zeit der Klassik. Hrsg. von Karl Otto Conrady. Stuttgart 1977. S. 211–225.
Pfaff, Peter: Plädoyer für eine typologische Interpretation von ›Wilhelm Meisters Lehrjahren‹. In: Text und Kontext 5 (1977) S. 37–55.
Reincke, Olaf: Goethes Roman Wilhelm Meisters Lehrjahre. Ein zentrales Kunstwerk der klassischen Literaturperiode in Deutschland. In: GJb. 94 (1977) S. 137–187.
Kühl, Hans Ulrich: Bild und Spiegelbild: Überlegungen zur Genrestruktur von Goethes Wilhelm Meisters Lehrjahre. In: WB 24 (1978) H. 10. S. 61–89.
Schlaffer, Hannelore: Wilhelm Meister. Das Ende der Kunst und die Wiederkehr des Mythos. Stuttgart 1980.
Sagmo, Ivar: Bildungsroman und Geschichtsphilosophie: Eine Studie zu Goethes Roman Wilhelm Meisters Lehrjahre. Bonn 1982.
Sorg, Klaus Dieter: Gebrochene Teleologie: Studien zum Bildungsroman von Goethe bis Thomas Mann. Heidelberg 1983. S. 57–99.
Koopmann, Helmut: Wilhelm Meisters Lehrjahre (1795/96). In: Lützeler, Paul Michael [u. a.] (Hrsg.): Goethes Erzählwerk: Interpretationen. Stuttgart 1985. S. 168–191.
Steiner, Uwe: Wilhelm Meisters Lehrjahre. In: Witte, Bernd (Hrsg.): Goethe-Handbuch. Bd. 3. Stuttgart/Weimar 1997. S. 113–152.

d. »Wilhelm Meisters theatralische Sendung«

Billeter, Gustav: Goethe: Wilhelm Meisters theatralische Sendung. Mitteilungen über die wiedergefundene erste Fassung von Wilhelm Meisters Lehrjahren. Zürich 1910.
Köpke, Wulf: Wilhelm Meisters theatralische Sendung (1777–1786). In: Lützeler, Paul Michael [u. a.] (Hrsg.): Goethes Erzählwerk: Interpretationen. Stuttgart 1985. S. 73–102.
Goethe, Johann Wolfgang: Wilhelm Meisters theatralische Sendung. Hrsg. von Wulf Köpke. Stuttgart 1986.

e. Einzelfragen

Gregorovius, Ferdinand: Goethes Wilhelm Meister in seinen socialistischen Elementen entwickelt. Schwäbisch Hall ²1855.
Montégut, Émile: Philosophie du Wilhelm Meister de Goethe. In: Revue des deux mondes 2. pér. 48 (1863) S. 178–203. – Wiederabdr. u. d. T.: Wilhelm Meister. In: E. M.: Types litteraires et fantaisies esthétiques. Paris 1882. S. 158–201.
Minor, Jacob: Die Anfänge des Wilhelm Meister. In: GJb. 9 (1888) S. 163–187.
Meusch, Robert: The Ethical Development of Wilhelm Meister. In: PEGS 5 (1890) S. 83–97.
Tomlinson, Charles: On Goethe's Proposed Alterations in Shakespeare's Hamlet. In: PEGS 5 (1980) S. 67–82.
Riese, A.: Erklärung einer Goetheschen Erzählung nach den Akten. In: BerFDH N. F. 8 (1892) S. 241–250.
Schmidt, Erich: Die schöne Seele. In: VjsLg. 6 (1893) S. 592–597.
Meyer, Richard M.: Wilhelm Meisters Lehrjahre und der Kampf gegen den Dilettantismus. In: Euphorion 2 (1895) S. 529–538.
Schubert, Johannes: Die philosophischen Grundgedanken in Goethes Wilhelm Meister. Leipzig 1896.
Rosenbaum, Richard: Mignon. In: PrJbb. 87 (1897) S. 298–318.
Nef, Karl: Die Musik in Goethes Wilhelm Meister. In: Musik 6, I (1906/07) S. 195–211.
Wolff, Eugen: Mignon. Ein Beitrag zur Geschichte des Wilhelm Meister. München 1909.
Bettermann, Wilhelm: Goethes Bekenntnisse einer schönen Seele und die Religion. In: Zeitschrift für Brüdergeschichte 6 (1912) S. 166–185.
Kuntze, Franz: Das Bild vom kranken Königssohn in Wilhelm Meisters Lehrjahren. In: NJbb. 33 (1914) S. 372 f.
Müller, H. F.: Zur Geschichte des Begriffs ›schöne Seele‹. In: GRM 7 (1915–19) S. 236–249.
Borinski, Karl: Drei Goethe-Miszellen. 1. Mignons Eiertanz. In: Abhandlungen zur deutschen Literaturgeschichte. Franz Muncker zum 60. Geburtstag dargebracht. München 1916. S. 83–85.
Lehmann, Rudolf: Anton Reiser und die Entstehung des Wilhelm Meister. In: JbGG 3 (1916) S. 116–134.
Wolff, Eugen: Wilhelm Meisters Plan einer Bühnenbearbeitung des Hamlet. In: Beiträge zur Literatur- und Theatergeschichte. Ludwig Geiger zum 70. Geburtstage. Berlin 1918. S. 133–144.
Krehbiel, August R.: Herder as Jarno in Wilhelm Meister, Book III. In: MPh. 17 (1919/20) S. 77–81.
Cohen, Gustav: Mignon. In: JbGG 7 (1920) S. 132–153.
Bojunga, Klaudius: Der Name Serlo in Goethes Wilhelm Meister. In: ZfDke. 35 (1921) S. 49 f.
Schiff, Julius: Mignon, Ottilie, Makarie im Lichte der Goetheschen Naturphilosophie. In: JbGG 9 (1922) S. 133–147.

Wittich, Werner: Der soziale Gehalt von Goethes Roman ›Wilhelm Meisters Lehrjahre‹. In: Hauptprobleme der Soziologie. Erinnerungsgabe für Max Weber. Bd. 2. Hrsg. von Michael Palyi. München/Leipzig 1923. S. 277–306.
Neuburger, Paul: Die Verseinlage in der Prosadichtung der Romantik mit einer Einleitung: Zur Geschichte der Verseinlage. Leipzig 1924. S. 94–111.
Diamond, William: Wilhelm Meister's Interpretation of Hamlet. In: MPh. 23 (1925) S. 89–101.
Muthesius, Karl: Beruf und Berufserziehung in Goethes ›Wilhelm Meister‹. Eine Untersuchung über den Wandel in Goethes Bildungsideal. In: Kölner Blätter für Berufserziehung 1 (1925) S. 97–112.
Schmeer, Hans: Der Begriff der ›schönen Seele‹, besonders bei Wieland und in der deutschen Literatur des 18. Jahrhunderts. Berlin 1926. 2. Aufl. Nendeln (Liechtenstein) 1967.
Seuffert, Bernhard: Ein Stück der ›Bekenntnisse einer schönen Seele‹ in unbekannter Fassung. In: JbGG 12 (1926) S. 43–46.
Ermatinger, Emil: Goethes Frömmigkeit in ›Wilhelm Meisters Lehrjahren‹. In: Zeitwende 3, I (1927) S. 152–171. – Wiederabdr. in: E. E.: Krisen und Probleme der neueren deutschen Dichtung. Aufsätze und Reden. Zürich/Leipzig 1928. S. 167–192.
Lachmann, Fritz R.: Goethes Mignon. Entstehung, Name, Gestaltung. In: GRM 15 (1927) S. 100–116.
Schütze, Martin: ›Das zusammenbrennende, zusammentreffende Ganze‹ in ›Wilhelm Meister‹. In: MPh. 26 (1928/29) S. 481–497.
Flashar, Dorothea: Bedeutung, Entwicklung und literarische Nachwirkung von Goethes Mignongestalt. Berlin 1929.
Sarasin, Philipp: Goethes Mignon. Eine psychoanalytische Studie. In: Imago 15 (1929) S. 349–399.
Fadrus, Viktor: Goethes sozialpädagogisches und sozialpolitisches Vermächtnis. Betrachtungen über Goethes Werdegang und Wilhelm Meisters Lehr- und Wanderjahre. In: Schulreform 11 (1932) S. 147–171.
Bruford, Walter H.: Goethe's Wilhelm Meister as a Picture and a Criticism of Society. In: PEGS N. S. 9 (1933) S. 20–45.
Olzien, Otto Heinrich: Der Satzbau in ›Wilhelm Meisters Lehrjahren‹. Eine sprachstilistische Untersuchung. Leipzig 1933.
Wagner, Walter: Goethes Mignon. In: GRM 21 (1933) S. 401–415.
Schravesande, C.: Die psychische Struktur des Bürgers in ›Wilhelm Meister‹. In: Neoph. 22 (1937) S. 16–25.
Friese, Hans: Zu Goethes Hamleterklärung. In: Zeitschrift für neusprachlichen Unterricht 37 (1938) S. 173–179.
Keferstein, Georg: Philine. In: Goethe 3 (1938) S. 40–58.
Winkler, Hans: Die Berufsbildungsidee im pädagogischen Vermächtnis Goethes. Berlin 1938.
Sedlag, Paul: Die Erforschung der Ordnung des Lebendigen und die Bildung des Menschen in Goethes naturwissenschaftlichen Schriften und Wilhelm Meister. Würzburg 1940.
Hellersberg-Wendriner, Anna: Soziologischer Wandel im Weltbild Goethes.

Versuch einer neuen Analyse von Wilhelm Meisters Lehr- und Wanderjahren. In: PMLA 56 (1941) S. 447–465.

Krauß, Paul: Mignon, der Harfner, Sperata. Die Psychopathologie einer Sippe in ›Wilhelm Meisters Lehrjahren‹. In: DVjs. 22 (1944) S. 327–354.

Ruprecht, Erich: Das Problem der Bildung in Goethes Wilhelm Meister. In: E. R.: Die Botschaft der Dichter. Stuttgart 1947. S. 183–209.

Müller, Günther: Erzählzeit und erzählte Zeit. In: Festschrift Paul Kluckhohn und Hermann Schneider. Tübingen 1948. S. 195–212. – Wiederabdr. in: G. M.: Morphologische Poetik. Tübingen 1968. S. 269–286.

Clark jr., Robert T.: Personality and Society in Wilhelm Meisters Lehrjahren. In: Southwest Goethe Festival. Hrsg. von Gilbert J. Jordan. Dallas 1949. S. 85–100.

Storz, Gerhard: Die Lieder aus Wilhelm Meister. In: DU 1 (1949) H. 7. S. 36–56. – Wiederabdr. in: G. St.: Goethe-Vigilien, oder Versuche in der Kunst, Dichtung zu verstehen. Stuttgart 1953. S. 104–125.

Lüthi, Hans Jürg: Das deutsche Hamletbild seit Goethe. Bern 1951.

Reiss, Hans S.: On Some Images in ›Wilhelm Meisters Lehrjahre‹. In: PEGS N. S. 20 (1951) S. 111–138.

Baumgart, Wolfgang: Wachstum und Idee. Schillers Anteil an Goethes Wilhelm Meister. In: ZfdPh. 71 (1951/52) S. 2–22.

Dornheim, Alfredo: Goethes ›Mignon‹ und Thomas Manns ›Echo‹. Zwei Formen des ›göttlichen Kindes‹ im deutschen Roman. In: Euphorion 46 (1952) S. 315–347. – Wiederabdr. in: A. D.: Vom Sein der Welt. Beiträge zur mythologischen Literaturgeschichte von Goethe bis zur Gegenwart. Mendoza (Argentinien) 1958. S. 327–389.

Hering, Robert: Wilhelm Meister und Faust und ihre Gestaltung im Zeichen der Gottesidee. Frankfurt a. M. 1952.

Storz, Gerhard: Schiller als Kritiker. Zu seinen Briefen über den Wilhelm Meister. In: DU 4 (1952) H. 5. S. 76–96.

– Goethes Aurelie. In: Festgabe für Wilhelm Hausenstein. München 1952. – Wiederabdr. u. d. T.: Aurelie. In: G. St.: Goethe-Vigilien. Stuttgart 1953. S. 126–135.

– Mignons Bestattung. In: G. St.: Goethe-Vigilien. Stuttgart 1953. S. 136–148.

Bollnow, Otto Friedrich: Vorbetrachtungen zum Verständnis der Bildungsidee in Goethes Wilhelm Meister. In: Die Sammlung 10 (1955) S. 445–463.

Gammersbach, P. Suitbert: Der Bildungsgedanke in Wilhelm Meisters Lehrjahre. In: Pädagogische Provinz 10 (1956) S. 260–265.

Krogmann, Willy: Ein Überlieferungsfehler in Goethes Mignon. In: ZfdPh. 75 (1956) S. 385–396.

Emmel, Hildegard: Weltklage und Bild der Welt in der Dichtung Goethes. Weimar 1957. S. 221–237.

Jockers, Ernst: Faust und Meister, zwei polare Gestalten. In: E. J.: Mit Goethe. Gesammelte Aufsätze. Heidelberg 1957. S. 148–159.

Kassner, Rudolf: Der Stil in Goethes Wilhelm Meister. In: R. K.: Der goldene Drache. Gleichnis und Essay. Erlenbach-Zürich 1957. S. 276–294.

Schweitzer, Christoph: Wilhelm Meister und das Bild vom kranken Königssohn. In: PMLA 72 (1957) S. 419–432.

Hatch, Mary Gies: The Development of Goethe's Concept of the Calling in Wilhelm Meisters Lehrjahre und Wanderjahre. In: GQ 32 (1959) S. 217–226.

Kahn, Ludwig W.: Goethes Wilhelm Meister und das Religiöse. In: Monatshefte 52 (1960) S. 225–233.

Fähnrich, Hermann: Goethes Musikanschauung im Wilhelm Meister. In: Goethe 23 (1961) S. 141–153.

Martin, David M.: Thematic Structure in Goethe's Wilhelm Meister's Apprenticeship. In: Criticism 3 (1961) S. 201–205.

Staroste, Wolfgang: Zum epischen Aufbau der Realität in Goethes Wilhelm Meister. In: WW 11 (1961) S. 34–45.

Kaschnitz, Marie Luise: Mignon. In: Merkur 16 (1962) S. 523–529.

Müller, Joachim: Phasen der Bildungsidee im Wilhelm Meister. In: Goethe 24 (1962) S. 58–80.

Pascal, Roy: ›Bildung‹ and the Division of Labour. In: German Studies. Presented to Walter H. Bruford. London 1962. S. 14–28.

Burger, Heinz Otto: Europäisches Adelsideal und deutsche Klassik. In: H. O. B.: ›Dasein heißt eine Rolle spielen.‹ Studien zur deutschen Literaturgeschichte. München 1963. S. 211–232.

Storz, Gerhard: Wilhelm Meisters Lehrjahre in den Briefen Goethes und Schillers. In: G. St.: Figuren und Prospekte. Stuttgart 1963. S. 104–132.

Hennig, John: Englandkunde im Wilhelm Meister. In: Goethe 26 (1964) S. 199–222.

Blackall, Eric A.: Sense and Nonsense in Wilhelm Meisters Lehrjahre. In: Deutsche Beiträge zur geistigen Überlieferung. Hrsg. von H. Stefan Schultz. Bd. 5. Bern 1965. S. 49–72.

Cillien, Ursula: Die Ironie in Goethes Wilhelm Meister. In: Die Neue Sammlung 5 (1965) S. 258–264.

Mazzucchetti, Lavinia J.: Mignon von Goethe bis Hauptmann. In: Schweizer Monatshefte 45 (1965/66) S. 359–372. [Veränderte und verkürzte Übers. aus: Studi germanici 2 (1964).]

Seidler, Herbert: Der Weg Wilhelm Meisters. In: JWGV 70 (1966) S. 51–65.

Baumgart, Wolfgang: Philine. In: Lebende Antike. Symposion für Rudolf Sühnel. Hrsg. von Horst Meller und Hans Joachim Zimmermann. Berlin 1967. S. 95–110.

Ammerlahn, Hellmut: Wilhelm Meisters Mignon – ein offenbares Rätsel. Name, Gestalt, Symbol, Wesen und Werden. In: DVjs. 42 (1968) S. 89–116.

Fleischer, Stefan: Bekenntnisse einer schönen Seele: Figural Representation in Wilhelm Meisters Lehrjahre. In: MLN 83 (1968) S. 807–820.

Schumann, Detlev W.: Die Zeit in Wilhelm Meisters Lehrjahre. In: FDH 1968. S. 130–165.

Wilkinson, Elizabeth / Willoughby, L. A.: Having and Being, or Bourgeois versus Nobility: Notes for a Chapter on Social and Cultural History or for a Commentary on Wilhelm Meister. In: GLL 22 (1968/69) S. 101–105.

Staiger, Emil: Armida in der Goethezeit. In: Typologia Litterarum. Festschrift für Max Wehrli. Hrsg. von Stefan Sonderegger, Alois M. Haas, Harald Burger. Zürich 1969. S. 299–310.

Thüsen, Joachim von der: Der Romananfang in Wilhelm Meisters Lehrjahren. In: DVjs. 43 (1969) S. 622–630.
Beharriel, Frederick J.: The Hidden Meaning of Goethe's Bekenntnisse einer schönen Seele. In: Lebendige Form. Interpretationen zur deutschen Literatur. Festschrift für Heinrich E. K. Henel. Hrsg. von Jeffrey L. Sammons und Ernst Schürer. München 1970. S. 37–62.
Braemer, Edith: Zu einigen Problemen in Goethes Roman ›Wilhelm Meisters Lehrjahre‹. In: Studien zur Literaturgeschichte und Literaturtheorie. Hrsg. von Hans-Günther Thalheim und Ursula Wertheim. Berlin 1970. S. 143–200, 346–358.
Saine, Thomas P.: Wilhelm Meister's Homecoming. In: JEGP 69 (1970) S. 450–469.
Saine, Thomas P.: Über Wilhelm Meisters ›Bildung‹. In: Lebendige Form. Interpretationen zur deutschen Literatur. Festschrift für Heinrich E. K. Henel. Hrsg. von Jeffrey L. Sammons und Ernst Schürer. München 1970. S. 63–81.
Steer, A. G.: The Wound and the Physician in Goethe's Wilhelm Meister. In: Studies in German Literature of the 19th and 20th Centuries: Festschrift for Frederic E. Coenen. Hrsg. von Siegfried Mews. Chapel Hill 1970. S. 11–23.
Stein, Jack M.: Musical Settings of the Songs from Wilhelm Meister. In: Comparative Literature 22 (1970) S. 125–146.
Storz, Gerhard: Zur Komposition von Wilhelm Meisters Lehrjahren. In: Das Altertum und jedes neue Gute. Festschrift für Wolfgang Schadewaldt 1970. Hrsg. von Konrad Gaiser. Stuttgart 1970. S. 157–165.
Weiss, Gerhard H.: An Interpretation of the Miner's Scene in Goethe's Wilhelm Meisters Lehrjahre. In: Lebendige Form. Interpretationen zur deutschen Literatur. Festschrift für Heinrich E. K. Henel. Hrsg. von Jeffrey L. Sammons und Ernst Schürer. München 1970. S. 83–88.
Ammerlahn, Hellmut: Mignons nachgetragene Vorgeschichte und das Inzestmotiv: Zur Genese und Symbolik der Goetheschen Geniusgestalten. In: Monatshefte 64 (1972) S. 15–24.
Atkins, Stuart: Wilhelm Meisters Lehrjahre: Novel or Romance? In: Essays on European Literature: In Honor of Liselotte Dieckmann. Hrsg. von Peter Uwe Hohendahl [u. a.]. St. Louis 1972. S. 45–52.
Delcourt, Marie: Deux Interpretations romanesques du mythe de l'androgyne Mignon et Seraphita. In: Revue des langues vivantes 38 (1972) S. 228–240, 340–347.
Duncan, Bruce: The Marchese's Story in Wilhelm Meisters Lehrjahre. In: Seminar 8 (1972) S. 169–180.
Fink, Gonthier-Louis: Die Bildung des Bürgers zum ›Bürger‹: Individuum und Gesellschaft in ›Wilhelm Meisters Lehrjahren‹. In: Recherches germaniques 2 (1972) S. 3–37.
Farelly, Daniel J.: Goethe and Inner Harmony: A Study of the ›schöne Seele‹ in the Apprenticeship of Wilhelm Meister. New York 1973.
Gilli, Marita: Structure et interpretation du livre I des ›Années d'apprentissage de Wilhelm Meister‹ de Goethe. In: Hommage à Georges Fourrier. Paris 1973. S. 195–207.

Walser, Martin: Goethe hat ein Programm, Jean Paul eine Existenz. [Über ›Wilhelm Meister‹ und ›Hesperus‹.] In: Literaturmagazin 2 (1974) S. 101–112.
Roberts, David: Wilhelm Meister and Hamlet. The Inner Structure of Book III of Wilhelm Meisters Lehrjahre. In: PEGS 45 (1974/75) S. 64–100.
Baioni, Giuliano: Märchen – Wilhelm Meisters Lehrjahre – Hermann und Dorothea. Zur Gesellschaftsidee der deutschen Klassik. In: GJb. 92 (1975) S. 73–127.
Berger, Albert: Ästhetische Bildung: Thesen und Erläuterungen zu Wilhelm Meisters Lehrjahren. In: Sprachkunst 6 (1975) S. 224–237.
Blessin, Stefan: Die radikal-liberale Konzeption von Wilhelm Meisters Lehrjahren. In: DVjs. 49 (1975) Sonderheft 18. Jahrhundert. S. 190–225.
Günther, Vincent J.: Spiegelungen Hamlets im Roman und im Drama: Goethe, Innes, Brešan. In: Teilnahme und Spiegelung. Festschrift für Horst Rüdiger. Hrsg. von Beda Allemann und Erwin Koppen. Berlin 1975. S. 165–172.
Haas, Rosemarie: Die Turmgesellschaft in ›Wilhelm Meisters Lehrjahren‹. Zur Geschichte des Geheimbundromans und der Romantheorie im 18. Jahrhundert. Bern 1975.
Janz, Rolf Peter: Zum sozialen Gehalt der Lehrjahre. In: Literaturwissenschaft und Geschichtsphilosophie. Festschrift für Wilhelm Emrich. Berlin 1975. S. 320–340.
Dürr, Volker O.: The Humanistic Ideal and the Representative Public in Wilhelm Meister's Apprenticeship. In: Papers on Language and Literature 12 (1976) S. 36–48.
Dürr, Volker: Wilhelm Meisters Lehrjahre: Hypotaxis, Abstraction and the ›Realistic Symbol‹. In: Versuche zu Goethe. Festschrift für Erich Heller zum 65. Geburtstag. Hrsg. von Volker Dürr und Géza v. Molnár. Heidelberg 1976. S. 201–211.
Storck, Joachim W.: Das Ideal der klassischen Gesellschaft in Wilhelm Meisters Lehrjahren. Ebd. S. 212–234.
Storz, Gerhard: Wieder einmal die Lehrjahre. Ebd. S. 190–200.
Walser, Martin: Über Verbindlichkeit, bzw. Tendenz des Romans (Am Beispiel des Wilhelm Meister). In: Kontext 1 (1976) S. 199–215.
Blackall, Eric A.: The Contemporary Background to a Passage in the Lehrjahre. In: Aspekte der Goethezeit. Hrsg. von Stanley A. Corngold und Michael Curschmann. Göttingen 1977. S. 137–145.
Reincke, Olaf: Goethes Roman ›Wilhelm Meisters Lehrjahre‹ – ein zentrales Kunstwerk der klassischen Literaturperiode in Deutschland. In: Goethe 94 (1977) S. 137–187.
Ammerlahn, Hellmut: Goethe und Wilhelm Meister, Shakespeare und Natalie: Die klassische Heilung des kranken Königssohns. In: FDH 1978. S. 37–74.
Borchmeyer, Dieter: Über eine ästhetische Aporie in Schillers Theorie der modernen Dichtung. Zu seinen ›sentimentalischen‹ Forderungen an Goethes ›Wilhelm Meister‹ und ›Faust‹. In: JbDSG 22 (1978) S. 303–354.
Hahn, Karl-Heinz: Adel und Bürgertum im Spiegel Goethescher Dichtungen zwischen 1790 und 1810 unter besonderer Berücksichtigung von ›Wilhelm Meisters Lehrjahren‹. In: GJb. 95 (1978) S. 150–162.

Jackson, John E.: Ophélie ou un point ambigu de l'Apprentissage de Wilhelm Meister. In: Arcadia 13 (1978) S. 177–184.
Kittler, Friedrich A.: Über die Sozialisation Wilhelm Meisters. In: Gerhard Kaiser und Fr. A. K.: Dichtung als Sozialisationsspiel. Studien zu Goethe und Gottfried Keller. Göttingen 1978. S. 13–124.
Kühl, Hans-Ulrich: Bild und Spiegelbild: Überlegungen zur Genrestruktur von Goethes ›Wilhelm Meisters Lehrjahre‹. In: WB 24 (1978) H. 10. S. 61–89.
Lienhard, Johanna: Mignon und ihre Lieder, gespiegelt in den Wilhelm Meister-Romanen. Zürich 1978.
Øhrgaard, Per: Die Genesung des Narcissus. Eine Studie zu Goethe: Wilhelm Meisters Lehrjahre. Kopenhagen 1978.
Bonds, Mark Evan: Die Funktion des Hamlet-Motivs in ›Wilhelm Meisters Lehrjahre‹. In: Goethe 96 (1979) S. 101–110.
Nolan, Erika: Wilhelm Meisters Lieblingsbild: Der kranke Königssohn: Quelle und Funktion. In: FDH 1979. S. 132–152.
Schottländer, Rudolf: Das Kindesleid der Mignon und ihre Verwandtschaft mit Gretchen und Klärchen. In: FDH 1979. S. 18–34.
Vaget, Hans R.: Liebe und Grundeigentum in Wilhelm Meisters Lehrjahren. In: Legitimationskrisen des deutschen Adels 1200–1900. Hrsg. von Peter U. Hohendahl und Paul M. Lützeler. Stuttgart 1979. S. 137–157.
Roberts, David: The Indirections of Desire: Hamlet in Goethes ›Wilhelm Meister‹. Heidelberg 1980.
Sagmo, Ivar: Hier oder nirgend ist Amerika! Hier oder nirgend ist Herrnhut! Zur Lokalisierung des Turmbezirks in Goethes Roman Wilhelm Meisters Lehrjahre. In: Text und Kontext 8 (1980) H. 1. S. 63–87.
Stadler, Ulrich: Wilhelm Meisters unterlassene Revolte. Individuelle Geschichte und Gesellschaftsgeschichte in Goethes Lehrjahren. In: Euphorion (1980) H. 4. S. 360–374.
Walter-Schneider, Margaret: Die Kunst des Hintergrunds in ›Wilhelm Meisters Lehrjahre‹. In: JbDSG 24 (1980) S. 87–101.
Wuthenow, Ralph-Rainer: Wilhelm Meister als Leser. In: R.-R. W.: Im Buch die Bücher oder der Held als Leser. Frankfurt a. M. 1980. S. 74–86.
Ammerlahn, Hellmut: Puppe-Tänzer-Dämon-Genius-Engel: Naturkind, Poesiekind und Kunstwerdung bei Goethe. In: GQ 54 (1981) S. 19–32.
Hahn, Karl-Heinz: Zeitgeschichte in Goethes Roman ›Wilhelm Meisters Lehrjahre‹. In: Deutsche Klassik und Revolution. Hrsg. von Paolo Chiarini und Walter Dietze. Rom 1981. S. 169–194.
Macher, Heinrich: Wilhelm und Werner. Zur Persönlichkeitskonzeption in Goethes ›Wilhelm Meister‹. In: Ansichten der deutschen Klassik. Hrsg. von Helmut Brandt und Manfred Beyer. Berlin 1981. S. 209–232, 434–435.
Reiss, Hans: Lustspielhaftes in ›Wilhelm Meisters Lehrjahre‹. In: Goethezeit. Studien zur Erkenntnis und Rezeption Goethes und seiner Zeitgenossen. Festschrift für Stuart Atkins. Hrsg. von Gerhart Hoffmeister. Bern/München 1981. S. 129–144.
Fick, Monika: Mignon: Psychologie und Morphologie der Geniusallegorese in Wilhelm Meisters Lehrjahren. In: Sprachkunst 13 (1982) H. 1. S. 3–49.

Haupt, Jürgen: die ›etwas materielle‹ Therese: Wilhelm Meisters Lehrjahre als Gesellschaftskonzeption. In: Literatur für Leser 1982. H. 4. S. 205–216.

Kühl, Hans Ulrich: Wilhelm Meister: Individuum und Gesellschaft. In: WB 28 (1982) H. 10. S. 133–141.

Molnar, Geza von: Goethe's reading of Kant's Critique of Esthetic Judgment: A Referential Guide for Wilhelm Meister's Esthetic Education. In: Eighteenth-Century Studies 15 (1982) S. 402–420.

Voßkamp, Wilhelm: Utopie und Utopiekritik in Goethes Romanen Wilhelm Meisters Lehrjahre und Wilhelm Meisters Wanderjahre. In: W. V. (Hrsg.): Utopieforschung: Interdisziplinäre Studien zur neuzeitlichen Utopie. Bd. 3. Stuttgart 1982. S. 227–249.

Amrine, Frederick: Comic Configurations and Types in Wilhelm Meisters Lehrjahre. In: Seminar 19 (1983) S. 6–19.

Barner, Wilfried: Geheime Lenkung: zur Turmgesellschaft in Goethes Wilhelm Meister. In: Lillyman, William J. (Hrsg.): Goethe's Narrative Fiction: The Irvine Goethe Symposium. Berlin / New York 1983. S. 85–109.

Behler, Ernst: Wilhelm Meisters Lehrjahre and the Poetic Unity of the Novel in early German Romanticism. In: Ebd. S. 110–127.

Brown, Jane K.: The Theatrical Mission of the Lehrjahre. In: Ebd. S. 69–84. – Dt. Fass.: Die theatralische Sendung der Lehrjahre. In: J. K. B.: Ironie und Objektivität: Aufsätze zu Goethe. Würzburg: Königshausen 1999. S. 71–89.

Schings, Hans-Jürgen: Wilhelm Meisters Geselle Laertes. In: Euphorion 77 (1983) S. 419–437.

Hörisch, Jochen: Glück und Lücke in Wilhelm Meisters Lehrjahre. In: J. H.: Gott, Geld und Glück: Zur Logik der Liebe in den Bildungsromanen Goethes, Kellers und Thomas Manns. Frankfurt a. M. 1983. S. 30–99.

Barner, Wilfried: ›Die Verschiedenheiten unserer Natur‹: zu Goethes und Schillers Briefwechsel über Wilhelm Meisters Lehrjahre. In: W. B. (Hrsg.): Unser Commercium: Goethes und Schillers Literaturpolitik. Stuttgart 1984. S. 379–404.

Schings, Hans-Jürgen: Agathon – Anton Reiser – Wilhelm Meister: Zur Pathogenese des modernen Subjekts im Bildungsroman. In: Wittkowski, Wolfgang (Hrsg.): Goethe im Kontext. Ein Symposium. Tübingen 1984. S. 43–68.

Hauer, Bernard E.: Die Todesthematik in Wilhelm Meisters Lehrjahre und in Heinrich von Ofterdingen. In: Euphorion 79 (1985) H. 2. S. 182–206.

Irmscher, Hans Dietrich: Beobachtungen zum Problem der Selbstbestimmung im deutschen Bildungsroman am Beispiel von Goethes Roman Wilhelm Meisters Lehrjahre. In: JWGV 86/87/88 (1982–1984) S. 135–172.

Marahrens, Gerwin: Über die Schicksalskonzeptionen in Goethes Wilhelm Meister-Romanen. In: Goethe-Jahrbuch 102 (1985) S. 144–170.

Marchand, James W.: A milestone in ›Hamlet‹ criticism: Goethe's Wilhelm Meister. In: Fink, Karl J. [u. a.] (Hrsg.): Goethe as a Critic of Literature. Lanham 1984. S. 140–159.

Schödlbauer, Ulrich: Kunsterfahrung und Weltverstehen: Die ästhetische Form von Wilhelm Meisters Lehrjahren. Heidelberg 1984.

Fick, Monika: Destruktive Imagination: die Tragödie der Dichterexistenz in Wilhelm Meisters Lehrjahren. In: JbDSG 29 (1985) S. 207–247.

Gradl, Karlheinz: Säkularisierung und Bildung: eine Studie zu Goethes Roman Wilhelm Meisters Lehrjahre. Frankfurt a. M. 1985.
Schings, Hans-Jürgen: Wilhelm Meisters schöne Amazone. In: SchillerJb. 29 (1985) S. 141–206.
Brittnacher, Hans Richard: Mythos und Devianz in Wilhelm Meisters Lehrjahren. In: Leviathan 14 (1986) S. 96–109.
Buschinger, Philippe: Die Arbeit in Goethes Wilhelm Meister. Stuttgart 1986.
Dick, Anneliese: Weiblichkeit als natürliche Dienstbarkeit: eine Studie zum klassischen Frauenbild in Goethes Wilhelm Meister. Frankfurt a. M. 1986.
Eigler, Friederike: Wer hat ›Wilhelm Schüler‹ zum ›Wilhelm Meister‹ gebildet? Wilhelm Meisters Lehrjahre und die Aussparungen einer hermeneutischen Verstehens- und Bildungspraxis. In: Goethe Yearbook 3 (1986) S. 93–119.
Flaherty, Gloria: The Stage Struck Wilhelm Meister and 18th century Psychiatric Medicine. In: MLN 101 (1986) S. 493–515.
Keppel-Kriems, Karin: Mignon und Harfner in Goethes Wilhelm Meister: eine geschichtsphilosophische und kunsttheoretische Untersuchung zu Begriff und Gestaltung des Naiven. Frankfurt a. M. 1986.
Strack, Friedrich: Selbst-Erfahrung oder Selbst-Entsagung?: Goethes Deutung und Kritik des Pietismus in Wilhelm Meisters Lehrjahre. In: Wittkowski, Wolfgang (Hrsg.): Verlorene Klassik? Ein Symposium. Tübingen 1986. S. 52–78.
Zantop, Susanne: Eigenes Selbst und fremde Formen: Goethes ›Bekenntnisse einer schönen Seele‹. In: Goethe Yearbook 3 (1986) S. 73–92.
Fick, Monika: Das Scheitern des Genius: Mignon und die Symbolik der Liebesgeschichte in Wilhelm Meisters Lehrjahren. Würzburg 1987.
Kieß, Martina: Poesie und Prosa: die Lieder in Wilhelm Meisters Lehrjahren. Frankfurt a. M. 1987.
Schings, Hans-Jürgen: Natalie und die Lehre des +++: Zur Rezeption Spinozas in Wilhelm Meisters Lehrjahren. In: JWGV 89/91 (1985/87) S. 37–88.
Sørensen, Bengt Algot: Über die Familie in Goethes Werther und Wilhelm Meister. In: Orbis Litterarum 42 (1987) S. 118–140.
Becker-Cantarino, Barbara: Die ›Bekenntnisse einer schönen Seele‹: Zur Ausgrenzung und Vereinnahmung des Weiblichen in der patriarchalischen Utopie von Wilhelm Meisters Lehrjahren. In: Verantwortung und Utopie: Zur Literatur der Goethe-Zeit. Hrsg. von Wolfgang Wittkowski. Tübingen 1988. S. 70–86.
Cohn, Dorrit: Wilhelm Meister's dream: Reading Goethe with Freud. In: GQ 62 (1989) S. 459–472.
Fujii, Keiji: Warum mußte die Turmgesellschaft ironisiert werden? Goethes Roman Wilhelm Meisters Lehrjahre und Georg Lukács' Theorie des Romans. In: Impulse 12 (1989) S. 98–123.
Greiner, Bernhard: Puppenspiel und Hamlet-Nachfolge: Wilhelm Meisters ›Aufgabe‹ der theatralischen Sendung. In: Euphorion 83 (1989) H. 3. S. 281–296.
Mayer, Mathias: Selbstbewußte Illusion: Selbstreflexion und Legitimation der Dichtung im Wilhelm Meister. Heidelberg 1989.

Witte, Bernd: Die schöne Gesellschaft als symbolisches Kunstwerk: Über den antirevolutionären Ursprung des Bildungsromans. In: Juni 3 (1989) Nr. 2–3. S. 116–132.

Hartung, Günter: Wilhelm Meisters Lehrjahre und das Faustische. WB 36 (1990) S. 284–312.

Kacandes, Irene: Re-presentations of Time in Wilhelm Meisters Lehrjahre. In: Seminar 26 (1990) S. 95–118.

Ladendorf, Ingrid: Zwischen Tradition und Revolution: die Frauengestalten in Wilhelm Meisters Lehrjahren und ihr Verhältnis zu deutschen Originalromanen des 18. Jahrhunderts. Frankfurt a. M. 1990.

Reed, Terence James: Revolution und Rücknahme: Wilhelm Meisters Lehrjahre im Kontext der Französischen Revolution. In: GJb. 107 (1990) S. 27–43.

Saine, Thomas P.: What Time is it in Wilhelm Meisters Lehrjahre? In: Horizonte: Festschrift für Herbert Lehnert zum 65. Geburtstag. Hrsg. von Hannelore Mundt. Tübingen 1990. S. 52–69.

Schings, Hans-Jürgen: Wilhelm Meister und die Geschichte. In: Literatur und Geschichte: 1788–1988. Hrsg. von Gerhard Schulz. Bern 1990. S. 13–26.

Greiner, Bernhard: Puppet Show and Emulation of Hamlet: Wilhelm Meister's (Re)Mission of the ›Theatralische Sendung‹. Fictions of Culture: Essays in Honor of Walter H. Sokel. Hrsg. von Steven Taubeneck. New York 1991. S. 35–52.

– Weibliche Identität und ihre Medien: Zwei Entwürfe Goethes (Iphigenie auf Tauris, Bekenntnisse einer schönen Seele). In: JbDSG 35 (1991) S. 33–56.

Neumann, Michael: Roman und Ritus: Wilhelm Meisters Lehrjahre. Frankfurt a. M. 1991.

Saine, Thomas P.: Was Wilhelm Meister really supposed to be a Bildungsroman? In: Reflections and Action: Essays on the Bildungsroman. Hrsg. von James Hardin. Columbia, SC 1991. S. 118–141.

Saße, Günter: Die Sozialisation des Fremden: Mignon oder: Das Kommensurable des Inkommensurablen in ›Wilhelm Meisters Lehrjahren‹. In: Begegnung mit dem »Fremden«: Grenzen, Traditionen, Vergleiche. Akten des VII. Internationalen Germanisten-Kongresses, Tokyo 1999. Hrsg. von Eijiro Iwasaki. Bd. 11. München 1991. S. 103–112.

Steinecke, Hartmut: The Novel and the Individual: the Significance of Goethe's Wilhelm Meister in the Debate about the Bildungsroman. In: Ebd. S. 69–96.

Cersowsky, Peter: Von der Anthropologie zur Kunst: zu Wilhelm Meisters ›Hamlet‹-Aufführung. In: Archiv 144 (1992) S. 1–15.

Dye, R. Ellis: Wilhelm Meister and ›Hamlet‹: Identity and Difference. In: Goethe Yearbook 6 (1992) S. 67–85.

Elsaghe, Yahya A.: Philine blautē: zur Genese und Funktion mythologischer Reminiszenzen in Wilhelm Meisters Lehrjahre. Jahrbuch des Freien Deutschen Hochstifts 1992. S. 1–35.

Kowalik, Jill Anne: Feminine Identity Formation in Wilhelm Meisters Lehrjahre. In: Modern Language Quarterly 53 (1992) S. 149–172.

Hoffmeister, Gerhart (Hrsg.): Goethes Mignon und ihre Schwestern: Interpretationen und Rezeption. New York 1993.

McLeod, Catriona: Pedagogy and Androgyny in Wilhelm Meisters Lehrjahre. In: MLN 108 (1993) S. 389–426.
Stephenson, Roger H. / Zecevic, Patricia D.: ›Das Was bedenke ...‹: on the Content, Structure, and Form of Goethe's Wilhelm Meister. In: London German Studies 5 (1993) S. 79–94.
Elsaghe, Yahya A.: ›Einstweilen Laertes‹: zum Doppelgängermotiv in Wilhelm Meisters Lehrjahren. GJb. 111 (1994) S. 45–59.
Mahlendorf, Ursula: The mystery of Mignon: Object relations, Abandonment, Child abuse, and Narrative Structure. In: Goethe Yearbook 7 (1994) S. 23–39.
Südhoff, Rüdiger: Die intertextuelle Sinnkonstitution im Bildungsroman der Weimarer Klassik: poetologische Paradigmen der Aufklärungsliteratur in Goethes Lehrjahren. Stuttgart 1994.
Blesken, Karl: Von der pietistischen Selbstschau zum weiblichen Lebensentwurf: Anmerkungen zu Goethes ›Bekenntnissen einer schönen Seele‹. In: Geschriebenes Leben: Autobiographik von Frauen. Hrsg. von Michaela Holdenried. Berlin 1995. S. 155–171.
Kawa, Rainer: Die Klarheit Thereses: Erscheinungsbild und Wesen einer Frauengestalt in Wilhelm Meisters Lehrjahre. In: Recherches germaniques 25 (1995) S. 113–132.
Saße, Günter: Wilhelm Meister als Leser Tassos. In: Torquato Tasso in Deutschland: seine Wirkung in Literatur, Kunst und Musik seit der Mitte des 18. Jahrhunderts. Hrsg. von Achim Aurnhammer. Berlin / New York 1995. S. 370–381.
Wetzel, Michael: ›Kore‹ und ›Chora‹: Allegorien der ›Kindsbraut‹ in Goethes Wilhelm Meister. In: Sprache und Literatur in Wissenschaft und Unterricht 26 (1995) H. 75/76. S. 110–131.
Seitz, Erwin: Die Vernunft des Menschen und die Verführung durch das Leben: eine Studie zu den Lehrjahren. In: GJb. 113 (1996) S. 121–137.
Vogel, Klaus: Goethes poetische Anthropologie: Wilhelm Meisters Lehrjahre. In: Anthropologisches Denken in der Pädagogik 1750–1850. Hrsg. von Christoph Wulf. Weinheim 1996. S. 106–130.
Wellbery, David E.: Die Enden des Menschen: Anthropologie und Einbildungskraft im Bildungsroman (Wieland, Goethe, Novalis). In: Das Ende: Figuren einer Denkform. Hrsg. von Karlheinz Stierle [u. a.]. München 1996. S. 600–639.
Ammerlahn, Hellmut: Goethe's Wilhelm Meisters Lehrjahre: an Apprenticeship toward the Mastery of exactly what? In: Colloquia Germanica 30 (1997) S. 99–119.
Barbera, Sandro: Italienische Landschaften und künstlerischer Schein in Goethes Lehr- und Wanderjahren. In: Italienbeziehungen des klassischen Weimars. Hrsg. von Klaus Manger. Tübingen 1997. S. 113–126.
Blair, John: Tracing Subversive Currents in Goethe's Wilhelm Meister's Apprenticeship. Columbia, SC 1997.
Egger, Irmgard: ›... eine Art von Experiment‹: Goethes Kritik szientifischer Methoden und die »Wilhelm Meister«-Romane. In: Jahrbuch des Freien Deutschen Hochstifts 1997. S. 69–92.

Käser, Rudolf: Einbalsamierte Jugend: Bemerkungen zur narrativen Funktion medizinischer Diskurse in Goethes Roman Wilhelm Meisters Lehrjahre. In: Jugend – ein romantisches Konzept? Hrsg. von Günter Österle. Würzburg 1997. S. 225–252.

Koch, Manfred: Serlo, Aurelie, Orest und Cornelia: zu den Namen in Goethes Roman Wilhelm Meisters Lehrjahre. In: GRM NF 47 (1997) S. 399–413.

Zumbrink, Volker: Metamorphosen des kranken Königssohns: die Shakespeare-Rezeption in Goethes Romanen Wilhelm Meisters theatralische Sendung und Wilhelm Meisters Lehrjahre. Münster 1997.

Ammerlahn, Hellmuth: Produktive und destruktive Einbildungskraft: Goethes Tasso, Harfner und Wilhelm Meister. In: Orbis litterarum 53 (1998) H. 2. S. 83–104.

Schings, Hans-Jürgen: Wilhelm Meister und das Erbe der Illuminaten. In: JbDSG 43 (1999) S. 123–147.

Gille, Klaus: ›Mich selbst auszubilden, das war dunkel von Jugend auf mein Wunsch.‹ Zur Einführung in Wilhelm Meisters Lehrjahre. In: Von Goethe war die Rede ... Hrsg. von Jattie Enklaar [u. a.]. Amsterdam 1999. S. 97–115.

f. Wirkungsgeschichte

Proddnigg, Heinrich: Goethes Wilhelm Meister und die ästhetische Doktrin der älteren Romantik. Programm Graz 1891.

Donner, Joakim Otto Evert: Der Einfluß Wilhelm Meisters auf den Roman der Romantiker. Akademische Abhandlung. Helsingfors 1893.

Krüger, Herm. Anders: Wilhelm Meister und der Bildungsroman der Romantik. In: Hochland 4 (1906/07) S. 702–714.

Wendriner, Karl Georg: Das romantische Drama. Eine Studie über den Einfluß von Goethes ›Wilhelm Meister‹ auf das Drama der Romantiker. Berlin 1909.

Stern, Lucie: Wilhelm Meisters Lehrjahre und Jean Pauls Titan. ZfÄsth. 16 (1922) S. 35–68.

May, Kurt: Weltbild und innere Form der Klassik und Romantik im Wilhelm Meister und Heinrich von Ofterdingen. In: Romantik-Forschungen. Halle a. d. S. 1929. S. 185–203. – Wiederabdr. in: K. M.: Form und Bedeutung. Stuttgart 1957. S. 161–177.

Howe, Susanne: Wilhelm Meister and his English Kinsmen. Apprentices to Life. New York 1930.

Arnold, Ludwig: Stifters ›Nachsommer‹ als Bildungsroman. (Vergleich mit Goethes ›Wilhelm Meister‹ und Kellers ›Grünem Heinrich‹.) Gießen 1938.

Baumgart, Wolfgang: Goethes Wilhelm Meister und der Roman des 19. Jahrhunderts. In: ZfdPh. 69 (1944/45) S. 132–148.

Ernst, Fritz: Fürst Nechljudow und Wilhelm Meister. In: F. E.: Essais. Bd. 3. Zürich 1946. S. 278–286.

Holthusen, Johannes: Die Figur der Mignon bei Dostojevskij. In: Zeitschrift für slavische Philologie 23 (1955) S. 78–88.

Gerhard, Melitta: Goethes ›geprägte Form‹ im romantischen Spiegel. Zu Friedrich Schlegels Aufsatz ›Über Goethe's Meister‹. In: On Romanticism and the Art of Translation. Studies in Honor of Edwin H. Zeydel. Hrsg. von Gottfried F. Merkel. Princeton 1956. S. 29–46.

Prawer, Siegbert S.: Mignon's Revenge: A Study of Mörike's Maler Nolten. In: PEGS N.S. 25 (1956) S. 63–85.

Immerwahr, Raymond: Friedrich Schlegel's Essay ›On Goethe's Meister«. In: Monatshefte 49 (1957) S. 1–21.

Kornbluth, Martin L.: The Reception of ›Wilhelm Meister‹ in America. In: Symposion 13 (1959) S. 128–134.

Halpert, Inge D.: Wilhelm Meister und Josef Knecht. In: GQ 34 (1961) S. 11–20.

Hatfield, Henry: Wilhelm Meisters Lehrjahre and progressive Universalpoesie. In: GR 36 (1961) S. 221–229.

Seidler, Herbert: Wandlungen des deutschen Bildungsromans im 19. Jahrhundert. In: WW 9 (1961) S. 148–162.

Arntzen, Helmut: Roman und Epos – Wilhelm Meister – Das 19. Jahrhundert und die Anfänge des modernen Romans. In: H. A.: Der moderne deutsche Roman. Heidelberg 1962. S. 9–36.

Burger, Heinz Otto: Eine Idee, die noch in keines Menschen Sinn gekommen ist. Ästhetische Religion in deutscher Klassik und Romantik. In: H. O. B.: ›Dasein heißt eine Rolle spielen‹. Studien zur deutschen Literaturgeschichte. München 1963. S. 233–254.

Heselhaus, Clemens: Die Wilhelm Meister-Kritik der Romantiker und die romantische Romantheorie. In: Nachahmung und Illusion. Kolloquium Gießen Juni 1963. Vorlagen und Verhandlungen. Hrsg. von Hans Robert Jauß. München 1964. S. 113–127.

Scharfschwerdt, Jürgen: Thomas Mann und der deutsche Bildungsroman. Eine Untersuchung zu den Problemen einer literarischen Tradition. Stuttgart 1967.

Strelka, Joseph: Goethes Wilhelm Meister und der Roman des 20. Jahrhunderts. In: GQ 41 (1968) S. 338–355.

McInnes, Edward: Zwischen ›Wilhelm Meister‹ und ›Die Ritter vom Geist‹: zur Auseinandersetzung zwischen Bildungsroman und Sozialroman im 19. Jahrhundert. In: DVjs. 43 (1969) S. 487–514.

Gille, Klaus F.: Wilhelm Meister im Urteil der Zeitgenossen: Ein Beitrag zur Wirkungsgeschichte Goethes. Assen (Holland) 1971.

Zipes, Jack D.: Growing Pains in the Contemporary Novel: East and West. In: New Views of the European Novel. Hrsg. von R. G. Collins und Kenneth McRobbie. Winnipeg 1972. S. 1–17.

Miles, David H.: Kafka's Hapless Pilgrims and Grass's Scurrilous Dwarf: Notes on Representative Figures in the Anti-Bildungsroman. In: Monatshefte 65 (1973) S. 341–350.

Buckley, Jerome: Season of Youth: The Bildungsroman from Dickens to Golding. Cambridge, Mass. 1974.

Miles, David H.: The Picaro's Journey to the Confessional: The Changing Image of the Hero in the German Bildungsroman. In: PMLA 89 (1974) S. 980–992.

V. Literaturhinweise

Schrader, Monika: Mimesis und Poiesis: Poetologische Studien zum Bildungsroman. Berlin 1975.

Beck, Hans-Joachim: Friedrich von Hardenberg ›Oeconomie des Styls‹. Die Wilhelm Meister-Rezeption im Heinrich von Ofterdingen. Bonn 1976.

Molnár, Géza von: Wilhelm Meister from a Romantic Perspective: Aspects of Novalis' Predisposition That Resulted in His Initial Preference for Goethe's Novel. In: Versuche zu Goethe: Festschrift für Erich Heller. Heidelberg 1976. S. 235–247.

Bahr, Ehrhard: Das Theater als Erzählmotiv im deutschen Bildungsroman. In: Ein Theatermann: Theorie und Praxis. Festschrift zum 70. Geburtstag von Rolf Badenhausen. Hrsg. von Ingrid Nohl. München 1977. S. 25–41.

Swales, Martin: Unverwirklichte Totalität. Bemerkungen zum deutschen Bildungsroman. In: Der deutsche Roman und seine historischen und politischen Bedingungen. Hrsg. von Wolfgang Paulsen. Bern/München 1977. S. 90–106.

– The German Bildungsroman from Wieland to Hesse. Princeton, N. J. 1978.

Gille, Klaus F. (Hrsg.): ›Goethes Wilhelm Meister‹. Zur Rezeptionsgeschichte der Lehr- und Wanderjahre. Königstein i. Ts. 1979.

Berghahn, Klaus L. / Pinkerneil, Beate: Am Beispiel ›Wilhelm Meister‹ Einführung in die Wissenschaftsgeschichte der Germanistik. 2 Bde. Königstein i. Ts. 1980.

Mayer, Gerhart: Wilhelm Raabe und die Tradition des Bildungsromans. In: Raabe-Jahrbuch 1980. S. 97–124.

Swales, Martin: Der deutsche Bildungsroman in komparatistischer Sicht. In: Akten des 6. Internationalen Germanistenkongresses. T. 3. Bern / Frankfurt a. M. 1980. S. 117–124.

Küntzel, Heinrich: Von ›Abschied‹ bis ›Atemnot‹. Über die Poetik des Romans, insbesondere des Bildungs- und Entwicklungsromans, in der DDR. In: DDR-Roman und Literaturgesellschaft. Hrsg. von Jos Hoogeveen und Gerd Labroisse. Amsterdam 1981. S. 1–32.

Ledanff, Susanne: Bildungsroman versus Großstadtroman. Thesen zum Konflikt zweier Romanstrukturen, dargestellt am Beispiel von Döblins ›Berlin Alexanderplatz‹, Rilkes ›Aufzeichnungen des Malte Laurids Brigge‹ und Musils ›Mann ohne Eigenschaften‹. In: Sprache im technischen Zeitalter 78 (1981) S. 85–114.

Sammons, Jeffrey L.: The Mystery of the Missing ›Bildungsroman‹, or What Happened to Wilhelm Meister's Legacy? In: Genre 14 (1981) S. 229–246.

Sokel, Walter H.: Robert Musil und die Existenzphilosophie Jean-Paul Sartres. Zum ›existenzphilosophischen‹ Bildungsroman Musils und Sartres. In: Literaturwissenschaft und Geistesgeschichte. Festschrift für Richard Brinkmann. Hrsg. von Jürgen Brummack. Tübingen 1981. S. 658–691.

Steinecke, Hartmut: Wilhelm Meister und die Folgen: Goethes Roman und die Entwicklung der Gattung im 19. Jahrhundert. In: Goethe im Kontext: Kunst und Humanität, Naturwissenschaft und Politik von der Aufklärung bis zur Restauration. Ein Symposium. Hrsg. von Wolfgang Wittkowski. Tübingen 1984. S. 89–111.

Behler, Ernst: Goethes Wilhelm Meister und die Romantheorie der Romantiker. In: Et. Germ. 44 (1989) S. 409–428. – Wiederabdr. in: E. B.: Studien zur Romantik und zu idealistischen Philosophie. 2. Paderborn 1993. S. 157–172.

Krolop, Kurt. Geteiltes Publikum, geteilte Publizität: Wilhelm Meister im Vorfeld des Athenäums (1795–1797). In: Dahnke, Hans-Dietrich [u. a.] (Hrsg.): Debatten und Kontroversen: Literarische Auseinandersetzungen in Deutschland am Ende des 18. Jahrhunderts. Bd. 1. Berlin/Weimar 1989. S. 270–384.

Landfester, Ulrike: ›Da, wo ich mich unterwerfen sollte, werde ich mich rächen‹: Mignon auf dem Weg zur Revolte: Stationen einer Rezeptionsgeschichte. In: Internationales Jahrbuch der Bettina-von-Arnim-Gesellschaft 4 (1990) S. 71–97.

McCormick, Richard W.: Wilhelm Meister revisited: ›Falsche Bewegung‹ by Peter Handke and Wim Wenders. In: The Age of Goethe Today: Critical Reexamination and Literary Reflection. Hrsg. von Gertrud Bauer Pickar [u. a.]. München 1990. S. 194–211.

König, Julia: Das Leben im Kunstwerk: Studien zu Goethes Mignon und ihrer Rezeption. Frankfurt a. M. 1991.

Minden, Michael: Der Grüne Heinrich and the Legacy of Wilhelm Meister. In: Gottfried Keller: 1819–1890. Londoner Symposium 1990. Hrsg. von John L. Flood [u. a.]. Stuttgart 1991.

Voßkamp, Wilhelm: ›Man muß den Roman mehr als einmal lesen‹: zur Wirkungsgeschichte von Wilhelm Meisters Lehrjahren. In: Symposium Goethe und die Weltkultur, 18.–19. 12. 1991. Berlin 1993. S. 132–142.

Siehoff, John-Thomas: ›Philine ist am Ende doch nur ein Hürchen …‹: Doktor Faustus, ein Bildungsroman?: Thomas Mann's Doktor Faustus und die Spannung zwischen den Bildungsidealen der deutschen Klassik und ihrer Rezeption durch das deutsche Bürgertum im 19. und frühen 20. Jahrhundert. In: Monatshefte 89 (1997) S. 196–207.

Gille, Klaus F.: Wilhelm Meisters kulturpolitische Sendung. In: WB 45 (1999) S. 432–443.